Achleitner/Behr
International Accounting Standards

Vorwort

Zweck

Das vorliegende Werk richtet sich neben den Studierenden an den Hochschulen vor allem auch an Praktiker in den Unternehmen und in den Kanzleien der Steuerberater und Wirtschaftsprüfer. Es ist damit sowohl zum Einsatz in der Universitätsausbildung und der Weiterbildung als auch zur Verwendung in der Praxis zum Einstieg in die Rechnungslegung nach den International Accounting Standards (IAS) gedacht.

Dieses Lehrbuch zur Rechnungslegung nach IAS soll in umfassender, verständlicher und an der Praxis ausgerichteter Art die wichtigsten Aspekte der internationalen Rechnungslegung und der Rechnungslegung nach IAS darstellen. Dabei baut es auf die langjährige Lehrerfahrung beider Autoren in diesem Bereich auf. Es ist sein ausdrückliches Ziel, ein Lehrbuch und keinen Bilanzkommentar darzustellen. Um eine weitergehende Vertiefung mit der Materie zu erleichtern, wird jedoch im Rahmen der einzelnen Kapitel auf die einschlägige Fachliteratur verwiesen.

Struktur

Der Anspruch dieses Werkes, ein verständliches Lehrbuch zu sein, spiegelt sich sowohl im modularen Aufbau des Buches als auch in der Struktur der einzelnen Kapitel wider. Jedes Kapitel, welches in der Regel ungefähr einer Doppelstunde im Rahmen einer Lehrveranstaltung entspricht, steht für sich und ist aus sich heraus verständlich. Soweit erforderlich, sind die notwendigen Verweise auf andere Kapitel eingebaut.

Die einzelnen Kapitel des Buches sind jeweils gleich aufgebaut und folgen dem nachstehenden Schema:

- Inhaltsüberblick,
- Lernziele,
- Text,
- Literaturhinweise.

Danksagungen

Wir haben im Laufe der Entstehung dieses Buches vielfältige Hilfe sowohl von unseren Mitarbeitern als auch Kollegen erhalten. Hierfür möchten wir an dieser Stelle unseren aufrichtigen Dank aussprechen.

An der Entstehung dieses Manuskriptes hat insbesondere Herr lic. oec. HSG Christian Gerbaulet, wissenschaftlicher Mitarbeiter am Stiftungslehrstuhl Bank- und

Finanzmanagement an der European Business School, Schloß Reichartshausen, intensiv mitgearbeitet. Er wurde unterstützt von Frau lic. oec. HSG Michaela Hoke, Assistentin am Lehrstuhl für finanzielle Rechnungslegung an der Universität St. Gallen (HSG).

Besonderer Dank für die kritische Lektüre der Entwürfe einzelner Kapitel gilt Herrn Dr. des. Dirk Schäfer, Berater am Management Zentrum St. Gallen und Lehrbeauftragter an der Universität St. Gallen (HSG), und Herrn Dipl.-Kfm. Philip Pejic, wissenschaftlicher Mitarbeiter am Stiftungslehrstuhl Bank- und Finanzmanagement an der European Business School, Schloß Reichartshausen.

Für kritische Anmerkungen, Anregungen und Ergänzungen insbesondere durch jene, die dieses Werk nutzen, sind wir dankbar.

November 1997

Ann-Kristin Achleitner
Giorgio Behr

Inhaltsverzeichnis

Teil IV
Prüfung und Analyse des IAS-Abschlusses

Anhang

Abkürzungsverzeichnis

AAF ..... Accounting Advisory Forum
Abb. ..... Abbildung
ADS ..... American Depositary Receipt
AG ...... Aktiengesellschaft
AICPA .... American Institute of Certified Public Accountants
Aufl. ..... Auflage

BSP ...... Bruttosozialprodukt
bspw. .... beispielsweise
bzw. ..... beziehungsweise

CIME .... Committee on International Investment and Multinational Enterprises

d. h. ...... das heißt
DM ...... Deutsche Mark
DPO ..... Draft Point Outline
DSOP .... Draft Statement of Principles
DVFA .... Deutsche Vereinigung für Finanzanalyse und Anlageberatung

E ...... Exposure Draft
EK ...... Eigenkapital
et al. ..... et alii
etc. ...... et cetera
EU ...... Europäische Union

FAS ..... Financial Accounting Standard
FASB ..... Financial Accounting Standards Board
F&E ..... Forschung und Entwicklung
FEE ..... Fédération des Experts Comptables Européens
FER ..... Fachempfehlungen zur Rechnungslegung
Fifo ...... first in – first out
FK ...... Fremdkapital

GAAP .... Generally Accepted Accounting Principles
ggf. ...... gegebenenfalls
GoA ..... Grundsätze ordnungsmäßiger Abschlußprüfung
GoB ..... Grundsätze ordnungsmäßiger Buchführung
GoR ..... Grundsätze ordnungsmäßiger Rechnungslegung
grds. ..... grundsätzlich
GzA ..... Grundsätze zur Abschlußprüfung

HFA ..... Hauptfachausschuß
HGB ..... Handelsgesetzbuch
hrsg. ..... herausgegeben
Hrsg. ..... Herausgeber

IAFEI .... International Association of Financial Executives Institutes
IAPC .... International Auditing Practices Committee
IAS ...... International Accounting Standard
IASC ..... International Accounting Standards Committee
ICCFAA .. International Co-ordinating Committee of Financial Analysts Associations

i.d.R. . . . . . in der Regel
IDW . . . . . Institut der Wirtschaftsprüfer
IFAC . . . . . International Federation of Accountants Committee
insb. . . . . . insbesondere
IOSCO . . . International Organisation of Securities Commissions
i.S. . . . . . . im Sinne
i.S.v. . . . . . im Sinne von
ISA . . . . . . International Standards on Auditing
ISAR . . . . . Intergovernmental Working Group of Experts on International Standards on Accounting and Reporting
i.V.m. . . . . . in Verbindung mit

KAEG . . . . Kapitalaufnahmeerleichterungsgesetz

Lifo . . . . . last in – first out
LuL . . . . . Lieferung und Leistung

max. . . . . . maximal
MG . . . . . . Muttergesellschaft
Mio. . . . . . Millionen
Mrd. . . . . . Milliarden

NYSE . . . . New York Stock Exchange

OECD . . . . Organisation for Economic Co-operation and Development
o.O. . . . . . ohne Ort
OTC . . . . . over the counter

PO . . . . . . Point Outline

R&D . . . . . Research and Development
resp. . . . . . respektive

S. . . . . . . Seite
SEC . . . . . Securities and Exchange Commission
SIC . . . . . . Standing Interpretations Committee
SFAS . . . . . Statement of Financial Accounting Standards
SFR . . . . . Schweizer Franken
SMI . . . . . Swiss Market Index
sog. . . . . . . sogenannte
SOP . . . . . Statement of Principles

TG . . . . . . Tochtergesellschaft

u. a. . . . . . . unter anderem
u. a. O. . . . . und andere Orte
UNO . . . . United Nations Organisation
USA . . . . . United States of America
US-GAAP . . US-Generally Accepted Accounting Principles

v.a. . . . . . . vor allem
vgl. . . . . . . vergleiche

WP . . . . . . Wirtschaftsprüfer

z. B. . . . . . . zum Beispiel
z. T. . . . . . . zum Teil
z. Zt. . . . . . zur Zeit

Abbildungsverzeichnis

Teil I

Kontext der internationalen Rechnungslegung

1 Einführung in die internationale Rechnungslegung

Lernziele

In diesem Kapitel erfahren Sie:

- warum Sie sich mit internationaler Rechnungslegung befassen sollten und
- in welche Teildisziplinen man diese untergliedert.

1.1 Bedeutung der internationalen Rechnungslegung

Über viele Jahrzehnte ist die internationale Rechnungslegung in Deutschland und, wenn auch nicht ganz so lange, in der Schweiz eher stiefmütterlich behandelt worden. Plötzlich, quasi über Nacht, sind mit dem Gang von Daimler Benz an die New York Stock Exchange (NYSE) diesbezügliche Fragestellungen von großem Interesse und Gegenstand zahlreicher Diskussionen geworden. Während diese Aktualität durch die weitreichenden Umwälzungen auf den Kapitalmärkten und den daraus resultierenden veränderten Anforderungen an die Berichterstattung erklärt werden kann, sollte jedoch nicht übersehen werden, daß – unabhängig von den aktuellen Entwicklungen – eine eingehendere Beschäftigung mit Fragestellungen und Problemen der internationalen Rechnungslegung grundsätzlich für das Verständnis der verschiedenen weltweit existierenden Rechnungslegungssysteme, insb. aber auch der Ausgestaltung der eigenen nationalen Rechnungslegung, unerläßlich ist.

Es sind im Überblick vor allem folgende vier Gründe für die Notwendigkeit einer Auseinandersetzung mit dem Themenkreis der internationalen Rechnungslegung anzuführen:

- die geschichtliche Entwicklung,
- die Entwicklung multinationaler Unternehmen,
- die Möglichkeit des Vergleichs der verschiedenen nationalen Rechnungslegungssysteme und
- die internationalen Bestrebungen zur Harmonisierung der Rechnungslegung.

Betrachtet man die *geschichtliche Entwicklung* der Rechnungslegung, so fällt auf, daß hierbei immer wieder einzelne Länder wegbereitend für die Entwicklung der Rechnungslegung waren. So wurde bspw. das System der doppelten Buchführung im 14. und 15. Jahrhundert in den norditalienischen Stadtstaaten entwickelt, von wo aus dieses dann schließlich weltweit Verbreitung fand. Im 19. Jahrhundert nahm Großbritannien eine führende Rolle auf dem Gebiet der Rechnungslegung ein. Aus dieser Zeit stammt bspw. die heute in vielen anglo-amerikanischen Ländern bei der Aufstellung von Jahresabschlüssen maßgebende Generalklausel des true and fair view. Gleichzeitig nahm in Großbritannien und in den Vereinigten Staaten die Entwicklung des Berufsstandes der Wirtschaftsprüfer, der sog. accountants, ihren Anfang. Darüber hinaus entwickelte sich in den Vereinigten Staaten schließlich in diesem Jahrhundert das sog. management accounting, das interne Rechnungswesen, welches wiederum erheblichen Einfluß auf die Ausgestaltung der externen Berichterstattung besitzt.
Schon diese wenigen Beispiele zeigen, daß die Rechnungslegung in ihrer Entwicklung, aber auch hinsichtlich der Auslegung einzelner Begriffe, nur als geschichtlicher Prozeß mit vielen verschiedenen internationalen Einflüssen begriffen werden kann.
Die Bedeutung und Entwicklung der internationalen Rechnungslegung wird des weiteren auch durch das Aufkommen und die permanente Ausweitung der Tätigkeit der *multinationalen Unternehmen* vorangetrieben. Hierbei handelt es sich meist um große Konzerne, die nicht nur ihre Produktion, sondern zunehmend auch ihre Kapitalaufnahme weltweit ausrichten. Im Zusammenhang mit der Entwicklung der multinationalen Unternehmen treten zunehmend Fragestellungen der internationalen Rechnungslegung, so bspw. die Problematik der konzerninternen Verrechnungspreise und der Fremdwährungsumrechnung der Abschlüsse ausländischer Tochtergesellschaften, in den Vordergrund.
Schon früh haben sich bspw. kleinere Länder, die eine verhältnismäßig hohe Anzahl großer Unternehmen aufweisen, mit der Thematik der internationalen Rechnungslegung befaßt. Hierzu zählen insb. die Niederlande und die Schweiz. Mittlerweile sehen sich jedoch auch größere Länder, bspw. Deutschland, durch die zunehmende Internationalisierung ihrer Unternehmen zu einem Überdenken ihrer nationalen Rechnungslegungspraxis – und in letzter Instanz sogar ihrer Normierung der Rechnungslegung – gezwungen.
Schließlich ist das Verständnis der internationalen Rechnungslegung notwendig, wenn man einen *Vergleich* der verschiedenen nationalen Systeme vornehmen will. Nur auf diesem Weg können nationale Unterschiede in der Rechnungslegungspraxis aufgezeigt, erklärt und verstanden werden. Der Vergleich ermöglicht darüber hinaus eine konstante Fortentwicklung der Methoden und Instrumente, die seitens der Unternehmen im Rahmen ihrer externen Berichterstattung angewendet werden. Hieraus resultiert dann im Idealfall eine Verbesserung der nationalen Rechnungslegungspraxis.
Einen vierten, maßgeblichen Grund für die Notwendigkeit zur Beschäftigung mit dem Themenkreis der internationalen Rechnungslegung stellen die gegenwärtig

bestehenden *Harmonisierungsbestrebungen* verschiedener supranationaler und internationaler Organisationen dar (siehe hierzu ausführlich Kapitel 3). Grundsätzlich ist an dieser Stelle anzuführen, daß die internationale Harmonisierung der Rechnungslegung zu einer zunehmenden Angleichung der nationalen Normen und dabei auch zu einer Übernahme einzelner, aus nationaler Sicht ausländischer Rechnungslegungspraktiken führt. Ohne ein Verständnis der international vorherrschenden Regelungen entbehrt jedoch jede Bestrebung zur Harmonisierung zweier oder mehrerer Rechnungslegungssysteme einer fundierten Grundlage. Aus diesem Grund zwingen auch die internationalen Harmonisierungsbestrebungen zu einer näheren Beschäftigung mit der Thematik der internationalen Rechnungslegung.

1.2 Teildisziplinen der internationalen Rechnungslegung

Das Gebiet der internationalen Rechnungslegung läßt sich in drei Teildisziplinen aufteilen:

- international vergleichende Rechnungslegung (international comparative accounting),
- Harmonisierung (harmonisation),
- internationale Konzernrechnungslegung (international group accounting).

1.2.1 International vergleichende Rechnungslegung

Die international vergleichende Rechnungslegung (international comparative accounting) beschäftigt sich mit der vergleichenden Darstellung der verschiedenen Rechnungslegungskonzepte. Im Zusammenhang mit dieser Teildisziplin werden bestehende Unterschiede und Gemeinsamkeiten der unterschiedlichen nationalen und supranationalen Rechnungslegungssysteme sowie die Einflußfaktoren auf ihre Entwicklung untersucht. Die verschiedenen Ausprägungen der nationalen Normensysteme werden dabei häufig durch vergleichende Länderstudien aufgezeigt. Ziel dieser Studien ist es, die unterschiedlichen Konzepte zu systematisieren. Dabei befassen sich diese Untersuchungen sowohl mit den eigentlichen Normen als auch mit der Art und Weise, wie diese zustande kommen. Man spricht hierbei von dem sog. accounting standard setting (i.S. eines Rechnungslegungsnormsetzungsprozesses). Ebenfalls in den Bereich der international vergleichenden Rechnungslegung fällt auch die internationale Jahresabschlußanalyse.

Die international vergleichende Rechnungslegung geht von dem Konzept der sechs entscheidenden Länder (sog. vital countries) aus, das 1978 von Mason entwickelt wurde[1]. Diesem Konzept zufolge kann die Harmonisierung der Rechnungslegung nur mit der Unterstützung bestimmter Länder vorangetrieben werden. Eine Zusammenstellung dieser für den Harmonisierungsprozeß entschei-

[1] Siehe hierfür Mason, A.K. (Development).

denden Länder läßt sich mit Hilfe verschiedener Kriterien, die aus dem Oberbegriff der wirtschaftlichen Bedeutung der betreffenden Länder und der nationalen Bedeutung des Berufsstandes der accountants abgeleitet sind, vornehmen. Diese beiden Kriterien sind allerdings interdependent in dem Sinne, daß sich nur in einem wirtschaftlich einflußreichen Land ein starker Berufsstand herausbilden kann. „Vitalität", also der Einfluß eines Landes auf die internationale Entwicklung der Rechnungslegung, läßt sich somit anhand von Kriterien wie bspw. der Anzahl der multinationalen Unternehmen aus dem betreffenden Land, der Größe der nationalen Börse oder der internationalen Bedeutung ansässiger Wirtschaftsprüfungsgesellschaften bestimmen. An diesen Kriterien gemessen, sind vor allem sechs Länder, nämlich die Vereinigten Staaten, Großbritannien, die Niederlande, Deutschland, Frankreich und Japan, entscheidend für die Entwicklung der Rechnungslegung und daher im allgemeinen Gegenstand von Untersuchungen und Studien im Rahmen der international vergleichenden Rechnungslegung.

1.2.2 Harmonisierung

Die zweite Teildisziplin der internationalen Rechnungslegung, kurz als Harmonisierung (harmonisation) überschrieben, befaßt sich mit der internationalen Angleichung der Rechnungslegungssysteme. Hierbei geht es um die Annäherung der verschiedenen nationalen Systeme, um eine zumindest grundlegende Übereinstimmung der Rechnungslegungsvorschriften zu erreichen. Im Vordergrund stehen hierbei die bisherigen Bemühungen

- der Europäischen Union (EU),
- der Organisation for Economic Co-operation and Development (OECD),
- der United Nations Organisation (UNO),
- des International Accounting Standards Committee (IASC) und
- des International Federation of Accountants Committee (IFAC).

Wichtig im Zusammenhang mit den Harmonisierungsbestrebungen einzelner Länder bzw. (inter-)nationaler Rechnungslegungskommissionen ist zudem die Idee der sog. mutual recognition, d. h. der gegenseitigen Anerkennung der auf der Grundlage verschiedener Normensysteme erstellten Jahresabschlüsse, wie sie von der International Organisation of Securities Commissions (IOSCO), der internationalen Vereinigung der Börsenaufsichtsbehörden, angestrebt wird.
Aus nationaler Sicht ergeben sich aus den vorherrschenden Tendenzen zur Harmonisierung sowohl Rückschlüsse auf die zukünftige Entwicklung der eigenen nationalen Rechnungslegung als auch auf den Entscheidungsraum eines Unternehmens bei der Wahl der langfristig zu befolgenden Rechnungslegungsnormen.

1.2.3 Internationale Konzernrechnungslegung

Den dritten, ebenfalls bedeutenden Teilbereich der internationalen Rechnungslegung stellt die internationale Konzernrechnungslegung (international group accounting) dar. Dieser Problemkreis behandelt – im *engeren Sinne* verstanden – jene

Fragen der Rechnungslegung, die sich durch die internationalen Aktivitäten und Geschäftsvorfälle der berichterstattenden Unternehmen ergeben, so bspw. die Problematik der Fremdwährungsumrechnung.
Im *weiteren Sinne* verstanden, handelt es sich bei der internationalen Konzernrechnungslegung um das gesamte Gebiet der externen Berichterstattung von Konzernen. Hierzu gehören sowohl die ausschließlich konzernbezogenen Fragen wie die Konsolidierung der einzelnen Konzernunternehmen als auch Aspekte, die sich gleichermaßen beim Einzelabschluß stellen, bspw. die Behandlung von immateriellen Vermögensgegenständen, langfristigen Fertigungs- und Dienstleistungsaufträgen oder der betrieblichen Altersversorgung.

Literatur

Mason, Allister
The Development of International Financial Reporting Standards, International Center for Research in Accounting, Paper No. 17, Lancaster 1978
Nobes, Christopher/Parker, Robert
Comparative International Accounting, New York u.a.O. 1991, 3. Aufl., insb. Kapitel 3

2 Internationaler Vergleich der Rechnungslegungsnormen und -systeme

Lernziele

In diesem Kapitel erfahren Sie:

- warum sich die Rechnungslegung in den einzelnen Ländern unterschiedlich entwickelt hat,
- welche beiden großen Blöcke man hierbei unterscheidet,
- inwieweit die anglo-amerikanische und die kontinental-europäische Rechnungslegung auf unterschiedlichen Grundphilosophien aufbauen und
- wie die Rechnungslegung international unterschiedlich normiert wird.

2.1 Gründe für die unterschiedliche Ausgestaltung der Rechnungslegungssysteme

Die nationalen Rechnungslegungssysteme sind im Rahmen eines langen historischen Entwicklungsprozesses als Antwort auf die umweltbedingten Bedürfnisse und Notwendigkeiten in den einzelnen Ländern entstanden. Ihre unterschiedliche Ausgestaltung ist das Ergebnis der spezifischen Ausprägungen der maßgeblichen nationalen Umweltfaktoren. In diesem Zusammenhang lassen sich folgende Faktoren als die wichtigsten Determinanten der nationalen Rechnungslegungssysteme anführen:

- das Rechtssystem,
- das Steuersystem,
- die Eigentums- und Kapitalmarktstruktur und
- die Stellung des Berufsstandes.

2.1.1 Rechtssystem

Den am häufigsten angeführten Grund für die unterschiedliche nationale Ausgestaltung der Rechnungslegung stellen Unterschiede im Rechtssystem dar. In diesem Zusammenhang kann zwischen Ländern, die dem Einfluß des Gewohnheitsrechts (sog. common law) unterliegen, und jenen, die dem Bereich des kodifizierten Rechts (sog. code law) zuzuordnen sind, unterschieden werden.
Zum Bereich des common law zählen in erster Linie Länder des anglo-amerikanischen Rechtskreises. Diese Länder verfügen nur über eine begrenzte Zahl gesetzlicher Regelungen. Die zentralen Rechtsquellen stellen richterliche Einzelfallentscheidungen dar (sog. case law). Für die Rechnungslegung bedeutet dies, daß aufgrund der geringen Kodifizierung des Handelsrechts Wirtschaftsprüfer, Börsenaufsichtsbehörden, Wissenschaftler und andere interessierte Kreise einen wesentlichen Einfluß auf die Ausgestaltung der Rechnungslegungsnormen ausüben können. Diese Kombination aus geringer gesetzlicher Regelungsdichte und starker Einbindung verschiedener Interessengruppen in den Normsetzungsprozeß hat eine dynamische Rechnungslegung zur Folge. Eine derartige Rechnungslegung orientiert sich an den Bedürfnissen der Praxis und entwickelt fortlaufend neue Techniken und Methoden, um mit dem sich ständig wandelnden Umfeld Schritt zu halten.
Länder des kontinental-europäischen Rechtskreises zeichnen sich hingegen durch eine starke Kodifizierung des Rechts (sog. code law) aus. Hier ist das Recht im allgemeinen, und so auch das Handelsrecht, über Jahrhunderte gewachsen und durch den Gesetzgeber verbindlich festgeschrieben worden. Damit sind die Möglichkeiten der Normsetzung anderer interessierter Kreise stark eingeschränkt. Anpassungen des Gesetzes sind daher selten und aufgrund des politischen Aushandlungsprozesses äußerst langwierig. Das Gesetz kann damit neue Entwicklungen nicht abdecken und somit nur mit großer zeitlicher Verzögerung, zumeist von zwei oder drei Jahrzehnten, bereits abgelaufene Entwicklungen nachvollziehen. So ist das Bilanzrecht denn auch in Deutschland zuletzt 1965 und 1985 angepaßt worden. In der Schweiz fand eine Revision des Obligationenrechts zuletzt 1936 und 1992 statt.

2.1.2 Steuersystem

Ein weiterer bedeutender Einflußfaktor auf die unterschiedliche Ausgestaltung der nationalen Rechnungslegungssysteme stellt das Steuersystem, und hier insb. das Verhältnis zwischen Bilanz- und Steuerrecht dar. Dabei kann zwischen Ländern, in denen die Rechnungslegung deutlich von steuerrechtlichen Überlegungen beeinflußt wird, und Ländern, in denen sich die Rechnungslegung relativ unabhängig vom Steuerrecht entwickelt hat, unterschieden werden.
Die kontinental-europäischen Länder (mit Ausnahme der Niederlande) kennen die sog. Maßgeblichkeit der Handels- für die Steuerbilanz. Das Prinzip der Maßgeblichkeit besagt, daß die in der Handelsbilanz gewählten Vermögensansätze grundsätzlich auch für die Steuerbilanz maßgebend sind. Folglich bildet der Gewinn laut Handelsbilanz die Ausgangsbasis für die Ermittlung des steuerrecht-

lichen Gewinns. Aufgrund dieser Tatsache kommt aber den steuerrechtlichen Überlegungen bei der Erstellung des handelsrechtlichen Jahresabschlusses ein beträchtliches Gewicht zu. Darüber hinaus ist es zulässig, handelsrechtliche Gesetzesnormen unter Beachtung des Steuerrechts auszulegen (sog. umgekehrte Maßgeblichkeit). Die handelsrechtlichen Bestimmungen können somit nicht unabhängig von den steuerrechtlichen Regelungen gesehen werden.
Dagegen ist die Rechnungslegung in anglo-amerikanischen Ländern nicht durch die wechselseitige Beeinflussung von Handels- und Steuerrecht gekennzeichnet. Aufgrund der fehlenden Maßgeblichkeit der Handels- für die Steuerbilanz kann bei der Entwicklung und Anwendung handelsrechtlicher Normen vorrangig auf die Informationsfunktion der Rechnungslegung abgestellt werden. Steuerrechtliche Überlegungen, die dieser Zielsetzung entgegenstehen, finden dagegen keine Beachtung.

2.1.3 Eigentums- und Kapitalmarktstruktur

Eigentums- und Kapitalmarktstrukturen, also die Streuung des Anteilsbesitzes an den großen Aktiengesellschaften bzw. die Größe und Beschaffenheit des nationalen Kapitalmarktes, sind ebenfalls von wesentlicher Bedeutung für die Ausgestaltung des nationalen Rechnungslegungssystems.
Hinsichtlich der *Eigentumsstruktur* lassen sich auf internationaler Ebene große Unterschiede feststellen. So befinden sich in den kontinental-europäischen Ländern die großen Aktiengesellschaften entweder im Familienbesitz (bspw. in der Schweiz), unter der Kontrolle des Staates (bspw. in Frankreich) oder im Einflußbereich der Banken (bspw. in Deutschland). Im Gegensatz hierzu sind die Aktien in Ländern des anglo-amerikanischen Rechnungslegungsraumes, insb. den Vereinigten Staaten, unter einer großen Zahl von Anteilseignern, v.a. Pensionsfonds und Kleinaktionären, breit gestreut.
Aus dem Zweck der Rechnungslegung als Kommunikationsinstrument des Unternehmens mit Dritten folgt, daß sich die Rechnungslegung und ihre Normierung in den einzelnen Ländern in Abhängigkeit von der Struktur der Jahresabschlußadressaten, insb. den bestehenden und potentiellen Anteilseignern, unterscheidet. Dies führt dazu, daß in den anglo-amerikanischen Ländern, in denen der Aktionärskreis sehr groß und stark zersplittert ist, dem Jahresabschluß eine größere Bedeutung zukommt als in den kontinental-europäischen Ländern, in denen die Aktien von Personen oder Institutionen gehalten werden, die traditionell auch auf andere Weise ihre Informationsansprüche, so bspw. durch zusätzliche Informationen im Rahmen der Bonitätsprüfung bei der Kreditvergabe, durchsetzen können. In Ländern mit einer breiten Aktienstreuung dagegen sind die Anleger darauf angewiesen, daß der Jahresabschluß als wesentliche Informationsquelle eine möglichst getreue Darstellung der wirtschaftlichen Lage vermittelt.
Neben der Eigentumsstruktur stellt die *Kapitalmarktstruktur* eine weitere bedeutende Determinante des nationalen Rechnungslegungssystems dar. Im Vergleich zu den anglo-amerikanischen Ländern verfügen die kontinental-europäischen

Länder nur über einen schwach entwickelten Kapitalmarkt. Wie Abb. 1 verdeutlicht, weist bspw. der deutsche Kapitalmarkt eine wesentlich geringere Anzahl notierter Aktien und eine deutlich geringere Börsenkapitalisierung als die Aktienmärkte in Großbritannien und den Vereinigten Staaten auf. Letztere werden von den dort agierenden Unternehmen in großem Umfang zur Beschaffung finanzieller Mittel in Anspruch genommen. Aus dieser Tatsache folgt, daß die gesamte Rechnungslegung in den Vereinigten Staaten zwangsläufig auf die Informationsbedürfnisse aktueller und potentieller Investoren ausgerichtet ist. Diese sind in erster Linie an einer zuverlässigen Abbildung der wirtschaftlichen Lage interessiert. Im Gegensatz zu den anglo-amerikanischen Aktiengesellschaften nehmen die Unternehmen des kontinental-europäischen Raumes in wesentlich geringerem Umfang den Kapitalmarkt in Anspruch. Statt dessen dominiert die Kreditfinanzierung durch Banken. In den letzten Jahren zeichnet sich jedoch in diesen Ländern eine Abkehr von der klassischen Kreditfinanzierung durch die Hausbank hin zu einer verstärkten Inanspruchnahme der Kapitalmärkte ab.

	Deutschland	**Großbritannien**	**USA**
Anzahl der notierten inländischen Aktien	678	1.971	4.717
Marktkapitalisierung (Kurswerte aller inländischen börsennotierten AG in Mio. DM)	826.382	1.993.785	10.024.373
Börsenumsätze in- und ausländischer Aktien in Mio. DM	1.733.200	3.328.986	15.989.528
Börsenkapitalisierung in % des BSP	27	130	93
Börseneinführung in- und ausländischer Unternehmen (1986 bis 1995)	883	1.894	7.496
Eigenkapitalquote aller Unternehmen	19,1	49,5	56,9
Anteil der Aktionäre an der Gesamtbevölkerung in %	5,5	15,8	21,1

Abb. 1: Internationaler Vergleich der Kapitalmarktstrukturen[2]

[2] Quelle: Deutsches Aktieninstitut (DAI-Factbook 1996).

2.1.4 Stellung des Berufsstandes

Ein weiterer wichtiger Einflußfaktor auf die Ausgestaltung der nationalen Rechnungslegung ist die Stellung des Berufsstandes der Wirtschaftsprüfer. Dieser Faktor als Determinante des nationalen Rechnungslegungssystems kann jedoch nicht isoliert von den Ausprägungen der anderen Umweltfaktoren betrachtet werden. So sind Größe, Organisationsgrad und Kompetenz eines nationalen Berufsstandes in hohem Maße durch das Rechts- und Steuersystem sowie durch die Eigentums- und Kapitalmarktstruktur eines Landes bedingt. Dort, wo die Rechnungslegung aufgrund einer zurückhaltenden gesetzlichen Regelung und einer breiten Aktionärsstruktur eine große Bedeutung besitzt, insb. in den Vereinigten Staaten und Großbritannien, besteht schon seit langem eine große Nachfrage nach einer Prüfung durch unabhängige Dritte und damit der Bedarf an einem qualifizierten und aktiven Berufsstand. Dies hat zu einer frühen Gründung der Berufsorganisationen geführt, in Großbritannien bzw. den Vereinigten Staaten bereits im Jahr 1880 resp. 1887. Im Vergleich dazu erfolgte die Gründung des Instituts der Wirtschaftsprüfer (IDW) erst 1932.
Der auch heute noch bedeutende Einfluß des Berufsstandes in den anglo-amerikanischen Ländern ist v.a. historisch begründet. So ist dieser immer dann, wenn der Staat infolge von Mißständen, insb. spektakulären Firmenzusammenbrüchen, mit einer weitergehenden gesetzlichen Regulierung der Rechnungslegung drohte, aus der Furcht heraus, seinen Einfluß zu verlieren, seinerseits reglementierend tätig geworden. Dadurch gelang es in jenen Ländern, in welchen sich der Berufsstand schon früh organisiert hat, über eine Rahmengesetzgebung hinausgehende Ansätze einer gesetzlichen Normierung der Rechnungslegung von vornherein zu unterbinden. Besonders deutlich wird dies am Beispiel der Vereinigten Staaten, die bis heute über fast keine gesetzlichen Rechnungslegungsnormen verfügen, aber umfassende private Rechnungslegungsnormen aufweisen.
Die Normsetzungstätigkeit der berufsständischen Organisationen hatte und hat dabei auch inhaltliche Konsequenzen. So sind diese, insb. bei der Festschreibung der Bilanzierungsmethoden und Angabepflichten, bedeutend betriebswirtschaftlicher orientiert als die Gesetzgeber, welche juristische und z. T. auch steuerrechtliche Gesichtspunkte bei der Normierung in den Vordergrund stellen. Dies erklärt auch, warum bedeutende Neuerungen in der Rechnungslegung, bspw. die Segmentberichterstattung, und die Entwicklung von Methoden zur Behandlung neu auftretender Rechnungslegungsfragen, so bspw. der bilanziellen Darstellung der Finanzinstrumente, zumeist im anglo-amerikanischen Raum entwickelt werden.

2.2 Unterschiedliche Grundphilosophien

Als Ergebnis der unterschiedlichen, dabei jedoch interdependenten Einflußfaktoren lassen sich zwei wesentliche Gruppen, nämlich die anglo-amerikanischen Länder, zu denen auch die Vereinigten Staaten gehören, und die kontinental-europäi-

schen, denen Deutschland und die Schweiz zuzurechnen sind, ausmachen. Abb. 2 gibt einen vergleichenden Überblick über die Ausprägungen dieser Umweltfaktoren für die anglo-amerikanischen Länder auf der einen und die kontinental-europäischen Länder auf der anderen Seite und zeigt auf, inwieweit sich hieraus unterschiedliche Grundphilosophien der Rechnungslegung ergeben.
So läßt sich festhalten, daß die Länder des anglo-amerikanischen Raumes, allen voran die Vereinigten Staaten und Großbritannien, sehr stark die Informationsfunktion der Rechnungslegung im Sinne des sog. true and fair view resp. der fair presentation in den Vordergrund stellen. Demzufolge ist es das primäre Ziel des Jahresabschlusses, den Rechnungslegungsadressaten eine den tatsächlichen Verhältnissen entsprechende Darstellung der wirtschaftlichen Lage zu vermitteln.
Die meisten kontinental-europäischen Länder, insb. Deutschland und die Schweiz, kennen zwar ebenfalls das Prinzip des true and fair view, jedoch hat die zuverlässige Darstellung der Vermögens-, Finanz- und Ertragslage unter Beachtung der Grundsätze ordnungsmäßiger Buchführung bzw. Rechnungslegung (GoB/GoR) zu erfolgen. Diese Einschränkung führt letztendlich dazu, daß die vom Gläubigerschutzgedanken geprägten deutschen und Schweizer Bilanzierungsnormen faktisch dem Vorsichtsprinzip einen dominierenden Stellenwert bei der Erstellung des Jahresabschlusses einräumen. Abb. 3 zeigt beispielhaft auf, inwieweit einzelne anglo-amerikanische Bilanzierungsvorschriften aus kontinental-europäischer Perspektive gegen das Vorsichtsprinzip verstoßen. Diese vom Gläubigerschutzgedanken bzw. Vorsichtsprinzip geprägte Rechnungslegungsphilosophie der kontinental-europäischen Länder läuft jedoch der anglo-amerikanischen Auffassung der Informationsfunktion als grundlegendes Konzept der finanziellen Berichterstattung zuwider.

2.3 Charakteristika divergierender Normsetzungsprozesse

Als Ergebnis der unterschiedlichen Einflußfaktoren unterscheiden sich nicht nur die Rechnungslegungsnormen, sondern auch deren Erarbeitung und Entstehung im Rahmen des Normsetzungsprozesses divergieren in den einzelnen Ländern. So lassen sich im Hinblick auf die Ausgestaltung des Normsetzungsprozesses ebenfalls zwei unterschiedliche Blöcke identifizieren. Die kontinental-europäischen Länder zeichnen sich durch einen sog. legalistischen Ansatz der Rechnungslegungsnormsetzung aus. Demzufolge sind die bestehenden Rechnungslegungsnormen vor allem gesetzlicher Natur. Die Länder des anglo-amerikanischen Raumes folgen dagegen dem nicht-legalistischen resp. selbstregulatorischen Ansatz, bei dem die maßgeblichen Rechnungslegungsnormen auf dem Wege der Selbstregulierung durch private Kommissionen generiert werden.
Einschränkend ist jedoch anzumerken, daß eine eindeutige Zuordnung vieler Länder zum legalistischen oder selbstregulatorischen Ansatz oftmals nicht möglich ist. So ist die Schweiz insofern dem legalistischen Ansatz verhaftet, als sie im Vergleich zu vielen anglo-amerikanischen Ländern mit dem Obligationenrecht (OR) we-

	anglo-amerikanische Länder	kontinental-europäische Länder
Rechtssystem	• begrenzte Zahl gesetzlicher Regelungen • richterliche Einzelfallentscheidungen als zentrale Rechtsquellen (case law)	• hohe gesetzliche Regelungsdichte
Steuersystem	• Handels- und Steuerbilanz werden unabhängig voneinander erstellt	• Maßgeblichkeit der Handels- für die Steuerbilanz (bzw. umgekehrte Maßgeblichkeit)
Eigentums- und Kapitalmarktstruktur	• Kleinaktionäre und institutionelle Investoren als Eigentümer • ausgeprägte Aktienkultur	• Banken/Staat/Familien als Eigentümer • geringfügig ausgeprägte Aktienkultur
Stellung des Berufsstandes	• hoher Organisationsgrad des Berufsstandes • starke Einflußnahme und Beteiligung am Normsetzungsprozeß	• kleiner Berufsstand • geringe Einflußnahme auf Gesetzgebung
Grundphilosophie der Rechnungslegung	• true and fair view/fair presentation	• Vorsichtsprinzip

Abb. 2: Unterschiedliche Grundphilosophien der Rechnungslegung

Gegen das Vorsichtsprinzip verstoßen folgende anglo-amerikanische Bilanzierungsvorschriften:

- Aktivierung von Vermögensgegenständen aufgrund eines anderen Vermögensbegriffs
- Pflicht zum Gewinnausweis bei langfristiger Fertigung proportional zum Baufortschritt (Kostenanfall)
- Ausweis unrealisierter Gewinne bei höheren Börsenkursen für Finanzanlagen
- Abschreibung des Anlagevermögens nur bei dauerhafter Wertminderung
- Aktivierungspflicht für Fremdkapitalzinsen
- Abzinsung von Rückstellungen

Abb. 3: Vom Vorsichtsprinzip abweichende anglo-amerikanische Bilanzierungsregeln

sentlich umfangreichere gesetzliche Normen besitzt. Gleichzeitig sind jedoch mit den von der Fachkommission für Empfehlungen zur Rechnungslegung erlassenen Fachempfehlungen zur Rechnungslegung (FER) in hohem Maße auch selbstregulatorische Ansätze auszumachen. Deutschland, das über weitreichende handelsrechtliche Regelungen verfügt, aber neben dem Gesetzgeber keine andere Regulierungsinstanz kennt, ist dagegen einer der wenigen Fälle, in denen eine klare Zuordnung zu einem der Ansätze, d.h. in diesem Fall zum legalistischen Ansatz, möglich ist.

Will man die unterschiedlichen Entstehungs- und Entwicklungsprozesse der Rechnungslegungsnormen der einzelnen Länder verstehen, so ist die Unterteilung in legalistisch und nicht-legalistisch ausgerichtete Länder aufgrund der oben genannten Schwierigkeiten der eindeutigen Klassifizierung der Länder, die sowohl gesetzliche als auch selbstregulatorische Ansätze aufweisen, wenig hilfreich. Statt der Einteilung in ein solch starres Schema empfiehlt es sich, das Rechnungslegungssystem des jeweiligen Landes unter drei Gesichtspunkten näher zu betrachten. Hierbei handelt es sich im einzelnen um folgende Aspekte:

- die Rolle des Gesetzgebers,
- die Ausgestaltung und Tätigkeit der Rechnungslegungskommission und
- die Verbindlichkeit privater Normen.

2.3.1 Rolle des Gesetzgebers

In den kontinental-europäischen Ländern wird die Rechnungslegung umfassend durch den Gesetzgeber geregelt. In Deutschland bspw. finden sich alle im Rahmen der Rechnungslegung zu befolgenden Normen im Handelsgesetzbuch (HGB). In der Schweiz sind die betreffenden Rechnungslegungsnormen, wenn auch weniger detailliert und umfangreich, im Obligationenrecht (OR) verankert. Dabei werden auch zahlreiche unbestimmte Rechtsbegriffe (bspw. gewöhnliche Geschäftstätigkeit, vorhersehbare Risiken und Verluste) verwendet, deren Auslegung in den Aufgabenbereich der Gerichte fällt. In Ländern, welche die Maßgeblichkeit der Handels- für die Steuerbilanz kennen, liegen in diesem Zusammenhang v.a. Entscheidungen der Steuergerichtsbarkeit, so bspw. in Deutschland des Bundesfinanzhofs, vor.

In den anglo-amerikanischen Ländern hingegen erläßt der Gesetzgeber nur wenige gesetzliche Vorschriften, wobei diese zumeist lediglich den Charakter einer groben Rahmengesetzgebung besitzen. Ansonsten überläßt er die Normierung der Rechnungslegung i.S. einer Selbstregulierung weitgehend dem privaten Sektor. Dies gilt sowohl für die Weiterentwicklung der Rechnungslegung als auch für die Konkretisierung der gesetzlichen Normen einschließlich der unbestimmten Rechtsbegriffe.

2.3.2 Ausgestaltung und Tätigkeit der Rechnungslegungskommission

Neben der Rolle des Gesetzgebers kommt der Ausgestaltung und Tätigkeit der Rechnungslegungskommissionen bei der Betrachtung des Rechnungslegungssystems eines Landes eine große Bedeutung zu. Während die privaten Rechnungslegungsstandards früher von den berufsständischen Vertretungen der Wirtschaftsprüfer entwickelt wurden, sind es heute Rechnungslegungskommissionen (sog. accounting standard setting bodies), die dieser Aufgabe nachkommen.

Diese Rechnungslegungskommissionen sind zumeist privatrechtlich organisiert und gemischt zusammengesetzt. Ihnen gehören Vertreter aller mit der Rechnungslegung befaßter Interessengruppen, so bspw. der Jahresabschlußersteller, der Wirtschaftsprüfer, der Wissenschaftler und der Finanzanalysten, an. In der Regel handelt es sich hierbei um 10 bis 13 nebenamtliche Mitglieder. Ziel dieser Zusammensetzung ist es, bei der Normsetzung sowohl ein Höchstmaß an Erfahrung aufzuweisen als auch eine angemessene Abwägung zwischen den divergierenden Interessen vorzunehmen.

Die Rechnungslegungskommissionen sind häufig in einen größeren institutionellen Rahmen eingebunden. So ist zumeist eine übergeordnete Stiftung mit der Beschaffung der finanziellen Mittel und der Wahl der Mitglieder der Kommission betraut. Darüber hinaus steht der Kommission oftmals ein Beratungsgremium, dem weitere Interessenvertreter angehören, zur Seite. Die Verwaltungsaufgaben obliegen einem technischen Stab resp. Sekretariat. In einigen Ländern, so den Vereinigten Staaten und Großbritannien, besteht zudem eine Arbeitsgruppe zur Behandlung besonders dringlicher Fragestellungen.

Vorrangiges Ziel der Kommission ist in erster Linie die Schaffung von Rechnungslegungsnormen (sog. accounting standards). Die Standards werden einzeln erlassen und stellen insofern Stückwerk dar, als sie nicht in einer logischen Reihenfolge, sondern nach Dringlichkeit und politischer Durchsetzbarkeit erarbeitet werden. Die fehlende Systematik erschwert zwar die Arbeit mit ihnen, macht es jedoch leichter, einzelne Standards zu überarbeiten oder neue Normen zu erarbeiten. Eine besondere Stärke der Normierung durch eine Kommission liegt damit in der Geschwindigkeit, in welcher sich die Rechnungslegung entwickeln und somit den sich verändernden Rahmenbedingungen anpassen kann. So ist dies i.d.R. im Rahmen weniger Jahre möglich. Bei gesetzlichen Standards ist hingegen schon für die Änderung untergeordneter Punkte immer das zeitraubende Verfahren zur Revision eines Gesetzes erforderlich.

Die im Schnitt zwischen 10 und 30 Seiten starken, von einer Rechnungslegungskommission verabschiedeten Standards sind traditionell anders aufgebaut als Gesetzestexte. Sie enthalten nicht nur die eigentlichen Normen, sondern auch Definitionen der verwendeten Begriffe, Erläuterungen der verschiedenen Methoden und weitere Erklärungen. Ziel eines solchen Aufbaus ist es, zu gewährleisten, daß jeder Standard aus sich heraus verständlich ist.

Zur Sicherung der Konsistenz der einzelnen Standards orientieren sich die Rechnungslegungskommissionen meist an einem sog. *Framework* (siehe hierzu für die IAS-Rechnungslegung ausführlicher Kapitel 8). Hierbei handelt es sich um eine Art theoretischen Rahmen für die Entwicklung der einzelnen Normen. So wird im Framework vor allem festgehalten, welchen Zweck die Rechnungslegung verfolgt, welche qualitativen Anforderungen an einen Jahresabschluß zu stellen sind, wie

Vermögensgegenstände und Schulden definiert sind, und welche diesbezüglichen Bewertungsmaßstäbe zugrunde zu legen sind.

2.3.3 Befolgung privater Normen

Ein wichtiger Aspekt von Rechnungslegungsnormen, unabhängig davon, ob es sich um gesetzliche oder private Regelungen handelt, stellt ihre Befolgung seitens der Jahresabschlußersteller dar. Bei gesetzlichen Normen wird diese durch die rechtliche Verbindlichkeit und die staatlichen Sanktionsmechanismen gefördert. Den Normen einer Rechnungslegungskommission kommt a priori jedoch nur Empfehlungscharakter zu. Allerdings wird ihre Anwendung durch andere Institutionen und interessierte Kreise gefördert. Hierbei handelt es sich v.a. um

- den Berufsstand der Wirtschaftsprüfer,
- die Börsen und Börsenaufsichtsbehörden und
- die interessierte Öffentlichkeit.

Die hohen Prozeßrisiken und Schadenersatzforderungen, denen sich der *Berufsstand der Wirtschaftsprüfer* in den anglo-amerikanischen Ländern im Zusammenhang mit Unternehmenszusammenbrüchen ausgesetzt sieht, haben dazu geführt, daß dieser ein starkes Interesse an detaillierten und verbindlichen Rechnungslegungsnormen besitzt. Dies kann, wie in den Vereinigten Staaten der Fall, soweit gehen, daß die berufsständischen Vorschriften den Mitgliedern die Anwendung der Normen verbindlich vorschreiben. Im Ergebnis darf einem Unternehmen, welches diese Normen nicht befolgt, dann kein uneingeschränktes Prüfungstestat erteilt werden.

Darüber hinaus verlangen in vielen Ländern entweder die *Börsen* oder die *Börsenaufsichtsbehörden*, so in den Vereinigten Staaten die Securities and Exchange Commission (SEC), von den börsennotierten Unternehmen, daß sie über die gesetzlichen Bestimmungen hinaus die privaten Rechnungslegungsvorschriften befolgen. In der Schweiz schreibt neuerdings das Kotierungsreglement der Schweizer Börsen für die börsennotierten Unternehmen die verbindliche Befolgung der im Kotierungsreglement wiedergegebenen Fachempfehlungen zur Rechnungslegung vor. Da die Börsenaufsichtsbehörden über verschiedene Sanktionsmöglichkeiten bis hin zur Entziehung der Börsenzulassung des betreffenden Unternehmens verfügen, kommt den Rechnungslegungsstandards in solchen Fällen umfassende Verbindlichkeit zu.

Schließlich wirken in Ländern mit einem hochentwickelten Kapitalmarkt schon die verschiedenen Gruppen der *Rechnungslegungsadressaten* auf eine Befolgung der Normen hin. So ahndet der Kapitalmarkt die Nichtbefolgung gewisser Mindeststandards durch erhöhte Kapitalkosten oder gar durch eine Verweigerung finanzieller Mittel. Auch die Banken fordern häufig die Befolgung von über das gesetzliche Mindestmaß hinausgehenden Rechnungslegungsnormen. Insofern liegt es im ureigensten Interesse der Unternehmen, durch die Anwendung allgemein anerkannter, wenn auch nicht gesetzlich verbindlicher Standards zu demonstrieren, wie sehr sie um eine aufschlußreiche Berichterstattung bemüht sind.

2.4 Veränderung der Einflußfaktoren und ihre Auswirkungen

Wie in diesem Kapitel dargestellt, konnte man lange Zeit in der vergleichenden Rechnungslegung mit der anglo-amerikanischen und der kontinental-europäischen Rechnungslegungstradition zwei unterschiedliche Blöcke identifizieren. Ihre Einflußfaktoren unterschieden sich deutlich voneinander und führten zu klar differenzierbaren Ausprägungen sowohl in den Rechnungslegungsvorschriften als auch in deren Normierung. Seit einigen Jahren läßt sich jedoch zunehmend beobachten, daß auch die Einflußfaktoren selbst starken Veränderungen unterworfen sind, wobei dies insb. für den kontinental-europäischen Raum zutrifft.
So zeichnet es sich im Bereich des *Rechtssystems* ab, daß aufgrund des beachtlichen Ausmaßes der gesetzlichen Kodifizierung handelsrechtlicher Normen und der damit einhergehenden Inflexibilität bei der Lösung neu auftretender Rechnungslegungsfragen zunehmend auch andere Möglichkeiten der Normsetzung, so insb. die Selbstregulierung, in Betracht gezogen werden. Dabei wird verstärkt auch die Möglichkeit erwogen, neben der Gesetzgebung auf die Normsetzung durch Rechnungslegungskommissionen zurückzugreifen. Während die Schweiz diesen Schritt mit der Fachkommission für Empfehlungen zur Rechnungslegung (FER) schon vollzogen hat, wird neuerdings auch in Deutschland wieder die Einrichtung einer privaten Rechnungslegungskommission diskutiert.
Bedeutendere Veränderungen finden jedoch im Bereich der *Eigentums- und Kapitalmarktstrukturen* statt. So bahnt sich im kontinental-europäischen Raum eine grundlegende Veränderung des Finanzierungsverhaltens der Unternehmen weg von der traditionellen Kreditfinanzierung durch die Hausbank hin zu einer zunehmenden Inanspruchnahme der Kapitalmärkte an. Gleichzeitig nimmt das Gewicht der institutionellen Investoren weltweit drastisch zu. Damit einher geht ein verstärkter Konkurrenzkampf zwischen den einzelnen Börsenplätzen. Auch in anderen Bereichen, so der Diskussion um Shareholder Value-orientierte Unternehmensführung, zeigt sich die zunehmende Bedeutung einer investororientierten Berichterstattung deutlich. In Kapitel 5 wird diese Entwicklung, welche in letzter Instanz eine Hinwendung zu anglo-amerikanischen resp. internationalen Rechnungslegungspraktiken bedeutet, für Deutschland eingehender beleuchtet. In Kapitel 6 wird sie für die Schweiz näher erläutert.
Schließlich ist als letzte wichtige Veränderung anzuführen, daß heute bei dem einstmals stark national ausgerichteten Berufsstand der Wirtschaftsprüfer eine internationale Angleichung der Strukturen zu verzeichnen ist. Als Folge der weltweit zu beobachtenden Konzentration sind auch im kontinental-europäischen Raum die großen nationalen Prüfungsgesellschaften mit einer der großen internationalen Gesellschaften, den sog. big six, zusammengegangen. Diese wiederum sind durch ihre Entstehungsgeschichte und Tätigkeitsschwerpunkte anglo-amerikanisch geprägt, so daß auf diesem Wege auch deren Rechnungslegungsverständnis in Kontinentaleuropa an Einfluß gewinnt.
Im Ergebnis bewirken diese gleichlaufenden Veränderungen der Einflußfaktoren, daß sich die kontinental-europäische Rechnungslegung in zunehmendem Maße

mit der anglo-amerikanischen Überzeugung auseinanderzusetzen hat. Dies gilt sowohl für die Methoden der Rechnungslegung als auch ihre Normierung.

Literatur

Achleitner, Ann-Kristin

Die Normierung der Rechnungslegung: Eine vergleichende Untersuchung unterschiedlicher institutioneller Ausgestaltungen des nationalen und internationalen Standardsetzungsprozesses, Zürich 1995, insb. S. 108–166 und 251–450

Deutsches Aktieninstitut e. V. (Hrsg.)

DAI-Factbook 1996: Statistiken, Analysen und Grafiken zu Aktionären, Aktiengesellschaften und Börsen, Frankfurt a. M. 1996

Pratt, Jamie/Behr, Giorgio

Entwicklung von Grundsätzen der Rechnungslegung und Rechnungsprüfung – Ein Beitrag zur Aktienrechtsrevision und zur internationalen Harmonisierung, in: Schweizerische Aktiengesellschaft 1983, S. 72–80

Rost, Peter

Der internationale Harmonisierungsprozeß der Rechnungslegung: Theorie, Praxis, Perspektiven, Frankfurt a. M. u. a. O. 1991, insb. S. 79–110

3 Harmonisierungsbestrebungen

Lernziele

In diesem Kapitel erfahren Sie:

- warum eine internationale Vergleichbarkeit der Rechnungslegung angestrebt wird,
- welche Ansätze zur Verbesserung der Vergleichbarkeit der Rechnungslegung bestehen,
- welche Institutionen um eine Harmonisierung bemüht sind und
- welche Entwicklungstendenzen der weltweite Harmonisierungsprozeß aufweist.

3.1 Notwendigkeit vergleichbarer Informationen

Die heutige Weltwirtschaft ist durch eine zunehmende Internationalisierung der Unternehmenstätigkeit und eine damit einhergehende Globalisierung der Kapitalmärkte gekennzeichnet. Die auf den internationalen Kapitalmärkten agierenden Investoren treffen ihre Anlageentscheidungen auf der Grundlage aussagekräftiger Informationen über die kapitalnachfragenden Unternehmen, wobei in diesem Zusammenhang der Jahresabschluß das entscheidende Kommunikationsinstrument zwischen diesen und den Investoren darstellt. In diesem Zusammenhang erweist es sich jedoch als äußerst problematisch, daß die auf der Basis nationaler Normen erstellten Jahresabschlüsse hinsichtlich des Umfanges und der Qualität der publizierten Informationen sowie der angewandten Bilanzierungsmethoden deutlich voneinander abweichen.

Die fehlende Vergleichbarkeit der Jahresabschlüsse verlangt von den Investoren tiefergehende Kenntnisse der jeweiligen nationalen Bilanzierungsgewohnheiten.

Dies ist jedoch zumeist unrealistisch, zumindest aber mit hohen Informationskosten für die Investoren verbunden. Weitere Kosten ergeben sich darüber hinaus im Zusammenhang mit der Aufbereitung der Rechnungslegungsinformationen, die mangels vergleichbarer Jahresabschlüsse von den Rechnungslegungsadressaten selbst vorgenommen werden muß.

Aber auch für die berichterstattenden Unternehmen entstehen aufgrund der nicht ausreichenden internationalen Harmonisierung der Rechnungslegung zusätzliche Kosten. Unternehmen, die den internationalen Kapitalmarkt in Anspruch nehmen, müssen oftmals einen zweiten Jahresabschluß auf der Basis eines anderen Normensystems erstellen oder zumindest zusätzliche Informationen bereitstellen. So verlangen Börsen und Börsenaufsichtsbehörden von ausländischen Unternehmen häufig die Vorlage eines Jahresabschlusses nach den jeweils dort geltenden Bilanzierungsvorschriften. Dies bedeutet, daß bspw. ein deutsches Unternehmen, das an der New Yorker Börse zugelassen werden will, neben dem Jahresabschluß nach den Vorschriften des HGB einen weiteren Abschluß nach US-GAAP vorlegen muß. Abgesehen von den erhöhten Kosten der Informationsbereitstellung stellt sich für die Unternehmen die Frage nach der Plausibilität der Berichterstattung, wenn – wie im Falle von Daimler Benz geschehen – je nach betrachtetem Jahresabschluß erheblich divergierende Vermögens- und Gewinngrößen für ein und dasselbe Unternehmen zu verzeichnen sind.

Darüber hinaus ist die Harmonisierung im Falle der multinationalen Unternehmen nicht nur für die externe Rechnungslegung, sondern auch für das interne Rechnungswesen von Bedeutung. So bedürfen weltweit operierende Unternehmen einer über die nationalen Spezifika hinausgehenden gemeinsamen Grundlage für ihre Berichterstattung. Das Management benötigt zur Steuerung der Geschäftstätigkeit produkt- und kundenbezogene Informationen. Diese Daten sind jedoch nur aussagefähig, wenn sie konzernweit nach gleichen Grundsätzen ermittelt und gebündelt werden. Dies verdeutlicht bspw. das interne Rechnungswesen des Bayer-Konzerns: 350 Tochtergesellschaften in 70 Ländern mit 20 Geschäftsbereichen und 100 Geschäftsfeldern, die in einem Berichtssystem abzubilden sind. Die Konvergenz von interner und externer Rechnungslegung vermindert hier die Verwaltungskosten und liefert eindeutige Zielgrößen und Informationen[3].

Neben den auf den internationalen Kapitalmärkten auftretenden Akteuren, den Investoren auf der Kapitalangebotsseite und den Unternehmen auf der Kapitalnachfrageseite, profitieren noch weitere Gruppen von einer Harmonisierung der Rechnungslegung:

- Für die Tätigkeit der internationalen Wirtschaftsprüfungsgesellschaften (sog. big six) stellt die Angleichung der divergierenden Rechnungslegungssysteme eine Komplexitätsreduktion beim internationalen Einsatz von Prüfungsteams dar.
- Harmonisierte Jahresabschlüsse erleichtern den Banken die Kreditwürdigkeitsprüfung international operierender Unternehmen.

---

[3] Menn (Übernahme), S. 126.

- Nach harmonisierten Rechnungslegungsnormen erstellte Jahresabschlüsse ermöglichen den betreffenden Gastländern, insb. den sog. Entwicklungsländern, eine verbesserte Kontrolle über die Tätigkeit multinationaler Konzerne.

3.2 Möglichkeiten der Bereitstellung vergleichbarer Informationen

Damit Unternehmen, anders als dies zum gegenwärtigen Zeitpunkt der Fall ist, nicht für jeden Börsenplatz einen Jahresabschluß auf der Grundlage der jeweiligen nationalen Normen erstellen müssen, ergeben sich folgende Möglichkeiten der Bereitstellung vergleichbarer Informationen:
- gegenseitige Anerkennung (mutual recognition),
- Überleitungsangaben (reconciliation),
- einheitliche Anwendung eines nationalen Systems (uniformity),
- Harmonisierung mittels internationaler Rechnungslegungsnormen.

3.2.1 Gegenseitige Anerkennung

Die gegenseitige Anerkennung von Jahresabschlüssen durch die jeweilige Börsenaufsichtsbehörde bewirkt, daß Unternehmen mit ihrem nationalen Abschluß auch am ausländischen Börsenplatz zugelassen werden können. Diese Möglichkeit besteht heute schon zwischen einigen Ländern, so bspw. den Vereinigten Staaten und Kanada. Ein US-amerikanisches Unternehmen kann folglich mit seinem Jahresabschluß auf der Basis der US-Generally Accepted Accounting Principles (US-GAAP) an einer kanadischen Börse zugelassen werden. Auch innerhalb der Europäischen Union (EU) ist die gegenseitige Anerkennung der nationalen Abschlüsse verwirklicht, so daß mit einem deutschen Abschluß eine Börsenzulassung in London, Paris oder Madrid möglich ist.
Angesichts der in Kapitel 2 aufgezeigten unterschiedlichen Ausprägungen nationaler Rechnungslegungssysteme ist eine solche gegenseitige Anerkennung jedoch nur dann ein gangbarer Weg, wenn die Rechnungslegungssysteme der betreffenden Länder in ihren Kernpunkten übereinstimmen. Dies ist insb. dann der Fall, wenn vergleichbare rechtliche und wirtschaftliche Rahmenbedingungen vorliegen, die betreffenden Länder damit der gleichen Rechnungslegungstradition verhaftet sind, oder aber, wie im Fall der EU, gemeinsame Richtlinien vorhanden sind.
Eine gegenseitige Anerkennung US-amerikanischer und europäischer Abschlüsse ist angesichts der im vorhergehenden Kapitel beschriebenen unterschiedlichen grundsätzlichen Ausrichtung der beiden Rechnungslegungssysteme jedoch unwahrscheinlich. Zwar akzeptieren alle europäischen Börsen nach US-GAAP angefertigte Jahresabschlüsse ohne zusätzliche Angaben, die US-amerikanische Börsenaufsichtsbehörde, die Securities and Exchange Commission (SEC), hat jedoch deutlich gemacht, daß sie aufgrund der stark divergierenden Bilanzierungsphilosophie der kontinental-europäischen Jahresabschlüsse zu deren Anerkennung nicht bereit ist. Demnach ist aus deutscher und Schweizer Perspektive der Weg,

mittels gegenseitiger Anerkennung Zugang zum größten Kapitalmarkt der Welt zu erlangen, gegenwärtig nicht gangbar.

3.2.2 Überleitungsangaben

Eine weitere Möglichkeit der Bereitstellung vergleichbarer Informationen besteht in der Vorlage von Überleitungsangaben im Rahmen des Jahresabschlusses (sog. reconciliation). Dabei werden mittels einer Überleitungsrechnung die Unterschiede aufgezeigt und quantifiziert, die sich bei Anwendung der Rechnungslegungsvorschriften des jeweiligen Landes bzw. Börsenplatzes ergeben haben. Es wird somit angegeben, in welchen wichtigen Punkten es bei Anwendung dieser Normen zu abweichenden Vermögens- und Gewinngrößen gekommen wäre. Die Daimler Benz AG hat 1993 hinsichtlich ihrer Zulassung als erstes deutsches Unternehmen an der New York Stock Exchange (NYSE) diesen Weg einer Überleitung von HGB auf US-GAAP gemäß Abb. 4 gewählt.
Ausländische Anleger erhalten aufgrund solcher Überleitungsangaben eine Vermögens- und Gewinngröße, welche auf der Basis der ihnen bekannten Bilanzierungs- und Bewertungsmethoden errechnet wurde. Für die Gesamtheit der Anleger, insb. die inländischen, ist es jedoch problematisch, daß nun für die Vermögens-, Finanz- und Ertragslage desselben Unternehmens zwei verschiedene Erfolgs- und Eigenkapitalgrößen vorliegen, die überdies erheblich voneinander abweichen können. Während bspw. 1993 in der Konzernrechnung von Daimler Benz nach HGB ein Gewinn von 615 Mio. DM ausgewiesen wurde, ergab sich nach US-GAAP für den gleichen Zeitraum ein Verlust von 1,8 Mrd. DM. Auf die Anleger wirken die Überleitungsangaben daher verwirrend, während sie für das rechnungslegende Unternehmen aufgrund der hierfür notwendigen Unterhaltung von zwei Berichterstattungssystemen erhebliche Kosten mit sich bringen.
Von einigen europäischen Unternehmen wird nun versucht, die mit der Publikation von zwei verschiedenen Jahresabschlüssen entstehende Verwirrung dadurch zu umgehen, daß nur einer dieser beiden Abschlüsse im Geschäftsbericht abgedruckt wird, während der andere ausschließlich beim öffentlichen Register hinterlegt wird. Unabhängig von der Frage der rechtlichen Zulässigkeit dieses Vorgehens ist Menn zuzustimmen, wenn er anführt, daß ein solches Vorgehen als aktionärsunfreundlich einzustufen ist[4].

3.2.3 Einheitliche Anwendung eines nationalen Systems

Angesichts der Schwierigkeiten, in einem Konzern zwei Berichterstattungssysteme zu unterhalten, und der Verwirrung, welche durch divergierende Erfolgs- und Eigenkapitalgrößen entsteht, drängt sich als dritte Variante die einheitliche Anwendung eines nationalen Rechnungslegungssystems auf. In einem solchen Fall legen die Unternehmen bei der Erstellung ihrer Abschlüsse weltweit dieselben

[4] Menn (Übernahme), S. 124.

Überleitung von Konzern-Jahresüberschuß und Eigenkapital auf US-GAAP

			1993	1992
			in Mio. DM	
Konzern-Jahresüberschuß nach deutschem HGB			**615**	1.451
-	Minderheitenanteile		**(13)**	(33)
Korrigiertes Jahresergebnis nach deutschen Vorschriften			602	1.418
+/-	Veränderung „Appropriated Retained Earnings" (zweckgebundene Rücklagen: Rückstellungen und Bewertungsmaßnahmen)		**(4.262)**	774
			(3.660)	2.192
Sonstige Einflüsse nach US-GAAP				
+/-	Langfristige Auftragsfertigung		**78**	(57)
	Goodwill und Unternehmenszugänge		**(287)**	(76)
	Unternehmensabgänge			
	Pensionsrückstellungen und Krankheitskosten für Pensionäre		**(624)**	96
	Währungsumrechnung		**(40)**	(94)
	Devisentermingeschäfte		**(225)**	(438)
	Sonstige Bewertungsunterschiede		**292**	88
	Latente Steuern		**2.627**	(646)
Konzern-Jahresüberschuß/-fehlbetrag nach US-GAAP vor kumulativen Bilanzierungs- und Bewertungsänderungen nach US-GAAP			**(1.839)**	1.402
Kumulative Bilanzierungsänderungen nach US-GAAP für Krankheitskosten der Pensionäre (in 1992 nach Steuern 33 Mio. DM)				(52)
Konzernergebnis nach US-GAAP			**(1.839)**	1.350
Konzernergebnis je Aktie nach US-GAAP		in DM	**(39,47)**	29,00*1)
Konzernergebnis je ADS *2) nach US-GAAP		in DM	**(3,95)**	2,90
Eigenkapital nach deutschem HGB			**18.145**	19.719
-	Minderheitenanteile		**(561)**	(1.228)
Korrigiertes Eigenkapital nach deutschen Vorschriften			**17.584**	18.491
+/-	„Appropriated Retained Earnings" (zweckgebundene Rücklagen: Rückstellungen und Bewertungsmaßnahmen)		**5.770**	9.931
			23.354	28.422
Sonstige Einflüsse nach US-GAAP				
+/-	Langfristige Auftragsfertigung		**207**	131
	Goodwill und Unternehmenszugänge		**2.284**	1.871
	Pensionsrückstellungen und Krankheitskosten für Pensionäre		**(1.821)**	(1.212)
	Währungsumrechnung		**85**	(342)
	Devisentermingeschäfte		**381**	580
	Sonstige Bewertungsunterschiede		**(698)**	(1.708)
	Latente Steuern		**2.489**	(138)
Eigenkapital nach US-GAAP			**26.281**	27.604

*1) Einschließlich der negativen Auswirkung der Bewertungsänderung bei Krankheitskosten für Pensionäre von 1,12 DM je Aktie (0,11 DM je ADS) in 1992
*2) entspricht einem Zehntel einer 50-DM-Aktie

Abb. 4: Überleitungsrechnung der Daimler Benz AG für das Geschäftsjahr 1993

Normen zugrunde. In Anbetracht der Bedeutung des Zugangs zum US-amerikanischen Kapitalmarkt als dem größten Kapitalmarkt der Welt wird es sich hierbei aller Voraussicht nach um die US-GAAP handeln. In der Praxis befolgen denn auch heute schon viele Unternehmen bei der Erstellung ihrer Konzernabschlüsse die US-Normen. In Deutschland zählen hierzu bspw. neben Daimler Benz die Telekom und Veba, in der Schweiz ist dies die Carlo Gavazzi Holding.

Trotz der Vorteile einer Vereinheitlichung der Rechnungslegung durch die Befolgung eines nationalen Systems ist dies sowohl aus der Perspektive des einzelnen Unternehmens als auch aus einzelstaatlicher Sicht abzulehnen. So werden hierbei Normen eines ausländischen Normsetzers angewendet, die vor dem Hintergrund eines anderen Rechts-, Wirtschafts- und Sozialsystems entstanden sind. Darüber hinaus ist grundsätzlich zu bemängeln, daß bei dieser Variante einseitig nationale Normen übernommen werden, ohne daß in der Folge die Möglichkeit der Teilnahme am Normsetzungsprozeß gegeben ist. Gleichzeitig wird damit jedoch auf die Möglichkeit der Mitgestaltung und Einflußnahme bei der Weiterentwicklung des übernommenen Normengebildes verzichtet.

3.2.4 Harmonisierung mittels internationaler Rechnungslegungsnormen

Eine vierte Möglichkeit stellt schließlich die sog. Harmonisierung, also die Erstellung der Jahresabschlüsse nach internationalen Standards, dar. Hierunter ist die Einigung auf einen bestehenden Kern von Standards zu verstehen, bei deren Befolgung die einzelnen nationalen Abschlüsse zwar keine Einheitlichkeit, wohl aber hinreichende Vergleichbarkeit erzielen.
Die Harmonisierung ist zwar mit erheblichem Aufwand hinsichtlich der Entwicklung eines internationalen Normensystems verbunden, besitzt jedoch eine Reihe von Vorteilen. Es besteht zum einen die Möglichkeit der Teilnahme am Normsetzungsprozeß, so daß im Rahmen des internationalen Aushandlungsprozesses die Berücksichtigung der jeweiligen nationalen Rechnungslegungstradition gewährleistet ist. Darüber hinaus besteht außerhalb des grundlegenden Normengerüstes eine gewisse Flexibilität der Bestimmungen, die es den einzelnen Ländern erlaubt, den jeweiligen spezifischen Erfordernissen Rechnung zu tragen.

3.3 Harmonisierungsbestrebungen

Wie Abb. 5 verdeutlicht, bestehen unterschiedliche Ansätze zur weltweiten Harmonisierung der Rechnungslegung. Hierbei handelt es sich um die politischen Bemühungen der United Nations Organisation (UNO) und der Organisation for Economic Co-operation and Development (OECD) sowie die privaten Anstrengungen des International Accounting Standards Committee (IASC). Neben diesen ist gegenwärtig keine andere Institution mit der weltweiten Angleichung der Rechnungslegungsnormen befaßt.
Es sei jedoch angesprochen, daß es auch Harmonisierungsbestrebungen gibt, die sich auf einen regional beschränkten Raum beziehen, so die Tätigkeit der EU, welche durch die Verabschiedung sog. Richtlinien die Rechnungslegung innerhalb ihrer Mitgliedsstaaten anzugleichen versucht. Aufgrund der Bedeutung der Harmonisierung der Rechnungslegung in der EU für die weiteren Entwicklungen in Deutschland und in der Schweiz wird am Ende dieses Kapitels im Rahmen eines Exkurses hierauf näher eingegangen.

3.3.1 United Nations Organisation

Bei der United Nations Organisation (UNO) handelt es sich um eine internationale politische Organisation von 185 Staaten. Da sich die UNO überwiegend aus

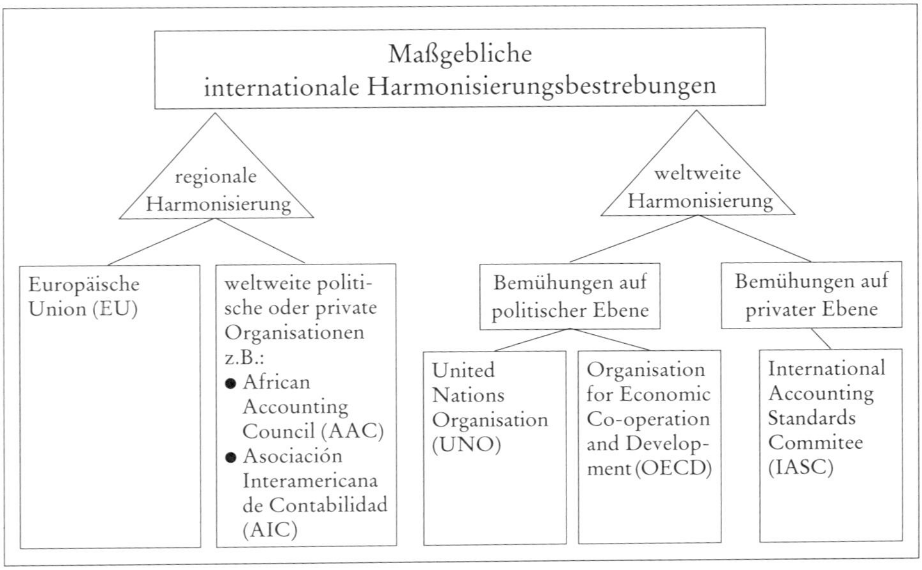

Abb. 5: Bestrebungen zur internationalen Harmonisierung der Rechnungslegung

Nicht-Industrieländern zusammensetzt, lag und liegt z.T. auch heute noch ihr primäres Interesse in der Erfassung der Aktivitäten multinationaler Unternehmen. Sie zielt dabei auf ein höheres Maß an Publizität i.S. detaillierter und umfangreicher Jahresabschlußinformationen, ist jedoch nicht um die Angleichung von Bilanzierungs- und Bewertungsfragen bemüht.
Eine 1975 eingesetzte Expertengruppe veröffentlichte 1977 den Bericht ‚International Standards of Accounting and Reporting for Transnational Corporations'. Er enthält eine Liste finanzieller und nicht finanzieller Mindestinformationen. Aufgrund seiner sehr weitreichenden Offenlegungsanforderungen fand er jedoch keine allgemeine Zustimmung. Auch die seit 1982 tätige Intergovernmental Working Group of Experts on International Standards on Accounting and Reporting (ISAR) hatte zum Ziel, eine Liste von Mindestanforderungen an die Berichterstattung multinationaler Unternehmen zu erarbeiten. Ihre ‚Conclusions on Accounting and Reporting by Transnational Corporations' wurden periodisch den neuesten Entwicklungen und Erkenntnissen angepaßt.
Seit einigen Jahren hat sich jedoch der Schwerpunkt der UNO-Diskussionen von der Eindämmung der Macht multinationaler Unternehmen hin zur Förderung eines sinnvollen Informationsaustauschs zwischen Industrie-, Schwellen- und Entwicklungsländern verschoben. Die Sessionen der ISAR versuchen, einen Überblick über die wichtigsten internationalen Entwicklungen zu geben; die ISAR strebt jedoch nicht die Erstellung einheitlicher Rechnungslegungsnormen an. Sie sieht ihre Aufgabe vielmehr darin, durch Berichte und Studien sowie durch die Zusammenarbeit mit bedeutenden normsetzenden Organisationen zur Angleichung der Rechnungslegungsnormen beizutragen.

3.3.2 Organisation for Economic Co-operation and Development

Die zweite politische Organisation, die z. T. mit der internationalen Harmonisierung befaßt war und ist, ist die Organisation for Economic Co-operation and Development (OECD). Als Zusammenschluß von 27 Industriestaaten veröffentlichte sie 1976 – als Antwort auf die aus ihrer Sicht überzogenen Offenlegungsanforderungen der UNO – die ‚Guidelines for Multinational Enterprises'. Auch die OECD äußert sich in diesen Leitlinien nicht zu Bilanzierungs- und Bewertungsfragen, sondern fordert lediglich Angaben zu den angewandten Bilanzierungsmethoden. Da ihre Anforderungen moderat sind, werden sie von einer großen Zahl von Unternehmen freiwillig angewendet. Heute sind die OECD-Leitlinien jedoch in den meisten nationalen Normensystemen integriert, so daß ihnen für die zukünftige Entwicklung des Harmonisierungsprozesses zwangsläufig geringe Bedeutung zukommt.
Neben der Abfassung der Leitlinien hat die OECD 1978 das ‚Committee on International Investment and Multinational Enterprises' (CIME) zunächst als ad hoc-formierte, später institutionalisierte Arbeitsgruppe ins Leben gerufen. An ihren Sitzungen nehmen auch Beobachter anderer Organisationen, so der EU, der Fédération des Experts Comptables Européens (FEE), des IASC, der internationalen Handelskammer und der Gewerkschaften teil. Dadurch bietet sie ein breites Diskussionsforum. Aufgrund des durch ihre Sitzungen ausgelösten Gedankenaustausches und der Zusammenarbeit mit Organisationen wie dem IASC kommt der OECD-Arbeitsgruppe eine bedeutende Rolle zu. Es ist jedoch nicht ihr Ziel, über die OECD-Leitlinien hinaus Rechnungslegungsnormen zu veröffentlichen.

3.3.3 International Accounting Standards Committee

Da heute keine politische Organisation mehr mit der Entwicklung weltweit anzuwendender Rechnungslegungsnormen beschäftigt ist, kommt mit dem International Accounting Standards Committee (IASC) einer privaten Institution die entscheidende Rolle bezüglich der Förderung und Gestaltung des internationalen Harmonisierungsprozesses zu.
Das in London ansässige IASC wurde 1973 von Berufsverbänden aus neun Ländern (Australien, Frankreich, Deutschland, Japan, Kanada, den Niederlanden, Mexiko, Großbritannien einschließlich Irland und den Vereinigten Staaten) gegründet. Heute gehören dem IASC 119 Mitglieder und 6 assoziierte Mitglieder aus 88 Ländern an. Bei der Mehrzahl handelt es sich um die nationalen Berufsverbände der Wirtschaftsprüfer, Buchhalter und Treuhänder, die insgesamt mehr als eine Million Mitglieder auf sich vereinigen. Aufgrund der seit 1982 gültigen Kooperationsvereinbarung mit der International Federation of Accountants (IFAC), die für internationale Fragen im Bereich der Prüfung von Jahresabschlüssen zuständig ist, sind die der IFAC beitretenden Berufsstände automatisch auch Mitglieder des IASC. Das IASC und die IFAC arbeiten eng zusammen und unterstützen sich gegenseitig. Dabei beschränkt sich die IFAC auf die Bereiche Prüfung, Berufs-

grundsätze, Ausbildung und Internes Rechnungswesen (siehe zur Bedeutung der IFAC für die Prüfung von IAS-Abschlüssen Kapitel 21).

Ziel des IASC ist es, Rechnungslegungsnormen für die Offenlegung von Jahresabschlußinformationen zu entwickeln, deren weltweite Anerkennung und Befolgung zu fördern sowie die internationale Harmonisierung der Rechnungslegung generell zu unterstützen. Zur Verwirklichung dieser Zielsetzung erarbeitet das IASC – entlang einem genau definierten Normsetzungsprozeß – die International Accounting Standards (IAS). Bislang wurden 33 Rechnungslegungsstandards, von denen gegenwärtig noch 31 Gültigkeit besitzen, verabschiedet. Diese Standards sind jedoch nicht rechtlich verbindlich, sondern besitzen lediglich Empfehlungscharakter. Allerdings sind die nationalen Mitgliedsorganisationen des IASC dazu angehalten, die Durchsetzung der IAS-Normen in ihren Heimatländern zu fördern.

Die Erarbeitung der IAS geschieht vor dem Hintergrund einer mehrteiligen Organisationsstruktur. Das vorrangige Ziel dieser Verfahrens- und Organisationsausgestaltung besteht darin, alle bedeutenden Interessengruppen und mit der Normsetzung befaßten Organisationen entweder durch einen Sitz in den beteiligten Gremien oder aber durch die Gelegenheit zur Kommentierung im Rahmen des Entstehungs- oder Überarbeitungsprozesses eines Standards einzubeziehen und so die für die faktische Harmonisierung und die Anwendung der Standards notwendige Akzeptanz zu schaffen.

In Kapitel 4 erfolgt eine detaillierte Darstellung der Harmonsierungsbemühungen des IASC. Hierbei werden die Organisationsstruktur des IASC, sein Normsetzungsverfahren und die bestehenden und in der Entwicklung begriffenen Standards eingehender erläutert.

Exkurs: Europäische Union

Die Bemühungen der EU um eine Harmonisierung der Rechnungslegung ihrer Mitgliedsländer lassen sich bis in die 60er Jahre zurückverfolgen. Den Kern dieser Bemühungen bilden die 1978 bzw. 1983 verabschiedete 4. und 7. EG-Richtlinie, die in der Folgezeit in allen Mitgliedstaaten, so 1985 in Deutschland durch das Bilanzrichtlinien-Gesetz, in nationales Recht transformiert wurden. Die Richtlinien stellen, bedingt durch die Tatsache, daß sie sowohl Länder mit kontinental-europäischer als auch Länder mit anglo-amerikanischer Rechnungslegungstradition betreffen, zwangsläufig einen Kompromiß zwischen diesen konträren Bilanzierungsphilosophien dar. Der Kompromißcharakter der Richtlinien spiegelt sich v.a. in der Vielzahl der eingeräumten Wahlrechte wider. Dies hat insb. dazu geführt, daß eine wirkliche Harmonisierung der Rechnungslegung der Mitgliedsländer nicht erreicht wurde.

Folgerichtig betrachtet auch die EU die Bemühungen um eine Angleichung der europäischen Rechnungslegung mit der Verabschiedung und Umsetzung der einzelnen Richtlinien nicht als abgeschlossen. Um die Harmonisierung weiter voranzu-

treiben, wurde 1991 das Accounting Advisory Forum (AAF) eingerichtet. Aufgabe dieses Gremiums ist es, die EU-Kommission in allen Rechnungslegungsfragen zu beraten und gemeinschaftliche Positionen für die Verhandlungen mit dem IASC vorzubereiten. Im Rahmen dieser Tätigkeiten hat das AAF Stellungnahmen zur Bilanzierung staatlicher Zuschüsse, zur Fremdwährungsumrechnung, zur Behandlung von Leasingverträgen und zur Darstellung von Umweltfragen in der Rechnungslegung verabschiedet. Diese Dokumente besitzen allerdings weder für die EU-Kommission noch für die einzelne Mitgliedstaaten bindende Wirkung.
Ungeachtet dieser Bemühungen hinsichtlich einer weiteren Angleichung der europäischen Rechnungslegung mußte jedoch die EU erkennen, daß sich seit Ende der 80er Jahre die Diskussion um die weitere Entwicklung des Harmonisierungsprozesses von der europäischen auf die internationale Ebene verlagert hat. Als Folge dieser Entwicklung ist die EU seit 1990 Mitglied der Consultative Group des IASC und besitzt im IASC-Board den Status eines Beobachters, um so auch weiterhin Einfluß auf die Harmonisierungsbemühungen auszuüben.
Tatsächlich hat sich die EU damit vom Gedanken der Harmonisierung der Rechnungslegung ihrer Mitgliedstaaten durch ein europäisches Normensystem verabschiedet und die diesbezüglichen Bemühungen in die internationale Rechnungslegungsgremien, insb. das IASC, verlagert. So hat die EU auch Ende 1995 bekannt gegeben, daß sie z.Zt. keine Überarbeitung oder Erweiterung der EG-Richtlinien beabsichtigt. Die EU-Kommission und das IASC haben sich vielmehr darauf verständigt, zwischen beiden Normensystemen bestehende Unterschiede zu eliminieren. Damit scheint der Weg frei für eine wachsende Ausrichtung der EU-Harmonisierungsbestrebungen an der IAS-Rechnungslegung.

Literatur

Achleitner, Ann-Kristin
Die Normierung der Rechnungslegung: Eine vergleichende Untersuchung unterschiedlicher institutioneller Ausgestaltungen des nationalen und internationalen Standardsetzungsprozesses, Zürich 1995, insb. S. 95–107

Achleitner, Ann-Kristin
IAS versus US-GAAP: Internationale Rechnungslegung am Scheideweg, in: Erfahrung – Bewegung – Strategie, European Business School, Schloß Reichartshausen (Hrsg.), Wiesbaden 1996, S. 173–200

Behr, Giorgio
Rechnungslegung als Thema von UNO und OECD: Wichtige Impulse für die internationale Harmonisierung, in: Der Schweizer Treuhänder 7–8/1992, S. 405–410

Behr, Giorgio/Achleitner, Ann-Kristin
Internationale Standards der Rechnungslegung, in: Beck'sches Handbuch der Rechnungslegung, hrsg. von E. Castan et al., 9. Ergänzungslieferung, München 1996, B 790

EU-Kommission (Hrsg.)
Accounting Harmonisation: A New Strategy vis-à-vis International Harmonisation, o.O. 1995
Glaum, Martin/Mandler Udo
Rechnungslegung auf globalen Kapitalmärkten: HGB, IAS und US-GAAP, Wiesbaden 1996
Menn, Bernd-Joachim
Was bedeutet die Übernahme der IAS für deutsche Unternehmen? Warum – Wie – Wieweit – Wohin, in: Globale Finanzmärkte, hrsg. von der Schmalenbach-Gesellschaft – Deutsche Gesellschaft für Betriebswirtschaft e. V., Stuttgart 1996, S. 121–135
Organisation for Economic Co-operation and Development (Hrsg.)
"International Investment and Multinational Enterprises", Guidelines for Multinational Enterprises, Paris 1976
Pellens, Bernhard
Internationale Rechnungslegung, Stuttgart 1997, insb. S. 349–382
Rost, Peter
Der internationale Harmonisierungsprozeß der Rechnungslegung: Theorie, Praxis, Perspektiven, Frankfurt a. M. u. a. O. 1991, insb. S. 111–228
United Nations (Hrsg.)
Conclusions on Accounting and Reporting by Transnational Corporations, Intergovernmental Working Group of Experts on International Standards of Accounting and Reporting, New York 1988
United Nations (Hrsg.)
International Standards of Accounting and Reporting for Transnational Corporations, New York 1977

4 IASC – Organisation, Verfahren und Standards

Lernziele

In diesem Kapitel erfahren Sie:

- wie das IASC organisiert ist,
- wie sich der Entwicklungsprozeß eines International Accounting Standard gestaltet,
- welche Standards gegenwärtig Gültigkeit besitzen,
- inwieweit und zu welchem Zweck diese Standards befolgt werden,
- wer ihre Anwendung unterstützt,
- wohin sich das IASC in näherer Zukunft bei der Normierung der Rechnungslegung bewegen will und
- welchen Herausforderungen es sich dabei gegenübersieht.

4.1 Organisation

Das IASC besitzt, wie in Abb. 6 aufgezeigt, eine mehrteilige Organisationsstruktur bestehend aus Board, Standing Interpretations Committee, Consultative

Group, Advisory Council und technischem Stab/Sekretariat. Dabei stellt jedoch der Board das zentrale Organ und Entscheidungsgremium des IASC dar. Alle anderen Gremien haben nur unterstützende Funktion. Damit entspricht die Organisation des IASC weitgehend jener der anglo-amerikanischen Rechnungslegungskommissionen, so insb. der des Financial Accounting Standards Board (FASB) in den Vereinigten Staaten.

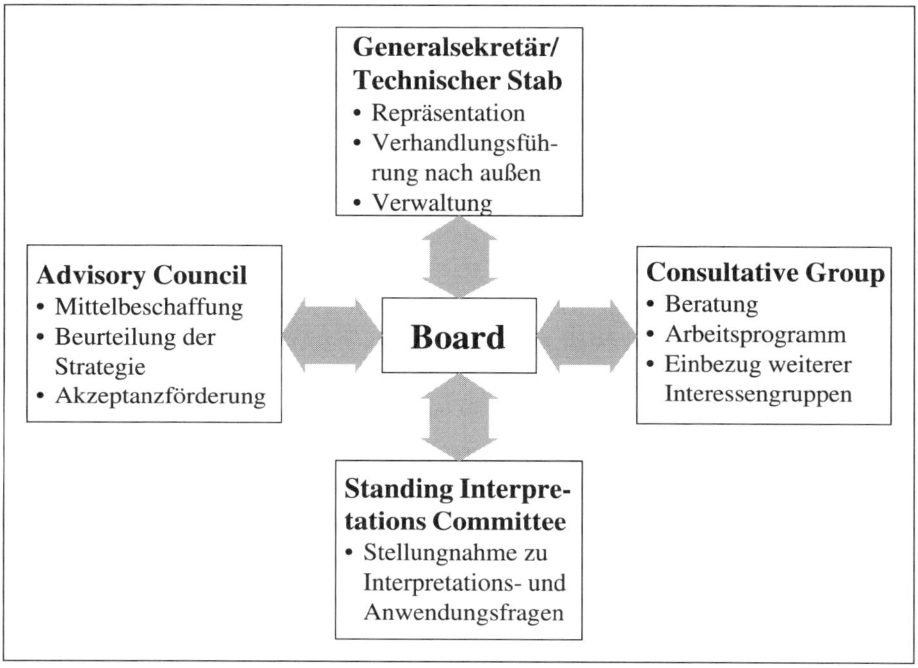

Abb. 6: Organisationsstruktur des IASC

4.1.1 Board

Der Board, welcher 16 Mitglieder umfaßt, ist mit der Geschäftsführung und Lenkung des IASC betraut. Das i.d.R. zweimal (aber z.Zt. aufgrund des Arbeitsanfalls viermal) jährlich tagende Exekutivorgan des IASC berät bzw. beschließt Projekte und Standards und trifft darüber hinaus Entscheidungen über den zukünftigen Arbeitsplan des IASC. Gegenwärtig setzt sich der Board aus Vertretern von 13 nationalen Berufsverbänden sowie drei Delegierten interessierter Organisationen, die in Abb. 7 aufgeführt werden, zusammen.

Der Schweizer Industrieverband (Federation of Swiss Industrial Holding Companies) repräsentiert die in der Schweiz ansässigen multinationalen Unternehmen. Die Schweiz stellt somit keine Ländervertretung im Board, sondern eine Interessenvertretung der großen, international tätigen Unternehmen.

- Australien
- Deutschland
- Frankreich
- Großbritannien
- Indien
- Japan
- Kanada
- Niederlande
- Malaysia
- Mexico
- Nordic Federation of Public Accountants
- Südafrika
- Vereinigte Staaten von Amerika
- International Co-ordinating Committee of Financial Analysts Association (CCFAA)
- International Association of Financial Executives Institutes (IAFEI)
- Schweizer Industrieverband

Abb. 7: Mitglieder des IASC-Board

Neben den Board-Mitgliedern nehmen an den Sitzungen des IASC-Exekutivorgans Vertreter der Europäischen Kommission, des Financial Accounting Standards Board (FASB) und der International Organisation of Securities Commissions (IOSCO) als Beobachter teil.
Jedes Land resp. jede Organisation darf maximal zwei Vertreter in den Board entsenden. Diese Repräsentanten dürfen ihrerseits technische Berater (sog. technical advisors) berufen, die ihnen unterstützend zur Seite stehen und auch an den Board-Sitzungen teilnehmen, jedoch nicht votieren dürfen. Um die Akzeptanz der IAS im Kreis der Wirtschaft weiter zu erhöhen, sind die einzelnen Mitgliedsländer bei der Besetzung dieser Board-Positionen aufgefordert, einen ihrer beiden Vertreter aus den Reihen der Jahresabschlußersteller zu bestimmen. Bisher ist die Hälfte der Länder diesem Aufruf gefolgt.
Die deutsche Delegation im Board setzt sich aus einem Vertreter des Berufsstandes (z.Zt. Dr. Heinz Kleekämper, Schitag Ernst & Young) und der Wirtschaft (z.Zt. Bernd-Joachim Menn, Bayer) sowie zwei technischen Beratern vom Institut der Wirtschaftsprüfer (IDW) (z.Zt. Peter Marks und Albrecht Ruppel) zusammen. Die Schweizer Delegation besteht z.Zt. aus Harry Schmid (Nestlé) und Peter Zurbrügg (Hoffmann-La Roche). Sie wird beraten von Philipp Hallauer (KPMG Fides Peat).

4.1.2 Standing Interpretations Committee

Das Standing Interpretations Committee (SIC), dessen Einführung 1996 vom Board beschlossen wurde, soll zeitnah zu vordringlichen Interpretations- und An-

wendungsfragen einzelner Standards Stellung nehmen. Die Kommission umfaßt 12 stimmberechtigte Mitglieder sowie zwei Beobachter. Aufgabe des Gremiums ist es, dem Board bei Regelungslücken im vorhandenen Normenwerk Empfehlungen zur Ergänzung bestehender Standards oder zur Entwicklung neuer IAS zu geben. Die Stellungnahmen sollen mit der Zustimmung von mindestens 9 der stimmberechtigten Mitglieder verabschiedet werden. Letztlich wird jedoch vom Board mit Dreiviertelmehrheit über Annahme und Veröffentlichung einer für IAS-Anwender verbindlichen Verlautbarung entschieden.
Von deutscher resp. Schweizer Seite sind z.Zt. Dr. Wienand Schruff (KPMG Deutsche Treuhand-Gesellschaft) bzw. Harry Schmid (Nestlé) als stimmberechtigte Mitglieder im SIC vertreten.

4.1.3 Consultative Group

Dem Board steht mit der Consultative Group ein weiteres beratendes Gremium zur Seite. Dieses wurde eingerichtet, um weitere Interessengruppen in den Normsetzungsprozeß einbeziehen zu können. Hierbei handelt es sich um Repräsentanten von Jahresabschlußerstellern und -adressaten, Delegierte von Rechnungslegungskommissionen und Entwicklungsorganisationen sowie Beobachter internationaler Organisationen. Der Consultative Group gehören derzeit Vertreter von neun internationalen Organisationen und zwei Beobachter an (siehe Abb. 8).

- Fédération Internationale des Bourses de Valeurs (FIBV)
- International Association for Accounting Education and Research (IAEER)
- International Banking Association
- International Bar Association (IBA)
- International Chamber of Commerce (ICC)
- International Confederation of Free Trade Unions (ICFTU) und World Confederation of Labour
- International Valuation Standards Committee (IVSC)
- International Finance Corporation (IFC)
- The World Bank

Beobachter:
- Organisation for Economic Co-operation and Development (OECD)
- United Nations Division on Transnational Corporations and Investment

Abb. 8: Mitglieder der Consultative Group

Bei den regelmäßig stattfindenden Zusammentreffen mit dem Board werden der Arbeitsplan sowie die inhaltlichen Arbeiten im Rahmen der einzelnen Projekte, so insb. die Draft Statements of Principles und die Exposure Drafts, besprochen und diskutiert.

Früher spielten sich aufgrund der Übermacht der Wirtschaftsprüfer und der geringen Zahl von Wirtschaftsvertretern im Board die politischen Diskussionen über die Ausrichtungen des IASC und strittige Einzelfragen der Rechnungslegung vor allem in der Consultative Group ab. Aufgrund der steigenden Anzahl von Wirtschaftsvertretern im Board verlagern sich gegenwärtig diese Diskussionen jedoch von der Consultative Group auf das Board als das Exekutivorgan des IASC.

4.1.4 Advisory Council

Seit 1995 verfügt die IASC-Organisation als weiteres Organ über ein sog. Advisory Council. Es umfaßt z.Zt. zehn Mitglieder. Hierbei handelt es sich um Vertreter der Wirtschaft, nationaler Börsenaufsichtsbehörden und internationaler Organisationen. Von deutscher Seite arbeitet hier Dr. Jürgen Krumnow (Deutsche Bank) mit.
Die Aufgabe des Advisory Council liegt vor allem in der Beschaffung finanzieller Mittel zur Finanzierung der Normsetzungstätigkeit des IASC. So erfolgt die Finanzierung des IASC gegenwärtig nur zu gut einem Drittel aus den Beiträgen der Mitglieder und dem Erlös aus dem Verkauf der Publikationen. Zwei Drittel hingegen machen Spenden international tätiger Unternehmen aus.
Neben der Mittelbeschaffung zählen zu den weiteren Aufgaben des Advisory Council die Begutachtung und Kommentierung der Strategie des Boards sowie die Förderung der weltweiten Akzeptanz und Verbreitung der Arbeit des IASC.

4.1.5 Generalsekretär/Technischer Stab

Die Verwaltungsarbeit des IASC wird durch einen technischen Stab in London wahrgenommen. Während die Tätigkeit in allen anderen Organen ehren- oder nebenamtlich ist, sind dessen Mitarbeiter hauptberuflich tätig. Sie werden überwiegend von internationalen Wirtschaftsprüfungsgesellschaften, nationalen Rechnungslegungskommissionen, Unternehmen und Universitäten für einen Zeitraum von ein oder zwei Jahren freigestellt.
Den z.Zt. elf hauptberuflichen Mitarbeitern des IASC – von deutscher Seite sind dies als Technical Director Liesl Knorr (KPMG Deutsche Treuhand-Gesellschaft) sowie als Commercial Director Kurt Ramin (Coopers & Lybrand) – steht der Generalsekretär (Secretary General) vor. Z. Zt. ist dies Sir Bryan Carsberg. In seinen Aufgabenbereich fällt auch die Vertretung des IASC nach außen und die Verhandlung mit anderen internationalen Organisationen oder nationalen Rechnungslegungskommissionen.

4.1.6 Strategy Working Party

Seit einiger Zeit wird erwogen, inwieweit im Sinne einer laufenden Verbesserung die strategische Ausrichtung des IASC einer Überprüfung zu unterziehen ist. So wird bspw. diskutiert, ob die aufgezeigte Organisationsstruktur zu reformieren ist.

Hierbei geht es u. a. um die zukünftige Zusammensetzung des Board und die Wahl der Mitglieder. Ebenso steht das Verhältnis zu den nationalen Normsetzern zur Debatte. Gleichzeitig wird jedoch auch über eine mögliche Überarbeitung des in der Folge näher erörterten Conceptual Framework nachgedacht.
Hinter dieser Facette von Fragen geht es jedoch im Kern um die grundlegende Ausrichtung des IASC, die nach 24jähriger Tätigkeit eines erneuten Überdenkens bedarf. Die Themen können dabei auf die folgenden Kernfragen zurückgeführt werden:

- Was sollten die Ziele des IASC sein?
- Mit welcher Struktur kann es diese am besten erreichen?

Um den notwendigen Reformprozeß in Gang zu bringen, wurde kürzlich seitens des IASC die Strategy Working Party gebildet. Ihr erstes Treffen fand im Juli 1997 statt. Von deutscher Seite gehört ihr Dr. Werner Seifert (Deutsche Börse AG) an.

4.2 Normsetzungsprozeß

Der Normsetzungsprozeß des IASC, also die Erarbeitung eines IAS, ist gekennzeichnet durch

- ein zuständiges Steering Committee und den Projekt-Manager/Berater,
- ein formalisiertes Normierungsverfahren (due process) und
- die Abstimmung und Kooperation mit anderen Organisationen und Normsetzern.

4.2.1 Steering Committee

Zu Beginn eines Projektes benennt der Board jeweils ein Steering Committee. Es wird häufig auch als Lenkungsausschuß bezeichnet. Hierbei handelt es sich um eine jeweils nur für ein bestimmtes Normsetzungsprojekt eingesetzte, ehrenamtlich tätige Arbeitsgruppe. Derzeit sind elf derartige Steering Committees mit der Entwicklung bzw. Überarbeitung eines IAS betraut (vgl. hierzu das in Abb. 12 wiedergegebene Arbeitsprogramm des IASC).
Ein Steering Committee setzt sich aus Mitgliedern, die den im Board vertretenen Ländern bzw. Organisationen sowie den Mitgliedern der Consultative Group entstammen, zusammen. Um im Rahmen des Normsetzungsprozesses den Einbezug möglichst vieler Interessen sicherzustellen, wird bei der Berufung der einzelnen Mitglieder darauf geachtet, daß sich sowohl in geographischer als auch in fachlicher Hinsicht eine Mischung ergibt. Aus diesem Grund weisen die Steering Committees auch eine unterschiedliche Größe von sechs bis zu zehn Mitgliedern auf.
Neben den stimmberechtigten Mitgliedern gehören den Steering Committees auch technische Berater, welche die einzelnen Steering Committee-Mitglieder bei ihrer Arbeit unterstützen, und Beobachter an. Diese dürfen offiziell nicht mit abstim-

men, nehmen aber an den Erörterungen teil. Besondere Bedeutung kommt dabei den regelmäßig anwesenden Beobachtern der EU und der International Organisation of Securities Commissions (IOSCO) zu. Schließlich sind seitens des IASC auch der technische Direktor, der zuständige Projekt-Manager und, sofern ein solcher bestimmt worden ist, der Projekt-Berater anwesend.
Abb. 9 zeigt exemplarisch für das sog. Presentation Project (Überarbeitung von IAS 1, IAS 5 und IAS 13 zu einem neuen Standard), wie die Zusammensetzung ausgestaltet sein kann.

Vorsitzender:	H. Kleekämper (Deutschland)
Mitglieder:	D. C. Damant (Finanzanalyst)
	K. van Oostveldt (Belgien)
	T. Seah (Malaysia)
	I. Sommerville (Südafrika)
Projekt-Manager:	T. Harding
Projekt-Berater:	A.-K. Achleitner
Beobachter:	M.-C. Batt (Europäische Kommission)
	J. Salomon (IOSCO)

Abb. 9: Mitglieder des Steering Committee ‚Presentation of Financial Statements'

Im Rahmen des in der Folge dargestellten Normierungsverfahrens berät und erarbeitet das Steering Committee in jeweils zweitägigen Sitzungen die einzelnen Entwürfe des Standards. Hierbei wird es unterstützt durch den Projekt-Manager im technischen Stab. Er übernimmt i.d.R. die notwendigen Recherche- und später auch Formulierungsarbeiten. Darüber hinaus werden bei manchen Projekten auch Projekt-Berater herangezogen, welche einen Teil der vorgelagerten Forschungstätigkeit – oder auch die gesamte Tätigkeit eines Projekt-Managers – übernehmen. Eine besondere Rolle kommt dem Vorsitzenden (Chairman) des Steering Committee zu. Er leitet und kanalisiert die Diskussion im Rahmen des Steering Committees, koordiniert die Arbeiten mit dem technischen Stab und ggf. dem Projekt-Berater und präsentiert sowohl dem Board als auch der Consultative Group die einzelnen Arbeitsergebnisse. Zur Sicherstellung der hierfür notwendigen Autorität wird immer ein Board-Mitglied zum Vorsitzenden eines Steering Committee bestellt.

4.2.2 Normierungsverfahren

Die Entwicklung eines neuen IAS erfolgt, wie im anglo-amerikanischen Raum üblich, entlang eines vorgegebenen Normsetzungs- und Vernehmlassungsverfahrens, dem sog. due process. Dieser erstreckt sich i.d.R. über drei bis vier Jahre. Er kann jedoch auch, wie bei der Normierung des Themenkreises der Finanzinstrumente, einen bedeutend längeren Zeitraum in Anspruch nehmen. Im Rahmen des Nor-

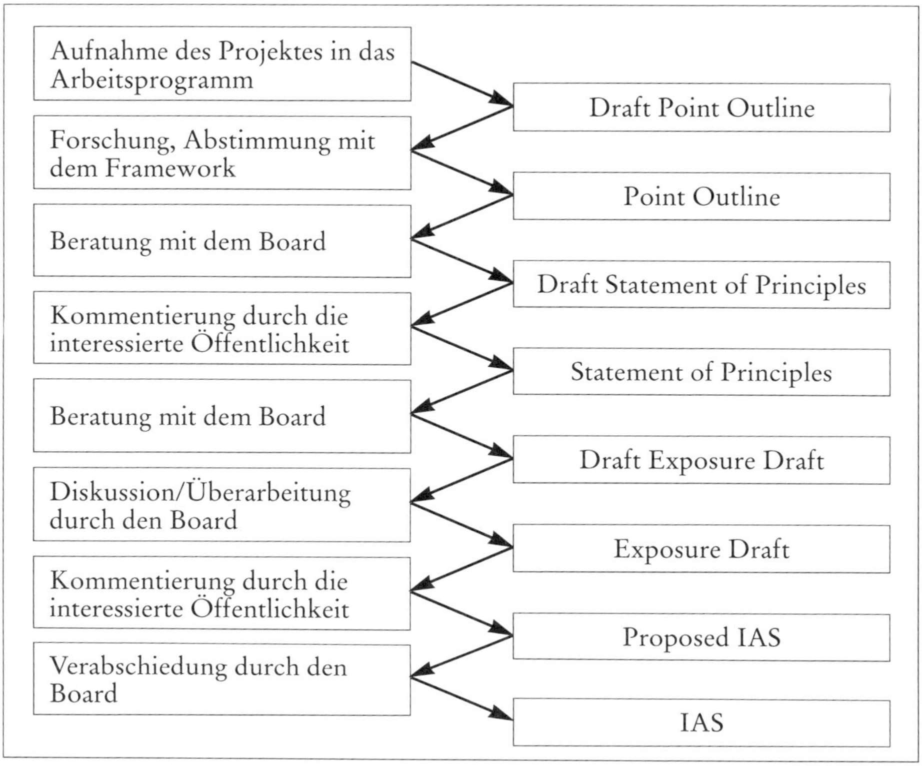

Abb. 10: Normierungsverfahren des IASC

mierungsverfahrens markieren die einzelnen Dokumente dabei Stadien in der Entwicklung des Standards (siehe Abb. 10).

Der Anstoß zu einem neuen Projekt, also zur Entwicklung eines neuen Standards oder zur Überarbeitung eines bestehenden IAS, kann grundsätzlich von jedem Gremium des IASC, aber auch seitens der interessierten Öffentlichkeit, erfolgen. Diese Vorschläge werden durch Mitarbeiter des IASC formuliert, begründet und dem Board zur Entscheidung vorgelegt. Bei positivem Entscheid wird der betreffende Vorschlag als Projekt in das Arbeitsprogramm des IASC aufgenommen.

In einem ersten Schritt werden Informationen aus den bestehenden Regelwerken nationaler Rechnungslegungskommissionen, wissenschaftlichen Quellen, Diskussionspapieren und Lehrbüchern zu den angesprochenen Problembereichen gesammelt, um sich einen Überblick über denkbare Lösungsmöglichkeiten zu verschaffen. Im Anschluß an die Auswertung des Materials werden ein *Draft Point Outline (DPO)* und nach einer Überarbeitung ein *Point Outline (PO)* vom Steering Committee verabschiedet und dem Board zur Beratung vorgelegt. In diesem Dokument wird das Thema abgegrenzt, und die zu beratenden Punkte werden festgelegt.

Unter Berücksichtigung der Einwände und der vom Board vorgeschlagenen Modifikationen erarbeitet das Steering Committee ein *Draft Statement of Principles (DSOP)*. Hierin werden neben den diskutierten alternativen Regelungsvorschlägen sämtliche Rechnungslegungsprinzipien, die angewandt werden, beschrieben und erläutert. Darüber hinaus werden die Gründe der Bevorzugung und Ablehnung einzelner Ansätze dargelegt. Dieses Grundlagenpapier wird an die Mitgliedsorganisationen des IASC und die interessierte Öffentlichkeit mit der Aufforderung zur Stellungnahme versandt. Ziel dieses Vorgehens ist es, schon sehr früh die Meinung aller Interessengruppen einzuholen. Hierdurch soll verhindert werden, daß zu einem späteren Zeitpunkt, wenn der Vorschlag schon nahezu vollständig ausgearbeitet worden ist, erneut Diskussionen zu Grundsatzfragen aufkommen. Auf der Basis der eingegangenen Kommentare legt das Steering Committee dem Board das *Statement of Principles (SOP)* zur Beratung und Verabschiedung vor. Dieses wird zwar nicht veröffentlicht, auf Anfrage aber auch der interessierten Öffentlichkeit zugänglich gemacht.

Unter Zugrundelegung des Statement of Principles und der hierzu eingegangenen Stellungnahmen entwirft das Steering Committee einen *Draft Exposure Draft*. Dieser wird dem Board zur Diskussion und Überarbeitung vorgelegt und bei Zustimmung einer Zweidrittelmehrheit als *Exposure Draft (E)* veröffentlicht. Die Erfahrungen der letzten Jahre zeigen, daß es sogar zu diesem Zeitpunkt noch zu bedeutenden Änderungen kommen kann. Nach einem weiteren Vernehmlassungsverfahren und der Berücksichtigung der aus der Öffentlichkeit zugesandten Stellungnahmen wird der Exposure Draft zu einem *Proposed International Accounting Standard* überarbeitet und anschließend dem Board zur Verabschiedung weitergeleitet. Für die Annahme des Proposed International Accounting Standard als *International Accounting Standard* ist eine Dreiviertelmehrheit des Board erforderlich.

Abweichend von diesem „idealtypischen Entwicklungsprozeß“ kann der Board jedoch jederzeit die Wiederholung einzelner Teilabschnitte, die ausführliche Diskussion eines Themas oder die Veröffentlichung weiterer Diskussionspapiere beschließen.

4.2.3 Zusammenarbeit mit anderen Organisationen und Normsetzern

Das IASC arbeitet im Rahmen seiner Tätigkeit als Normsetzer eng mit anderen Organisationen und Normierungsgremien zusammen. Auf staatlicher Ebene sind dies die beiden Arbeitsgruppen der Organisation for Economic Co-operation and Development (OECD) und der United Nations Organisation (UNO). Im Hinblick auf die Einbindung nicht-staatlicher Organisationen in die Normierungstätigkeit kooperiert das IASC vor allem mit den Berufsverbänden, so auf internationaler Ebene der International Federation of Accountants (IFAC) und auf europäischer Ebene der Fédération des Experts Comptables Européens (FEE).

Des weiteren sind der Direktor für den Bereich Gesellschaftsrecht/Rechnungslegung der Europäischen Kommission (z.Zt. Prof. Dr. Karel van Hulle), und ein

Mitglied der US-amerikanischen Rechnungslegungskommission, dem Financial Accounting Standards Board (FASB), als Beobachter im Board vertreten. Sie dürfen nicht abstimmen, nehmen aber an den Diskussionen teil. Zudem können für die EU die einzelnen Mitgliedstaaten, die im Board vertreten sind, stimmen. Ebenfalls Beobachterstatus besitzt die IOSCO, und auch China darf, sobald eine Berufsorganisation des chinesischen Berufsstandes Mitglied der IFAC und damit zugleich auch des IASC wird, einen Beobachter entsenden.
Das IASC ist darüber hinaus bemüht, den Kontakt mit den wichtigsten nationalen Standardsetzern zu verbessern. Aus diesem Grund finden seit einigen Jahren regelmäßig Treffen mit diesen statt, um Positionen zu aktuellen Fragen zu diskutieren und Projekte zu koordinieren. Dabei kommt es vermehrt zu Kooperationen bei der Entwicklung neuer Standards, insb. mit den Rechnungslegungskommissionen aus den Vereinigten Staaten, Australien, Kanada, Neuseeland und Großbritannien. Dies trifft bspw. für die Themengebiete Finanzinstrumente, Rückstellungen und Segmentberichterstattung zu.

4.3 Anwendung der IAS

4.3.1 Bestehende Einsatzmöglichkeiten

Die IAS werden international in verschiedener Weise verwendet:
- als Richtschnur für die Berufsverbände,
- als Basis zur Entwicklung nationaler Normen,
- als nationale Normen und
- als Normensystem für die Berichterstattung internationaler Unternehmen.

In den ersten Jahren wurden die IAS vor allem von den nationalen Berufsverbänden als Richtschnur für die Beurteilung eigener neuer Standards verwendet. Darüber hinaus haben einige Länder die IAS bei der Entwicklung ihrer nationalen Normen als Grundlage berücksichtigt, während andere Länder sie mehr oder weniger stark in ihre Gesetzgebung einbezogen (bspw. Südafrika, Mexiko) bzw. einige oder sogar alle IAS unverändert als nationale Standards übernommen haben. Letzteres gilt insb. für Entwicklungs- und Schwellenländer, denen entweder die Zeit oder die fachlichen Ressourcen für eine schnelle Einführung international anerkannter eigener Rechnungslegungsvorschriften fehlten (bspw. Kroatien, Oman, Singapur, Swaziland, Simbabwe, Zypern; z. T. Bahrain und Indonesien).
Werden die IAS als Basis zur Entwicklung nationaler Normen verwandt, so kann dies sowohl verbindliche als auch freiwillig zu befolgende Normen betreffen. Bei der Wahl der IAS als national verbindliche Norm ist zu unterscheiden zwischen Staaten, welche sie in ihr Gesellschaftsrecht aufnehmen, und Börsen oder Börsenaufsichtsbehörden, die sie als Zulassungsvoraussetzungen verbindlich vorschreiben (letzteres bspw. seitens der Deutschen Börse AG für den sog. „Neuen Markt" als neu geschaffenes Börsensegment an der Frankfurter Börse alternativ zu den US-GAAP; siehe hierzu auch Kapitel 5).

Seit Beginn der 90er Jahre wendet eine zunehmende Zahl international tätiger Unternehmen, heute über 200, die IAS für ihre externe Berichterstattung an. Neben der Schweiz sind insb. Unternehmen aus Frankreich, Italien und Großbritannien zu nennen. Maßgebend ist hierbei die Absicht, den zunehmenden Kapitalbedarf durch die Erschließung der internationalen Kapitalmärkte befriedigen zu können. Ein solches Vorhaben setzt jedoch eine international anerkannte Rechnungslegung voraus.
Bei der freiwilligen Anwendung der IAS kommt den großen Wirtschaftsprüfungsgesellschaften eine besondere Rolle zu. Aufgrund der fehlenden Gesetzeskraft der IAS und der Nichtexistenz eines Gerichtes oder Aufsichtsorgans kommt ihnen, vor allem bis zu einer ausführlichen Kommentierung seitens des neu geschaffenen SIC, faktisch die Rolle des Interpreten oder des Schiedsrichters bei der Auslegung der einzelnen Standards zu. Es liegt in ihrem Ermessen, unter welchen Umständen sie die Konformität eines Jahresabschlusses mit den IAS bestätigen. Darüber hinaus sind sie auch maßgeblich an der Einführung und Durchsetzung der Normen beteiligt.

4.3.2 Zusammenarbeit mit der IOSCO

Seit 1987 arbeitet das IASC mit der International Organisation of Securities Commissions (IOSCO), der internationalen Vereinigung der Börsenaufsichtsbehörden, zusammen. Die IOSCO hat darauf verzichtet, ein eigenständiges Werk von Rechnungslegungsnormen zu erstellen. Ziel beider Organisationen ist es vielmehr, ein gemeinsam anerkanntes Regelwert zu erarbeiten. Nach der Überarbeitung der IAS will die IOSCO ihren Mitgliedern – darunter auch die US-amerikanische Wertpapieraufsichtsbehörde, die Securities and Exchange Commission (SEC) – die weltweite Akzeptanz der IAS-Rechnungslegungsnormen empfehlen.
Als Voraussetzung für die Anerkennung verlangte die IOSCO jedoch, daß die IAS in bezug auf die bisher gewährten Spielräume und Wahlrechte eingeengt werden. Ziel war es, die Vergleichbarkeit der Abschlüsse zu verbessern. Gleichzeitig wurde eine Ausweitung der Angabepflichten sowie eine weitgehende Anleitung zur Umsetzung der IAS-Vorschriften angestrebt. Das IASC hat daher im Zuge des sog. Comparability-Project zahlreiche Änderungen der bestehenden Normen vorgenommen; z.Zt. werden weitere Standards revidiert und neue Regelungen zu aktuellen Problembereichen erarbeitet.
Bis zum gegenwärtigen Zeitpunkt hat die IOSCO jedoch nur IAS 7 ‚Cash Flow Statements' anerkannt. Eine Anerkennung des gesamten Normensystems wird seitens des IASC für 1998 avisiert. Die endgültige Anerkennung könnte den IAS zum weltweiten Durchbruch verhelfen. Dies ist insb. wichtig im Hinblick auf ihre Konkurrenz mit den US-Generally Accepted Accounting Principles (US-GAAP). Die Überarbeitung der Normen bedingt jedoch einen bedeutsamen Schritt in Richtung einer anglo-amerikanischen, investororientierten Rechnungslegung sowie eine beachtliche Ausweitung der Normen.

4.4 Historische Entwicklung der IAS

Die Entwicklung der heutigen Rechnungslegungsnormen des IASC erfolgte in mehreren zeitlichen Abschnitten. Im einzelnen lassen sich dabei mit Kleekämper folgende drei Phasen unterscheiden[5]:

- Entwicklung der Standards,
- Erarbeitung des Framework und Reduzierung von Wahlrechten und
- laufende Vervollständigung der sog. Core Standards der IOSCO.

4.4.1 Entwicklung der Standards

In der ersten Phase zwischen 1973 und 1988 entstanden fast alle der heute bestehenden IAS in ihrer ursprünglichen Fassung. Da die konzeptionelle Behandlung der wesentlichen Problembereiche in einer für den Fachmann verständlichen Form und nicht die detaillierte Regelung einzelner Sachverhalte im Vordergrund stand, sind diese IAS relativ offen gehalten. Es wurden primär Bewertungs- und Offenlegungsnormen und nur sekundär Gliederungsnormen geschaffen. Unbrauchbare oder wenig verbreitete Bilanzierungsmethoden wurden eliminiert. In jenen Bereichen, in denen konträre Auffassungen vorhanden waren, sah man jedoch – analog dem Vorgehen bei den EG-Richtlinien – Wahlrechte vor. Die IAS dieser Phase sind daher sowohl mit den EG-Richtlinien als auch den US-GAAP vereinbar.

4.4.2 Erarbeitung des Framework und Reduzierung von Wahlrechten

Der Beginn der Zusammenarbeit mit der IOSCO markiert einen Wendepunkt in der Normsetzungstätigkeit des IASC. In der hierdurch eingeleiteten zweiten Phase von 1989 bis 1993 wurde das Framework geschaffen und im Rahmen des sog. Comparability-Project (E 32) wurde die Zahl der von den bestehenden Standards eingeräumten Wahlrechte deutlich reduziert.

Das ‚Framework for the Preparation and Presentation of Financial Statements', welches 1989 verabschiedet wurde und allen IAS voransteht, gibt den theoretischen Rahmen für die Entwicklung der IAS vor. In enger Anlehnung an das US-amerikanische Vorbild werden hier die konzeptionellen Grundlagen der IASC-Normsetzung erörtert. Dem Framework des IASC, das in Kapitel 8 näher erläutert wird, kommt zwar nicht die Verbindlichkeit eines Standards zu, es stellt jedoch ein wichtiges Instrument bei der Auslegung bestehender und der Entwicklung neuer IAS dar.

Im Rahmen des sich hieran anschließenden Comparability-Project zur Erhöhung der Vergleichbarkeit von Jahresabschlüssen gemäß IAS, welches 1989 mit der Veröffentlichung des Entwurfs E 32 begann und 1993 abgeschlossen wurde, wurden 10 bestehende IAS überarbeitet und im Zuge dessen 29 Wahlrechte gestrichen. Hierbei handelte es sich insb. um die kontinental-europäischen Regelungsalterna-

[5] Kleekämper (Aktivitäten), S. 110.

tiven. Bei den im Zuge von E 32 nicht gestrichenen Wahlrechten unterscheidet das IASC darüber hinaus zwischen einer bevorzugten Behandlungsmethode (benchmark treatment) und einer zulässigen Alternative (allowed alternative treatment). Im Ergebnis ist es aufgrund dieser Überarbeitungen unmöglich geworden, einen Abschluß zu erstellen, der in allen wesentlichen Punkten sowohl IAS- als auch HGB-konform ist.

4.4.3 Vervollständigung der Core Standards der IOSCO

Ende 1994 hat der Board einen Arbeitsplan mit Blickrichtung auf die angestrebte IOSCO-Anerkennung verabschiedet. Er hat damit eine neue Phase in der Normsetzungstätigkeit eingeläutet. In den kommenden Jahren steht insb. die Realisierung der über E 32 hinausgehenden Anforderungen der IOSCO in Form einer Liste sog. Core Standards, die vom IASC erfüllt werden muß, im Vordergrund. In diesem Zusammenhang hat eine 1994 ergangene Stellungnahme der IOSCO zu 24 Einzelstandards 14 als akzeptabel und 4 als inakzeptabel bezeichnet. Bei 6 weiteren IAS wartet das IOSCO noch die laufende Überarbeitung durch das IASC ab. Der Appendix im Anschluß an dieses Kapitel zeigt die Stellungnahme der IOSCO zu den einzelnen Standards (siehe Abb. 11) sowie das aktuelle und zukünftige Arbeitsprogramm des IASC (siehe Abb. 12).

4.5 Appendix: Bestehende IAS und Arbeitsplan

4.5.1 Heutiges Normenwerk

Die folgende Abb. 11 gibt eine Übersicht über das bestehende Normenwerk des IASC und führt dabei zusätzlich jeweils den Status hinsichtlich der IOSCO-Anerkennung an. Bei einem inhaltlichen Blick auf die Standards wird dabei deutlich, daß die IAS nicht in einem durchgehenden Prozeß geschaffen wurden, sondern kasuistisch zustande kamen. So besteht kein direkter Zusammenhang in der Abfolge der Standards. Zudem sind IAS 3 ‚Consolidated Financial Statements' und IAS 6 ‚Accounting Responses to Changing Prices' nicht mehr aufgeführt, da IAS 3 durch IAS 27 ‚Consolidated Financial Statements and Accounting for Investments in Subsidiaries' sowie IAS 28 ‚Accounting for Investments in Associates' bzw. IAS 6 durch IAS 15 ‚Information Reflecting the Effects of Changing Prices' überholt wurden. IAS 15 wurde jedoch seinerseits 1984 vom Board ausgesetzt, da er international nicht durchsetzbar war.

4.5.2 Arbeitsprogramm des IASC

Das in Abb. 12 (S. 60) aufgeführte Arbeitsprogramm des IASC ist im wesentlichen durch die mit der für 1998 angestrebten Anerkennung seitens der IOSCO verknüpften Vorgaben gekennzeichnet.

Standard		Status
IAS 1	Disclosure of Accounting Policies	in Überarbeitung durch IASC (E 53 Presentation of Financial Statements)
IAS 2	Inventories	akzeptierbar durch IOSCO
IAS 3	–	aufgehoben
IAS 4	Depreciation Accounting	nicht überprüft durch IOSCO
IAS 5	Information to be Disclosed in Financial Statements	in Überarbeitung durch IASC (E 53 Presentation of Financial Statements)
IAS 6	–	aufgehoben
IAS 7	Cash Flow Statements	akzeptiert durch IOSCO
IAS 8	Net Profit or Loss for the Period, Fundamental Errors and Changes in Accounting Policies	akzeptierbar durch IOSCO
IAS 9	Research and Development Costs	in Überarbeitung durch IASC
IAS 10	Contingencies and Events Occurring After the Balance Sheet Date	abgelehnt durch IOSCO
IAS 11	Construction Contracts	akzeptierbar durch IOSCO
IAS 12	Accounting for Taxes on Income	durch IASC überarbeitet (1996), noch nicht durch IOSCO überprüft
IAS 13	Presentation of Current Assets and Current Liabilities	in Überarbeitung durch IASC (E 53 Presentation of Financial Statements)
IAS 14	Reporting Financial Information by Segment	durch IASC überarbeitet (1997), noch nicht durch IOSCO überprüft
IAS 15	Information Reflecting the Effects of Changing Prices	nicht überprüft durch IOSCO (vom IASC-Board ausgesetzt, Anwendung wird jedoch empfohlen)
IAS 16	Property, Plant and Equipment	akzeptierbar durch IOSCO
IAS 17	Accounting for Leases	abgelehnt durch IOSCO
IAS 18	Revenue	akzeptierbar durch IOSCO

Standard	Status
IAS 19 Retirement Benefit Costs	abgelehnt durch IOSCO, in Überarbeitung durch IASC (E 54 Employee Benefits)
IAS 20 Accounting for Government Grants and Disclosure of Government Assistance	akzeptierbar durch IOSCO
IAS 21 The Effects of Changes in Foreign Exchange Rates	akzeptierbar durch IOSCO
IAS 22 Business Combinations	akzeptierbar durch IOSCO
IAS 23 Borrowing Costs	akzeptierbar durch IOSCO
IAS 24 Related Party Disclosure	akzeptierbar durch IOSCO
IAS 25 Accounting for Investments	in Überarbeitung durch IASC (im Zusammenhang mit Financial Instruments)
IAS 26 Accounting and Reporting by Retirement Benefit Plans	nicht überprüft durch IOSCO
IAS 27 Consolidated Financial Statements and Accounting for Investments in Subsidiaries	akzeptierbar durch IOSCO
IAS 28 Accounting for Investments in Associates	akzeptierbar durch IOSCO
IAS 29 Financial Reporting in Hyperinflationary Economies	akzeptierbar durch IOSCO
IAS 30 Disclosures in the Financial Statements of Banks and Similar Institutions	nicht überprüft durch IOSCO
IAS 31 Financial Reporting of Interests in Joint Ventures	akzeptierbar durch IOSCO
IAS 32 Financial Instruments: Disclosure and Presentation	nicht überprüft durch IOSCO
IAS 33 Earnings per Share	(noch) nicht überprüft durch IOSCO

Abb. 11: Rechnungslegungsnormen des IASC

	Gegenwärtiger Status		Zukünftige Pläne	
Projekt	**Bestehende Standards**	**Vorliegende Vorschläge**	**Exposure Draft**	**IAS**
Pensionsverpflichtungen (Employee Benefits)	IAS 19	E 54		Oktober 1997
Zwischenberichterstattung (Interim Reporting)		DSOP	Juli 1997	Januar 1998
Rückstellungen und Eventualverpflichtungen (Provisions and Contingencies)	IAS 10	DSOP	Juli 1997	April 1998
Finanzinstrumente (Financial Instruments)	IAS 25 und 32	E 48 und DSOP	Oktober 1997	April 1998
Wertminderungen von Vermögensgegenständen (Impairment of Assets)	IAS 16 und 22	E 55		Januar 1998
Immaterielle Vermögensgegenstände, F&E, Goodwill (Intangible Assets, R&D, Goodwill)	IAS 4, 9 und 22	E 50	Juli 1997	April 1998
Eingestellte Geschäftstätigkeiten (Discontinuing Operations)	IAS 8	DSOP	Juli 1997	April 1998
Leasinggeschäfte (Leases)	IAS 17	E 32	April 1997	Oktober 1997
Segmentberichterstattung (Segment Reporting)	IAS 14	E 51		Juli 1997
Darstellung des Jahresabschlusses (Presentation of Financial Statements)	IAS 1,5 und 13	E 53		Juli 1997
Landwirtschaft (Agriculture)		DSOP	Oktober 1997	Oktober 1998

Abb. 12: Arbeitsprogramm des IASC

Literatur

Achleitner, Ann-Kristin
Die Normierung der Rechnungslegung: Eine vergleichende Untersuchung unterschiedlicher institutioneller Ausgestaltungen des nationalen und internationalen Standardsetzungsprozesses, Zürich 1995, insb. S. 95–107

Barckow, Andreas/Gräfer, Andreas
Aktuelle Entwicklungen und Tendenzen in der Arbeit des International Accounting Standards Committee (IASC), in: Der Betrieb 24/1997, S. 1189–1193

Behr, Giorgio/Achleitner, Ann-Kristin
Internationale Standards der Rechnungslegung, in: Beck'sches Handbuch der Rechnungslegung, hrsg. von E. Castan et al., 9. Ergänzungslieferung, München 1996, B 790

Bolin, Axel
Das International Accounting Standards Committee – Aufgaben, Organisation und Perspektiven, in: Die Wirtschaftsprüfung 4/1990, S. 482–486

Haller, Axel
Die Rolle des International Accounting Standards Committee bei der weltweiten Harmonisierung der externen Rechnungslegung, in: Der Betrieb 26–27/1993, S. 1297–1305

International Accounting Standards Committee
Annual Review 1996, London 1997

Kleekämper, Heinz
Aktivitäten und Tendenzen im IASC, in: IASC-Rechnungslegung, Beiträge zu aktuellen Problemen, hrsg. von D. Dörner/P. Wollmert, Düsseldorf 1995, S. 99–127

Kleekämper, Heinz
Aktuelle Entwicklungen beim IASC, in: Betriebswirtschaftliche Forschung und Praxis 4/1995, S. 414–431

Kleekämper, Heinz
Rechnungslegung aus der Sicht des IASC, in: Die deutsche Rechnungslegung vor dem Hintergrund internationaler Entwicklungen, hrsg. von J. Baetge, Düsseldorf 1994, S. 41–65

Kleekämper, Heinz/Kuhlewind, Andreas-Markus
Organisation, Entwicklung und Bedeutung des IASC, in: Rechnungslegung nach den International Accounting Standards (IAS), hrsg. von J. Baetge/D. Dörner/H. Kleekämper/P. Wollmert, Stuttgart 1997, S. 3–26

Koberg, Ann-Kristin
IASC: Zehn revidierte Standards – Weitreichende Folgen auch für Schweizer Unternehmen, in: Der Schweizer Treuhänder 1–2/1994, S. 15–22

Risse, Axel
Standard-Setting beim IASC: Mitwirkungsmöglichkeiten aus deutscher Sicht, in: Recht der Internationalen Wirtschaft 10/1995, S. 830–834

5 Bedeutung der IAS für deutsche Unternehmen

Lernziele

In diesem Kapitel erfahren Sie:

- warum Abschlüsse nach internationalen Standards für deutsche Unternehmen erheblich an Bedeutung gewinnen,
- für welche Gruppe von deutschen Unternehmen dies zutrifft,
- wann sich ein international tätiges Unternehmen für die Anwendung der IAS und nicht der US-GAAP entscheiden sollte,
- welchen Problemen sich ein auf IAS umstellendes Unternehmen im Hinblick auf die bestehenden gesetzlichen Vorschriften gegenübersieht,
- wie es die Umstellung strategisch angehen kann und
- welche regulatorischen Entwicklungen sich derzeit abzeichnen.

5.1 Notwendigkeit investororientierter Berichterstattung

5.1.1 Zunehmende Bedeutung internationaler Abschlüsse

Die deutsche Wirtschaft hat sich lange den internationalen Standards der Rechnungslegung verschlossen. So zählen die deutschen Wirtschaftsprüfer zwar zu den Gründungsmitgliedern des International Accounting Standards Committee (IASC), und auch in der Folgezeit nahm der Berufsstand an den Bemühun-

gen um die internationale Harmonisierung aktiv teil, jedoch fanden die hier erzielten Ergebnisse keine Berücksichtigung in der deutschen Bilanzierungspraxis.
Erst 1993 veröffentlichte Daimler Benz als erstes deutsches Unternehmen eine Überleitungsrechnung von Ergebnis und Eigenkapital gemäß deutschem Handelsrecht auf die entsprechenden Werte nach den US-Generally Accepted Accounting Principles (US-GAAP). Ein Jahr später berücksichtigten erstmalig einige deutschen Unternehmen in ihren Konzernabschlüssen die IAS-Normen. Seitdem ist allerdings ein deutlich gestiegenes Interesse an der internationalen Rechnungslegung zu verzeichnen. Abb. 13 zeigt auf, welche Abschlüsse mittlerweile auf IAS-Normen umgestellt wurden. Es sind damit die Umstellungsjahre 1994 und 1995 angesprochen. Für die Zeit danach ist damit zu rechnen, daß eine bedeutende Zahl weiterer Unternehmen mit einer Umstellung folgen wird.

Konzern	**Umstellungsjahr**
Adidas	1994
Bayer	1994
Heidelberger Zement	1994
Hoechst	1994
Schering	1994
Deutsche Bank	1995

Abb. 13: IAS-Anwender in Deutschland

Der Gesinnungswandel der deutschen Wirtschaft hin zur internationalen Rechnungslegung ist auf die zunehmende Bedeutung der internationalen Kapitalmärkte zurückzuführen. Neben diesem Faktor gelten jedoch auch für deutsche Unternehmen die in Kapitel 3 aufgeführten weiteren Vorteile der internationalen Harmonisierung, so insb. die Verminderung der Verwaltungskosten und der Vorteil eindeutiger Zielgrößen und Informationen durch die Konvergenz der internen und externen Rechnungslegung. An dieser Stelle sollte jedoch eine nähere Betrachtung der spezifisch deutschen Rahmenbedingungen erfolgen.

5.1.2 Kapitalmärkte als Treiber

Die dramatische Zunahme der internationalen Kapitaltransfers und die damit einhergehende Entwicklung der internationalen Kapitalmärkte hat die Spielregeln vor allem für kapitalsuchende Marktteilnehmer in den letzten Jahren erheblich verändert. So überstieg in den meisten Industrieländern der Anteil grenzüberschreitender Finanztransaktionen am Bruttoinlandsprodukt, der 1980 noch unter 10 % lag,

1992 bereits die 100%-Grenze. Das Volumen der internationalen Rentenmärkte hat sich von 1986 bis 1995 um mehr als 50% erhöht.
Dabei sehen sich mit wenigen Ausnahmen die öffentlichen Haushalte aller Industrieländer dem Dilemma der „Schuldenfalle" ausgesetzt. Hieraus hat sich ein noch intensiverer Wettbewerb um internationales Kapital entwickelt. Auch in Deutschland hat seit Beginn der neunziger Jahre vor allem wegen der fiskalpolitischen Folgen der deutschen Wiedervereinigung die Staatsschuld sprunghaft zugenommen. Darüber hinaus haben die ersten Körperschaften des öffentlichen Rechts erkannt, daß sich ihre Kapitalkosten im Rahmen eines effizienten Schuldenmanagements durch differenzierte Mittelaufnahme an den internationalen Märkten – verglichen zum Einsatz traditioneller (nationaler) Finanzierungsinstrumente – erheblich reduzieren lassen.
Da die Staaten als Emittent trotz ihrer hohen Verschuldung als Schuldner bester Bonität gelten, hat sich insb. für Unternehmen im Rahmen des massiven internationalen Finanzierungsbedarfs der Wettbewerb um anlagesuchendes Beteiligungs- und Schuldkapital der Investoren deutlich verschärft.
Aus dieser Entwicklung hat sich nicht nur ein Wettbewerb der Emittenten um Kapital entwickelt, sondern es stellt sich auch im Wettbewerb der Kapitalmärkte untereinander die Frage, welche besonders leistungsstark und ergiebig sind und damit die Bedürfnisse der Investoren und Emittenten bestmöglichst erfüllen können. So findet insb. der US-amerikanische Kapitalmarkt traditionell hinsichtlich seiner Liquidität, Effizienz und Innovationskraft als „Benchmark" für die anderen Kapitalmärkte Verwendung. Darüber hinaus besteht in den Vereinigten Staaten bei den Kapitalmarktteilnehmern (Wertpapieranalysten, Fondsmanager, Emissionsbanken etc.) ein besseres Sachverständnis für junge und komplexe Industrien, so bspw. für Unternehmen des High Tech- und Service-Bereichs. In der Konsequenz führt das vorhandene Branchen-Know-how der Beteiligten zu einer höheren Bewertung der Finanzierungstitel und damit auch zu niedrigeren Kapitalkosten für die Emittenten.
Schließlich muß bei der Inanspruchnahme der internationalen Kapitalmärkte auch bedacht werden, daß neben einem eigenen Rating insb. die höheren Publizitätsanforderungen internationaler Investoren zu erfüllen sind, um die Kreditwürdigkeit und Leistungsfähigkeit transparent zu machen.

5.1.3 Internationale Abschlüsse als Voraussetzung

Grundlegende Voraussetzung des Kontaktes mit potentiellen Kapitalgebern ist die Bereitschaft, ihnen aussagekräftige finanzielle Daten über das Unternehmen zur Verfügung zu stellen. Der Jahresabschluß stellt hierbei das entscheidende Kommunikationsinstrument dar. Hiermit ist jedoch nur der Konzernabschluß angesprochen. Während der Einzelabschluß – zumindest in den kontinental-europäischen Ländern und somit ebenso in Deutschland – v. a. Ausschüttungsbegrenzungs- und Steuerbemessungsfunktion besitzt und somit der nationalen Ebene verhaftet bleibt, ist es der Konzernabschluß, der auf der Basis einer eigenen Kon-

zernbilanzpolitik vor allem mit dem Ziel der Information der Kapitalgeber, d.h. zur Rechenschaftslegung, erstellt wird.
Beim Kontakt mit ausländischen Kapitalgebern besteht die in Kapital 2 eingehender erläuterte Problematik, daß die Art und Weise, wie die Jahresabschlußdaten erstellt und präsentiert werden, in den einzelnen Ländern stark divergieren. So folgen Ansatz, Bewertung und Ausweis der einzelnen Positionen häufig länderspezifischen Bilanzierungsgrundsätzen. Dabei können, vereinfacht dargestellt, mit der anglo-amerikanischen, anlegerorientierten und der kontinental-europäischen, gläubigerschutzorientierten Bilanzierungspraxis zwei grundlegend verschiedene Rechnungslegungstraditionen gegenübergestellt werden.
In Kapitel 3 wurden die verschiedenen Möglichkeiten der Bereitstellung vergleichbarer Informationen näher erörtert. An dieser Stelle sei daher nur zusammenfassend festgehalten, daß die ausländischen Kapitalgeber, welche v.a. aus dem angloamerikanischen Raum stammen, für die Bereitstellung finanzieller Mittel die Zurverfügungstellung von Daten verlangen, die nach ihnen vertrauten Normen erstellt werden. So ist es ihnen aufgrund der ungenügenden Kenntnisse doch nur eingeschränkt möglich, Jahresabschlüsse nach HGB zu analysieren. Dies gilt sowohl für die Kleinanleger als auch für die sehr viel bedeutenderen institutionellen Investoren, so bspw. die US-amerikanischen Pensionsfonds. In der Folge verlangen sie daher entweder einen Risikozuschlag und verteuern damit die Finanzierungskosten des Unternehmens, oder sie investieren grundsätzlich nicht in solche Unternehmen.
Darüber hinaus ist auch an vielen wichtigen Börsen die Notierung eines Unternehmens auf der Basis von HGB-Abschlüssen nicht möglich. Ein deutsches Unternehmen, das Zugang zu diesen Börsenplätzen erlangen möchte, ist daher gezwungen, bei seiner Berichterstattung international anerkannte Normen zugrundezulegen.
Hierbei steht ein deutsches Unternehmen heute vor der Alternative, entweder die US-amerikanischen Rechnungslegungsnormen (US-GAAP) oder die International Accounting Standards (IAS) anzuwenden. Die Frage, ob zum Zweck der internationalen Kapitalmarktberichterstattung besser IAS oder US-GAAP angewendet werden sollten, wird zur Zeit in der Theorie und Praxis noch kontrovers, und dabei fast glaubenskriegsähnlich, erörtert. In diesem Zusammenhang lassen sich für die Anwendung der IAS durch deutsche Unternehmen verschiedene konkrete Vor- und Nachteile anführen, die im nachfolgenden Abschnitt näher erläutert werden.

5.2 Vorteilhaftigkeit der IAS gegenüber US-GAAP

Die IAS weisen sowohl aus der Perspektive des rechnungslegenden Unternehmens als auch aus einer übergeordneten Warte gegenüber den US-GAAP eine Reihe von Vorteilen auf. Hierzu zählen:

- die international ausgerichtete Abgleichung der Rechnungslegungstraditionen,
- das einfachere Verständnis und die leichtere Anwendbarkeit der Normen,
- die Möglichkeit der Teilnahme am Normsetzungsprozeß und
- die Schnittstelle der IAS zur deutschen Rechnungslegung.

5.2.1 International ausgerichtete Abgleichung der Traditionen

Die international ausgerichtete Abgleichung der Rechnungslegungstraditionen weist zwei Dimensionen auf. Zum ersten bedeutet dies, daß das IASC nur mit der Setzung internationaler Normen befaßt ist. Fragestellungen, die für eine internationale Vergleichbarkeit nicht maßgeblich sind, fallen nicht in seinen Aufgabenbereich. Zum zweiten ist in diesem Zusammenhang wichtig, daß die IAS nicht vor einem bestimmten nationalen Hintergrund erstellt werden. Die Bedeutung dieses Umstandes wird deutlich, wenn man sich vor Augen führt, welche Auswirkungen die nationalen Rahmenbedingungen, allen voran das Rechts- und Wirtschaftssystem, die Eigentums- und Kapitalmarktstruktur und die Stellung des nationalen Berufsstandes auf die Rechnungslegung eines Landes besitzen. Das IASC ist aufgrund seines Fokus auf internationale Normen, die eine ausreichende Vergleichbarkeit der Jahresabschlüsse gewährleisten sollen, bemüht, etwaige Inkompatibilitäten zwischen den IAS und den spezifischen nationalen Rahmenbedingungen zu vermeiden. Der Vereinbarkeit der Normen mit dem jeweiligen nationalen Umfeld wird im Normsetzungsprozeß somit große Bedeutung beigemessen.
Die internationale Ausrichtung der IAS bedingt jedoch nicht nur die Abkoppelung von einem spezifischen Normsetzungshintergrund, sondern bewirkt auch, daß die bestehenden Rechnungslegungstraditionen bei der Normierung einbezogen werden. Anders als bei den US-GAAP, welche vollständig der anglo-amerikanischen, anlegerorientierten Bilanzierungsphilosophie verhaftet sind, wird seitens des IASC auch die kontinental-europäische, gläubigerschutzorientierte Tradition berücksichtigt. So werden bei der Standardkonzeption beide Sichtweisen in die Diskussion einbezogen. Ein besonderer Stellenwert kommt dabei der Tatsache zu, daß das IASC bemüht war und ist, keine Widersprüche zu den Regelungen der EG-Richtlinien zu schaffen.
Es sind jedoch zwei kritische Anmerkungen hierzu notwendig. Zum ersten führt beim IASC die Ausrichtung der Normsetzung am Framework, das seinerseits stark anglo-amerikanisch beeinflußt ist, dazu, daß kontinental-europäisches Gedankengut nur in dessen Schranken berücksichtigt werden kann. So gibt das Framework bspw. das anglo-amerikanische Verständnis des Vorsichtsprinzips wieder. Zum zweiten hat sich das IASC in den letzten Jahren im Bestreben, den Anforderungen der International Organisation of Securities Commissions (IOSCO) zu genügen, immer mehr dem US-amerikanischen Gedankengut zugewendet. So wurden denn auch in der letzten großen Reform, dem Comparability-Project, zahlreiche kontinental-europäisch motivierte Wahlrechte gestrichen oder aber als nur zulässige Alternative (allowed alternative treatment) „gebrandmarkt“. Im Ergebnis berücksichtigt das IASC damit zwar beide Traditionen, die anglo-amerikanischen Einflüsse überwiegen jedoch deutlich. Dies hat letztendlich zu einer kontinuierlichen Verringerung des Unterschiedes zwischen den IAS und den US-GAAP geführt.

5.2.2 Teilnahme am Normsetzungsprozeß

Die IAS entstehen, anders als die US-GAAP, die durch ein nationales Gremium geschaffen werden, im Rahmen eines internationalen Aushandlungsprozesses. Die Abstimmung erfolgt dabei konsultativ auf mehreren Ebenen. So sitzen schon in den einzelnen Steering Committees, die mit der Erarbeitung neuer Standards betraut sind, Vertreter mehrerer Länder. Gleiches gilt für die anderen Gremien, insb. den Board als das Exekutivorgan des IASC. Große Bedeutung kommt auch dem Vernehmlassungsverfahren zu, an welchem sich die interessierte Öffentlichkeit beteiligen kann.
Aus der Möglichkeit der Teilnahme am IASC-Normsetzungsprozeß ergeben sich zahlreiche Vorteile. So wird zu einem bestimmten Ausmaß der nationale Kontext mitberücksichtigt. Die deutsche Wirtschaft und der Berufsstand sind laufend in den Prozeß integriert. Damit entspringen die IAS nicht wie die US-GAAP einer „black box", sondern sind in gewissem Maße durch die interessierte Öffentlichkeit, allen voran die nationalen Normsetzer und Unternehmen, beeinflußbar und absehbar.
Grundvoraussetzung für die tatsächliche Realisierung dieser Vorteile ist jedoch, daß die Möglichkeiten der Einflußnahme auch aktiv genutzt werden. Dies ist zumindest in bezug auf das Vernehmlassungsverfahren nicht der Fall: deutsche Konzerne beteiligen sich, anders als bspw. die Schweizer Unternehmen, nur sehr zurückhaltend hieran. Es besteht jedoch bei den Beteiligten ein zunehmendes Bewußtsein, daß die anglo-amerikanische Dominanz im IASC durch diese passive Haltung selbst verschuldet ist und daß man sich von deutscher Seite mehr für die eigenen Interessen einsetzen sollte. Gegenwärtig kann daher auch auf dieser Ebene eine zunehmende deutsche Partizipation beobachtet werden.

5.2.3 Verständnis und Anwendbarkeit der Normen

Die IAS weisen schließlich gegenüber den US-GAAP einen weiteren wesentlichen Vorteil auf. So sind die IAS bedeutend einfacher handhabbar als die US-GAAP. Dies trifft sowohl auf die IAS-Normen für sich genommen als auch auf ihr Verhältnis zu den deutschen Vorschriften zu. Die bestehenden Wahlrechte innerhalb der IAS schränken hier in gewissem Umfang das Maß der notwendigen Umstellung etwas ein. So ist es den deutschen Konzernen möglich, bis auf einige Ausnahmen einen sog. dualen Konzernabschluß, der gleichzeitig sowohl den Vorschriften des HGB als auch den IAS-Bestimmungen entspricht, zu erstellen.
Hinsichtlich der Zahl der Standards besitzen die US-GAAP ungefähr den fünffachen Umfang der Bestimmungen des IASC. Die IAS sind zudem straffer und übersichtlicher gestaltet und beschränken sich auf das Wesentliche. Das IASC droht jedoch, diese traditionelle Stärke zu verlieren. Die Geschwindigkeit, mit der das Normensystem anwächst, ist bedenklich. Diese volumenmäßige Ausweitung ist Ausdruck einer zunehmenden Normenflut, durch welche die Befolgung der IAS an immer höhere Anforderungen geknüpft wird. Es wird für die Zukunft entscheidend sein, daß es dem IASC gelingt, diesem Trend Einhalt zu gebieten.

5.2.4 Schnittstelle zur nationalen Rechnungslegung

Ein weiterer, bedeutender Vorteil der IAS gegenüber den US-GAAP besteht in der möglichen Schnittstelle der IAS mit den nationalen Normen. Diese ist deshalb von Bedeutung, weil sich – in Folge der zunehmenden Umstellung von Konzernabschlüssen auf internationale Rechnungslegungsnormen – eine Spaltung der Berichterstattung abzeichnet. Während sich nämlich der Konzernabschluß an den IAS oder US-GAAP ausrichtet, verbleibt der Einzelabschluß unter dem Einfluß der nationalen Normierung. Diese Entwicklung wirft nun zwei grundlegende Fragen auf. Zum ersten stellt sich die Frage, nach welchen Normen die Berichterstattung nicht international tätiger Konzerne erfolgt. Des weiteren ist zu untersuchen, inwieweit die Normen der Konzernrechnungslegung und jene der Rechnungslegung des Einzelabschlusses ineinander greifen müssen.

Aufgrund der Tatsache, daß der Vergleichbarkeit der Daten nicht nur auf internationaler, sondern auch auf nationaler Ebene eine hervorragende Bedeutung zukommt, sollten Konzernabschlüsse eines Landes, unabhängig von ihrer nationalen oder internationalen Orientierung, auf einem gemeinsamen Grundgerüst aufbauen. Gleichzeitig sollte eine Abstimmung der Normen des Einzel- und Konzernabschlusses angestrebt werden. Im Ergebnis drängt sich damit eine gewisse *Stufenordnung der Rechnungslegung* auf. Es ist hiernach die Größe eines Unternehmens sowie das Ausmaß seiner internationalen Tätigkeit sowohl auf den Produkt- als auch den Finanzmärkten, die das zugrundezulegende Normensystem festlegt.

Die Normierungstätigkeit des IASC ermöglicht es, die einzelstaatliche Normsetzung mit der internationalen zu verzahnen. So können durch eine nationale Rechnungslegungskommission Standards erlassen werden, die sowohl für den Einzel-, v.a. aber auch für den Konzernabschluß jene Vorschriften aus den IAS-Normen destillieren, die auch von nur national ausgerichteten Konzernen zu befolgen sind. In der Schweiz bspw. ist dieses Konzept bereits verwirklicht: Hier werden stufenmäßig die gesetzlichen Bestimmungen des Obligationenrechts, die Fachempfehlungen zur Rechnungslegung (FER) und die IAS-Normen angewendet. Alle Unternehmen müssen das Gesetz befolgen und können darüber hinaus die Fachempfehlungen anwenden und damit die Anerkennung der Finanzanalysten erlangen. Sofern sie börsennotiert sind, schreibt ihnen das Kotierungsreglement der Schweizer Börsen jedoch deren Befolgung verbindlich vor. Im Falle international agierender Unternehmen zeigt sich, daß diese freiwillig internationale Normen befolgen. Für welches Konzept sie sich hierbei entscheiden, hängt von ihrer Größe und internationalen Orientierung ab. Kleinere Unternehmen wenden auch die EG-Richtlinien an, alle maßgeblichen Unternehmen jedoch die IAS. Die US-GAAP haben sich in der Schweiz hingegen nicht durchgesetzt.

Deutschland kennt noch keine Standards der Rechnungslegung, welche über das HGB hinausgehen. Es hat jedoch derzeit eine Diskussion begonnen, die darauf abzielt, auch hier eine private Rechnungslegungskommission ins Leben zu rufen. Zudem schreibt das Börsenreglement für das Segment des „Neuen Marktes" der Frankfurter Börse die Anwendung der IAS oder der US-GAAP vor.

5.3 Probleme bei der Anwendung von IAS

Obwohl die IAS im Vergleich zu den US-GAAP eindeutig besser geeignet erscheinen, eine international vergleichbare Kapitalmarktberichterstattung zu etablieren, ergeben sich jedoch bei ihrer Anwendung verschiedene Probleme. Hierzu zählen:

- die häufig gegebene Notwendigkeit zweier Abschlüsse,
- die noch ausstehende Anerkennung der IAS durch die International Organisation of Securities Commissions (IOSCO),
- die Unsicherheit hinsichtlich der Auslegung der IAS und
- die Frage ihrer Durchsetzung.

5.3.1 Notwendigkeit zweier Abschlüsse

Ein wesentliches Problem bei der Erstellung eines international vergleichbaren Konzernabschlusses für ein deutsches Unternehmen resultiert aus der bestehenden rechtlichen Situation. So muß ein deutscher Konzernabschluß gemäß geltendem Recht vollständig den Bestimmungen des HGB entsprechen. Das HGB kennt nicht die Möglichkeit eines sog. befreienden Konzernabschlusses. Hiernach ist ein Unternehmen, das einen gleichwertigen Abschluß nach internationalen Bilanzierungsregelungen vorlegt, von der Notwendigkeit zur Erstellung eines Konzernabschlusses nach nationalen Standards befreit.
Ein eingehender Vergleich der IAS und US-GAAP mit dem deutschen Bilanzrecht zeigt nun, daß es nicht möglich ist, einen Konzernabschluß zu erstellen, der in allen Punkten sowohl dem deutschen Bilanzrecht als auch den US-GAAP resp. den IAS gerecht wird. Galt dies schon immer in bezug auf die US-amerikanischen Bilanzierungsnormen, so wurde diese Situation in bezug auf die IAS erst durch die Streichung der Wahlrechte im Zuge der angestrebten Anerkennung durch die IOSCO ausgelöst. Im Ergebnis sind seitdem die HGB- und die IAS-Normen – mit Blick auf das gesamte Normengerüst – nicht mehr kompatibel. Es bestehen hingegen mehrere Widersprüche. Ob die Widersprüche zwischen den HGB- und den IAS-Normen im Einzelfall dazu führen, daß zwei Abschlüsse notwendig sind, entscheidet sich im Einzelfall. So sind viele Unternehmen aufgrund ihrer Tätigkeit nicht von diesen Differenzen – bspw. bei der Behandlung langfristiger Aufträge oder der Entwicklungskosten – betroffen.
Im Ergebnis ist daher festzuhalten, daß zum heutigen Zeitpunkt sowohl die Vorlage eines US-GAAP- als häufig auch eines IAS-konformen Abschlusses einen deutschen Konzern vor die Notwendigkeit stellt, zwei Abschlüsse resp. Überleitungsangaben zum deutschen Abschluß vorzulegen. Gegenwärtig liegt jedoch vom Bundesjustizministerium der Entwurf eines sog. Kapitalaufnahmeerleichterungsgesetzes (KAEG) vor. Dieser Gesetzesentwurf gestattet deutschen Unternehmen, unter bestimmten Bedingungen Konzernabschlüsse nach IAS oder nach ausländischen Bilanzierungsvorschriften aufzustellen. Diese Abschlüsse befreien die berichterstattenden Unternehmen dann von der Pflicht zur Erstellung eines

konsolidierten Abschlusses nach den Bestimmungen des HGB. Die Notwendigkeit zweier Abschlüsse, und damit ein wesentlicher Nachteil bei der Anwendung internationaler Normen, würde folglich mit der Verabschiedung des Gesetzesentwurfs entfallen.

5.3.2 Ausstehende IOSCO-Anerkennung

Der maßgebliche Grund für ein Unternehmen, die US-GAAP und nicht die IAS anzuwenden, stellt die fehlende Anerkennung der IAS-Normen seitens der IOSCO dar. Solange ein Abschluß nach IAS nicht ausreicht, um an der New Yorker Börse zugelassen zu werden, müssen Unternehmen, die einen solchen Börsengang beabsichtigen, einen Abschluß nach US-GAAP vorlegen. Es ist, wie in Kapitel 4 eingehender behandelt, das erklärte Ziel des IASC, die Anerkennung der IOSCO so bald wie möglich zu erlangen. Das IASC strebt dabei für 1998 die umfassende Anerkennung durch die IOSCO an. Zum gegenwärtigen Zeitpunkt sind jedoch erst zwei IAS von der IOSCO anerkannt worden. Insofern ist nicht klar, ob dieses Ziel tatsächlich erreicht werden kann oder nicht.
Vor diesem Hintergrund wird deutlich, warum ein deutscher Konzern, der für die nächsten drei Jahre den Gang an die New York Stock Exchange (NYSE) beabsichtigt, zum heutigen Zeitpunkt, auch wenn dies nachteiliger ist, eine Umstellung auf US-GAAP vornehmen muß. So muß ein Börsengang langfristig geplant und vorbereitet werden. Darüber hinaus ist es notwendig, eine ungebrochene Zahlenreihe für mehrere Jahre auf der Basis der betreffenden Standards vorzulegen. Da heute noch keine Gewißheit besteht, ob die IAS tatsächlich anerkannt werden, kann es aus Gründen der Planungssicherheit angeraten sein, auf die US-amerikanischen Bilanzierungsvorschriften umzustellen.
Sofern sich Unternehmen aus diesen Gründen für die Anwendung der US-GAAP entscheiden, bietet es sich jedoch an, daß sie bei der Umstellung die in den US-GAAP enthaltenen Wahlrechte so ausnutzen, daß eine spätere Umstellung auf IAS möglichst einfach zu bewerkstelligen ist. Die Weichen sollten somit so gestellt werden, daß der Abschluß, obwohl an den US-GAAP ausgerichtet, möglichst IAS-konform ist. Diesfalls kann ein Unternehmen bei Eintreffen der IOSCO-Anerkennung relativ einfach seine Rechnungslegung auf die Grundlage der IAS-Normen stellen.

5.3.3 Auslegungsunsicherheit

Ein weiteres offenes Problemfeld bei der Anwendung der IAS betrifft ihre Auslegung. Die hier bestehende Unsicherheit ergibt sich daraus, daß die IAS auf der einen Seite nicht in einem bestimmten historischen Kontext gewachsen sind, sondern quasi einen Kompromiß verschiedener Bilanzierungsphilosophien darstellen, auf der anderen Seite aber in einem bestimmten nationalen Kontext angewendet werden. Die Konsequenz dieses Spannungsverhältnisses kann am einfachsten aufgezeigt werden, wenn man die IAS mit nationalen Normen vergleicht. So haben sich die Grundsätze ordnungsmäßiger Buchführung/Rechnungslegung (GoB/

GoR) im Laufe der Zeit herausgebildet und fußen heute auf einem Konsens. Dagegen gibt es z.Zt. noch nicht so etwas wie international anerkannte Grundsätze ordnungsmäßiger Bilanzierung.
Auf nationaler Ebene ist zudem noch umstritten, wie bei der Anwendung der IAS vorzugehen ist. Das IASC wird hierzu in dem gegenwärtig diskutierten Standard ‚Presentation of Financial Statements', welcher IAS 1, 5 und 13 ersetzt, eine Anleitungshilfe geben. Darüber hinaus will es diesem Problem durch die Schaffung des Standing Interpretations Committee (SIC) beikommen (siehe hierzu ausführlicher Kapitel 4). Ein solches Gremium, welches sich dringlicher Auslegungs- und Interpretationsfragen annimmt, besteht bspw. auch mit der Emerging Issues Task Force in den Vereinigten Staaten für die Auslegung der US-GAAP.
Es wird jedoch auch dann, wenn das SIC seine Tätigkeit aufgenommen hat, ein relativ großer Auslegungsspielraum für die Unternehmen bestehen bleiben. Dieser ist für sie insofern mit Schwierigkeiten verbunden, als sie keine Auslegungssicherheit besitzen, wenn es um die Erlangung einer Börsenzulassung geht. Unabhängig hiervon sind die verbleibenden Ermessensspielräume aufgrund ungeklärter Auslegungs- und Interpretationsfragen jedoch in erster Linie für die Jahresabschlußadressaten problematisch.

5.3.4 Durchsetzung

Ein weiteres Problem der Anwendung von IAS besteht in der Durchsetzung ihrer ordnungsgemäßen Befolgung durch die berichterstattungspflichtigen Unternehmen. Anders als im Falle nationaler Normen besteht bei Nichtbefolgung von Standards oder einzelner Vorschriften keine Sanktionsmöglichkeit seitens des IASC. Dies kann sich, wenn die IAS, so wie z. T. in den ersten Jahren in der Schweiz, nur halbherzig angewendet werden („IAS-light", siehe hierzu die Ausführungen in Kapitel 21), negativ auf die Anerkennung der Standards bei den Jahresabschlußadressaten auswirken. Für den Fall, daß die Befolgung der IAS von Börsen oder Börsenaufsichtsbehörden verbindlich vorgeschrieben ist, besteht dieses Problem allerdings nicht. So verfügen diese Stellen ihrerseits über ausreichende Sanktionsmöglichkeiten.
Darüber hinaus ergeben sich auch für die Unternehmen praktische Probleme bei der Rechnungslegung nach IAS. So wird ein deutsches Unternehmen, das sich an der NYSE notieren lassen will, trotz der grundsätzlichen Bereitschaft, auf internationale Normen umzustellen, bei den Verhandlungen mit den Börsenaufsichtsbehörden versuchen, Erleichterungen bei der Umstellung des Jahresabschlusses auszuhandeln. Im Falle von Daimler Benz betraf dies bspw. die Zahl der Vorjahre, für die rückwirkend ein Abschluß nach US-GAAP vorzulegen war, sowie den Umfang der Segmentberichterstattung. Während bei der Umstellung auf US-GAAP mit der Securities and Exchange Commission (SEC) der Verhandlungspartner für derartige Ausnahmeregelungen schnell auszumachen ist, verfügt das IASC nicht über eine autorisierte Institution, die für die berichterstattenden Unternehmen als Ansprechpartner in solchen Fällen fungiert.

5.4 IAS für den „Neuen Markt“

Neben der freiwilligen Übernahme der IAS gibt es in Deutschland seit März 1997 an der Frankfurter Börse ein neues Börsensegment, für welches eine Berichterstattung nach IAS-Normen (oder alternativ nach US-GAAP) vorgeschrieben ist. Dieses eigenständige börsliche Handelssegment, der sog. „Neue Markt“, wendet sich an junge, innovative Unternehmen mit hohem Wachstumspotential. Damit die Anleger, insb. auch die internationalen Investoren, die Risiken des „Neuen Marktes“ bzw. der dort gehandelten Unternehmen besser einschätzen können, wird als Zulassungskriterium die Erstellung von Jahresabschlüssen nach internationalen, an dem Grundsatz der fair presentation ausgerichteten Normen gefordert.
Zwar geht die landläufige Meinung dahin, daß im Falle von mittelgroßen Unternehmen keine Anwendung besonders strenger Vorschriften oder gar internationaler Normen notwendig ist. Dieser Auffassung ist jedoch entgegenzuhalten, daß Investoren, gerade weil sie die Bonität eines mittelgroßen Unternehmens, u. a. in Ermangelung weiterer Informationsquellen, schlechter beurteilen können, verläßliche Informationen im Rahmen des Jahresabschlusses verlangen. Wichtig hierbei ist auch, daß mittelgroße Unternehmen auf wirtschaftliche Schwankungen naturgemäß stärker reagieren. Jedoch sind insb. die institutionellen Anleger an geringen Schwankungsbreiten in den Ergebnissen interessiert. Insofern erhält eine ausreichend aussagefähige Informationsbasis für dieses Segment besonderes Gewicht. Angesichts dieser beiden Faktoren und der aufgezeigten Vorteile ist es nur folgerichtig, daß für das neue Börsensegment die Bereitstellung von Jahresabschlüssen auf der Basis von IAS oder US-GAAP vorgeschrieben wurde.

5.5 Umstellung eines deutschen Abschlusses auf IAS

Bei der Umstellung eines deutschen Abschlusses auf internationale Normen sind grundsätzlich vier Strategien denkbar. Möglich sind:

- eine vollständige Übernahme der IAS i.S. eines dualen Abschlusses (bspw. Bayer),
- die Erstellung zweier Abschlüsse, nämlich eines Abschlusses nach HGB und eines Abschlusses nach IAS oder US-GAAP (bspw. Deutsche Bank für IAS und Telekom für US-GAAP),
- eine Übernahme jener IAS, welche Bereiche betreffen, die im HGB nicht geregelt sind (bspw. Bayerische Vereinsbank für die Segmentberichterstattung und die Kapitalflußrechnung),
- eine vorläufige Anwendung der US-GAAP mit Ausnutzung der Wahlrechte i.S. einer möglichst großen Nähe zu den IAS, so daß mit möglichst geringem Aufwand umgestellt werden kann, wenn die Probleme bei der Anwendung der IAS hinfällig sind.

Literatur

Achleitner, Ann-Kristin
IAS versus US-GAAP: Internationale Rechnungslegung am Scheideweg, in: Erfahrung – Bewegung – Strategie, European Business School, Schloß Reichartshausen (Hrsg.), Wiesbaden 1996, S. 173–200

Goebel, Andrea
Möglichkeiten und Probleme einer Anwendung der International Accounting Standards – Anpassungsstrategien für deutsche Konzerne, in: Deutsches Steuerrecht 27/1995, S. 1037–1039

Mandler, Udo/Glaum, Martin
Harmonisierung der Rechnungslegung: Welche Standards bringt die Zukunft? Ergebnisse einer Umfrage unter Führungskräften der deutschen Wirtschaft und Universitätsprofessoren, C&L Deutsche Revision AG (Hrsg.), Frankfurt a. M. 1995

Menn, Bernd-Joachim
Was bedeutet die Übernahme der IAS für deutsche Unternehmen? Warum – Wie – Wieweit – Wohin, in: Globale Finanzmärkte: Konsequenzen für Finanzierung und Unternehmensrechnung, Schmalenbach-Gesellschaft – Deutsche Gesellschaft für Betriebswirtschaft e. V. (Hrsg.), Stuttgart 1996, S. 121–135

Ordelheide, Dieter
Internationalisierung der Rechnungslegung deutscher Unternehmen – Anmerkungen zum Entwurf eines Kapitalaufnahmeerleichterungsgesetzes, in: Die Wirtschaftsprüfung 15/1996, S. 545–552

Sprick-Schütte, Stefan
Transnationale Berichterstattung – Ansätze der Praxis zur Überwindung von Unterschieden der Rechnungslegung im internationalen Vergleich, Dissertation, St. Gallen 1995

Wollmert, Peter/Achleitner, Ann-Kristin
Konzeptionelle Grundlagen der IAS-Rechnungslegung (Teil I und II), in: Die Wirtschaftsprüfung 7/1997, S. 209–222 und 8/1997, S. 245–256

6 Bedeutung der IAS für Schweizer Unternehmen

Lernziele

In diesem Kapitel erfahren Sie:

- welche Gründe für die Übernahme internationaler Normen durch Schweizer Unternehmen verantwortlich sind,
- inwieweit die bestehenden gesetzlichen Regelungen die Internationalisierung der Schweizer Rechnungslegung beeinflußt haben,
- welche Unternehmen als erste ihre Rechnungslegung auf Grundlage der IAS-Normen erstellt haben,
- inwieweit sich die Internationalisierung der Jahresabschlüsse Schweizer Unternehmen auf die Berichterstattung kleinerer und mittlerer Unternehmen auswirkt und
- welche Probleme im Zusammenhang mit der Übernahme der IAS-Normen auftreten.

6.1 Ausgangslage

Die Schweiz verfügt nur über eine geringe gesetzliche Regelungsdichte zur Rechnungslegung. Auch die 1992 abgeschlossene Reform des Aktienrechts brachte für die Rechnungslegung – trotz großer Bemühungen um mehr Transparenz – keine entscheidenden Fortschritte. So waren die rudimentären Gliederungs- und Bewertungsvorschriften weder vor noch nach der Revision des Aktienrechts geeignet, den Unternehmen für ihre Rechnungslegung brauchbare „Leitplanken" vorzugeben.

Neben den fehlenden gesetzlichen Rechnungslegungsnormen ist jedoch auch anzuführen, daß die Schweizer Unternehmen, einschließlich der großen Publikumsgesellschaften und internationalen Konzerne, bis weit in die 80er Jahre hinein der Rechnungslegung und Berichterstattung wenig Bedeutung beigemessen haben. Diese Einstellung änderte sich erst Anfang der 80er Jahre aufgrund eines deutlich gestiegenen Kapitalbedarfs vieler Unternehmen. Waren es zuerst hohe Investitio-

nen im Fertigungsbereich, führten später die wegen der immer kürzeren Produktzyklen erforderlichen Investitionen im Entwicklungsbereich und v.a. Akquisitionen in vielen Branchen zu einem Refinanzierungsbedarf, der nicht mehr durch die einheimischen Anleger am Kapitalmarkt bestritten werden konnte. So sahen sich die kapitalsuchenden Unternehmen veranlaßt, in verstärktem Maße ausländische Investoren anzusprechen. Diese verlangten jedoch im Gegenzug für das bereitgestellte Kapital eine wesentlich umfangreichere Berichterstattung, als dies die gesetzlichen Vorschriften des Aktienrechts vorsehen.
So hatte sich trotz einer jahrzehntelang geführten Diskussion um die Revision des Aktienrechts als Hauptquelle für Rechnungslegungsnormen noch nicht einmal die international schon lange übliche Verpflichtung zur Erstellung eines Konzernabschlusses durchgesetzt. Daher orientierten sich viele Unternehmen mangels alternativer Rechnungslegungsnormen im eigenen Land an den Regelungen der 4. und 7. EG-Richtlinie.
Bei jenem Schritt spielten aber auch noch andere Überlegungen eine Rolle. So trieben die meisten Schweizer Konzerne die Internationalisierung ihrer Geschäftstätigkeit durch Gründung oder Übernahme einer Gesellschaft in Deutschland bzw. einem anderen EU-Mitgliedstaat voran. Aus Gründen der Vereinfachung des Berichtswesens innerhalb des Konzerns bot sich daher die Ausrichtung der Rechnungslegung nach den in der 4. und 7. EG-Richtlinie dargelegten Bilanzierungsgrundsätzen an.
Dazu gehörten neben den großen Konzernen auch kleinere Publikumsgesellschaften wie Elco Looser, Phoenix Mecano oder Mövenpick, ebenso wie Familienunternehmen, so bspw. die Bobst-Gruppe. Große Konzerne verwiesen in den 80er Jahren zudem auf die Empfehlungen der Organisation of Economic Co-operation and Development (OECD), die allerdings nur einzelne Fragen – v.a. Aspekte der Offenlegung – abdecken.
Vereinzelt wurden von einigen Unternehmen auch eigene Regeln für die Darstellung der wirtschaftlichen Lage im Konzernabschluß im Sinne von „betriebswirtschaftlichen" Bewertungskonzepten in den Vordergrund gestellt. Interessant ist in diesem Zusammenhang der bis zur Umstellung auf IAS unternommene Versuch der damals noch selbständigen Ciba (heute ist sie nach der Zusammenlegung ihrer Aktivitäten mit jenen der Sandoz Teil der Novartis), den Konzernabschluß auf der Grundlage von Tageswerten zu erstellen.

6.2 Erstmalige Anwendung der IAS

Die schon bald offensichtliche Diskrepanz zwischen einer Rechnungslegung nach EG-Richtlinien und einer getreuen Darstellung der wirtschaftlichen Lage i.S. der anglo-amerikanischen Generalklausel des true and fair view resp. der fair presentation leitete in der Schweiz anfangs der 90er Jahre die Trendwende hin zu den IAS-Normen ein. Diese Entwicklung wurde noch durch die Tatsache verstärkt, daß die in den EG-Richtlinien dargelegten Grundsätze der Rechnungslegung seit ihrem Erlaß Ende der 70er und Mitte der 80er Jahre keine Überarbeitung bzw. Weiterentwicklung erfahren haben. So beinhalten diese für neue Problemkreise, so bspw. die Bewertung und Offenlegung eingesetzter derivativer Finanzinstrumente, keine spezifischen Regelungen. Zudem enthalten die EG-Richtlinien im Hinblick auf die divergierenden Rechnungslegungstraditionen der einzelnen EU-Mitgliedsländer eine Vielzahl von Wahlrechten, die es ihnen ermöglichen, ihre nationalen Rechnungslegungsnormen „richtlinien-konform" zu gestalten.

Ende der 80er Jahre, vor Inangriffnahme des sog. Comparability-Project, verfügten die IAS noch über eine beachtliche Zahl von Wahlrechten bei Bewertungs- und Darstellungsfragen, bei denen Unterschiede zwischen der anglo-amerikanischen und kontinental-europäischen Rechnungslegungstradition bestanden. Zudem besaßen und besitzen die IAS auch heute noch im Gegensatz zu den EG-Richtlinien nur im geringen Umfang Gliederungsvorschriften. Dafür verfügen sie über detaillierte Regelungen zu einzelnen Themenkreisen, so bspw. der Bilanzierung von Leasinggeschäften oder der Behandlung von Wechselkursdifferenzen im konsolidierten Jahresabschluß. Die EG-Richtlinien beinhalten zu diesen Problemkreisen dagegen keine konkreten Regelungen oder fordern lediglich die Angabe der im Einzelfall angewandten Rechnungslegungsmethode.

Durch die Anwendung der IAS in ihrer damaligen Ausprägung versprachen sich die Konzerne eine bessere Akzeptanz ihrer Berichterstattung durch ausländische Investoren. Daher glaubten sie, mit dieser Wahl eine zwar getreue Darstellung der wirtschaftlichen Lage im Sinne des true and fair view zu verwirklichen, aber gleichwohl ein noch einigermaßen offenes, an die unternehmensspezifischen Bedürfnisse anpaßbares Konzept übernehmen zu können. Darüber hinaus hofften sie, mit einer Berichterstattung nach IAS die Umstellung auf die komplexeren und in der Vorgabe von Angabepflichten noch wesentlich weitergehenden US-Generally Accepted Accounting Principles (US-GAAP) vermeiden zu können.

Zu den ersten Unternehmen, welche ihre Konzernabschlüsse auf der Grundlage der IAS-Normen erstellten, gehörten die ABB Asea Brown Boveri, Nestlé, Ares-Serono, Roche sowie die Inspectorate International, die dann später im Strudel der OMNI-Rey Pleite ihre Aktivitäten einstellen mußte. Abb. 14 zeigt wichtige Schweizer Unternehmen, die frühzeitig ihre Rechnungslegung auf IAS umgestellt haben.

Die Carlo Gavazzi Holding ging einen anderen Weg als die vorgenannten Unternehmen, indem diese bezüglich der Fremdwährungsumrechnung von Jahresabschlüssen ausländischer Tochtergesellschaften auf die betreffenden Regelungen des Statement of Financial Accounting Standards No. 52 des US-amerikanischen Financial Accounting Standards Board (FASB) verwies.

Konzern	Umstellungsjahr
ABB Asea Brown Boveri	1988
Nestlé	1989
Roche	1990
Landis & Gyr	1990
Ares Serono	1990
Fotolabo	1990
Logitech	1990
Ascom	1991
Alusuisse-Lonza	1991
Sulzer	1992
Sprecher & Schuh	1992
Sandoz	1992
Forbo	1992
Holzstoff (Holvis)	1992
Ems Chemie	1992
Sihl Papier	1992
Ciba-Geigy	1993
Jelmoli	1993
Elco Looser	1993
Elektrowatt	1993
Georg Fischer	1993

Abb. 14: IAS-Anwender in der Schweiz[6]

6.3 Sogwirkung in der Rechnungslegungspraxis und Durchbruch Mitte der 90er Jahre

Die erste Phase der Übernahme der IAS-Normen durch große Schweizer Unternehmen löste, wie dies auch schon bei der Übernahme der EG-Richtlinien zu beobachten war, eine eigentliche *Sogwirkung* auf die Mitbewerber sowie kleinere

[6] Bertschinger (Transnational), S. 2568.

und mittlere Unternehmen aus. Es war in erster Linie die positive Aufnahme dieser Internationalisierungsbemühungen der bedeutenden Publikumsgesellschaften durch Finanzanalysten und die Wirtschaftspresse, welche weitere Unternehmen veranlaßte, diesen Schritt der Vorreiter nachzuvollziehen. So erstaunt es nicht, daß nach den ersten zaghaften Schritten einzelner Unternehmen hin zu den IAS schon anfangs der 90er Jahre immer mehr Großkonzerne, so bspw. Alusuisse, Georg Fischer oder Oerlikon Bührle ihre Konzernabschlüsse, die sich bis zu diesem Zeitpunkt vornehmlich an den EG-Richtlinien orientierten, auf IAS umstellten. In der Folgezeit vollzogen zunehmend auch kleinere börsennotierte Unternehmen die Umstellung ihrer Rechnungslegung auf IAS.

Auch die Bestrebungen zu Beginn der 90er Jahre zur Zusammenlegung der Börsenaktivitäten an den verschiedenen Handelsplätzen zur sog. Schweizer Börse, die heute als Elektronische Börse Schweiz (EBS) standortunabhängig funktioniert, förderten die Übernahme der IAS-Normen durch Schweizer Unternehmen. So maß das für diese neue Schweizer Börse vorgesehene Kotierungsreglement der Rechnungslegung im Sinne der jährlichen und unterjährigen Berichterstattung sowie der Information über neue, kursrelevante Tatsachen große Bedeutung zu. Das in diesem Zusammenhang entwickelte Konzept sah vor, die Rechnungslegung in der Schweiz in drei Segmente zu gliedern: Die international tätigen Firmen, die v.a. auch grenzüberschreitende Kapitalmarkttransaktionen anvisierten, sollten sich an den IAS orientieren. Für alle übrigen Publikumsgesellschaften wurden mit den sog. Fachempfehlungen zur Rechnungslegung (FER) Rechnungslegungsnormen der Fachkommission für Empfehlungen zur Rechnungslegung vorgegeben. Nicht börsennotierte Gesellschaften sollten sich dagegen weiterhin nach den minimalen Vorgaben des Gesetzes richten.

Dabei wurde wiederum auf die Sogwirkung des Verhaltens der größten Unternehmen abgestellt und erwartet, daß mit der Zeit immer mehr Publikumsgesellschaften die IAS übernehmen und auch nicht börsennotierte Unternehmen die FER befolgen würden. In der Zwischenzeit hat sich diese Annahme als weitgehend richtig erwiesen: Immer mehr Publikumsgesellschaften richten sich nach den Grundsätzen der IAS, die Schweizer Börse hat die FER als Mindeststandard vorgeschrieben und die gegenwärtig erfolgende Reform der gesetzlichen Rechnungslegungsvorschriften führt aller Voraussicht nach zu einer starken Anlehnung der für alle berichterstattungspflichtigen Unternehmen geltenden gesetzlichen Vorschriften an die FER.

Die rasche Akzeptanz der auf Basis der IAS-Normen erstellten Jahresabschlüsse am Kapitalmarkt und die mit Ausnahme einiger zusätzlicher Angabepflichten nicht sehr einschneidenden Auswirkungen der damaligen Standards auf Umfang und „Tiefe“ der Rechnungslegung öffneten bei vielen Unternehmen die Schranken auf dem Wege hin zu einer Berichterstattung nach den Standards des IASC. Auch die Zusammenarbeit des IASC mit der Vereinigung der nationalen Börsenaufsichtsbehörden, der International Organisation of Securities Exchange Commissions (IOSCO), bremste diese Entwicklung hin zu den IAS nicht. Vielmehr entschlossen sich auch kleinere Publikumsgesellschaften zu diesem Schritt, so etwa

Zellweger-Luwa oder (die inzwischen von der Elektrowatt und anschließend wiederum von Siemens übernommene) Landis & Gyr.
Eine Analyse der Rechnungslegung der größten Schweizer Industrie- und Handelskonzerne zeigt für die Jahre 1988, 1993, 1994 und 1995 mit Abb. 15 folgendes Bild bezüglich der von den Unternehmen angewendeten Rechnungslegungsnormen. Dabei ist zu beachten, daß einige der Unternehmen sich entschieden haben, nicht nur ein, sondern zwei Normensysteme zu befolgen.

	1988		1993		1994		1995	
	Anzahl	in %	Anzahl	in %	Anzahl	in %	Anzahl	in %
IAS	3	23 %	29	55 %	35	56 %	35	56 %
EU	3	23 %	24	45 %	26	44 %	25	40 %
FER	–	– %	8	15 %	13	22 %	18	29 %
übrige	5	38 %	10	18 %	7	12 %	4	6 %

Abb. 15: Anwendung der IAS-, EU- und FER-Normen in der Schweiz

Gleichzeitig bestätigt diese Entwicklung für die Schweiz, daß eine liberale und auf die Zielsetzung sowie die Grundsätze der Rechnungslegung fokussierte Gesetzesordnung viel eher Raum für eine rasche, den wirtschaftlichen Bedürfnissen angemessene Fortentwicklung der Rechnungslegung bietet, als eine juristisch geprägte, starre Rechnungslegungskonzeption im Sinne der EG-Richtlinien.

6.4 Begünstigung der Übernahme internationaler oder ausländischer Normen

Begünstigt wurde die Internationalisierung der Rechnungslegung durch das Schweizer Aktienrecht. Obwohl die Bedeutung der Erstellung eines Konzernabschlusses für die Darstellung der wirtschaftlichen Lage von Unternehmensgruppen schon seit Ende des 19. Jahrhunderts im anglo-amerikanischen Raum, insb. den Vereinigten Staaten, bekannt ist, beinhalteten die Schweizer Rechnungslegungsvorschriften bis 1992 keine dahingehende Verpflichtung.
Mit der Revision des Aktienrechts wurde dann zwar ab dem Geschäftsjahr 1993 die Konsolidierungspflicht auch für Schweizer Konzerne eingeführt, jedoch besitzen die wenigen, bei der Konsolidierung zu befolgenden Vorschriften allenfalls den Charakter einer groben Rahmengesetzgebung. So regelt das Aktienrecht in erster Linie die Frage der Konsolidierungspflicht sowie der entsprechenden Befreiungsgründe. Für die Erstellung und v.a. den Inhalt des Konzernabschlusses fordert das Gesetz die Befolgung der wenigen allgemeinen Rechnungslegungsgrundsätze, die auch für den Einzelabschluß verpflichtend sind. Die eigentlichen Problembe-

reiche der Konsolidierung, so bspw. die Fremdwährungsumrechnung ausländischer Abschlüsse, überläßt das Aktienrecht der Ausgestaltung durch die konkrete Rechnungslegungspraxis der Unternehmen. Damit läßt es Raum für die Übernahme ausländischer oder internationaler Standards, so jene der EU, des FASB oder des IASC, ebenso wie von allgemein anerkannten Standards einer nationalen Rechnungslegungskommission, also bspw. der FER.

Vergleicht man dieses flexible Konzept mit der derzeitigen Diskussion in Deutschland im Zusammenhang mit dem Erlaß des Kapitalaufnahmeerleichterungsgesetzes (KAEG), hat die Schweiz die Kritik bekannter Wissenschaftler vorweggenommen und aufgrund der vom Aktienrecht eingeräumten Freiräume internationale Regelungen, so bspw. die IAS-Normen, als Teil der nationalen Gesetzgebung etikettiert. Damit ist im Streitfall nicht einfach auf die bestehenden IAS – also auf „fremde Normsetzer und Organe der Rechtsprechung" – abzustellen. Es gelten vielmehr die allgemeinen Grundsätze des schweizerischen Rechts auch für und bei Anwendung dieser Standards.

6.5 Beurteilung der Praxis bei der Anwendung der IAS

Die IAS sind sowohl inhaltlich als auch in ihrer Gestaltung stark anglo-amerikanisch ausgerichtet. Dieser Trend wird durch die Zusammenarbeit des IASC mit der IOSCO noch weiter verstärkt. Im Gegensatz bspw. zu den Bestimmungen der EG-Richtlinien und deren Umsetzung im deutschen Bilanzrichtlinien-Gesetz sind die IAS nicht kurz und bündig in ihrer Formulierung; vielmehr werden Ausgangslage und Begriffe zum Teil extensiv erläutert und die eigentlichen Regeln weiter kommentiert. Neuere Standards umfassen zusätzlich noch einen Anhang mit Anwendungsbeispielen, vereinzelt enthalten sie auch ein Glossarium.

Große Konzerne können sich in der Regel eigene Fachleute leisten, die sich auf die Umstellung des Konzernabschlusses auf IAS spezialisieren und auch die Anpassung an die vielen Änderungen bestehender Standards sowie erweiterte Vorschriften neuer Standards bewältigen können. Kleinere Unternehmen dagegen werden – zumindest bis sie eigene Kenntnisse auf diesem Gebiet erworben haben – auf die Unterstützung von Spezialisten, zumeist aus den Reihen der großen Wirtschaftsprüfungsgesellschaften, abstellen.

Die meisten Unternehmen streben einen IAS-konformen Konzernabschluß an und sind durchaus bereit, einen entsprechenden Umstellungsaufwand zu betreiben. Dabei treten jedoch immer wieder Fragen auf, bei denen das Abgehen von „bewährten", aber vielleicht auch in erster Linie „bequemen" nationalen Regeln und Praktiken schwerfällt. In der Schweiz zeigte sich dieser Zwiespalt auf verschiedene Arten.

In der ersten Phase der Übernahme der IAS als Basis für die Rechnungslegung Schweizer Konzerne bestand noch keine gesetzliche Verpflichtung zur Erstellung eines Konzernabschlusses. Der Kapitalmarkt übte aber einen starken Druck auf

die Unternehmen aus, einen konsolidierten Jahresabschluß im Sinne eines true and fair view bzw. einer fair presentation aufzustellen. Viele Konzerne erstellten und publizierten in dieser Zeit freiwillig einen Konzernabschluß, auch nach Maßgabe der IAS, jedoch ließen sie diesen nicht prüfen. In dieser Phase entwickelten sich Rechnungslegungskonzepte, gemäß denen der Konzernabschluß in Anlehnung an die IAS oder in wesentlichen Fragen nach Maßgabe der IAS erstellt wurde.
Nach dieser Einführungsphase wurden sehr rasch die Konzernabschlüsse – noch vor Inkrafttreten der entsprechenden Gesetzesnorm – den Prüfern zur Bestätigung vorgelegt. Leider übernahmen einige Wirtschaftprüfungsgesellschaften die für Mißbräuche sehr offene Formulierung „in Anlehnung an die IAS“ und bestätigten die „Einhaltung“ dieser Normen entsprechend auch in ihrem Bericht. Schon bald setzte sich aber eine strengere Praxis durch. Die meisten Firmen und Wirtschaftsprüfungsgesellschaften einigten sich auf die Befolgung sämtlicher IAS als Basis. Etwaige Abweichungen von den IAS-Normen sind demzufolge im Anhang anzugeben.
Diese Praxis ist nach Schweizer Verständnis – als Übergangslösung in einer Phase der Anpassung an international anerkannte Regelungen – akzeptabel, solange die Gründe für dieses Vorgehen und die quantitativen Auswirkungen im Anhang ausgewiesen werden. Allerdings kann die IAS-Konformität nur bestätigt werden, wenn sich die Abweichung auf eine oder zwei Fragen beschränkt und in jedem Falle nicht den Gewinnausweis entscheidend verändert. Beispiele für solche offen auszuweisenden Abweichungen von einzelnen IAS sind Segmentinformationen, die keine Angaben über das Betriebsergebnis enthalten, oder auch Beiträge an Pensionskassen, die grundsätzlich der Höhe der Beitragsverpflichtungen des Berichtsjahres entsprechen.
Die meisten Unternehmen haben dieses Abweichen von einzelnen IAS schon nach kurzer Zeit aufgegeben. Wo die Inanspruchnahme der Ausnahmen sachlich begründet war, so bspw. durch die fehlende Datenbasis, ist diese Entwicklung logisch. In den anderen Fällen ergab sich der Schritt hin zur vollen Konformität mit den IAS aus der Erkenntnis, daß der Kapitalmarkt ein solches Vorgehen nicht lange duldet bzw. durch gestiegene Kapitalkosten für die betreffenden Unternehmen sanktioniert. Darüber hinaus bieten auch die positiven Erfahrungen jener Konzerne, die sich schon frühzeitig zu einer vollständigen Übernahme der IAS entschlossen haben, einen beträchtlichen Anreiz zur Erstellung gänzlich IAS-konformer Jahresabschlüsse.
Auch heute findet man noch Unternehmen, die im Einzelfall von den IAS abweichen. So hat ein Konzern im Abschluß für das Jahr 1996 ein positives Unternehmensergebnis von 30 Mio. SFr ausgewiesen und gleichzeitig in Abweichung zu den IAS die Verluste, die sich aus der Stillegung bzw. Veräußerung eines Tätigkeitsbereiches ergeben haben oder noch anfallen können, erfolgsneutral direkt über das Eigenkapital erfaßt. Solche Abweichungen sind eigentlich weder in bezug auf IAS noch auf US-GAAP, den FER oder auch nationalen Bilanzierungsvorschriften innerhalb der EU-Mitgliedstaaten zulässig.

In den letzten Jahren hat sich die IAS-Konformität der Jahresabschlüsse Schweizer Unternehmen stark verbessert. Dies liegt auch daran, daß viele Aspekte überhaupt erst mit der Verbesserung der internen Datenbasis befriedigend gelöst und die Tragweite sowie Bedeutung einiger Fragen erst mit der Zeit richtig erkannt werden. Diese Erfahrung haben die Unternehmen in der EU in den 80er Jahren bei der Umstellung auf die an die EG-Richtlinien angepaßten Rechnungslegungsnormen gemacht. In diesem Sinne können die „Irrungen und Wirrungen" einiger Schweizer Unternehmen auch für Unternehmen in Deutschland von Interesse sein, die nun ihrerseits die Rechnungslegung nach den IAS „ausrichten" oder eben besser die IAS in ihrer Gesamtheit übernehmen.

Als problematisch erweisen sich jedoch für viele Schweizer Konzerne die rasche Fortentwicklung der IAS, die Regelung immer neuer Problemkreise und der ungebremste Trend der IAS hin zu einer US-amerikanisch inspirierten Rechnungslegungskonzeption. Auch das Standing Interpretations Committee (SIC) des IASC, welches 1997 seine Arbeit aufgenommen hat, wird die Komplexität der IAS Regulierung weiter erhöhen. So wird das SIC zwar Klarstellungen fördern, gleichzeitig jedoch entwickelt sich damit eine eigentliche „Rechtsprechung" in strittigen Auslegungsfragen neben den Standards.

Literatur

Achleitner, Ann-Kristin
Latest developments in Swiss regulation of financial reporting, in: European Accounting Review 1/1995, S. 141–154

Arthur Andersen AG/Institut für Rechnungswesen und Controlling der Universität Zürich
Entwicklung in der Schweizerischen Rechnungslegung – Arthur Andersen Analyse 1996, Zürich 1996

Behr, Giorgio
Expectation Gap: Rolle der Rechnungslegung – Fortschritte vorab dank IASC und FER, in: Der Schweizer Treuhänder 7–8/1996, S. 539–545

ders.
Swiss GAAP oder das Schweizer Konzept der Fachempfehlungen zur Rechnungslegung FER, in: Die Wirtschaftsprüfung 24/1994, S. 832–836

ders.
Rechnungslegung nach neuem Aktienrecht – Erste Erfahrungen, in: Der Schweizer Treuhänder 11/1994, S. 889–893

ders.
Megatrends der Rechnungslegung: Bilanzen und Finanzen nach dem Jahr 2000, in: Der Schweizer Treuhänder 9/1994, S. 635–644

ders.
Auch für KMU? Internationale Regeln der Rechnungslegung, in: Wirtschaftsmagazin, Zürcher Kantonalbank September 1994

ders.
Entwicklung und Trends in der Rechnungslegung – Laufender Abbau des „Information and Quality Gap“, in: Der Schweizer Treuhänder 5/1994, S. 323–330

ders.
FER Rechnungslegung – Swiss GAAP im Aufwind, in: Moderne Ansätze in Rechnungslegung und Controlling, hrsg. von R. Fickert/C. Meyer, Bern 1997, S. 207–225

Bertschinger, Peter
Switzerland Group Accounts, in: Transnational Accounting, Volume 2, hrsg. von D. Ordelheide/KPMG, London 1995, S. 2561–2626

Koberg, Ann-Kristin
IASC: Zehn revidierte Standards – Weitreichende Folgen auch für Schweizer Unternehmen, in: Der Schweizer Treuhänder 1–2/1994, S. 15–22

Teil II

Grundlagen der IAS-Rechnungslegung

7 Konzeption der IAS-Rechnungslegung

Lernziele

In diesem Kapitel erfahren Sie:

- welche Stufenordnung bei der Entwicklung und Anwendung der Normen gilt,
- wie ein Standard aufgebaut und anzuwenden ist,
- welche Normen bei der Jahresabschlußerstellung zu befolgen sind,
- wie die Normen dabei auszulegen sind und
- wie im Falle des Fehlens expliziter Vorschriften vorzugehen ist.

7.1 Verlautbarungen des IASC und Kommentare

Das Basisdokument für die Arbeit mit den International Accounting Standards ist das vom IASC jährlich herausgegebene Sammelwerk, das sog. *Bound Volume*, in welchem der volle Text aller International Accounting Standards sowie der laufenden Vernehmlassungsentwürfe für neue oder revidierte Standards enthalten ist. Sämtliche Standards und Vernehmlassungsentwürfe sind in englischer Sprache abgefaßt, so daß, da gegenwärtig keine anerkannte deutsche Übersetzung vorliegt, mit der englischen Originalfassung gearbeitet werden muß. Gegenwärtig erfolgen jedoch seitens des IASC Arbeiten, um eine deutsche Übersetzung zu erstellen.

Das Bound Volume enthält neben den gültigen Standards zudem:

- die Satzung des IASC,
- einen Überblick über die Entstehungsgeschichte der einzelnen International Accounting Standards und der Vernehmlassungsentwürfe,
- das Vorwort (Preface) zu den International Accounting Standards,
- das Framework des IASC,
- ein Indexverzeichnis.

Die beiden Publikationen, das *IASC-Insight* und das *IASC-Update*, welche vierteljährlich bzw. kurz nach den Board-Sitzungen erscheinen und nur über ein Abonnement bezogen werden können, informieren zudem über die Tätigkeit des

IASC. Sie geben hierbei vor allem Einblicke in die neuesten Entwicklungen im Rahmen der Normierungstätigkeiten und die Entscheidungen des IASC-Boards. Zudem werden die Exposure Drafts nach der Veröffentlichung durch das IASC auch in nationalen Zeitschriften, so in Deutschland in der Zeitschrift „Die Wirtschaftsprüfung“, im Original abgedruckt.
Das IASC hat neben diesen Publikationen bisher keine zusätzlich erläuternde Kommentierung zu den IAS herausgegeben. Die einzige gegenwärtig erhältliche Kommentierung („A Guide to Applying International Accounting Standards“) wurde vom langjährigen Generalsekretär des IASC, David Cairns, verfaßt. Sie gibt einige gute Interpretationshilfen, ist jedoch seitens des IASC ausdrücklich nicht als offizielle Kommentierung anerkannt. Darüber hinaus existiert seit kurzem noch eine zweite Kommentierung von Barry Epstein und Ali Mirza Abbas. Sie besitzt jedoch ebenfalls keine offizielle Anerkennung seitens des IASC.
Das Sekretariat und der Stab des IASC geben bei Einzelfragen Auskunft. Es besteht jedoch zum heutigen Zeitpunkt kein institutionalisierter Informationsdienst. Geplant ist allerdings, die Interpretationstätigkeiten zu den einzelnen Standards zu erweitern. Ein erster Schritt erfolgte 1996 mit der Errichtung des Standing Interpretations Committee (SIC), welches zu Fragen der Auslegung und Anwendung der IAS Stellung nehmen soll (siehe hierzu ausführlicher Kapitel 4).
Auch nach der Aufnahme der Tätigkeit dieses Auslegungsgremiums wird jedoch den Wirtschaftsprüfern eine bedeutende Rolle bei der Interpretation und Anwendung der IAS zukommen. So behandeln sie wichtige Auslegungsfragen in zahlreichen Publikationen, so bspw. in Fachzeitschriften sowie eigenen Broschüren, Checklisten und Handlungsanleitungen. Darüber hinaus kann Rückgriff genommen werden auf deutsche Kommentierungen zur Umstellung eines HGB-Abschlusses auf IAS. Besonders erwähnenswert sind in diesem Zusammenhang der vom Institut der Wirtschaftsprüfer (IDW) veröffentlichte Leitfaden („Rechnungslegung nach den International Accounting Standards: Praktischer Leitfaden für die Aufstellung IAS-konformer Jahres- und Konzernabschlüsse in Deutschland“) sowie die jüngst von Baetge/Dörner/Wollmert/Kleekämper herausgegebene Kommentierung („Rechnungslegung nach den International Accounting Standards (IAS): Kommentar auf der Grundlage des deutschen Bilanzrechts“). Vergleichbare Veröffentlichungen liegen z.Zt. für die Schweiz noch nicht vor.
Das Literaturverzeichnis im Anschluß an dieses Kapitel gibt einen Überblick über das Spektrum bisher in Deutschland und der Schweiz erschienener Kommentare und Lehrbücher. Wichtig hierbei ist jedoch, daß es sich jeweils um eine Auslegung der IAS aus deutscher resp. Schweizer Perspektive handelt. Sie können daher keine international verbindliche Wirkung entfalten. Gleiches gilt jedoch auch innerhalb Deutschlands und der Schweiz. Es ist nationalen Stellen, bspw. den Börsenaufsichtsbehörden, damit auch möglich, einzelne Auslegungen abzulehnen.

7.2 Stufenordnung der IAS-Rechnungslegung

Der IAS-Rechnungslegung liegt eine zweistufige Ordnung zugrunde: das sog. Framework und insgesamt 31 Standards.
Das ‚*Framework* for the Preparation and Presentation of Financial Statements' (siehe hierzu ausführlicher Kapitel 8) stellt den *Unterbau* der gesamten IAS-Rechnungslegung dar. In ihm werden das Ziel der IAS-Rechnungslegung, die allgemeinen Qualitätsmerkmale eines Abschlusses, Fragen der Bilanzierungsfähigkeit und der möglichen Bewertungsmaßstäbe behandelt. Das Framework beinhaltet damit die konzeptionellen Grundlagen für die Entwicklung neuer Standards, dient aber auch als *Hintergrund* für die Auslegung der bestehenden IAS.
Das Framework ist damit inhaltlich notwendig, um die Ausrichtung der IAS zu verstehen, ihm kommt jedoch nicht der Rang eines Standards und somit Verbindlichkeit zu. Um IAS-konform zu sein, muß der Jahresabschluß ausschließlich die Vorschriften der gültigen IAS befolgen. Dabei ist es nicht möglich, sich auf das Framework zu berufen, um von einzelnen dieser Vorschriften abzuweichen bzw. sie nicht anzuwenden. So gehen bei inhaltlichen Abweichungen zwischen dem Framework und einem Standard die Regelungen des betreffenden Standards ausdrücklich vor. Auch bei nicht durch die Bestimmungen eines IAS geregelten Fragen besitzen die Erörterungen des Framework keine Verbindlichkeit.
Die einzelnen *Standards* normieren Einzelfragen der Rechnungslegung (siehe hierzu ausführlicher Kapitel 4). Hierbei fällt sofort auf, daß sie die einzelnen Problembereiche auf verschiedenen Ebenen normieren. So regeln sie den Ansatz, die Bewertung oder den Ausweis:

- eines einzelnen Bilanzpostens (bspw. IAS 2 ‚Inventories'),
- eines Rechnungslegungsinstruments (bspw. IAS 7 ‚Cash Flow Statements'),
- eines Einzelproblems (bspw. IAS 29 ‚Financial Reporting in Hyperinflationary Economies') oder
- einer bestimmte Gruppe von Unternehmen resp. einer Branche (bspw. IAS 30 ‚Disclosures in the Financial Statements of Banks and Similar Institutions').

Die Anordnung der Einzelfragen folgt keiner einheitlichen Systematik, sondern ist eklektisch. Primär ergab sich die Reihenfolge ihres Erlasses aus dem Zeitpunkt ihrer Normierung. Dabei wurden die einzelnen Problembereiche in der Folge ihrer Dringlichkeit oder aber der zu dieser Zeit international bestehenden Konsensbereitschaft abgehandelt. Da die Standards laufend überarbeitet werden, entspricht die Reihenfolge heute jedoch nicht mehr der Chronologie ihres Erscheinens. Gleichzeitig erklärt dies, warum in der Liste der z.Zt. gültigen 31 IAS (siehe hierfür den Appendix von Kapitel 4) IAS 3 ‚Consolidated Financial Statements' und IAS 6 ‚Accounting Responses to Changing Prices' nicht mehr aufgeführt sind. IAS 3 wurde im Rahmen einer solchen Überarbeitung bzw. Neuentwicklung durch den später folgenden IAS 27 ‚Consolidated Financial Statements and Accounting for Investments in Subsidaries' bzw. IAS 28 ‚Accounting for Investments in Associates' und IAS 6 durch IAS 15 ‚Information Reflecting the Effects of Changing Prices' ersetzt. IAS 15 wiederum besitzt zwar noch Gültigkeit, wurde jedoch 1984

vom Board ausgesetzt. Obwohl dieser damit nicht mehr verbindlich ist, wird seine freiwillige Anwendung jedoch vom Board ausdrücklich empfohlen.
Eine gewisse Sonderrolle im Rahmen der Standards kommt IAS 1 ‚Disclosure of Accounting Policies' zu. Dieser Standard äußert sich – anders als sein Titel vermuten läßt – nicht nur zum Ausweis (disclosure) der Rechnungslegungsgrundsätze (accounting policies), sondern auch zu den der Rechnungslegung zugrundezulegenden Prämissen und anderen grundlegenden Fragen der Jahresabschlußerstellung. Damit kommt ihm der Charakter eines Grundlagenstandards zu. Diese Stellung wird sogar noch durch die Überarbeitung des IAS 1 im Rahmen des laufenden Projektes ‚Presentation of Financial Statements' gesteigert. Der neue Grundlagenstandard, der neben IAS 1 auch IAS 5 ‚Information to be Disclosed in Financial Statements' und IAS 13 ‚Presentation of Current Assets and Current Liabilities' ersetzen wird und sich umfassend zur Aufstellung und Darstellung des Jahresabschlusses äußert, wird auch alle sich mit den allgemeinen Bilanzierungsgrundsätzen befassenden Bestimmungen des Framework enthalten, welchen man durch die Aufnahme in einen Standard den Stellenwert einer verbindlichen Norm geben wollte.

7.3 Aufbau der Standards

Die einzelnen IAS folgen jeweils einem klaren Aufbau. Er hat sich im Laufe der Normsetzungstätigkeit des IASC herauskristallisiert. Im Zuge der jüngsten, das gesamte Normenwerk umfassenden Reform im Jahr 1994 wurden alle Standards terminologisch und strukturell an die in der Zwischenzeit erlassenen oder revidierten Standards angepaßt. Im Bound Volume ist dies dadurch vermerkt, daß der Zusatz „reformatted 1994" der Standardüberschrift beigefügt wurde.
Der Aufbau eines Standards zeichnet sich – in dieser Reihenfolge – durch die in der Folge aufgezählten Elemente aus:

- Zielsetzung des Standards (objective),
- Geltungsbereich (scope),
- Begriffsdefinitionen (definitions),
- Standardtext (bestehend aus Pflicht- und Erklärungsteil),
- Angabepflichten (disclosure),
- Übergangsbestimmungen (transitional provisions),
- Tag des Inkrafttretens (effective date).

Dabei können, je nach Art der behandelten Materie, einzelne dieser Punkte wegfallen. Im Standardtext selber fällt auf, daß einzelne Paragraphen fett, andere normal gedruckt sind. Bei den fett gedruckten Paragraphen handelt es sich um die eigentlich verbindlichen Vorschriften. Die normal gedruckten Paragraphen, die jeweils direkt im Anschluß an diese verbindlichen Vorschriften aufgeführt sind, besitzen lediglich Erklärungs- und Erläuterungsfunktion. In älteren Standards waren diese beiden Teile noch getrennt nacheinander aufgeführt worden: zuerst wurden alle verbindlichen Vorschriften aufgeführt, hieran schloß sich dann der Erklärungs- und Erläuterungsteil. Diese Zweiteilung wurde dann aber aufgegeben, weil man sicherstellen wollte, daß auch der Erklärungs- und Erläuterungsteil bei der Anwendung der jeweiligen Standards beachtet wird. Insofern kann man heute davon ausgehen, daß alle Paragraphen befolgt werden müssen.

7.4 Auslegung der Standards

Bei der Anwendung der IAS kann eine Reihe von Auslegungsfragen aufkommen. So können sich im Rahmen der bestehenden Standards Abgrenzungsfragen ergeben im Hinblick auf:

- das Verhältnis zwischen dem Framework und den einzelnen Standards,
- das Verhältnis zwischen den einzelnen Standards untereinander und
- das Verhältnis zwischen den Standards und den Exposure Drafts.

Darüber hinaus können sich auch noch inhaltliche Fragen hinsichtlich des Vorgehens beim Fehlen eines Standards zu einem bestimmten Themenbereich ergeben. Diese werden im folgenden Abschnitt behandelt.

Mit der Ausnahme der klaren Feststellung, daß einzelne Standards dem Framework vorgehen, äußert sich das IASC an keiner Stelle, weder in den Standards noch in seinen Verlautbarungen, zu diesen Auslegungsfragen. Dies ist auch deshalb problematisch, da die Auslegungsmethodik in den verschiedenen Rechtskreisen, in welchen die IAS international angewendet oder diskutiert werden, differiert. Grundsätzlich kann man jedoch einige allgemeine Regeln für die Auslegung heranziehen. Dabei muß vor allem in Betracht gezogen werden, in welchem historischen Kontext resp. in welcher Reihenfolge die Standards entstanden sind und mit welcher Intention ihre Entwicklung erfolgte.

So stehen die Standards grundsätzlich gleichberechtigt nebeneinander. Im Falle eines Widerspruchs sollten im Zweifel jedoch der später erlassene Standard oder der speziellere Standard Vorrang besitzen. Letzteres ist bspw. der Fall im Verhältnis zwischen IAS 5 ‚Information to be Disclosed in Financial Statements' und IAS 13 ‚Presentation of Current Assets and Current Liabilities'. So sind, sofern sich der Jahresabschlußersteller für die Ausübung der Option einer Trennung in kurz- und nicht-kurzfristige (current/non-current) Bilanzpositionen entscheidet, in der Folge die Vorschriften des ausschließlich hierfür erlassenen IAS 13 zu befolgen.

Auch das Verhältnis zwischen den Standards und den Exposure Drafts ist eindeutig bestimmt. So gehen die gültigen Standards so lange den neuen Regelungen der Exposure Drafts vor, wie nicht seitens des IASC in einem verabschiedeten, aber noch nicht in Kraft getretenen Standard (sog. Proposed International Accounting Standard) die vorzeitige Anwendung der neuen Vorschriften ermuntert wird.

Im Zusammenhang mit dem Fehlen einer offiziell durch das IASC anerkannten Kommentierung ist zu beachten, daß – anders als dies bei gesetzlichen Vorschriften der Fall ist – bei den IAS nicht davon ausgegangen werden kann, daß sich die Auslegung der Standards im Rahmen der herrschenden Literaturmeinung weiterentwickelt. Derartige inhaltliche Verschiebungen sind im Rahmen des IASC-Normengerüstes vielmehr nur durch eine Revision der betreffenden Vorschrift zu erreichen. Des weiteren wird auch im Gegensatz zu den nationalen Normen die richterliche Rechtsprechung kaum Einfluß auf die Auslegung einer Vorschrift haben können.

Nicht ausdrücklich geregelt ist auch das Vorgehen bei Regelungslücken innerhalb der IAS. Als Maßgabe kann hier jedoch die diesbezüglich erstmalig vorgegebene Vorschrift verwendet werden, die im Exposure Draft 53 (E 53), dem Vernehmlassungsentwurf zum Standard ‚Presentation of Financial Statements', enthalten ist. Nach E 53 hat der Jahresabschlußadressat im Falle einer Regelungslücke folgendes zu berücksichtigen:

- die Vorschriften und Erläuterungen in anderen IAS, die sich mit gleichen oder ähnlichen Themen befassen,
- die IAS in Vorbereitung und jegliche andere Informationen, die durch das IASC publiziert werden,
- die Definitionen des Framework für den Ansatz und die Bewertung von Vermögensgegenständen (assets), Schulden (liabilities), Erträgen (income) und Aufwendungen (expenses) und
- Branchenpraktiken, die von den führenden Kapitalmärkten der Welt akzeptiert werden.

Diese neue Regelung hat zwei wesentliche Implikationen. Zum einen soll damit erstmalig in einem Standard festgeschrieben werden, daß das Framework nicht nur im Normsetzungsprozeß heranzuziehen ist, sondern vielmehr auch bei der Anwendung der Normen berücksichtigt werden muß. Zum zweiten wird deutlich, daß sich der Jahresabschlußersteller für den Fall, daß die IAS zu einem bestimmten Themenkomplex keine Regelungen enthalten, nicht sofort auf seine nationalen Vorschriften zurückziehen kann. Dies ist nur dann angemessen, wenn gewährleistet ist, daß dem betreffenden nationalen Normensystem eine mit den IASC-Vorschriften übereinstimmende Bilanzierungsphilosophie zugrunde liegt.

Gleichzeitig folgt jedoch aus dem Wortlaut des Standardentwurfs E 53 bei Fehlen einer spezifischen Bestimmung keine konkrete Verpflichtung zur Befolgung des Frameworks. So kann bspw. aus den im Framework angeführten Kriterien der Bilanzierungsfähigkeit keine Bilanzierungspflicht für selbsterstellte immaterielle Vermögensgegenstände des Anlagevermögens bei Fehlen eines diesbezüglichen Standards abgeleitet werden. Solange kein IAS explizit deren Ansatz vorschreibt, ergibt sich auch aus den Bestimmungen des Framework keine derartige Verpflichtung.

Darüber hinaus sind Exposure Drafts bei Regelungslücken nur insoweit heranzuziehen, als sie schon verabschiedet worden sind, und daher keine Änderungen in ihren Vorschriften zu erwarten sind. Somit sind als mögliche Auslegungshilfen nur die schon verabschiedeten, aber noch nicht in Kraft getretenen Standards angesprochen. Dies liegt darin begründet, daß gemäß bisheriger Erfahrung Exposure Drafts aufgrund der eingehenden Stellungnahmen noch in entscheidenden Fragen Richtungsänderungen erfahren können. So müßte doch im Falle einer Änderung dieser Vorschrift das betreffende Unternehmen ihr Rechnungslegungssystem wieder umstellen. Dies wäre jedoch insofern unverhältnismäßig, als der Aufwand des Jahresabschlußerstellers den hieraus fließenden Nutzen des Jahresabschlußadressaten sicherlich übersteigen würde.

7.5 Nichtbefolgung eines Standards

Das IASC spricht in seinem Framework zwar ausdrücklich das Konzept des *true and fair view* resp. der *fair presentation* als der getreuen Darstellung der Vermögens-, Finanz- und Ertragslage an und erachtet dieses auch als wesentlich, jedoch besitzt dieses Konzept, anders als in vielen Ländern des anglo-amerikanischen Rechnungslegungsraums, im Rahmen der IAS-Rechnungslegung nicht den Stellenwert eines sog. *overriding principle*. Daraus folgt, daß nicht mit Hinweis auf die Notwendigkeit der Vermittlung eines den tatsächlichen Verhältnissen entsprechenden Bildes der wirtschaftlichen Lage von der Befolgung einzelner Vorschriften oder ganzer Standards abgesehen werden kann. Das IASC hält einer solchen Argumentation entgegen, daß eine angemessene Anwendung sämtlicher Normen bereits von sich aus zu einer getreuen Darstellung führt, so daß die Festschreibung des true and fair view als overriding principle nicht erforderlich ist.
Nicht erlaubt ist auch das mit „IAS-light" umschriebene Vorgehen, einzelne Vorschriften nicht anzuwenden, obwohl die Auswirkungen der Nichtanwendung wesentlich sind, und dies in den Erläuterungen zum Jahresabschluß anzugeben. Dieses Vorgehen ist auch nicht zulässig, wenn diese Abweichungen durch zwingende Vorschriften des jeweiligen Heimatlandes, bspw. in Deutschland durch eine HGB-Vorschrift und in der Schweiz durch eine OR-Norm, begründet sind. So ist es insb. auch nicht zulässig, IAS-Vorschriften auf der Basis der nationalen Rechnungslegungsphilosophie zu befolgen, so bspw. vor dem Hintergrund des deutschen Verständnisses des Vorsichtsprinzips. So müssen die Begriffs- und Prinzipieninhalte der IAS beachtet werden, auch wenn diese von der jeweiligen nationalen Rechnungslegungsphilosophie abweichen.
Schließlich wird das Vorgehen in der Frage der Nichtbefolgung einzelner Bestimmungen mit Inkrafttreten des neuen Standard ‚Presentation of Financial Statements', der IAS 1, 5 und 13 ersetzt, noch eindeutiger und strenger vorgegeben werden. So wird dort ausdrücklich festgeschrieben, daß eine Abweichung von den IAS auch durch eine zusätzliche Angabe dieser Tatsache im Jahresabschluß nicht geheilt werden kann. Sollten sich hieraus wesentliche Auswirkungen ergeben, wird vielmehr eine Einschränkung des Testats notwendig sein.

Literatur

Achleitner, Ann-Kristin/Kleekämper, Heinz
„Presentation of Financial Statements" – Das Reformprojekt des IASC und seine Auswirkungen, in: Die Wirtschaftsprüfung 4/1997, S. 117–126

Achleitner, Ann-Kristin/Pejic, Philip
Des Abschlusses neue Kleider: Standardentwurf des International Accounting Standards Committee (IASC) zur „Presentation of Financial Statements", in: Der Betrieb 41/1996, S. 2037–2043

Achleitner, Ann-Kristin/Wollmert, Peter/Hulle, Karel van
Grundlagen der Bilanzierung, der Bewertung und des Ausweises, in: Rechnungslegung nach den International Accounting Standards (IAS): Kommentar auf der Grundlage des deutschen Bilanzrechts, hrsg. von J. Baetge/D. Dörner/H. Kleekämper/P. Wollmert, Stuttgart 1997, S. 35–70

Cairns, David
A Guide to Applying International Accounting Standards, London 1995

Coopers & Lybrand
Understanding IAS: Analysis and Interpretation, o.O. 1996

Demming, Claudia
Grundlagen der internationalen Rechnungslegung: Die Regelungen des IASC, München 1997

Epstein, Barry/Abbas, Ali Mizra
IAS 97: Interpretation and Application of International Accounting Standards 1997, New York u.a.O. 1997

Institut der Wirtschaftsprüfer (Hrsg.)
Rechnungslegung nach International Accounting Standards: Praktischer Leitfaden für die Aufstellung IAS-konformer Jahres- und Konzernabschlüsse in Deutschland, Düsseldorf 1995

Kleekämper, Heinz/Achleitner, Ann-Kristin
IAS 1 – Darstellung der Bilanzierungs- und Bewertungsmethoden (Disclosure of Accounting Policies), in: Rechnungslegung nach den International Accounting Standards (IAS): Kommentar auf der Grundlage des deutschen Bilanzrechts, hrsg. von J. Baetge/D. Dörner/H. Kleekämper/P. Wollmert, Stuttgart 1997, S. 115–156

Pellens, Bernhard
Internationale Rechnungslegung, Stuttgart 1997

Risse, Axel
International Accounting Standards für den deutschen Konzernabschluß, Wiesbaden 1996

Wollmert, Peter
IASC-Rechnungslegung: Synopse zu den handelsrechtlichen Vorschriften, Stuttgart 1995

Wollmert, Peter/Achleitner, Ann-Kristin
Konzeptionelle Grundlagen der IAS-Rechnungslegung (Teil I und II), in: Die Wirtschaftsprüfung 7/1997, S. 209–222, und 8/1997, S. 245–256

8 Framework

Lernziele

In diesem Kapitel erfahren Sie:

- warum und für wen das IASC ein Framework formuliert hat,
- welchen Zweck die Rechnungslegung nach IAS verfolgt,
- auf welchen Grundannahmen der Rechnungslegung diese aufbaut,
- wie in der IAS-Rechnungslegung Vermögensgegenstände und Schulden sowie Erträge und Aufwendungen definiert sind und
- welche Bewertungskonzeptionen der IAS-Rechnungslegung zugrunde liegen.

8.1 Zweck, Status und Regelungsbereich des Framework

Mit dem 1989 verabschiedeten ‚Framework for the Preparation and Presentation of Financial Statements' (in der Folge kurz: Framework) hat das IASC den theoretischen Bezugsrahmen für das Normensystem der einzelnen IAS geschaffen. Ebenso wie sein US-amerikanisches Pendant, das Conceptual Framework des Financial Accounting Standards Board (FASB), stellt das IASC-Framework von seinem Zweck her eine Auslegungs- und Orientierungshilfe dar. So dient dieses u. a. als Grundlage für die Ausgestaltung noch ungeregelter Rechnungslegungsfragen sowie bei der Auslegung bestehender Standards (siehe zur Stufenordnung der IAS-Rechnungslegung auch Kapitel 7).

Das Framework richtet sich dabei an:

- den Board des IASC,
- die nationalen Normsetzer, insb. die Rechnungslegungskommissionen,
- die Jahresabschlußersteller,
- die Jahresabschlußprüfer,
- die Jahresabschlußadressaten und
- die interessierte Öffentlichkeit im allgemeinen.

Für den Board stellt das Framework in der Entwicklung zukünftiger und in der Überarbeitung bestehender Standards eine Leitlinie dar. Ihm kommt somit im Rahmen der Normierungstätigkeit des Boards vor allem die Aufgabe zu, einen Korridor für zukünftig zu schaffende Regelungen darzustellen. Das Framework will jedoch nicht nur die Normierung durch den IASC-Board, sondern auch die Tätigkeiten der nationalen Normsetzer beeinflussen.

Darüber hinaus ist das Framework auch Interpretations- und Orientierungshilfe für die Jahresabschlußersteller, die Jahresabschlußadressaten sowie die interessierte Öffentlichkeit. So bietet es dem Wirtschaftsprüfer Hilfestellung bei der Beurteilung der Konformität des Jahresabschlusses mit den IAS und dem Jahresabschlußleser bei der Interpretation der in IAS-konformen Jahresabschlüssen bereitgestellten Informationen. Schließlich stellt das Framework eine wichtige Informationsquelle für alle diejenigen dar, die sich für den konzeptionellen Ansatz des IASC interessieren.

Dem Framework kommt bei diesen Anwendungen jedoch nur die Rolle eines theoretischen Unterbaus, nicht jedoch der Status eines anwendungspflichtigen Standards zu. Daher kann das Framework auch nicht die Vorschriften eines Standards außer Kraft setzen. Dies ist v.a. in den Fällen zu beachten, in denen Widersprüche zwischen einzelnen Standards, insb. dem derzeit noch gültigen IAS 1, und dem Framework auftreten.

Derartige Inkonsistenzen entstanden, weil das Framework erst erarbeitet wurde, nachdem die Mehrheit der IAS bereits verabschiedet worden war. In solchen Kollisionsfällen zwischen Framework und Standard gehen die Regelungen des jeweiligen Standards vor. Der Board wird jedoch bemüht sein, die Zahl dieser Kollisionsfälle in Zukunft zu verringern, indem er die bereits bestehenden IAS überarbeitet und sich bei der Neuentwicklung von Normen am Framework orientiert. So wird z.Zt. IAS 1, in dem sich abweichende Regelungen zum Framework finden, im Rahmen des Projektes ‚Presentation of Financial Statements' angepaßt.

Die Tatsache, daß das Framework nicht den Status eines Standards besitzt, wirkt sich auch auf seine Bedeutung bei nicht durch die einzelnen Standards geregelten Fragen aus. Sofern eine solche Regelungslücke der Standards durch das Framework gelöst werden könnte, kommt diesem lediglich Empfehlungs-, jedoch nicht Verbindlichkeitscharakter zu. Aus diesem Grund werden derzeit bei der Überarbeitung des IAS 1 durch das Projekt ‚Presentation of Financial Statements' auch alle im Framework enthaltenen, jedoch unbedingt als verbindlich einzustufenden Grundsätze zusätzlich in den neuen Standard eingefügt, um deren Befolgung durch die Jahresabschlußersteller zu gewährleisten.

Der Anwendungsbereich des Framework erstreckt sich auf die für allgemeine Zwecke aufstellungspflichtigen Jahresabschlüsse (general purpose financial statements) von Unternehmen unabhängig von der Branche oder der gewählten Rechtsform, welche in der Regel einmal jährlich erstellt werden und sich an einen breiten Adressatenkreis richten. Damit grenzt es jedoch alle Formen gesonderter Berichterstattung, so bspw. Börsenprospekte oder Steuerbilanzen, grundsätzlich vom Anwendungsbereich des Framework aus.
Bestandteile eines solchen allgemeinen Jahresabschlusses sind gemäß Framework Bilanz (balance sheet), Gewinn- und Verlustrechnung (income statement), Kapitalflußrechnung (statement of changes in financial position) und die Erläuterungen (notes). Im Unterschied zum deutschen Bilanzrecht stellt damit die Kapitalflußrechnung einen verbindlichen Teil des Jahresabschlusses dar. Der Vernehmlassungsentwurf zum überarbeiteten IAS 1, Exposure Draft E 53 ‚Presentation of Financial Statements', schreibt zukünftig mit dem Ausweisspiegel erfolgsneutraler Eigenkapitalveränderungen (statement of non-owner movements in equity) einen weiteren verbindlichen Jahresabschlußbestandteil vor. Dieses Beispiel verdeutlicht, daß die Regelungen eines spezifischen Standards durchaus über die im Framework dargelegten Grundsätze hinausgehen können.

8.2 Zielsetzung der Rechnungslegung

Die vorrangige Zielsetzung der IAS-Rechnungslegung besteht gemäß Framework darin, Informationen über die Vermögens- und Finanzlage (financial position), die wirtschaftliche Leistungsfähigkeit (performance) und die Veränderungen der wirtschaftlichen Lage (changes in financial position) eines Unternehmens bereitzustellen. Die diesbezüglich im Jahresabschluß publizierten Informationen sollen es einem weiten Kreis von Jahresabschlußadressaten ermöglichen, ökonomische Entscheidungen, so bspw. Entscheidungen über den Erwerb, das Halten oder die Veräußerung von Unternehmensteilen, zu treffen. Dem Framework zufolge ist es in diesem Zusammenhang für den Jahresabschlußadressaten insb. von Interesse, inwieweit das Unternehmen zukünftig in der Lage ist, Mittel zu generieren.
Zu den Jahresabschlußadressaten gehören laut Framework gegenwärtige und potentielle Investoren, Arbeitnehmer, Kreditgeber, Lieferanten, Kunden, staatliche Stellen und die allgemeine Öffentlichkeit. Damit ist der Adressatenkreis der Rechnungslegung ähnlich dem des HGB und des OR sehr breit gefaßt. Während das deutsche und das Schweizer Handelsrecht jedoch eher gläubigerschutzorientiert sind, konzentriert sich die IAS-Rechnungslegung vorwiegend auf die Informationsbedürfnisse der Investoren. Als Begründung dafür führt das IASC an, daß Jahresabschlüsse, welche die Informationsbedürfnisse der Investoren befriedigen, auch diejenigen der übrigen Jahresabschlußadressaten erfüllen.

8.3 Grundannahmen der Rechnungslegung

Das Framework kennt – analog allen anglo-amerikanischen Normsetzern – eine Stufenordnung der anzuwendenden Rechnungslegungsgrundsätze (siehe Abb. 16). Im Rahmen dieser Stufenordnung wird zwischen den Grundannahmen der Rechnungslegung (fundamental accounting assumptions) und den qualitativen Merkmalen von Jahresabschlußinformationen (qualitative characteristics) unterschieden. Zu den Grundannahmen der Rechnungslegung zählen laut Framework der Grundsatz der Periodenabgrenzung (accrual) und der Grundsatz der Unternehmensfortführung (going concern). IAS 1, welcher gegenwärtig überarbeitet wird, zählt darüber hinaus noch den Grundsatz der Stetigkeit (consistency) als Grundannahme der Rechnungslegung auf.

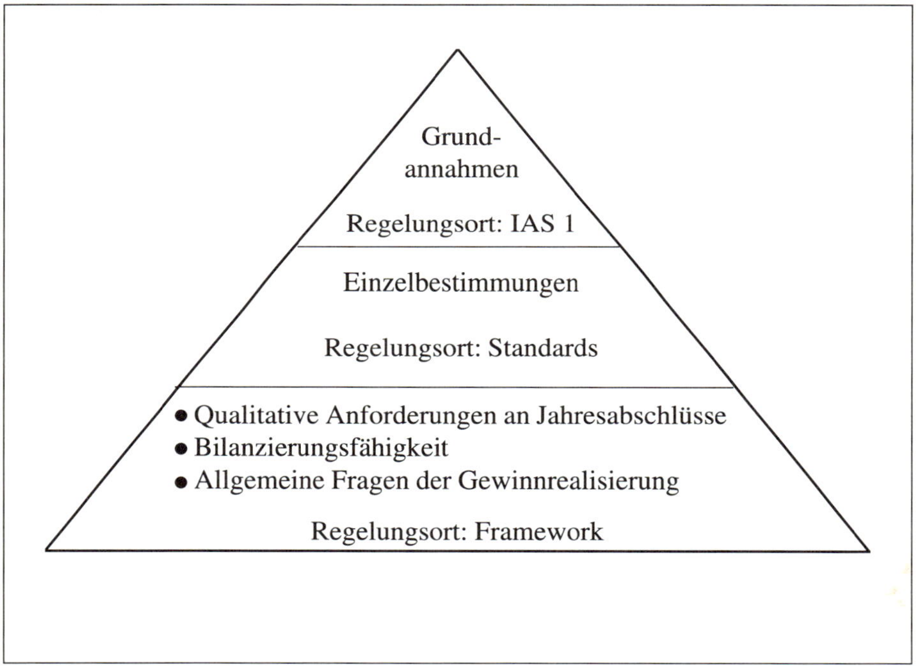

Abb. 16: Konzeption der IAS-Rechnungslegung[7]

Nach dem *Grundsatz der Periodenabgrenzung* (accrual) erfolgt die Aufstellung des Jahresabschlusses auf der Basis der periodengerechten Abgrenzung von Aufwendungen und Erträgen. Diese ist unabhängig von den jeweiligen Zahlungsströmen in der Berichtsperiode. Demnach sind Ein- und Auszahlungen nicht im Zeitpunkt ihres Zu- oder Abflusses erfolgswirksam zu verrechnen, sondern werden den Perioden zugeordnet, denen sie wirtschaftlich zugehören. Leistet bspw. ein

[7] In Anlehnung an Wollmert (IASC-Rechnungslegung), S. 9.

Unternehmen 1997 eine Zahlung für eine 1998 stattfindende Werbeveranstaltung, sind diese Zahlungen nach dem Grundsatz der Periodenabgrenzung der Gewinn- und Verlustrechnung 1998 als Aufwand zu belasten.
Gemäß dem *Grundsatz der Unternehmensfortführung* (going concern) ist bei der Aufstellung der Jahresabschlüsse davon auszugehen, daß das Unternehmen auf absehbare Zeit (foreseeable future) seine Unternehmenstätigkeit fortsetzen wird. Es wird somit unterstellt, daß das Unternehmen weder die Absicht hat, noch eine wirtschaftliche Notwendigkeit besteht, das Unternehmen als Ganzes zu liquidieren oder eine wesentliche Beschränkung des Umfangs seiner Geschäftstätigkeit vorzunehmen.
Sofern die Grundannahme der Unternehmensfortführung berechtigt ist, muß der Jahresabschluß auf einer anderen Bewertungsbasis erstellt werden. In Ermangelung konkreter Vorschriften sind bei Nicht-Zutreffen der Fortführungsprämisse die Bilanzierungsgrundsätze an sich frei wählbar. Man kann jedoch davon ausgehen, daß in diesem Fall der Ansatz von Liquidationswerten im Sinne der IAS-Vorschriften wäre.

8.4 Qualitative Merkmale

Neben den Grundannahmen der Rechnungslegung zählt das Framework verschiedene qualitative Merkmale (qualitative characteristics) auf, die ein Jahresabschluß gemäß IAS aufweisen muß, damit er der geforderten Informationsvermittlung zum Zwecke der ökonomischen Entscheidungsfindung gerecht wird. Im einzelnen handelt es sich dabei um folgende Merkmale, die z. T. wiederum durch weitere Nebenbedingungen ergänzt werden (siehe Abb. 17):

- Verständlichkeit (understandability),
- Relevanz (relevance),
- Vergleichbarkeit (comparability) und
- Verläßlichkeit (reliability).

Der *Grundsatz der Verständlichkeit* (understandability) verlangt, daß die Informationen so aufbereitet werden, daß ein sachkundiger Jahresabschlußleser keine wesentlichen Verständnisprobleme hat. Dies bedeutet allerdings nicht, daß aus Gründen der Komplexitätsreduktion eine Veröffentlichung entscheidungsrelevanter Informationen unterbleiben könnte.
Der *Grundsatz der Relevanz* (relevance) fordert, daß nur entscheidungsrelevante Informationen ausgewiesen werden. Voraussetzung für die Relevanz einer Information ist ihre *Wesentlichkeit* (materiality). Diese ist dann gegeben, wenn ihre Veröffentlichung bzw. die Unterlassung ihrer Veröffentlichung die wirtschaftlichen Entscheidungen der Adressaten beeinflußt resp. beeinflussen könnte.
Nach dem *Grundsatz der Vergleichbarkeit* (comparability) müssen die Informationen so dargestellt werden, daß sowohl Unternehmens- als auch Zeitvergleiche möglich sind. Aus diesem Grund sind die angewandten Bilanzierungs- und Be-

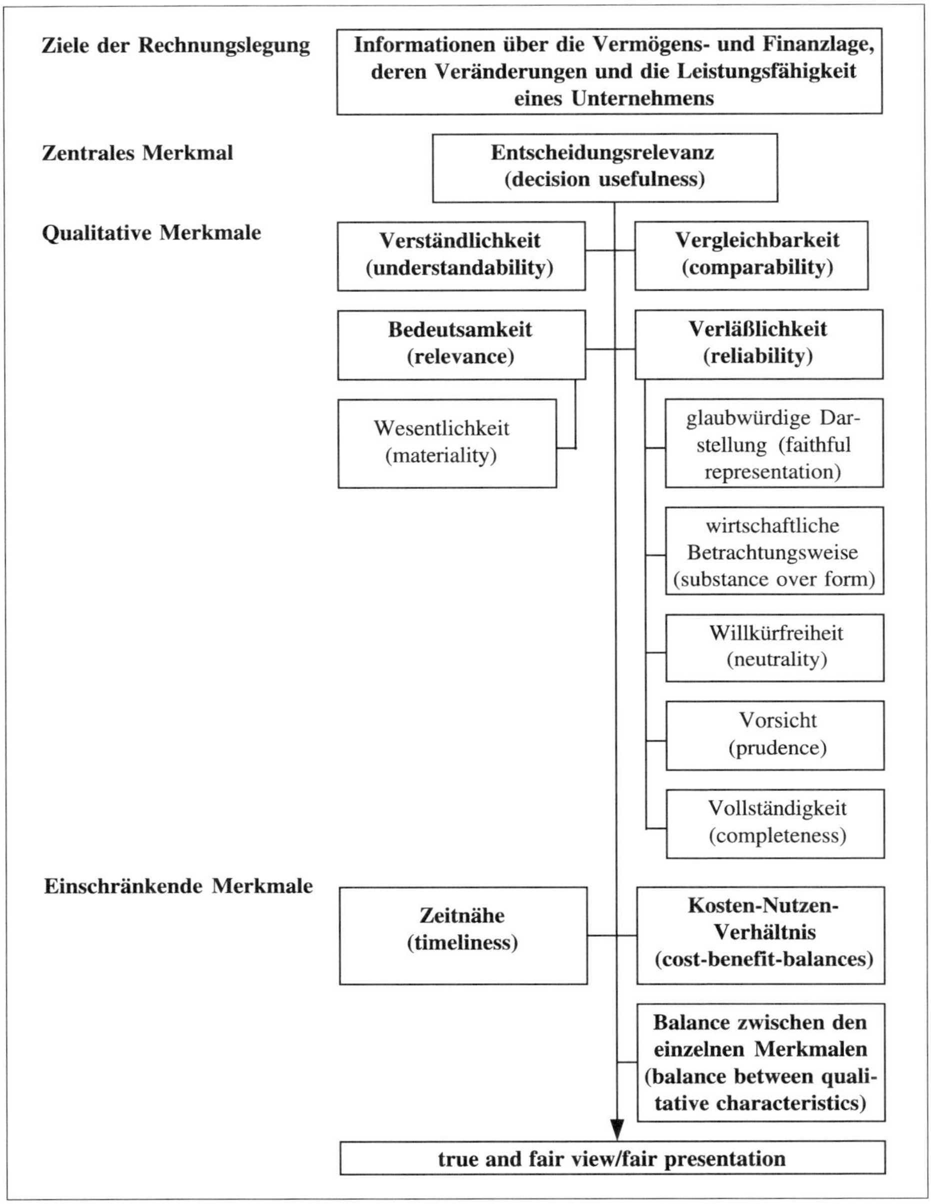

Abb. 17: Zielsetzung und qualitative Merkmale der IAS-Rechnungslegung[8]

[8] KPMG (International Accounting Standards), S. 26.

wertungsmethoden sowie Änderungen derselben einschließlich der Auswirkungen dieser Änderungen angegeben worden.
Der *Grundsatz der Verläßlichkeit* (reliability) wird vor allem durch die Einhaltung des *Grundsatzes der wirtschaftlichen Betrachtungsweise* (substance over form), wonach Geschäfte und Ereignisse nach ihrem wirtschaftlichen Gehalt und nicht nach ihrer rechtlichen Form zu behandeln sind, des Grundsatzes der *Willkürfreiheit* (neutrality), d.h. dem Postulat der Wertfreiheit in der Darstellung der Informationen, des *Grundsatzes der Vollständigkeit* (completeness) und des *Vorsichtsprinzips* (prudence) gewährleistet.
Der Grundsatz der wirtschaftlichen Betrachtungsweise ist als wichtiger Aspekt des qualitativen Merkmals der Verläßlichkeit zu sehen. Erläuternd wird im Framework dazu ausgeführt, daß es, um der Forderung nach einer verläßlichen Darstellung (faithful presentation) zu genügen, notwendig ist, Geschäftsvorfälle und andere Ereignisse nicht allein entsprechend den rechtlichen Verhältnissen, sondern gemäß ihrem wirtschaftlichen Gehalt (substance) und ihren ökonomischen Gegebenheiten (economic reality) abzubilden. Die wirtschaftliche Beurteilung eines Geschäftsvorfalls oder eines sonstigen Ergebnisses entspricht jedoch nicht in allen Fällen derjenigen Darstellung, die sich allein aus der Berücksichtigung der rechtlichen Gestaltung (legal form) oder Sachverhaltsgestaltung (contrived form) ergibt. Dabei ist der Grundsatz der wirtschaftlichen Betrachtungsweise vor allem bei der Zuordnung von wirtschaftlichem Eigentum und Schulden sowie bei wirtschaftlicher Würdigung von Sachverhaltsgestaltungen anzuwenden.
Das Vorsichtsprinzip (prudence) als weiterer untergeordneter Aspekt des Grundsatzes der Verläßlichkeit besitzt innerhalb der IAS nicht den Stellenwert eines übergeordneten Bilanzierungsgrundsatzes. Es steht somit nicht auf einer Stufe mit dem Grundsatz der Unternehmensfortführung und dem Grundsatz der Periodenabgrenzung, sondern wird gleichrangig mit dem Grundsatz der Wesentlichkeit und dem Grundsatz der wirtschaftlichen Betrachtungsweise als qualitatives Merkmal definiert.
Das Framework führt an, daß der Grundsatz vorsichtiger Bilanzierung in den Fällen zur Anwendung kommt, in denen angesichts unsicherer Erwartungen Ermessensspielräume bei Ansatz und Bewertung entstehen. Das Vorsichtsprinzip nach dem Verständnis des IASC bringt damit zum Ausdruck, daß bei der Bewertung im Falle von Unsicherheit die Einbeziehung eines gewissen Grades der Umsicht geboten ist, um Vermögensgegenstände bzw. Vermögensmehrungen nicht überzubewerten oder Schulden bzw. Vermögensminderungen nicht unterzubewerten.
Das so verstandene Vorsichtsprinzip soll eine willkürliche Über- bzw. Unterbewertung des Nettovermögens verhindern. Dies wird auch im Framework explizit betont. Die Anwendung des Vorsichtsprinzips darf jedoch keinesfalls zur Bildung stiller Reserven (hidden reserves) in Form überhöhter Rückstellungen oder bewußt zu niedrig angesetzter Vermögenswerte mißbraucht werden. In einem solchen Fall würden die Jahresabschlüsse gegen den Grundsatz der Willkürfreiheit und damit einhergehend gegen den Grundsatz der Verläßlichkeit verstoßen.
Das Vorsichtsprinzip ist somit weniger als grundlegendes Prinzip denn als eine Art Handlungsanleitung zu betrachten. Es regelt, wie mit Unsicherheiten bei der Bi-

lanzierung umzugehen ist und geht dabei von einer gewissen Schwelle aus, bis zu welcher diese Unsicherheit noch keine rechnungslegungstechnischen Auswirkungen haben muß. Insofern deckt es sich in seinem Inhalt nicht mit dem Vorsichtsprinzip deutschen resp. Schweizer Verständnisses, sondern mit dem sog. principle of conservatism in der anglo-amerikanischen Rechnungslegungstradition.

8.4.1 Einschränkende Merkmale

Die einzelnen qualitativen Merkmale sind nicht getrennt voneinander, sondern jeweils im Kontext zueinander und zu den Zielen der Rechnungslegung und den einschränkenden Merkmalen zu betrachten. So sind bspw. die Relevanz und Verläßlichkeit unter den Einschränkungen der Zeitnähe der Berichterstattung (timeliness) und der Verhältnismäßigkeit zwischen Kosten und Nutzen (cost-benefit-balances) zu sehen. Darüber hinaus ist ein ausgewogenes Verhältnis zwischen den verschiedenen, z. T. konkurrierenden qualitativen Merkmalen anzustreben (balance between qualitative characteristics). Dabei ist dieser Ausgleich zwischen den einzelnen Merkmalen stets mit Blick auf den übergeordneten Zweck der Rechnungslegung und die jeweilige Situation vorzunehmen.

8.4.2 True and fair view resp. fair presentation

Ebenso wie die Normenwerke der anglo-amerikanischen Standardsetzer kennt das Framework des IASC das Konzept des *true and fair view* resp. der *fair presentation*. Diesem Konzept zufolge ist es das Ziel des Jahresabschlusses, ein den tatsächlichen Verhältnissen entsprechendes Bild der Vermögens-, Finanz- und Ertragslage wiederzugeben.

Im Gegensatz zum anglo-amerikanischen Bilanzverständnis räumt das IAS-Framework dem Konzept des true and fair view jedoch nicht die Funktion eines sog. *overriding principle* ein. Folglich ist es nicht zulässig, unter Berufung auf die geforderte Darstellung der tatsächlichen Verhältnisse einzelne Regelungen oder Standards, die diesem Ziel nach eigenem Ermessen entgegenstehen, nicht anzuwenden. Das IASC geht vielmehr davon aus, daß die Berücksichtigung der qualitativen Merkmale (qualitative characteristics) und die Anwendung angemessener Rechnungslegungsstandards, womit in diesem Zusammenhang insb. die International Accounting Standards des IASC angesprochen sind, normalerweise zu Jahresabschlüssen i.S. eines true and fair view resp. fair presentation führen.

8.5 Definition der Jahresabschlußelemente

Im Framework werden darüber hinaus die wichtigsten Elemente (elements of financial statements) des Jahresabschlusses definiert und inhaltlich erläutert. Hierzu zählen Vermögensgegenstände (assets), Schulden (liabilities), Eigenkapital (equity), Erträge (income) und Aufwendungen (expenses).

Die Jahresabschlußelemente sind im einzelnen wie folgt definiert:

- Ein *Vermögensgegenstand* (asset) ist eine Ressource, über die ein Unternehmen aufgrund eines vergangenen Ereignisses verfügt und aus dessen Nutzung ein zukünftiger Nutzenzufluß an das Unternehmen erwartet wird.
- Eine *Schuld* (liability) ist eine gegenwärtige Verpflichtung des Unternehmens, der ein vergangenes Ereignis zugrunde liegt und deren Erfüllung voraussichtlich zum Abfluß von Ressourcen, die wirtschaftlichen Nutzen beinhalten, führt.
- *Eigenkapital* (equity) ist ein Residuum, d.h. die Saldogröße der Vermögensgegenstände und Schulden eines Unternehmens.
- *Ertrag* (income) ist die Zunahme wirtschaftlichen Nutzens während einer Rechnungsperiode. Dabei kann die Nutzenzunahme in Form eines direkten Zuflusses bzw. einer Zunahme des Wertes von Vermögensgegenständen oder durch die Abnahme des Wertes von Schulden erfolgen. Es kommt zu einer Erhöhung des Eigenkapitals, die nicht zugleich eine Einzahlung der Anteilseigner darstellt. Die Definition umfaßt dabei sowohl betriebliche Erträge (revenues) als auch außerbetriebliche Erträge (gains).
- *Aufwendungen* (expenses) sind die Abnahme wirtschaftlichen Nutzens während einer Rechnungsperiode in Form eines direkten Abflusses, einer Wertminderung von Vermögensgegenständen oder einer Erhöhung des Wertes der Schulden. Sie führen zu einer Abnahme des Eigenkapitals, welche nicht auf Ausschüttungen an die Anteilseigner zurückzuführen ist. Analog zur Ertragsdefinition umfaßt auch der Aufwandsbegriff des Framework sowohl betriebliche (expenses) als auch außerbetriebliche Aufwendungen (losses).

Das IASC folgt beim Vermögensbegriff – anders als das HGB oder auch das OR – nicht einer statischen, sondern einer dynamischen Konzeption. Entscheidend sind hiernach die zukünftigen Vermögensvorteile im Zusammenhang mit der Nutzung des Gegenstandes, nicht seine derzeitigen Eigenschaften. Dieser andere Ansatz ergibt sich direkt aus der Ausrichtung der IAS-Rechnungslegung und ihrem Ziel, dem Jahresabschlußersteller Informationen bereitzustellen, mit denen er die zukünftige Entwicklung des Unternehmens abschätzen kann. Nur eine dynamische Konzeption kann diesem Ansatz gerecht werden. Eine substanzorientierte, vorsichtige Bilanzierung hingegen muß statisch orientiert sein.
Bei der Definition der Schuld gemäß Framework wird dabei, anders als im HGB bzw. OR, nicht zwischen Verbindlichkeiten und Rückstellungen unterschieden. Der Begriff der liability umfaßt demnach auch dem Grunde und/oder der Höhe nach ungewisse Verpflichtungen. Eine gewisse Einschränkung der IAS-Definition resultiert allerdings aus der Tatsache, daß diese nicht die passiven Rechnungsabgrenzungsposten umfaßt.

8.6 Voraussetzungen für den Ansatz der Jahresabschlußelemente

Das Framework schreibt ein zweistufiges Verfahren bei der Beurteilung der Ansatzfähigkeit eines Jahresabschlußelements vor. So ist vorweg zu überprüfen, ob

die betrachtete Position (item) einer der Definitionen eines Jahresabschlußelementes entspricht. Es muß sich somit entweder um einen Vermögensgegenstand (asset), eine Schuld (liability), einen Eigenkapitalbestandteil (equity), einen Ertrag (income) oder einen Aufwand (expense) handeln.
Ist eine der Definitionen erfüllt, so ist in einem zweiten Schritt zu prüfen, ob darüber hinaus auch die beiden Ansatzkriterien (recognition criteria), nämlich die Wahrscheinlichkeit eines mit ihm verbundenen tatsächlichen Zu- oder Abflusses wirtschaftlichen Nutzens und die verläßliche Bewertbarkeit, erfüllt sind. Bei der Abschätzung, ob eine Position die Ansatzkriterien erfüllt, und somit ansatzfähig wäre, ist dabei der Grundsatz der Wesentlichkeit (materiality) zu berücksichtigen.

8.6.1 Allgemeine Ansatzvoraussetzungen

Eine Position (item), welche der Definition eines Jahresabschlußelements entspricht, ist ansatzfähig, wenn:
(a) es wahrscheinlich ist, daß ein mit ihr verbundener wirtschaftlicher Nutzen dem Unternehmen tatsächlich zu- oder von diesem abfließt, und
(b) ihre Kosten oder ihr Wert verläßlich bewertet werden können.
Vermögensgegenstände sind somit in der Bilanz anzusetzen, wenn es wahrscheinlich (probable) ist, daß der zukünftige wirtschaftliche Nutzen dem Unternehmen zufließt, und der Vermögensgegenstand einen verläßlich meßbaren (reliably measureable) Wert besitzt. Im Unterschied zum handelsrechtlichen Imparitäts- und Realisationsprinzip muß bspw. ein Gewinn damit nicht tatsächlich realisiert, sondern nur realisierbar, d. h. sein Eintreten muß lediglich wahrscheinlich sein.
Analog zu den Vermögensgegenständen sind Schulden in der Bilanz anzusetzen, wenn zur Begleichung einer gegenwärtig bestehenden Verpflichtung ein zukünftiger Ressourcenabfluß als wahrscheinlich erscheint, und der zur Begleichung erforderliche Betrag verläßlich ermittelt werden kann.
Erträge bzw. Aufwendungen sind in der Gewinn- und Verlustrechnung zu erfassen, wenn ein Zuwachs bzw. ein Abfluß wirtschaftlichen Nutzens durch eine Erhöhung bzw. Verminderung der Vermögensgegenstände oder durch eine Verminderung bzw. Erhöhung der Schulden stattgefunden hat, die verläßlich bewertet werden kann. Zusätzlich ist bei der Beurteilung der Ansatzfähigkeit von Erträgen und Aufwendungen der Grundsatz der sachlichen Abgrenzung (matching principle) zu beachten. Aufwendungen, die bestimmten Erträgen direkt zuzuordnen sind, sind demzufolge in der Periode erfolgswirksam zu berücksichtigen, in der die betreffenden Erträge erfaßt werden.
Aus den Erläuterungen des Framework folgt somit, daß ein Zu- bzw. Abfluß eines wirtschaftlichen Nutzens nicht nur möglich, sondern wahrscheinlich sein muß. Anders als nach HGB resp. OR ist jedoch bei der Anforderung einer zuverlässigen Schätzung der Wahrscheinlichkeit sowohl im Falle einer Vermögensmehrung als auch einer Vermögensminderung gleich vorzugehen. Es ist somit nicht erlaubt, entsprechend dem deutschen und Schweizer Verständnis des Realisations- und Imparitätsprinzips mit zwei unterschiedlichen Maßstäben zu messen und für den

Ansatz von Vermögensminderungen eine geringere Wahrscheinlichkeit resp. nur die Möglichkeit vorauszusetzen, während für den Ansatz von Vermögensmehrungen ein bedeutend höhere Wahrscheinlichkeit notwendig ist. So werden im handelsrechtlichen Abschluß tendenziell eher Rückstellungen gebildet werden, da für deren Ansatz aufgrund des handelsrechtlichen Vorsichtsprinzips ein Mittelabfluß nicht erst wahrscheinlich, sondern nur möglich sein muß.
Häufig wird eine Position (item) die Definition eines Jahresabschlußelementes erfüllen, jedoch nicht hinreichend zu quantifizieren sein. So wird im Framework beispielhaft angeführt, daß die im Zusammenhang mit einem hängigen Gerichtsverfahren zu erwartenden Zahlungen durchaus sowohl die Definition eines Vermögensgegenstandes und eines Ertrags als auch das Ansatzkriterium der Wahrscheinlichkeit erfüllen können; sofern der Anspruch jedoch nicht verläßlich zu bewerten ist, sollte er auch nicht als Vermögensgegenstand oder als Vermögensmehrung angesetzt werden. Die Existenz eines solchen Anspruches sollte aber in den Anhanginformationen oder ergänzenden Aufstellungen zum Jahresabschluß angegeben werden.
Das Framework räumt aber ein, daß eine Position, die zu einem bestimmten Zeitpunkt die obengenannten Ansatzkriterien nicht erfüllt, sich zu einem späteren Zeitpunkt als Ergebnis veränderter Umstände oder nachfolgender Ereignisse für den Ansatz qualifizieren kann.
Eine Position, auf welche die grundlegenden Charakteristika eines Elementes zutreffen, bei der die Ansatzvoraussetzungen jedoch nicht erfüllt werden, kann – trotz fehlender Ansatzfähigkeit – ein Ausweis in den Anhanginformationen oder den ergänzenden Aufstellungen rechtfertigen. Dies wird durch das IASC sogar als notwendig gesehen, wenn die Kenntnis dieser Position für die Beurteilung der wirtschaftlichen Lage, des wirtschaftlichen Ergebnisses und der Änderung der wirtschaftlichen Lage für den Jahresabschlußadressaten von Relevanz sein kann. Aufgrund dieser Vorschrift wird bspw. in Fällen, in denen nach HGB resp. OR/FER imparitätisch vorgegangen wurde, bei der Anpassung des Jahresabschlusses an die IAS die entsprechende eigentliche Vermögensminderung wieder aufgelöst werden müssen, gleichwohl jedoch ein Hinweis auf die drohende Vermögensminderung vorgenommen werden müssen.

8.6.2 Spezielle Ansatzvoraussetzungen

Während die obengenannten allgemeinen Kriterien bei der Überprüfung der Ansatzfähigkeit aller Bilanz- resp. Gewinn- und Verlustrechnungsposten anzuwenden sind, sind bei einigen Posten bzw. Geschäftsvorfällen zusätzliche Ansatzkriterien zu beachten. Die postenspezifischen Ansatzkriterien werden dabei in den einzelnen Rechnungslegungsstandards aufgeführt.

8.7 Bewertung

Das Framework äußert sich nicht abschließend zur Bewertung der einzelnen Vermögensgegenstände und Schulden, sondern hält vielmehr fest, daß unterschiedliche Bewertungsansätze möglich sind. Im einzelnen werden die folgenden Bewertungsmaßstäbe angeführt und näher beschrieben:

- historische Kosten (historical cost),
- Wiederbeschaffungskosten (current cost),
- Veräußerungswerte (realisable value) und
- Gegenwartswerte (present value).

Das Framework definiert diese Wertansätze sowohl für ihre Anwendung auf Vermögensgegenstände als auch Schulden und gibt z. T. auch Beispiele ihrer Anwendung. Dabei sind die im Framework dargestellten Wertmaßstäbe nicht als eine geschlossene Bewertungskonzeption für den Jahresabschluß anzusehen. So führen die einzelnen IAS noch weitere Bewertungsmaßstäbe auf.
Obwohl das Framework keinen konkreten Wertmaßstab für den Jahresabschluß als ganzes oder für einzelne Vermögens- oder Schuldpositionen ausdrücklich vorschreibt, wird jedoch seitens des IASC festgestellt, daß vor allem historische Kosten in Kombination mit anderen Wertmaßstäben zur Anwendung gelangen. Die konkrete Regelung bezüglich des für einzelne Jahresabschlußpositionen anzuwendenden Bewertungsmaßstabes obliegt aber den betreffenden Rechnungslegungsstandards. Dabei wird allerdings die im Framework eingeräumte Freiheit hinsichtlich der Wahl des Bewertungsmaßstabes in den einzelnen Standards nur begrenzt eingeschränkt; oftmals sind mehrere Bewertungskonzepte zulässig.

8.7.1 Historische Kosten

Nach dem Maßstab der historischen Kosten (historical cost) werden Vermögensgegenstände mit dem Betrag angesetzt, der den zum Zeitpunkt ihres Erwerbs aufgewendeten finanziellen Mitteln oder dem zum Anschaffungszeitpunkt beizulegenden Wert (fair value) einer zu ihrem Erwerb hingegebenen Gegenleistung entspricht. Die historischen Kosten entsprechen somit den Anschaffungs- oder Herstellungskosten. Schulden werden mit dem Betrag, den der Bilanzierende im Austausch für die eingegangene Verpflichtung erhalten hat, oder ggf. mit dem zu zahlenden Betrag bei Unterstellung eines normalen Geschäftsverlaufs angesetzt.

8.7.2 Wiederbeschaffungskosten

Im Rahmen der Bewertung zu Wiederbeschaffungskosten (current cost) sind Vermögensgegenstände mit dem Betrag anzusetzen, welcher der Summe der finanziellen Mittel entspricht, die zur Wiederbeschaffung des entsprechenden oder eines gleichartigen Vermögensgegenstands zum gegenwärtigen Zeitpunkt aufgewendet werden müßten. Schulden sind mit dem Betrag anzusetzen, der sich aus dem No-

minalwert der finanziellen Mittel, die zum gegenwärtigen Zeitpunkt für die Begleichung der Verpflichtung aufgewendet werden müßten, ergibt.
Darüber hinaus führt das Framework aus, daß einige Unternehmen grundsätzlich auf der Basis von Wiederbeschaffungswerten bilanzieren, um dem Nachteil einer Nichtberücksichtigung der Preisveränderungseffekte der nicht monetären Vermögensgegenstände im Rahmen der auf historischen Kosten basierenden Bilanzierung zu begegnen.

8.7.3 Veräußerungswert

Vermögensgegenstände sind nach dem Bewertungsmaßstab des Veräußerungswertes (realisable (settlement) value) zu dem Wert anzusetzen, zu dem sie zu diesem Zeitpunkt im gewöhnlichen Geschäftsverkehr verkauft werden könnten. Schulden sind mit ihrem Liquidationswert (settlement value) anzusetzen. Hierbei handelt es sich um den undiskontierten Betrag, mit dem die Schuld im Rahmen des gewöhnlichen Geschäftsverkehrs voraussichtlich beglichen werden kann.
Im Zusammenhang mit dem Veräußerungserlös (realisable value) wird innerhalb der einzelnen IAS vor allem auf den sog. Nettoveräußerungswert (net realisable value) abgestellt. Hierbei handelt es sich nach IAS 2 ‚Inventories', welcher die Bewertung der Vorräte regelt, um den geschätzten Veräußerungswert, der im gewöhnlichen Geschäftsverkehr erzielt werden kann, abzüglich geschätzter Fertigstellungs- und Verkaufskosten.
Die Verwendung der Liquidationswerte erfolgt auch nach IAS-Verständnis vor allem dann, wenn vom Grundsatz der Unternehmensfortführung abgewichen werden muß. Sie kann sich jedoch auch aus den Bestimmungen einzelner IAS ergeben.

8.7.4 Gegenwartswert

Nach dem Bewertungsmaßstab des Gegenwartswertes (present value) sind die Vermögensgegenstände zum Barwert anzusetzen. Dieser verkörpert den diskontierten Betrag der zukünftig zu erwartenden Nettoeinzahlungen, die der Vermögensgegenstand voraussichtlich im gewöhnlichen Geschäftsverkehr generieren wird. Schulden sind zu ihrem Barwert, d. h. dem diskontiertem Betrag der zukünftig zu erwartenden Nettoauszahlungen, die aufgewandt werden müssen, um die Schulden im gewöhnlichen Geschäftsverkehr zu begleichen, anzusetzen.
Die Konzeption des Gegenwartswerts gelangt bspw. bei der Bewertung von Forderungen zur Anwendung. Darüber hinaus ist dieser Bewertungsmaßstab bei der Bewertung der Pensionsverpflichtungen zugrundezulegen.

8.7.5 Weitere Bewertungsmaßstäbe

Neben den im Framework explizit aufgeführten Bewertungsmaßstäben führen einige IAS noch weitere Bewertungsbegriffe ein. Dazu gehören bspw. der beizulegende Wert (fair value), der erlösbare Betrag (recoverable amount) und der Marktwert (market value).

Der *beizulegende Wert* (fair value) ist der Betrag, der im Geschäftsverkehr zwischen gut informierten und kontraktwilligen Vertragspartnern unter Marktbedingungen ausgehandelt wird. Im Regelfall handelt es sich bei dem beizulegenden Wert um den Markt- oder Verkehrswert, jedoch ist bei Fehlen eines aktiven Marktes oder der mangelnden Verkehrsfähigkeit eines Vermögensgegenstandes auf die Wiederbeschaffungskosten abzustellen.

Der *Marktwert* (market value) ist der Betrag, mit dem ein Finanzinstrument (financial instrument) auf einem aktiven Markt gehandelt wird.

Der *erlösbare Betrag* (recoverable amount) ist der Betrag, der dem Unternehmen durch die künftige Nutzung eines Vermögensgegenstandes unter Berücksichtigung eines Restbetrages bei Abgang voraussichtlich zufließen wird.

Literatur

Achleitner, Ann-Kristin/Wollmert, Peter/Hulle, Karel van
Grundlagen der Bilanzierung, der Bewertung und des Ausweises, in: Rechnungslegung nach den International Accounting Standards (IAS): Kommentar auf der Grundlage des deutschen Bilanzrechts, hrsg. von J. Baetge/D. Dörner/H. Kleekämper/P. Wollmert, Stuttgart 1997, S. 35–70

KPMG (Hrsg.)
International Accounting Standards: Eine Einführung in die Rechnungslegung nach den Grundsätzen des IASC, Düsseldorf 1995

Pellens, Bernhard
Internationale Rechnungslegung, Stuttgart 1997, insb. S. 405–418

Risse, Axel
International Accounting Standards für den deutschen Konzernabschluß, Wiesbaden 1996, insb. S. 95–116

Wollmert, Peter
IASC-Rechnungslegung: Synopse zu den handelsrechtlichen Vorschriften, Stuttgart 1995

Wollmert, Peter/Achleitner, Ann-Kristin
Konzeptionelle Grundlagen der IAS-Rechnungslegung (Teil I und II), in: Die Wirtschaftsprüfung 7/1997, S. 209–222, und 8/1997, S. 245–256

9 Synopse HGB-IAS-FER

9.1 Grundlagen

	HGB	IAS	FER
Art und Verbindlichkeit der Rechnungslegungsvorschriften	Kodifiziertes Bilanzrecht (Änderungen nur durch politische Entscheidungsprozesse)	Empfehlungen ohne Rechtskraft (kein vollständiges, systematisch strukturiertes Regelsystem)	Für nicht börsennotierte Unternehmen Empfehlungen ohne Rechtskraft (wie IAS), für börsennotierte Unternehmen durch Kotierungsreglement vorgeschrieben
Dominierendes Rechnungslegungsziel	Feststellung des vorsichtig ermittelten ausschüttbaren Gewinns	Vermittlung von Informationen als Hilfsmittel für wirtschaftliche Entscheidungen	Wie IAS
Rechnungslegungszweck	Gläubigerschutz und Kapitalerhaltung	Schutz der Investoren	Wie IAS
Adressaten der Rechnungslegung	Gesellschafter und schutzwürdige Dritte (besonders Gläubiger)	Investoren, Arbeitnehmer, Kreditgeber, Lieferanten und andere Kreditoren, Kunden, Staat und seine Behörden sowie die Öffentlichkeit	Wie IAS
Bestandteile des Jahresabschlusses	Bilanz, Gewinn- und Verlustrechnung, Anhang	Bilanz, Gewinn- und Verlustrechnung, Kapitalflußrechnung und Anhang	Wie IAS
Form- und Gliederungsvorschriften	Detaillierte, weitgehend feste Gliederungsvorschriften	Keine Formvorschriften, nur Angabepflichten, wobei Ort der Angabe nicht vorgeschrieben	Detaillierte Gliederungsvorschriften, aber nicht so weitgehend wie HGB

9.2 Grundlegende Abbildungsregeln

9.2.1 Konzeptionelle Grundlagen

	HGB	IAS	FER
Generalnorm	Vermittlung eines den tatsächlichen Verhältnissen entsprechenden Bildes der Vermögens-, Finanz- und Ertragslage (subsidiäre Anwendung gegenüber den Einzelvorschriften)	True and fair view/fair presentation-Grundsatz (subsidiäre Anwendung gegenüber den Einzelvorschriften)	True and fair view (override nicht ausdrücklich vorgesehen)
Dominierender Rechnungslegungsgrundsatz bei der Gewinnermittlung	Vorsichtsprinzip	Accrual principle (Grundsatz der periodengerechten Gewinnermittlung)	Wie IAS
Auslegung des Realisationsprinzips	Ableitung aus dem Vorsichtsprinzip; Umsatzvorgang als Voraussetzung für die Erfolgswirksamkeit	Ableitung aus dem Grundsatz der periodengerechten Gewinnermittlung: Realisierbarkeit am Bilanzstichtag und nicht die erfolgte Realisation als Voraussetzung für die Erfolgswirksamkeit	Realisierbarkeit steht im Vordergrund (nicht die Realisation); zunehmend Ausrichtung auf Marktwerte

9.2.2 Bilanzansatz/-ausweis

	HGB	IAS	FER
Begriff Vermögensgegenstand	Statische Konzeption; Dominanz der Objektivierbarkeit	Dynamische Konzeption; Orientierung am künftigen wirtschaftlichen Nutzen	Wie IAS
Immaterielle Vermögensgegenstände	Aktivierungsverbot für selbsterstellte Vermögensgegenstände des Anlagevermögens	Aktivierungspflicht auch für selbsterstellte Vermögensgegenstände des Anlagevermögens bei Erfüllung der Aktivierungsvorraussetzungen	Aktivierungswahlrecht für selbsterstellte immaterielle Werte, strenge Ansatzkriterien
Originärer Geschäfts- oder Firmenwert	Aktivierungsverbot	Aktivierungsverbot	Aktivierungsverbot
Derivativer Geschäfts- oder Firmenwert	Aktivierungswahlrecht	Aktivierungspflicht	Aktiviertungspflicht (aber Darstellungswahlrecht)
Aufwendungen für die Ingangsetzung und Erweiterung des Geschäftsbetriebs	Aktivierungswahlrecht (mit Ausschüttungssperre) als Bilanzierungshilfe	Aktivierungspflicht bei Erfüllung der Anforderungen an die abstrakte und konkrete Aktivierbarkeit eines „asset“	Aktivierungswahlrecht
Aufwendungen bei Gründung des Unternehmens und Beschaffung des Eigenkapitals	Aktivierungsverbot	Aktivierungspflicht bei Erfüllung der Anforderungen an die abstrakte und konkrete Aktivierbarkeit eines „asset“	Aktivierungswahlrecht (aber ausdrücklich nicht als immaterieller Wert zugelassen, sondern als Abgrenzungsposten)
Entwicklungskosten	Grundsätzlich Aktivierungsverbot	Aktivierungspflicht bei Erfüllung bestimmter Voraussetzungen	Aktivierungswahlrecht, strenge Ansatzkriterien (wie IAS)
Forschungskosten	Erfolgswirksame Verrechnung in der Periode des Entstehens	Erfolgswirksame Verrechnung in der Periode des Entstehens	Wie IAS

Leasing	Bilanzierung erfolgt beim wirtschaftlichen Eigentümer; Rückgriff auf steuerliche Regelungen zum Leasing, da keine handelsrechtlichen Vorschriften vorhanden	Bilanzierung beim wirtschaftlichen Eigentümer; Unterscheidung in finance und operating lease	Wie IAS
Ausweis eigener Anteile	Zwingender Ausweis im Umlaufvermögen; Ausschüttungssperre i.V.m. einer Rücklage für eigene Anteile	Zwingender Ausweis im Umlaufvermögen	Ausweis im Umlaufvermögen oder Anlagevermögen; Marktwert möglich; aufgrund des OR zudem Reservebildung zwingend und damit Ausschüttungssperre
Grundsätzliche Möglichkeiten der Rückstellungsbildung	Relativ großes Potential durch Passivierungspflichten, Wahlrechte und Ermessensspielräume	Beschränkung auf Pflichtrückstellungen im Fall einer Außenverpflichtung; großer subjektiver Auslegungsspielraum bezüglich der Bedingungen für die Auslösung der Rückstellungspflicht	Ermessen durch Zielsetzung der fair presentation stark eingeschränkt, Spielraum aber weiterhin vorhanden
Aufwandsrückstellungen	Passivierungspflicht für unterlassene Aufwendungen für Instandhaltung, die im folgenden Geschäftsjahr innerhalb von 3 Monaten nachgeholt werden; Passivierungswahlrecht für unterlassene Aufwendungen für Instandhaltungen, wenn die Instandhaltung im folgenden Geschäftsjahr nachgeholt wird	Passivierungsverbot	Zulässig bzw. Pflicht

9.2.3 Bewertung

	HGB	IAS	FER
Bewertungsobergrenzen	Anschaffungskostenhöchstwertprinzip	Grundsätzlich Anschaffungskostenhöchstwertprinzip mit zahlreichen Ausnahmen (i.d.R. Wahlrechte)	Historische Kosten oder aktuelle Werte (Wiederbeschaffungs- oder Tageswerte)
Umfang der Herstellungskosten	Wahlrecht zwischen Teil- und Vollkosten; Aktivierungspflicht nur für Einzelkosten; Aktivierungswahlrecht für Gemeinkosten und zurechenbare Fremdkapitalzinsen; Aktivierungsverbot für Vertriebs- und Zusatzkosten sowie Gewinnaufschlag	Produktionsbezogene Vollkosten; Wahlrecht bei zurechenbaren Fremdkapitalzinsen bei Langfristfertigung; Verbot der Einbeziehung von Vertriebskosten, allgemeine Verwaltungskosten, Lager und Leerkosten	Regelung in Ausarbeitung (Projekt FER 18); z. Zt. noch Spielraum wie beim HGB; bei Langfristfertigung wie IAS
Sachanlagevermögen	Anschaffungs- oder Herstellungskosten als absolute Bewertungsobergrenze	Benchmark Treatment: fortgeführte Anschaffungskosten oder Herstellungskosten; Allowed Alternative Treatment: Neubewertung der Sachanlagen mit Bildung einer Neubewertungsrücklage zulässig	Projekt FER 17; zur Zeit (FER 5) sind historische Kosten (und Abschreibungen) sowie aktuelle Werte zulässig

Vorratsvermögen	Grundsatz: Einzelbewertung; Verbrauchsfolgeverfahren: Durchschnittsbewertung, Gruppenbewertung und Festbewertung zulässig	Grundsatz: Einzelbewertung; Verbrauchsfolgeverfahren: Festbewertung grundsätzlich nicht zulässig, neben den handelsrechtlichen Methoden ist die Standardkostenbewertung ausdrücklich erlaubt	Projekt FER 18; zur Zeit noch weitgehend offen; im Einzelabschluß Gesamtbewertung zulässig, im Konzernabschluß nur Einzelbewertung; keine Einengung auf bestimmte Verfahren
Wertpapiere	Anschaffungskosten als Bewertungsobergrenze	Fortgeführte Anschaffungskosten oder Wahlrecht zur Bewertung zu Marktpreisen grds. mit erfolgswirksamer Vereinnahmung unrealisierter Gewinne (Wertpapiere des Umlaufvermögens) bzw. Neubewertung mit Bildung einer Neubewertungsrücklage (Wertpapiere des Anlagevermögens)	Einzelabschluß: Wertpapiere im Umlaufvermögen: Wahlrecht zwischen Marktwert und historischen Kosten; Wertveränderungen sind erfolgswirksam zu erfassen; Wertpapiere im Anlagevermögen (Finanzanlagen): Historische Kosten und Niederstwertprinzip Konzernabschluß: wahlweise historische Kosten oder aktuelle Werte
Langfristige Auftragsfertigung	Completed Contract-Methode	Percentage of Completion-Methode; Anwendung der Completed Contract Methode nur bei Unmöglichkeit zuverlässiger Schätzungen	Projekt FER 17; Ziel wie IAS, aber Percentage of Completion-Methode schon heute im Rahmen der bestehenden FER zugelassen

	HGB	IAS	FER
Bewertung von Rückstellungen	Ansatz mit dem nach kaufm. Beurteilung notwendigen Wert bzw. im Fall mehrerer wahrscheinlicher Werte unter angemessener Beachtung des Vorsichtsprinzips	Bemessung der Rückstellungshöhe mit dem niedrigsten der wahrscheinlichen Schätzbeträge (neuer DSOP, expected value als gewichteter Durchschnitt der verschiedenen Werte)	Noch keine FER, somit über OR, zur Zeit noch wie HGB
Pensionsrückstellungen	Anwartschaftsdeckungsverfahren auf der Grundlage des Gehalts- und Rentenniveaus am Bilanzstichtag; Abzinsungsfaktor zwischen 3 und 6 %	Anwartschaftsbarwertverfahren; ebenfalls zulässig: Anwartschaftsdeckungsverfahren, jeweils mit der Pflicht zur Berücksichtigung zukünftiger Gehalts- und Rentenentwicklungen; Abzinsungsfaktor tatsächlicher Kapitalmarktzins	FER 16, wie IAS
Möglichkeiten zur Bildung stiller Reserven	In großem Umfang durch Wahlrecht und Ermessensspielräume	Durch true and fair view resp. fair presentation stark eingeschränkt	Durch fair presentation stark eingeschränkt, ebenso durch Ausrichtung auf Marktwerte; allerdings mehr Wahlrechte als IAS
Zulässigkeit steuerrechtlicher Abschreibungen	Wahlweise erlaubt	Grundsätzlich verboten	Im Konzernabschluß verboten, im Einzelabschluß erlaubt

9.3 Konzernabschlußspezifische Abbildungsregeln

9.3.1 Abgrenzung des Konsolidierungskreises

	HGB	IAS	FER
Begriff des Tochterunternehmens	Konzept der einheitlichen Leitung oder Control-Konzept	Control-Konzept	in FER offengelassen, somit nach OR (Konzept der einheitlichen Leitung oder Control-Konzept)
Konsolidierungswahlrechte	Wahlrechte im Fall einer erheblichen und dauernden Beschränkung des Rechts des Mutterunternehmens, bei unverhältnismäßig hoher Kosten- und Zeitintensität der Datenbeschaffung, bei Weiterveräußerungsabsicht und bei untergeordneter Bedeutung	Keine ausdrücklichen Konsolidierungswahlrechte	Bei stark abweichender Tätigkeit oder bei (insgesamt) untergeordneter Bedeutung
Konsolidierungsverbote	Einbeziehungsverbot bei stark abweichender Tätigkeit	Einbeziehungsverbot beim Vorliegen schwerer und dauerhafter Beschränkungen der Operationen des Tochterunternehmens, die den Transfer finanzieller Mittel zur Muttergesellschaft wesentlich erschweren, oder bei Weiterveräußerungsabsicht	Bei Transferbeschränkungen zwischen Tochter- und Mutterunternehmen (nicht ausdrücklich, aber Praxis: Tochterunternehmen, die innerhalb der Jahresfrist „ausscheiden“ durch Veräußerung oder Stillegung)

9.3.2 Vollkonsolidierung

	HGB	IAS	FER
Fall des Anteilserwerbs	Purchase-Methode (Buchwert- oder Neubewertungsmethode)	Purchase-Methode (Buchwertmethode als Benchmark Treatment, Neubewertungsmethode als Allowed Alternative Treatment)	Purchase-Methode (mit Wahlrecht zwischen Buchwerten und „fair values")
Fall des Anteilstausches	Wahlrecht zur Anwendung der Pooling-of-Interests-Methode bei Erfüllung bestimmter Voraussetzungen	Pflicht zur Anwendung der Pooling-of-Interests-Methode bei Erfüllung restriktiver Voraussetzungen	Nicht geregelt (in der Praxis für Schweiz unbedeutend)
Behandlung eines Geschäfts- oder Firmenwerts aus der Kapitalkonsolidierung	Aktivierung und Abschreibung zu mindestens 1/4, planmäßig über die Nutzungsdauer oder offene Verrechnung mit den Rücklagen	Aktivierungspflicht und Abschreibung i.d.R. linear über 5 Jahre, in begründeten Ausnahmefällen über max. 20 Jahre	Aktivierungspflicht und Abschreibung über Nutzungsdauer, max. 20 Jahre (Darstellungswahlrecht)
Behandlung eines negativen Unterschiedsbetrags aus der Kapitalkonsolidierung	Passivierungspflicht und Auflösung nur unter bestimmten Voraussetzungen (Eintritt von erwarteten Verlusten oder Feststellung eines Gewinns)	Benchmark Treatment: Abstockung der nicht monetären Buchwerte und erfolgswirksame Verrechnung eines Restbetrags über max. 5 Jahre, in begründeten Ausnahmefällen über max. 20 Jahre	Erfolgswirksame Auflösung über Nutzungsdauer (Darstellungswahlrecht)

9.3.3 Sonstiges

	HGB	IAS	FER
Quotenkonsolidierung	Wahlrecht für Gemeinschaftsunternehmen	Benchmark Treatment für Gemeinschaftsunternehmen	Zulässig für Gemeinschaftsunternehmen
Maßgebliche Beteiligungen	Buchwertmethode oder Kapitalanteilsmethode (Equity Methode)	Kapitalanteilsmethode (Equity Methode)	Wie IAS
Währungsumrechnung	Keine Vorschriften	Funktionale Währungsumrechnung	Stichtagskurs-Methode, Netto-Investitionskonzept (funktionale Währungsumrechnung), Nominal-/Sachwert-Methode, Zeitbezugs-Methode (FER 4)
Steuern	Aktivierungswahlrecht für aktive latente Steuern; Passivierungspflicht für passive latente Steuern; Timing-Konzept	Bilanzierungspflicht für passive und aktive latente Steuern; Beachtung der künftigen Steuerentwicklung (liability method); umfassende Angaben; Temporary-Konzept	Wie IAS
Außerbilanzgeschäft	Offenlegung nicht-bilanzierter Verpflichtungen	Nur contingent liabilities, nicht dagegen feststehende künftige Verpflichtungen wie Bestellobligo	Offenlegung nicht bilanzierter Verpflichtungen umfassend
Derivative Finanzinstrumente	Keine spezifischen Vorschriften bzgl. Ansatz und Offenlegung	Offenlegung umfassend, Bewertung noch offen	Offenlegung umfassend sowohl Marktbewertung als auch (Wahlrecht) grundgeschäftsbezogene Bewertung bei Absicherungen

Literatur

Wollmert, Peter
IASC-Rechnungslegung: Synopse zu den handelsrechtlichen Vorschriften, Stuttgart 1995

Teil III

Einzelfragen der IAS-Rechnungslegung

10 Immaterielle Vermögensgegenstände

Lernziele

In diesem Kapitel erfahren Sie:

- welche Bedeutung immateriellen Vermögensgegenständen bei der Beurteilung der wirtschaftlichen Lage eines Unternehmens zukommen kann,
- welche immateriellen Werte als Vermögensgegenstände erfaßt werden,
- welche Bewertungsfragen sich bei immateriellen Vermögensgegenständen stellen und
- welche Angabepflichten im Zusammenhang mit der Aktivierung immaterieller Vermögensgegenstände zu befolgen sind.

10.1 Grundsätzliches zu den immateriellen Vermögensgegenständen

Stellten früher Sachanlagen das dominierende Element des Anlagevermögens der meisten Unternehmen dar, gewinnen seit geraumer Zeit immaterielle Vermögensgegenstände, so bspw. Patente und Marken, zunehmend an Bedeutung. Wesentliche Ursachen für diese Entwicklung sind vermehrte Forschungs- und Entwicklungsaktivitäten nahezu aller Unternehmen sowie das generelle Wachstum des tertiären Sektors. Dominierten früher große Industriekonzerne mit gewaltigen Produktionsanlagen das Wirtschaftsgeschehen, so wandelt sich dieses Bild zugunsten der Dienstleistungsunternehmen, bei denen nicht so sehr Fabrikationshallen und Maschinen, sondern Know-how, bekannte Markennamen und dergleichen im Vordergrund stehen.
Neben diesen Faktoren hat aber auch die in den letzten Jahren zu verzeichnende Zunahme von Firmenkäufen und -zusammenschlüssen einen wesentlichen Einfluß auf die gestiegene Bedeutung der Thematik der immateriellen Vermögensgegenstände im Rahmen der finanziellen Berichterstattung der Unternehmen.

Während es früher noch als Zeichen besonderer finanzieller Stärke und vorsichtiger Bilanzierung galt, die bei einer Akquisition gezahlten Goodwill-Beträge im Anschaffungsjahr direkt dem Erfolg oder dem Eigenkapital zu belasten, schließen die mittlerweile üblichen Größenordnungen der Transaktionen dieses Vorgehen von vornherein aus. Darüber hinaus führt ein solches Vorgehen zu einer erheblichen Verzerrung der Erfolgs- und Eigenkapitalgrößen und erschwert somit den Rechnungslegungsadressaten die zuverlässige Beurteilung der wirtschaftlichen Lage des betreffenden Unternehmens. Aus Sicht der Adressaten des Jahresabschlusses ist es zudem von Interesse, welche Mittel für die Akquisition von Quellen künftiger Mehrerträge, so bspw. einzelnen Markennamen oder Patentrechten, im Rahmen einer Unternehmensübernahme aufgewandt wurden.
In den letzten Jahren konzentrierte sich die Diskussion um die Behandlung immaterieller Vermögensgegenstände stark auf den Goodwill, mithin auf den Unterschiedsbetrag zwischen dem Erwerbspreis für die Anteile an einem Unternehmen und dem – nach einer marktorientierten Neubewertung der damit übernommenen Vermögensgegenstände und Schulden – entsprechenden Eigenkapital des übernommenen Unternehmens. Das IASC hat diese Fragen in IAS 22 ‚Business Combinations' und IAS 27 ‚Consolidated Financial Statements and Accounting for Investments in Subsidiaries' umfassend geregelt (siehe hierfür Kapitel 20).
Auch zum Bereich der Forschungs- und Entwicklungskosten hat das IASC mit IAS 9 ‚Research and Development Costs' einen eigenen Rechnungslegungsstandard verabschiedet. Dagegen weist das Normenwerk des IASC bisher keine Bestimmungen bezüglich der bilanziellen Darstellung der übrigen, z. T. sehr wichtigen immateriellen Vermögensgegenstände wie Marken, Lizenzen oder Nutzungsrechte von Kabelnetzen auf. Zur Schließung dieser Lücke im IAS-Normenwerk hat das IASC 1995 mit E 50 ‚Intangible Assets' einen Standardentwurf für die Regelung dieses Themenbereichs vorgelegt.

10.2 Begriff der immateriellen Vermögensgegenstände

Immaterielle Vermögensgegenstände (intangible assets) werden gemäß E 50 definiert als identifizierbare, nicht monetäre Vermögensgegenstände ohne physische Substanz, die vom berichterstattenden Unternehmen kontrolliert und von ihm voraussichtlich länger als ein Jahr genutzt werden.
Auf das Framework des IASC aufbauend, stellt E 50 damit bei der Definition eines immateriellen Vermögensgegenstandes darauf ab, ob ein Unternehmen die tatsächliche Verfügungsmacht über eine Ressource, die zu einem Mittelzufluß (ohne Gegenleistung) in der Zukunft führt, besitzt. Dabei werden die immateriellen Vermögensgegenstände nicht nur von den physisch greifbaren Vermögensgegenständen abgegrenzt, sondern auch von monetären Werten, die durch den Anspruch auf einen feststehenden oder klar bestimmbaren Betrag gekennzeichnet sind. Aus diesem Grund fallen Optionsrechte oder Geldmarktinstrumente ebensowenig unter den Begriff der immateriellen Vermögensgegenstände wie Ver-

kaufshilfen für Luxusgüter im Detailhandel im Sinne von Displays oder exquisiten Schaufensterauslagen.
Allerdings spricht das Medium der Aufbewahrung (bspw. eine CD-ROM oder eine Diskette) nicht gegen die Eigenschaft von Software als immaterieller Wert. Jedoch ist hier, wie bei anderen Gütern des Anlagevermögens auch, eine Abgrenzung zu jenen Fällen wichtig, bei denen die Veräußerungsabsicht und damit die Qualifikation als (Handels-)Ware im Vordergrund steht. Zu denken ist hier an die Vorratshaltung von kommerziell genutzter Software wie einem Schreib- oder Datenbankprogramm. Die in einem solchen Falle bspw. auf CD-ROM gespeicherte Software ist als Ware und damit als Vermögensgegenstand des Umlaufvermögens zu bilanzieren und zu bewerten. Entscheidend für die Zuordnung zum Anlage- oder Umlaufvermögen ist somit auch hier die Absicht des Unternehmens hinsichtlich des Einsatzes des betreffenden Vermögensgegenstandes.
Ergänzend zu den aus dem Framework abgeleiteten Anforderungen an einen Vermögensgegenstand tritt gemäß E 50 als entscheidendes Merkmal zur Qualifikation als immaterieller Vermögensgegenstand das Kriterium der Identifizierbarkeit. Der Standardentwurf unterscheidet diesbezüglich zwischen Werten, die durch Besitz- und Schutzrechte identifizierbar sind, und solchen, die nicht durch Rechte identifizierbar sind. Ist letzteres der Fall, so gilt es zu prüfen, ob der Vermögensgegenstand separat vermietet, verkauft, getauscht oder verteilt werden kann, ohne den wirtschaftlichen Nutzen anderer Ressourcen zu berühren. Entsprechend scheitert der bilanzielle Ansatz von Aufwendungen für Werbekampagnen, da diese weder durch gesetzliche Rechte geschützt noch getrennt vom betreffenden Unternehmen verwertet werden können.
Im Vordergrund der Bestimmungen des E 50 stehen somit Markenrechte, Patente oder Lizenzen und ähnliche Werte. Von den Regelungen des Standardentwurfs werden dagegen bestimmte Kategorien immaterieller Vermögensgegenstände ausdrücklich ausgeschlossen. Hierbei handelt es sich im einzelnen um Forschungs- und Entwicklungskosten, Leasinggeschäfte, Finanzinstrumente, Geschäftswerte, Abgrenzungsposten sowie Abbaurechte für natürliche Ressourcen wie bspw. Öl und Mineralien.

10.3 Erfassung im Jahresabschluß

10.3.1 Ansatz

Handelt es sich bei einem Vermögensgegenstand um einen immateriellen Vermögensgegenstand im Sinne der Definition des E 50, ist in einem nächsten Schritt zu prüfen, inwieweit der Ansatz (recognition) dieses Vermögensgegenstandes in der Bilanz angezeigt ist. Den allgemeinen Ansatzkriterien zufolge ist ein immaterieller Vermögensgegenstand in der Bilanz zu erfassen, wenn:

- es wahrscheinlich ist, daß dem Unternehmen ein zukünftiger wirtschaftlicher Nutzen zufließt und
- der Wert des Vermögensgegenstandes zuverlässig meßbar ist.

Diese allgemeinen Ansatzkriterien werden in der Folge durch die Bestimmungen des E 50 näher konkretisiert. So enthält der Standardentwurf Ausführungen zum Ansatzkriterium der Wahrscheinlichkeit des Zuflusses eines zukünftigen wirtschaftlichen Nutzens. Danach muß von dem berichterstattenden Unternehmen nachgewiesen werden, daß der immaterielle Wert einen Beitrag zur Steigerung des zukünftigen wirtschaftlichen Nutzens des Unternehmens leistet, und daß dieser die Fähigkeit besitzt, diesen Beitrag auch tatsächlich zu leisten. Zusätzlich muß eine Nutzungsabsicht seitens des Unternehmens bestehen. Außerdem müssen geeignete Mittel bereitstehen, die es dem Unternehmen ermöglichen, den zu erwartenden wirtschaftlichen Nutzen auch tatsächlich erzielen zu können.
In diesem Zusammenhang ist zu beachten, daß diese konkretisierenden Bedingungen kumulativ erfüllt sein müssen. Dabei sind die beiden letzten Kriterien im Grunde eine Präzisierung der ersten Bedingung, denn der (theoretisch) bejahte wirtschaftliche Nutzenzufluß muß auch tatsächlich ausgelöst und realisiert werden können. Diese Überlegungen sind insb. für junge Wachstumsunternehmen von Bedeutung: Patentierte Neuentwicklungen können nur dann als Vermögensgegenstand bilanziert werden, wenn die spätere Vermarktung organisatorisch und v.a. finanziell gesichert ist.
Als letztes Kriterium für die bilanzielle Erfassung von immateriellen Vermögensgegenständen fordert das IASC, daß die Kosten des immateriellen Vermögensgegenstandes verläßlich ermittelt werden können. Das Ansatzkriterium der zuverlässigen Bewertbarkeit erweist sich insb. für selbsterstellte immaterielle Werte, bspw. selbst geschaffene Marken, als schwer zu erfüllendes Merkmal. So können Aufwendungen im Zusammenhang mit dem Aufbau einer Marke nur selten genau diesem Vermögensgegenstand zugeordnet werden. Vielfach überlagern sich Kosten für die Produktentwicklung, für den Aufbau des Vertriebs, für etwaige Einführungskampagnen sowie für die Markenpflege. Folgerichtig argumentiert auch das IASC bezüglich der Aktivierung selbsterstellter Marken, daß die Probleme der verläßlichen Bewertung, gepaart mit der Problematik der verursachungsgerechten Zuordnung ihrer Wirkungen, eine Aktivierung höchst unwahrscheinlich werden lassen. Werden Marken hingegen einzeln oder im Rahmen von Unternehmensübernahmen akquiriert, kann ihr Wert eindeutig bestimmt werden, wenn der auf sie entfallende Kaufpreisanteil separat verhandelt und ausgewiesen wird.
Der Standardentwurf des IASC schließt die Aktivierung eines selbst geschaffenen Goodwills ausdrücklich aus. Zwar räumt das IASC ein, daß die Differenz zwischen dem Marktwert eines Unternehmens und dessen Nettovermögen sehr groß sein kann. Jedoch erfüllt dieser Differenzbetrag nicht die Ansatzkriterien gemäß E 50, so daß dieser nicht als vom Unternehmen kontrollierte Ressource ausgeschieden und als separat identifizierbare Vermögensgegenstände ausgewiesen werden kann.
Abb. 18 faßt die definitorischen Merkmale und Ansatzkriterien für immaterielle Vermögensgegenstände gemäß E 50 noch einmal überblicksartig zusammen.

Definition des Vermögensgegenstandes gemäß Framework
- ökonomischer Nutzen
- Ergebnis vergangener Ereignisse
- Kontrolle durch das Unternehmen

Ansatzkriterien:
- hinreichende Wahrscheinlichkeit eines ökonomischen Nutzens
- zuverlässige Ermittlung der Kosten

Zusätzliche Kriterien gemäß E 50 ‚Intangible Assets'
Definition des immateriellen Vermögensgegenstandes
- nicht monetär
- ohne körperliche Substanz
- Nutzungsdauer

Ansatzkriterien:
- Identifizierbarkeit/Separierbarkeit
- Fähigkeit der Nutzensteigerung
- Nutzungsabsicht des Unternehmens
- Verfügbarkeit der Mittel zur Erzielung des Nutzens

- Ansatzpflicht für derivative immaterielle Vermögensgegenstände bei Erfüllung der Kriterien
- Ansatzpflicht für originäre immaterielle Vermögensgegenstände bei Erfüllung der Kriterien, jedoch auf Basis dieser Kriterien unwahrscheinlich
- Aktivierungsverbot für originären Goodwill

Abb. 18: Definition und Ansatz immaterieller Vermögensgegenstände

10.3.2 Bewertung

Ein aktivierungsfähiger immaterieller Wert ist im Rahmen der *Erstbewertung* (initial measurement) in der Bilanz mit seinen Anschaffungs- oder Herstellungskosten anzusetzen. Immaterielle Vermögensgegenstände, die im Rahmen einer Unternehmensübernahme akquiriert werden, sind dabei mit ihrem beizulegendem Wert (fair value), welcher sich i.d.R. mit dem Marktwert deckt, anzusetzen. Im Falle selbsterstellter immaterieller Vermögensgegenstände dürfen sämtliche direkt zurechenbare Einzel- und Gemeinkosten in die Herstellungskosten einbezogen werden.
Im Rahmen der *Folgebewertung* (measurement subsequent to initial recognition) unterscheidet der Standardentwurf des IASC zwischen einer bevorzugten Methode (benchmark treatment) und einer zulässigen Alternative (allowed alternative treatment).

Die bevorzugte Methode sieht die um die Abschreibungen verminderte Fortführung der historischen Anschaffungs- oder Herstellungskosten des immateriellen Vermögensgegenstandes vor.
Als alternative Behandlungsmethode ist gemäß E 50 auch eine Neubewertung (revaluation) des Vermögensgegenstandes zum Marktwert (fair value) zulässig, auch wenn dieser Betrag die Anschaffungs- oder Herstellungskosten übersteigt. Voraussetzung für die Neubewertung ist, daß der Marktwert zuverlässig meßbar ist. Liegt keine entsprechende Transaktion vor, so kann ein solcher Marktwert nur verläßlich ermittelt werden, wenn ein sog. aktiver Sekundärmarkt vorliegt, auf dem die Nutzungsrechte an derartigen Vermögensgegenständen gehandelt werden können. Den Bestimmungen des E 50 zufolge sind die Neubewertungen in regelmäßigen Abständen zu wiederholen, damit gewährleistet ist, daß der Buchwert des immateriellen Vermögensgegenstandes nicht wesentlich vom Marktwert am Bilanzstichtag abweicht. Darüber hinaus ist zu beachten, daß die Neubewertung nicht für einzelne Vermögensgegenstände, sondern nur für ganze Klassen gleichartiger immaterieller Vermögensgegenstände anzuwenden ist.
Etwaige Erhöhungen des Buchwertes im Rahmen der Neubewertung sind erfolgsneutral als sog. Neubewertungsrücklage (revaluation surplus) im Eigenkapital zu erfassen. Eine entsprechende Minderung des Buchwertes ist mit der eventuell vorhandenen Neubewertungsrücklage zu verrechnen. Ein bestehender Restbetrag ist erfolgswirksam in der Gewinn- und Verlustrechnung zu erfassen.

10.3.3 Abschreibungen

Bezüglich der vorzunehmenden Abschreibungen (amortisation) legt das IASC fest, daß immaterielle Vermögensgegenstände über ihre Nutzungsdauer, maximal jedoch über 20 Jahre abzuschreiben sind. Eine längere Nutzungsdauer kann nur unter ganz bestimmten Voraussetzungen Berücksichtigung finden. Dies ist bspw. der Fall, wenn das Nutzungsrecht an dem Vermögensgegenstand länger als 20 Jahre besteht und wenn entweder dieses Recht untrennbar mit der Nutzung einer Sachanlage verbunden ist, deren Nutzungsdauer wiederum eindeutig bestimmbar ist, oder wenn ein funktionierender Sekundärmarkt für dieses Recht besteht.
Im Hinblick auf die Berücksichtigung des Wertverzehrs eines immateriellen Vermögensgegenstandes läßt E 50 die Wahl zwischen verschiedenen Abschreibungsmethoden. Im Vordergrund steht jedoch die lineare Abschreibungsmethode, die insb. dann anzuwenden ist, wenn der Verlauf des Wertverzehrs nicht genau zu ermitteln ist. Die vorgenommenen Abschreibungen sind dabei grundsätzlich erfolgswirksam zu erfassen. Die Abschreibungsmethode und die zugrunde gelegte Nutzungsdauer sind in jeder Berichtsperiode kritisch zu überprüfen.
Im Falle einer dauerhaften Wertminderung eines immateriellen Vermögensgegenstandes, wenn also der erlösbare Betrag (recoverable amount) unter den Buchwert sinkt, kann sich die Notwendigkeit einer erfolgswirksamen Wertberichtigung auf diesen Wert ergeben. Handelt es sich dabei um einen neubewerteten Vermögens-

gegenstand, ist der Betrag der Wertminderung mit einer etwaig vorhandenen Neubewertungsrücklage zu verrechnen.

10.3.4 Zuschreibungen

Liegen die Umstände, die zu einer Wertberichtigung geführt haben, nicht mehr vor, so stellt sich die Frage der Zuschreibung oder Wertaufholung. Hier unterscheidet E 50 wiederum zwischen einer bevorzugten Methode und einer zulässigen Alternative.

Die bevorzugte Behandlungsmethode bezieht sich dabei auf immaterielle Vermögensgegenstände, die zu fortgeführten Anschaffungs- oder Herstellungskosten angesetzt werden. In diesem Zusammenhang ist seitens des bilanzierenden Unternehmens zu prüfen, inwieweit die Wertberichtigung ganz oder teilweise rückgängig zu machen ist. Eine solche Wertkorrektur ist nur zulässig, dann aber auch erforderlich, wenn die Umstände klar dafür sprechen, daß die neuen Fakten während des normalen Planungshorizontes, d.h. für die nächsten fünf oder mehr Jahre, bestehen werden. Der Betrag der Zuschreibung ist erfolgswirksam in der Gewinn- und Verlustrechnung zu erfassen.

Die zulässige Behandlungsalternative ergibt sich dagegen im Zusammenhang mit der Neubewertung immaterieller Vermögensgegenstände. Bei Wegfall der Gründe für eine dauerhafte Wertminderung eines neubewerteten Vermögensgegenstandes ist der Betrag der Zuschreibung erfolgsneutral der Neubewertungsrücklage zuzuführen.

10.4 Angabepflichten

Aufgrund der speziellen Problematik der fehlenden Greifbarkeit der immateriellen Vermögensgegenstände verlangt der Standardentwurf des IASC eine Vielzahl von Informationen zu diesem Themenkreis im Jahresabschluß. Weitreichende Angaben werden dabei insb. im Zusammenhang mit den neubewerteten immateriellen Vermögensgegenständen gefordert.

Im einzelnen sind neben den Rechnungslegungsgrundsätzen (accounting policies) für jede Klasse von immateriellen Vermögensgegenständen folgende Erläuterungen aufzuführen:

- die angewandte Abschreibungsmethode,
- die zugrunde gelegte Nutzungsdauer,
- der Bruttobuchwert und die kumulierten Abschreibungen zu Beginn und zum Ende der Berichtsperiode,
- der Buchwert der selbsterstellten immateriellen Vermögensgegenstände,
- eine Überleitung der Buchwerte zu Beginn und zum Ende der Berichtsperiode, einschließlich einer Darstellung
    - der Zu- und Abgänge,
    - der Erhöhung oder Verringerung des Buchwertes aufgrund von Neubewertungen,

- der Abnahme des Buchwertes infolge von Abschreibungen auf den erlösbaren Betrag (recoverable amount),
- der Zuschreibungen,
- der Abschreibungsbeträge,
- der Nettoumrechnungsdifferenzen im Zusammenhang mit der Fremdwährungsumrechnung und
- der sonstigen Veränderungen.

Hinsichtlich der neubewerteten Vermögensgegenstände sind u. a. die folgenden Erläuterungen im Jahresabschluß aufzuführen:

- die für die Ermittlung des beizulegenden Wertes maßgebliche Grundlage,
- der Zeitpunkt der Neubewertung,
- ein Hinweis, ob die Neubewertung durch einen unabhängigen Gutachter vorgenommen oder überprüft wurde,
- der Buchwert der immateriellen Vermögensgegenstände, der sich bei Anwendung der bevorzugten Methode ergeben hätte, und
- die Veränderung der Neubewertungsrücklage während der Berichtsperiode.

Die Muster AG legt in ihrem Geschäftsbericht folgende Angaben bezüglich der Höhe und der bilanziellen Erfassung und Behandlung immaterieller Vermögensgegenstände offen:

	Mio. DM
Bruttowerte 31. 12. 1995	349
Währungsänderungen	–18
Konzernkreisänderungen	29
Akquisitionen	66
Investitionen	23
Abgänge	–44
Umbuchungen	6
Bruttowerte 31. 12. 1996	**411**
Abschreibungen 31. 12. 1995	104
Währungsänderungen	–3
Konzernkreisänderungen	–1
Abschreibungen 1996	63
– davon außerplanmäßig	(–)
Zuschreibungen	–
Abgänge	–42
Umbuchungen	–
Abschreibungen 31. 12. 1996	**121**
Nettowerte 31. 12. 1996	**290**
Nettowerte 31. 12. 1995	245

Entgeltlich erworbene immaterielle Vermögensgegenstände sind mit den Anschaffungskosten abzüglich planmäßiger linearer Abschreibungen angesetzt. Sie werden über die voraussichtliche Nutzungsdauer, höchstens jedoch 20 Jahre, abgeschrieben. Dauerhaften Wertminderungen wird

durch außerplanmäßige Abschreibungen Rechnung getragen. Bei Fortfall der Gründe für außerplanmäßige Abschreibungen werden entsprechende Zuschreibungen vorgenommen.
Selbsterstellte immaterielle Vermögensgegenstände betreffen vornehmlich selbst geschaffene Marken- sowie Lizenzrechte. Aufgrund der fehlenden Möglichkeit einer zuverlässigen Zuordnung der Kosten im Zusammenhang mit der Schaffung derartiger Rechte und der Problematik der Bewertung selbsterstellter immaterieller Vermögensgegenstände wird von einer Aktivierung abgesehen.
Als Währungsänderungen werden die Unterschiedsbeträge ausgewiesen, die bei den Auslandsgesellschaften aus der Anpassung von Anschaffungskosten und kumulierten Abschreibungen zu Jahresbeginn an den Währungskurs zum Bilanzstichtag resultieren.

10.5 Neueste Entwicklungstendenzen

Die im Zuge der Veröffentlichung des Standardentwurfs an das IASC gerichteten Kommentare zeigten verschiedene Vorbehalte gegen die dort dargelegten Bestimmungen zur bilanziellen Erfassung der immateriellen Vermögensgegenstände. Als besonders umstritten erwiesen sich dabei die Bestimmungen hinsichtlich der Begrenzung des Abschreibungszeitraumes auf maximal 20 Jahre sowie die Regelung der Kriterien für die Erfassung und Bewertung immaterieller Vermögensgegenstände.
Als Reaktion auf die diesbezüglich kontrovers geführte Diskussion hat der Board des IASC beschlossen, zusammen mit zwei Standardentwürfen zu den verwandten Problembereichen Goodwill sowie Forschungs- und Entwicklungskosten eine überarbeitete Version des E 50 zu veröffentlichen, welche der geäußerten Kritik Rechnung tragen soll.

Literatur

Behr, Giorgio
Megatrends der Rechnungslegung: Bilanzen und Finanzen nach dem Jahr 2000, in: Der Schweizer Treuhänder 9/1994, S. 635–644

Goebel, Andrea/Heinrich, Christoph
Die bilanzielle Behandlung immaterieller Vermögenswerte nach IAS – Die Inhalte des Exposure Drafts E 50 „Intangible Assets“ vor dem Hintergrund des deutschen Rechnungslegungsrechts, in: Deutsches Steuerrecht 38/1995, S. 1484–1488

Keitz, Isabel von
Immaterielle Güter in der internationalen Rechnungslegung, Düsseldorf 1997, insb. S. 173–215

Küting, Karlheinz
Gegenwärtige und künftige Behandlung immaterieller Vermögensgegenstände im IASC-Abschluß im Vergleich zum deutschen Recht, in: IASC-Rechnungslegung: Beiträge zu aktuellen Problemen, hrsg. von D. Dörner/P. Wollmert, Stuttgart 1995, S. 83–98

Pellens, Bernhard
Internationale Rechnungslegung, Stuttgart 1997, insb. S. 422–427
Rivat, Laurence
Will Impairment Testing Solve the Amortisation Controversy?, in: IASC Insight, July 1996, S. 6–7
Rütte, Marc von/Hoenes, Raimund C.
Rechnungslegung immaterieller Werte, Gemeinschaftsdissertation Universität St. Gallen 1995

11 Finanzinstrumente

Lernziele

In diesem Kapitel erfahren Sie:

- welches die wichtigsten Arten von Finanzinstrumenten sind,
- wie neue Finanzinstrumente im Unternehmen eingesetzt werden,
- welche Risiken hiermit verbunden sind,
- warum Kontrollmechanismen im Zusammenhang mit neuen Finanzinstrumenten eine besondere Rolle spielen,
- welche Probleme sich bei der Erfassung und Bewertung der neuen Finanzinstrumente in der Bilanz und Gewinn- und Verlustrechnung ergeben,
- welche Konzepte es gibt, Finanzinstrumente in der Bilanz sowie in der Gewinn- und Verlustrechnung betriebswirtschaftlich sinnvoll darzustellen, und
- welche Angaben zu Finanzinstrumenten im Anhang zu machen sind.

11.1 Grundsätzliches zu den Finanzinstrumenten

Die Veränderungen auf den Kapitalmärkten haben eine Vielzahl neuer Finanzierungsformen hervorgebracht. Seit einigen Unternehmen durch den Einsatz neuer Finanzinstrumente erhebliche Verluste entstanden sind, stehen Finanzinstrumente nun auch im Blickpunkt des öffentlichen Interesses. Die existenzbedrohenden Verluste der Metallgesellschaft in Deutschland und der Zusammenbruch der Barings-Bank in Großbritannien haben die Diskussion um die Risiken von Finanzinstrumenten weiter verschärft. Ihre Komplexität und der Umfang ihrer Nutzung durch alle Arten von Unternehmen unterstreichen die Notwendigkeit, Finanzinstrumente auch unter dem Blickwinkel der Rechnungslegung zu betrachten.
IAS 32 ‚Financial Instruments: Disclosure and Presentation' definiert den Begriff der *Finanzinstrumente* relativ umfassend. Zu den Finanzinstrumenten zählen

demnach alle Verträge, die zu einem finanziellen Vermögensgegenstand (einem sog. Finanzaktivum) bei der einen Partei und zu einer finanziellen Schuld (einem sog. Finanzpassivum) bei der Gegenpartei führen. Finanzaktiva sind flüssige Mittel wie Bankguthaben, Forderungen, Aktivdarlehen, Wertschriften und derivative Finanzinstrumente. Finanzpassiva können entweder den Charakter von Fremd- oder von Eigenkapital haben. Beispiele für Finanzpassiva sind Finanzverpflichtungen gegenüber Banken sowie Garantien für Finanzverpflichtungen.
Die Definition des IASC umfaßt folglich sowohl klassische Eigen- und Fremdkapitalinstrumente wie Aktien, Kredite und Anleihen als auch eine Vielzahl neuer Finanzierungsformen. Ausdrücklich ausgeschlossen sind lediglich Beteiligungen, Optionen für Mitarbeiter und die vom Unternehmen selbst herausgegebenen Eigenkapitalinstrumente wie Aktien oder Partizipationsscheine.
Mit dem Begriff „neue Finanzinstrumente" ist dabei eine Reihe unterschiedlicher Instrumente gemeint, so bspw. Zero Bonds, Floating Rate Notes, Forward Rate Agreements, Options, Swaps, Financial Futures, Anleihen mit Sonderrechten, Euronote-Fazilitäten, Certificates of Deposit. Besonders hohe Handelsvolumina weisen unter diesen die sog. derivativen Finanzinstrumente (oder kurz: Derivate) auf.
Wie Abb. 19 zeigt, ist das gemeinsame Merkmal der *derivativen Finanzinstrumente*, daß ihr Wert vom Preis eines oder mehrerer zugrundeliegender Vermögenswerte oder Referenzsätze abhängt.

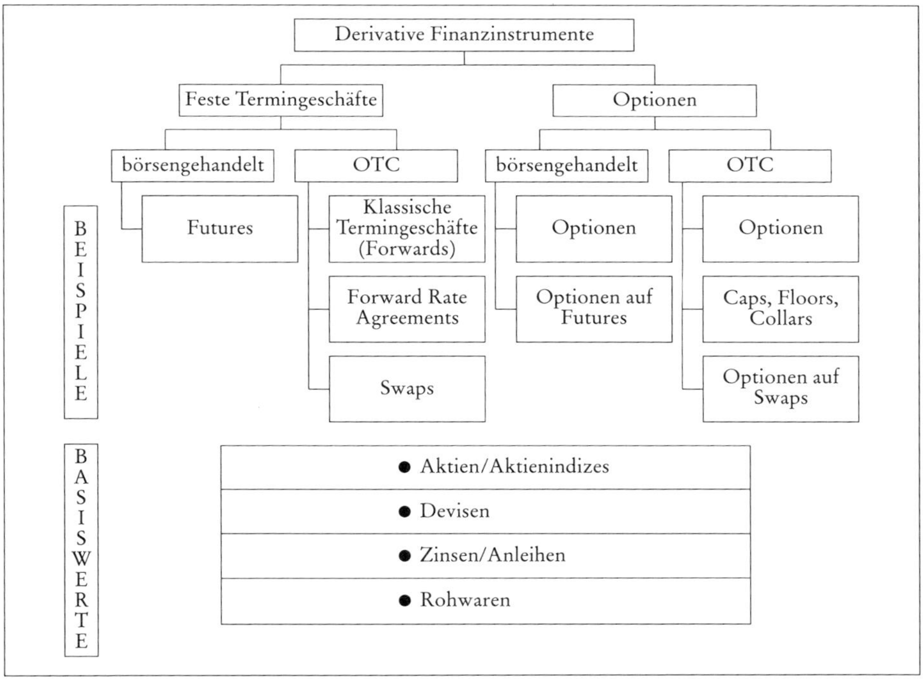

Abb. 19: Derivative Finanzinstrumente[9]

[9] In Anlehnung an Meyer (Termingeschäfte), S. 32.

Bei den Vermögenswerten kann es sich dabei um Aktien oder Rohstoffe, bei den Referenzsätzen um Zinsen, Währungen oder Indizes handeln. Darüber hinaus wird unterschieden, ob mit dem Finanzkontrakt beide Parteien eine feste Verpflichtung eingehen, oder ob es einer Partei freisteht, die Erfüllung des Vertrages nur bei einer für sie günstigen Marktentwicklung zu verlangen. Im letzteren Fall spricht man von Optionen. Beide Arten von Derivaten, d. h. die festen Termingeschäfte und die Optionen, werden sowohl an der Börse als auch außerbörslich (over the counter/OTC) gehandelt.

Obwohl seit längerer Zeit einige Anstrengungen unternommen werden, den Einsatz von Finanzinstrumenten in Unternehmen für die Adressaten des Jahresabschlusses transparenter zu machen, herrscht z.Zt. noch Uneinigkeit über die Art und Weise, wie diese Finanztransaktionen betriebswirtschaftlich sinnvoll im Jahresabschluß abgebildet werden können. In diesem Zusammenhang fiel es jedoch sowohl dem IASC als auch dem US-amerikanischen Financial Accounting Standards Board (FASB) leichter, in der Frage der Offenlegung eine Einigung zu erzielen, als sich auf Methoden der Erfassung in Bilanz und Gewinn- und Verlustrechnung sowie der Bewertung zu verständigen.
So befaßt sich im Rahmen der IASC-Rechnungslegung der seit 1. Januar 1996 gültige IAS 32 v.a. mit der Klassifikation und Offenlegung von Finanzinstrumenten. Mit dem Standardentwurf E 48 ‚Financial Instruments' hat das IASC einen Diskussionsentwurf zu folgenden Aspekten vorgelegt:

- Ansatz und Elimination von Finanzinstrumenten (recognition and discontinuing recognition),
- Bewertung bei erstmaligem Ansatz (recognition on initial measurement) und
- Folgebewertung nach erstmaligem Ansatz (subsequent measurement).

E 48 erntete jedoch Kritik, so daß er in der gegenwärtigen Situation bereits in einigen Punkten als überholt gelten muß. So zeichnet sich ab, daß die Verwendung des in E 48 aufgegriffenen Konzepts des Hedge-Accounting zugunsten einer Bewertung aller Finanzinstrumente zum beizulegenden Wert (fair value accounting) eingeschränkt wird. Da jedoch das Hedge-Accounting in der Rechnungslegungspraxis mittlerweile große Verbreitung gefunden hat, wird es dennoch im folgenden näher erläutert.

11.2 Einsatzstrategien derivativer Finanzinstrumente

Derivative Finanzinstrumente sind nicht nur Teil des Geschäftes von Banken und anderen Finanzinstituten, sondern auch wesentlicher Bestandteil des Finanz- und Risikomanagements von Industriekonzernen (siehe Abb. 20). So eignen sich Derivative in besonderer Weise zur Absicherung von Risiken, die durch die Schwankungen von Zinssätzen, Wechselkursen, Aktienkursen und Rohstoffpreisen hervorgerufen werden. Die Absicherung eines Marktrisikos durch den Abschluß

eines Geschäftes, das ein dem abzusichernden Geschäft entgegengesetztes Risiko aufweist, bezeichnet man dabei als *Hedging*.
Während beim Hedging die Risikoposition des Unternehmens vermindert wird, wird durch das *Trading*, oft auch als Spekulation bezeichnet, das Risiko dadurch erhöht, daß sog. offene, d. h. nicht abgesicherte Positionen gehalten werden, die einem Marktrisiko ausgesetzt sind. Der Handel mit Derivaten erfolgt in der Absicht, durch die Veränderung des Marktpreises einen Gewinn zu erzielen.
Unter *Investing* versteht man dagegen das langfristige Halten von Positionen im Anlagevermögen. Diese Strategie ist im Zusammenhang mit Derivaten eher selten anzutreffen. Zu denken wäre hier bspw. an strategische Positionen von Aktienoptionen im Zusammenhang mit Akquisitionen.

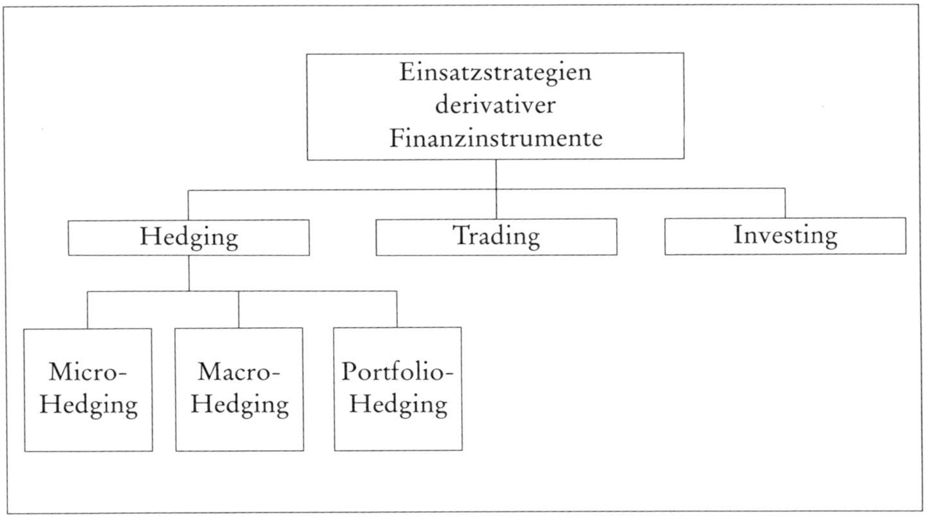

Abb. 20: Einsatzstrategien derivativer Finanzinstrumente

Im Rahmen des Finanz- und Risikomanagements von Industrieunternehmen werden Derivate in erster Linie zur Absicherung von Währungs-, Zins- und Rohstoffpreisrisiken eingesetzt, die aus dem operativen Geschäft entstehen. Dies trifft in besonderer Weise für international operierende Konzerne zu, die Währungsrisiken auf Importe und Exporte, auf Dividenden und Zinszahlungen sowie Zinsrisiken auf verschiedene Währungen absichern.
Bei der Verwendung von Derivaten als Sicherungsgeschäfte lassen sich unterschiedliche Strategien unterscheiden: Beim *Micro-Hedging* wird eine einzelne Bilanzposition bzw. eine einzelne Transaktion abgesichert, wobei das Grund- und Sicherungsgeschäft einander eindeutig zugeordnet werden können. Neben der Absicherung bestehender Geschäfte findet in der Praxis auch eine Absicherung geplanter, noch nicht abgeschlossener Geschäfte statt, sog. antizipatives Hedging. Diese direkte Zuordnung von Grund- und Sicherungsgeschäft ist hingegen nicht mehr möglich beim *Macro-Hedging*, wo die risikokompensierende Wirkung der

einzelnen Grundgeschäfte untereinander ausgenutzt und nur der Saldo als Gesamtposition abgesichert wird.
Eine genauere Absicherung ist dadurch möglich, daß gleichartige oder ähnliche Geschäfte zusammengefaßt und gemeinsam abgesichert werden. In diesem Fall spricht man von *Portfolio-Hedging*. Je nachdem, wie „perfekt" der Hedge ist, gleichen sich Gewinne und Verluste von Sicherungsgeschäft und Grundgeschäft mehr oder weniger aus.
Während für Banken und andere Finanzinstitute der Handel mit Finanzinstrumenten i.d.R. Teil der betrieblichen Geschäftstätigkeit (operating activities) ist, liegt es bei allen anderen Unternehmen im Ermessen der jeweiligen Geschäftsführung, inwieweit Finanzinstrumente auch dort zum Handel (trading) eingesetzt werden. So benutzen manche Unternehmen Derivate grundsätzlich nur zur Absicherung bestehender Risiken, andere wiederum lassen auch den Handel mit derivativen Finanzinstrumenten zu. Allerdings ist insb. für den Fall des Macro-Hedging häufig keine klare Abgrenzung zwischen Hedging- und Trading-Strategien möglich.
Im Standardentwurf E 48 wird die Einteilung von Finanzinstrumenten nach Zweck und Absicht des Managements in den folgenden Kategorien beschrieben:

- Finanzinstrumente, die langfristig bzw. bis zum Verfall gehalten werden,
- Finanzinstrumente, die zur Absicherung dienen, und
- Finanzinstrumente, die aus einem anderen Grund gehalten werden.

Darüber hinaus ist es nach den Vorstellungen des IASC für die Rechnungslegung unerheblich, ob die Finanzinstrumente von Banken und anderen Finanzinstituten oder Industrie- bzw. Handelsunternehmen gehalten werden.

11.3 Risiken derivativer Finanzinstrumente

In der öffentlichen Diskussion über den Einsatz neuer Finanzinstrumente ist oft vom „Risiko der Derivate" die Rede. Hiermit wird sowohl das Risiko, das die „Benutzer" von Derivaten eingehen, als auch das Risiko für das Finanzsystem als Ganzes angesprochen. Bei der Analyse des Risikopotentials von Finanzinstrumenten sind folgende Risikoarten zu betrachten: Preisrisiko, Kreditrisiko, Liquiditätsrisiko. Hinzu kommen die betrieblichen Kontrollrisiken (siehe Abb. 21). Die neuen Finanzinstrumente bergen dabei grundsätzlich keine neuen Arten von Risiken in sich, neu ist hingegen die Höhe des Risikopotentials, das mit relativ geringen Kapitaleinsätzen erzeugt werden kann.
Von besonderem Gewicht bei der Beurteilung von Finanzinstrumenten ist das *Preis- bzw. Marktrisiko*, d. h. das Risiko, durch die Veränderung des Wertes des Finanzinstruments einen Verlust zu erleiden. Der Marktpreis eines Finanzinstruments hängt von den spezifischen Eigenheiten des Instruments und den generellen Marktbedingungen ab. Deshalb spricht man auch allgemein vom Marktrisiko. Der Wert eines Finanzinstruments wird vom Preis des zugrundeliegenden Basisinstru-

ments sowie dessen Volatilität und der Restlaufzeit bestimmt. Im Finanz- und Risikomanagement ist hier in erster Linie das Zins- und Währungsrisiko relevant. Das Preisrisiko ist speziell für Derivate bedeutend, weil hier der sog. Leverage-Effekt zum Tragen kommt, d. h. die Möglichkeit, einen im Verhältnis zum eingesetzten Kapital überproportionalen Gewinn oder Verlust zu realisieren. Bei der Beurteilung des Preisrisikos von Industrieunternehmen ist zu beachten, daß sich im Rahmen einer Sicherungsstrategie das Marktrisiko des Sicherungsgeschäfts und des abgesicherten Geschäfts ausgleichen. Das Marktrisiko besteht letztlich nur in dem Ausmaß, in dem der Hedge nicht perfekt ist, und für sog. offene Positionen.

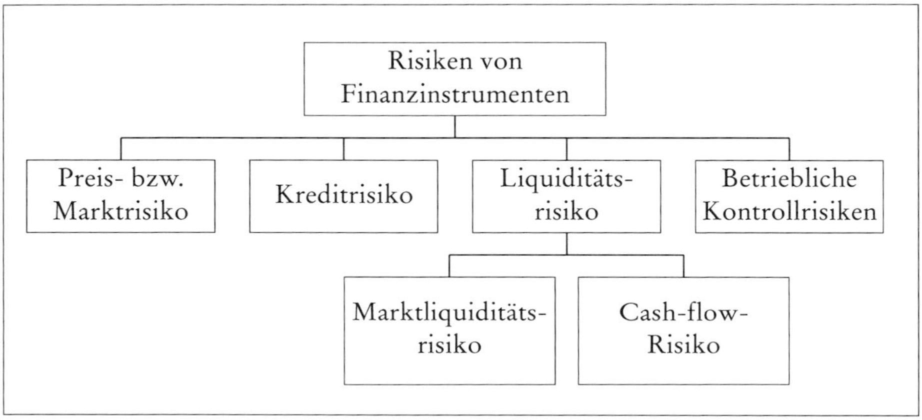

Abb. 21: Risiken von Finanzinstrumenten

Das *Kreditrisiko* ergibt sich aus der Gefahr, daß die Gegenpartei ihren vertraglichen Verpflichtungen nicht mehr nachkommen kann und die andere Partei daraus einen Verlust erleidet. Aufgrund ihres Charakters von beidseitig unerfüllten Verträgen ist das Kreditrisiko bei Geschäften mit Derivaten anders zu beurteilen als bei herkömmlichen Schuldverhältnissen. Es bezieht sich nicht auf das Nominalvolumen des Kontraktes, sondern auf die jeweilige Nettoforderung aus dem Geschäft, die wiederum von der Marktentwicklung abhängen. Ein Kreditrisiko besteht für den betreffenden Vertragspartner im Falle von Termingeschäften oder Swaps dann nicht, wenn die Marktentwicklung für ihn ungünstig verläuft, und durch den Ausfall des anderen Vertragspartners ein für ihn ungünstiger Vertrag nicht erfüllt wird. Risikomindernd wirkt die hohe Bonität der Vertragspartner und Systeme von Sicherheitsleistungen und täglichen Abrechnungen, wie sie bspw. im Falle von börsengehandelten Instrumenten üblich sind.
Das *Liquiditätsrisiko* bezieht sich auf das Risiko, aufgrund der Verpflichtungen aus dem Finanzkontrakt in Liquiditätsengpässe zu geraten. Dabei sind zwei Komponenten zu unterscheiden: das Marktliquiditätsrisiko und das Cash-flow-Risiko. Das *Marktliquiditätsrisiko* bezieht sich auf die Qualität eines Marktes, eine bestimmte Transaktion ohne substantielle Auswirkung auf den Preis durchführen zu

können. Es besteht also die Gefahr, daß ein Anleger bei Bedarf seine Position nicht zum gegebenen Marktwert liquidieren kann. Die Marktliquidität ist auf den unterschiedlichen Märkten unterschiedlich hoch und unterliegt Schwankungen im Zeitablauf. Das Problem der Marktliquidität stellt sich insb. im Zusammenhang mit OTC-Märkten. Das *Cash-flow-Risiko* bezeichnet das Risiko, daß zukünftige Zahlungen aus Finanzkontrakten Schwankungen unterliegen. So sind bspw. im Fall von börsengehandelten Instrumenten bei einer für das Unternehmen ungünstigen Marktentwicklung Nachschüsse zu leisten. Auch bei Floating Rate Notes schwanken die Zahlungen in Abhängigkeit vom Zinsniveau, wobei der Marktwert sich in der Regel nicht ändert.

Das IASC erwähnt bei der Aufzählung der Risiken von Finanzinstrumenten die *betrieblichen Kontrollrisiken* nicht ausdrücklich. Sie sind jedoch gerade im Zusammenhang mit Derivaten von großer Bedeutung. Die Kontrolle der Geschäfte erweist sich aufgrund ihrer Komplexität und der Geschwindigkeit, in der sie abgewickelt werden, oft als schwierig. Zu Verlusten im Geschäft mit Derivaten kommt es oft deshalb, weil Kontrollsysteme nicht in ausreichendem Maße etabliert sind oder umgangen werden. Die Bedeutung von Systemen des Risikomanagement und -controlling für den Bereich der Derivate kann daher kaum überschätzt werden. Die Komplexität der Geschäfte und Entwicklungen auf den Märkten erfordert eine fortlaufende Überwachung der Engagements. Aus diesem Grund sollte sichergestellt sein, daß Unternehmen, die Geschäfte mit Derivaten tätigen, auch über die notwendigen Überwachungssysteme verfügen. Die Möglichkeit des Versagens von Kontrollsystemen stellt somit für das Unternehmen ein schwerwiegendes Risiko dar.

Eine besondere Herausforderung für Unternehmen besteht darin, die Risiken, welche sie mit dem Einsatz derivativer Finanzinstrumente eingehen, im Jahresabschluß so darzustellen, daß Fehlinterpretationen vermieden werden. Denn entgegen ihrem schlechten Ruf als Spekulationsinstrumente gründet das Aufkommen der Derivate auf dem Bedürfnis, Risiken zu transferieren, die aufgrund der Globalisierung der Märkte und der zunehmenden Volatilitäten der Zins- und Wechselkurse im Wirtschaftsleben entstanden sind. Insofern steigern sie nicht zwangsläufig das Risiko eines Unternehmens. Derivate können es sogar maßgeblich verringern.

11.4 Darstellung derivativer Finanzinstrumente im Jahresabschluß

Die Rechnungslegungsnormsetzung konnte mit den Entwicklungen am Finanzmarkt nicht Schritt halten. Deshalb erfolgt die Bilanzierung von Finanzinstrumenten bisher oft in Analogie zu anderen Geschäftsvorfällen oder durch Auslegung der bestehenden Grundsätze ordnungsmäßiger Buchführung/Rechnungslegung (GoB/GoR). Diese erweisen sich jedoch gerade im Bereich der neuen Finanzinstrumente als wenig geeignet, Finanzkontrakte betriebswirtschaftlich sinnvoll abzubilden. Ohne spezielle Rechnungslegungsnormen für Derivate kann

der Jahresabschluß daher kein den tatsächlichen Verhältnissen entsprechendes Bild der wirtschaftlichen Lage des Unternehmens liefern (true and fair view) und potentiellen Investoren bei wirtschaftlichen Entscheidungen helfen.
Derivative Finanzierungsinstrumente sind dadurch gekennzeichnet, daß sie als Außerbilanzgeschäfte nicht in die Bilanz aufgenommen werden. Das System der Rechnungslegung beruht darauf, Geschäftsvorfälle nur dann aufzuzeichnen, wenn Erfüllungshandlungen erfolgt sind. Bei Derivaten dagegen handelt es sich um beiderseitig unerfüllte Geschäfte, sog. schwebende Geschäfte, deren Registrierung auf internen Memorandumkonten erfolgt. Zudem ist bei derivativen Finanzinstrumenten ohne Anschaffungskosten der Buchwert gleich Null. In Einklang mit dem historischen Anschaffungswertprinzip werden diese Geschäfte im Jahresabschluß nicht abgebildet und bleiben somit für die Rechnungslegungsadressaten unsichtbar. Auswirkungen auf die Bilanz haben die Außerbilanzgeschäfte nach traditioneller Rechnungslegungsauffassung zwingend nur dann, wenn es zu Zahlungen im Zusammenhang mit diesen Geschäften kommt – so bspw. bei der Zahlung der Optionsprämie oder wenn Verluste aus den Geschäften drohen.
Als zentrales Problem der Rechnungslegung von Finanzinstrumenten erweist sich die Zuweisung der entstehenden Gewinne bzw. Verluste zu den Rechnungsperioden, insb. die Behandlung unrealisierter Gewinne. Als Beispiel können hier Zero Bonds angeführt werden, deren Merkmal es ist, daß Zinsen nicht regelmäßig, sondern erst am Ende der Laufzeit gezahlt werden. Aus betriebswirtschaftlicher Perspektive ist hier eine anteilige Gewinnvereinnahmung über die gesamte Laufzeit sinnvoll.
Die strikte Anwendung des auf historischen Kosten und dem Vorsichtsprinzip beruhenden Bewertungssystems würde dazu führen, daß die wirtschaftliche Lage des Unternehmens nicht angemessen dargestellt wird. So sind gemäß dem Realisations- und Imparitätsprinzip Verluste zu bilanzieren, sobald sie erkennbar sind, Gewinne jedoch erst, wenn sie realisiert wurden. Bei der Bilanzierung von Sicherungsgeschäften würde dies zu der paradoxen Situation führen, daß das Unternehmen – unabhängig davon, in welche Richtung sich der Markt bewegt – Verluste ausweisen müßte. Es entstünden nämlich entweder Verluste aus dem abzusichernden Grundgeschäft oder aus dem Sicherungsgeschäft.
Doch auch für den Fall, daß derivative Finanzinstrumente nicht zum Zwecke der Absicherung abgeschlossen wurden, ist es fraglich, ob die Bewertung zu historischen Kosten bei Instrumenten angemessen ist, die jederzeit zum Marktwert liquidiert werden können.
E48 schlägt zur Lösung der aufgeführten Probleme zwei Wege vor:

1. Die Bewertung der Finanzinstrumente differenziert nach Zweck und Absicht: Bei Sicherungsgeschäften kommen Methoden des sog. *Hedge-Accounting* zur Anwendung, bei denen die Bewertung von Grund- und Sicherungsgeschäft aufeinander abgestimmt werden. Langfristig gehaltene Finanzinstrumente werden zu Anschaffungskosten bewertet.
2. Die Bewertung aller Finanzinstrumente zum beizulegenden Wert mit erfolgswirksamer Anpassung aller Änderungen dieses Wertes (sog. *Fair Value Accounting*).

In beiden Fällen findet eine Abweichung vom Vorsichts- bzw. Niederstwertprinzip statt. Nur so ist es jedoch möglich, den Eigenheiten der Finanzinstrumente gerecht zu werden.

11.5 Hedge-Accounting

Es ist die Absicht des Hedge-Accounting, eine Symmetrie bei der bilanziellen Behandlung des Sicherungsinstruments und des zu sichernden Grundgeschäftes zu erzielen, so daß sich Gewinne und Verluste von Sicherungs- und Grundgeschäft ganz oder zumindest teilweise kompensieren. Dieses Ziel wird beim Hedge-Accounting dadurch erreicht, daß Erfolge aus dem Grund- und Sicherungsgeschäft mittels Abgrenzung in die Zukunft verschoben werden (deferral accounting).

Beim Deferral-Accounting werden Sicherungs- und Grundgeschäft zu Anschaffungskosten bewertet. Wertgewinne und -verluste des Sicherungsinstruments bleiben so lange unberücksichtigt, bis das Grundgeschäft realisiert und damit die Risikoposition aufgelöst wird. Während der Laufzeit des Sicherungsgeschäftes werden sowohl unrealisierte als auch realisierte Erfolge erfolgsneutral abgegrenzt. Der Nettobetrag aus der Verrechnung von Gewinnen und Verlusten beider Geschäfte geht erst in der Periode in die Gewinn- und Verlustrechnung ein, in der die Risikoabsicherung aufgelöst wird. Ein Sonderfall ergibt sich aus der Möglichkeit, künftige, noch nicht fest abgeschlossene Geschäfte abzusichern (antizipatives Hedging). Hier werden die Wertgewinne und -verluste des Sicherungsgeschäftes bis zum Abschluß des Grundgeschäftes erfolgsneutral abgegrenzt und gehen dann als Anschaffungskosten des Grundgeschäftes in die Gewinn- und Verlustrechnung ein. Die Deferral-Methode fügt sich somit gut in das vorherrschende System der Bewertung zu historischen Kosten ein.

Die Kriterien, die erfüllt sein müssen, damit Methoden des Hedge-Accounting angewandt werden dürfen, werden in IAS E 48 folgendermaßen definiert:

- Bei Geschäftsabschluß muß die Transaktion eindeutig als Absicherungsgeschäft gekennzeichnet sein.
- Die abgesicherte Position setzt die Unternehmung einem Risiko aus und ist als solche einzeln identifizierbar.
- Das Absicherungsgeschäft reduziert wirksam die Risikoposition des Unternehmens, d.h. es besteht eine hohe Korrelation zwischen den Preisbewegungen des Grundgeschäfts und der absichernden Transaktion.

Zusätzliche Kriterien bestehen für die Absicherung geplanter Geschäfte (antizipatives Hedging). Hier müssen die wesentlichen Bedingungen der zukünftigen Position bekannt und die Wahrscheinlichkeit des Eintretens der Risikoposition ausreichend hoch sein.

11.6 Fair Value-Accounting

Der aktuelle Stand der Diskussion beim IASC läßt folgende Entwicklung erkennen: Sämtliche Finanzinstrumente sollen zu ihrem beizulegenden Wert bilanziert werden (fair value accounting), wobei Wertänderungen grundsätzlich erfolgswirksam erfaßt werden. Damit wird sowohl die Anwendung des Hedge-Accounting als auch die Bilanzierung langfristig gehaltener Finanzinstrumente zu Anschaffungskosten eingeschränkt.

Der Grund für die Abkehr vom Hedge-Accounting liegt in dem großen Interpretationsspielraum, der zu einer uneinheitlichen Anwendung führt. Im Einzelfall ist es schwierig zu entscheiden, welche Transaktionsabsicht mit dem Finanzinstrument verbunden ist. Entsprechend groß ist der Entscheidungsspielraum des Unternehmens. Zudem führt die Anwendung des Hedge-Accounting mit der Abgrenzung von unrealisierten Gewinnen und Verlusten zu Widersprüchen mit der Definition der Vermögensgegenstände und Schulden im IASC-Framework. Auch die Tatsache, daß die beizulegenden Werte – im Gegensatz zu den historischen Anschaffungskosten – bei der unternehmensinternen Risikoüberwachung und Performance-Messung eine wichtige Rolle spielen, spricht für die Aussagekraft aktueller Werte. Auf diese Weise wird die Rechnungslegung für Finanzinstrumente den auf den Kapitalmärkten zugrunde gelegten Prinzipien und Risikomanagement-Praktiken angenähert.

Der *beizulegende Wert* (fair value) ist der Wert, zu dem ein Vermögensgegenstand getauscht oder eine Schuld beglichen werden kann. Dabei wird vorausgesetzt, daß beide Parteien über ausreichend Informationen verfügen, guten Willens sind und so eine Transaktion zu marktüblichen Bedingungen (arm's length transaction) zustande kommt. Der beizulegende Wert kann entweder durch die Herbeiziehung des Marktwertes oder durch die Berechnung des theoretischen Wertes ermittelt werden.

Der *Marktwert* (market value) ist der Betrag, der auf einem aktiven Markt beim Verkauf eines Finanzinstruments erzielt oder beim Kauf bezahlt wird. Im Falle eines börslich gehandelten Finanzkontraktes entspricht der Marktwert der Kursnotierung an der Börse. Bei außerbörslich gehandelten Geschäften (OTC-Kontrakten) kann der Kurswert von Banken oder Brokern erfragt werden. Die theoretische Berechnung des beizulegenden Wertes stützt sich auf Bausteine der Finanzmarkttheorie wie das Barwertprinzip und die Optionspreistheorien.

Bei Abschluß des Geschäftes ist der beizulegende Wert von Derivaten mit symmetrischer Risikostruktur gleich Null, da sich zu diesem Zeitpunkt Forderungen und Verpflichtungen gleichwertig gegenüberstehen. Wird der beizulegende Wert während der Laufzeit des Geschäftes positiv, so bedeutet dies, daß gegenüber dem Vertragspartner eine Nettoforderung besteht und bei Ausfall des Vertragspartners ein Verlust entstünde. Umgekehrt bedeutet ein negativer beizulegender Wert einen Verpflichtungsüberhang. Der Ausfall des Vertragspartners wäre also ein (theoretischer) Gewinn.

Werden Finanzinstrumente in der Bilanz mit ihrem beizulegenden Wert bewertet, so bedeutet dies, daß die Gewinne und Verluste aus diesem Instrument genau der Periode zugeordnet werden, in der sie entstehen, unabhängig davon, ob die Erfolge realisiert werden. Das Konzept des beizulegenden Wertes basiert somit implizit auf der Annahme, daß die entsprechenden Finanzinstrumente jederzeit zu ihrem Marktwert liquidiert werden können. Damit diese Annahme begründet erscheint, muß jedoch die Liquidität des Marktes ausreichend groß sein.
Die Bewertung aller Finanzinstrumente zum beizulegenden Wert hat den Vorteil, daß ein spezielles Hedge-Accounting nicht notwendig ist, da sowohl unrealisierte Verluste als auch unrealisierte Gewinne in der gleichen Periode erfolgswirksam behandelt werden. Somit werden im Gegensatz zum Deferral Accounting Verluste, die aus ungenügenden Absicherungstransaktionen entstehen, nicht auf spätere Perioden verschoben.
Bei der Bewertung von Handelsportfolios von Banken hat sich die Bewertung zum beizulegenden Wert inzwischen durchgesetzt. Auch für Industrieunternehmen wird die Bewertung von Handelsbeständen zum beizulegenden Wert unter den genannten Voraussetzungen empfohlen, ist jedoch insb. in Deutschland noch stark umstritten.
Die Kritiker des Fair Value-Accounting führen an, daß durch die erfolgswirksame Verbuchung auch unrealisierter Gewinne der auszuschüttende Gewinn zu hoch angesetzt wird und somit dem Vorsichtsprinzip nicht Rechnung getragen wird. Die Realisierbarkeit des beizulegenden Wertes wird aufgrund verschiedener Faktoren in Zweifel gezogen: schwierige Wertermittlung bei OTC-Kontrakten, mangelnde Liquidität der Märkte, hohe eigene Positionen und anfallende Beendigungs- und Erfüllungskosten. Zudem ist bei Finanzinstrumenten mit stark schwankenden Kursen mit größeren Schwankungen des ausgewiesenen Gewinns zu rechnen.

11.7 Gewinnausweis

Neben der Bewertung der Finanzinstrumente stellt sich die Problematik der Erfassung von Wertveränderungen des Grundgeschäfts und des dazugehörigen Absicherungsgeschäftes. Abb. 22 zeigt anhand eines Beispiels, wie sich der Erfolgsausweis (reporting income) über die Laufzeit eines Absicherungsgeschäftes ändert, je nachdem ob die Rechnungslegung nach dem Niederstwertprinzip erfolgt oder Deferral- oder Fair Value-Accounting angewandt wird.
Hierbei geht man davon aus, daß das Grundgeschäft einen (unrealisierten) Verlust aufweist. In der Praxis tritt dieser Fall bspw. dann ein, wenn ein deutsches Unternehmen eine US-Dollar-Forderung hält und der US-Dollar fällt. Hat dieses Unternehmen seine Forderung jedoch durch den Terminverkauf von US-Dollar abgesichert, so entsteht ihm aus diesem Absicherungsgeschäft ein (unrealisierter) Gewinn, d. h. der Marktwert dieses Geschäftes wird positiv.

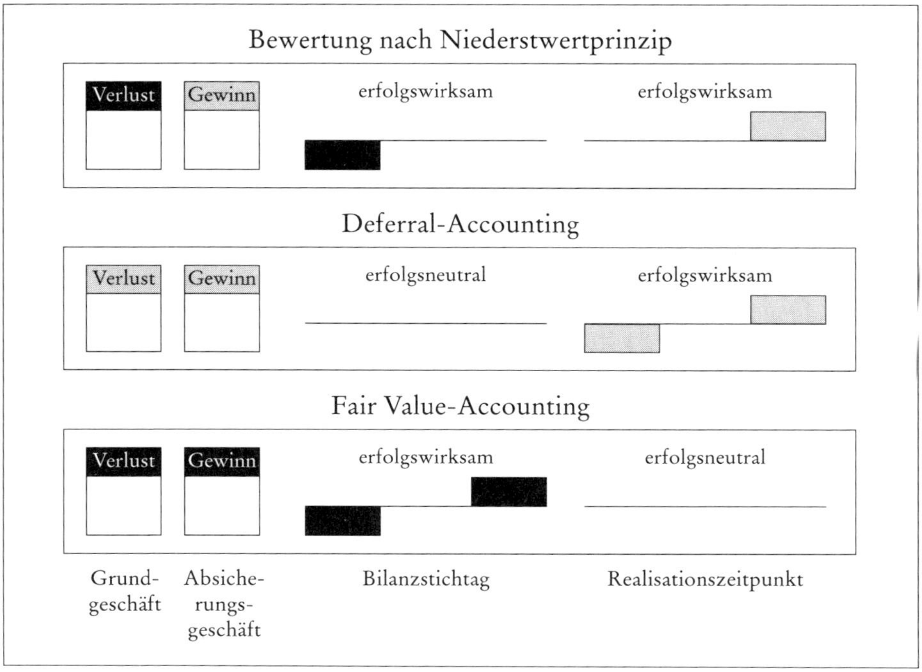

Abb. 22: Auswirkungen auf den Gewinnausweis[10]

Im Rahmen einer konservativen Rechnungslegung i.S. des Niederstwertprinzips würde zum Bilanzstichtag in Übereinstimmung mit dem Imparitätsprinzip nur der unrealisierte Verlust aus dem Grundgeschäft als Aufwand in die Gewinn- und Verlustrechnung eingehen. Die Tatsache, daß dieser Verlust durch den Gewinn aus dem Sicherungsgeschäft ausgeglichen wird und das Unternehmen sein Risiko reduziert hat, fände keinerlei Beachtung. Aus betriebswirtschaftlicher Perspektive würde das Ergebnis der Berichtsperiode auf diese Weise zu tief ausgewiesen.
Im Rahmen des Deferral-Accounting würde der Gewinn aus dem Absicherungsgeschäft zum Bilanzstichtag erfolgsneutral abgegrenzt und erst im Realisationszeitpunkt erfolgswirksam werden.
Bei einer generellen Bewertung zum beizulegenden Wert (fair value) würden sowohl der Verlust aus dem Grundgeschäft als auch der Gewinn aus dem Sicherungsgeschäft in die Gewinn- und Verlustrechnung eingehen. Zudem findet das Absicherungsgeschäft aufgrund seines positiven Marktwertes als Vermögensgegenstand Eingang in die Bilanz.
Das Beispiel zeigt, daß der Gewinnausweis maßgeblich dadurch beeinflußt wird, ob die Rechnungslegung nach traditionellen Prinzipien erfolgt oder Deferral-Accounting bzw. Fair Value-Accounting angewandt wird. Ein verbindlicher Standard würde hier die Vergleichbarkeit der Jahresabschlüsse erhöhen.

---

[10] In Anlehnung an Scheffler (Hedge Accounting), S. 129.

11.8 Mischformen

Neben den aufgezeigten Methoden zur Bilanzierung von Absicherungsgeschäften gibt es in der Praxis Mischformen. Sie sind aus dem Bedürfnis heraus entstanden, Verfahren zu entwickeln, die mit den jeweiligen Rechnungslegungsstandards eines Landes vereinbar sind. So hat insb. die fehlende Akzeptanz einer generellen Bewertung zum beizulegenden Wert zur Ausbildung alternativer Methoden geführt. So besteht eine Möglichkeit darin, sich nicht grundsätzlich für das Hedge- oder das Fair Value-Accounting zu entscheiden, sondern dies von der bilanziellen Behandlung des Grundgeschäfts abhängig zu machen. Hiernach ist bei einer Bewertung des Grundgeschäfts zu Anschaffungskosten die Deferral-Methode und bei einer Bewertung des Grundgeschäfts zum beizulegenden Wert Fair Value-Accounting anzuwenden. Man bezeichnet dieses Vorgehen auch als *hybriden Ansatz* (hybrid approach).

In Ländern wie Deutschland, in denen eine generelle Bewertung zum beizulegenden Wert bislang nicht zulässig ist, hat sich eine Methode herausgebildet, bei der Grund- und Sicherungsgeschäft eine *Bewertungseinheit* bilden. Unrealisierte Gewinne und Verluste von Grund- und Sicherungsgeschäft werden miteinander verrechnet und der Saldo imparitätisch behandelt. Für einen Verlustüberhang sind in der gleichen Periode Rückstellungen zu bilden. Ein Gewinnüberhang bleibt unberücksichtigt. Diese Vorgehensweise entspricht der Anwendung des Niederstwertprinzips auf eine Bewertungseinheit.

11.9 Angabepflichten

Nicht zuletzt aufgrund hoher Verluste, die einigen Unternehmen durch Geschäfte mit Derivaten entstanden sind, fordern die Adressaten des Jahresabschlusses mehr Transparenz zum komplexen Themenbereich der Finanzinstrumente.

Auch wenn die Notwendigkeit einer Offenlegung anerkannt wird, so ist man sich über das Ausmaß und die Art und Weise, wie die Berichterstattung im Jahresabschluß von Industriekonzernen erfolgen soll, noch nicht einig. Hinsichtlich des Ausmaßes der Berichterstattung gilt es zwar einerseits, aussagefähige Informationen zu liefern, andererseits ist es aber auch wichtig, die Bedeutung der Derivate nicht in verzerrender Weise überzubetonen. Nicht zuletzt weil es sich bei der Berichterstattung über Derivate um ein neues Gebiet der Offenlegung handelt, und die Gesetzmäßigkeiten diese Geschäfte nicht allen Rechnungslegungsadressaten bekannt sein dürften, sollte die Offenlegung neben quantitativen Informationen auch ergänzende und erklärende qualitative Aussagen beinhalten.

Für die Offenlegung im Anhang sind zunächst folgende drei Kategorien zu bilden:

- Finanzielle Vermögensgegenstände (financial assets),
- Finanzielle Schulden (financial liabilities),
- Eigenkapitalinstrumente (equity instruments).

Für jede dieser Kategorien fordert IAS 32 dann folgende Angaben im Anhang:
- Art der Finanzinstrumente und Charakteristik (z. B. bilanziell oder außerbilanziell),
- Rechnungslegungsgrundsätze für die Erfassung,
- Bewertung und Ausweis,
- Betrag, Kosten und beizulegender Wert, Fälligkeiten, Bedingungen,
- Zinsrisiken, effektive Zinssätze,
- Kreditrisiken,
- Risikokonzentration,
- Marktwert,
- Sicherheiten.

Als Beispiel, wie die Offenlegung ausgestaltet sein kann, ist nachfolgend die Muster AG aufgeführt. Sie nimmt in ihrem Geschäftsbericht wie folgt Stellung zur Art und Einsatzweise der Finanzinstrumente und zu den Rechnungslegungsgrundsätzen für die Erfassung:

Zur Absicherung von Währungs- und Zinssatzrisiken bedient sich der Konzern Devisentermin- und Optionskontrakten, Zinssatz- und Währungsswaps und verschiedener anderer Finanzinstrumente. Der Konzern begrenzt sein Kreditausfallrisiko, indem nur Kontrakte mit Parteien eingegangen werden, welche im Besitz eines hinreichenden Kreditratings sind. Finanzinstrumente, welche sich auf die vorliegende Abschlußperiode beziehen, werden zu Marktwerten bewertet; etwaig anfallende Gewinne und Verluste werden erfolgswirksam erfaßt. Kursänderungen der Finanzinstrumente, welche erst künftig entstehende Risikopositionen absichern (zum Beispiel Wechselkursabsicherung von geplanten, jedoch noch nicht verbuchten Transaktionen, Mittelflüssen und Erträgen), werden erst in denjenigen Perioden erfolgswirksam erfaßt, in welchen auch die gegenläufigen Gewinne respektive Verluste der entsprechend abgesicherten Positionen erfolgswirksam werden. Etwaige Effekte dieser abgegrenzten Absicherungen kompensieren sich mit entsprechenden Gewinnen resp. Verlusten der abgesicherten Position.
Erträge aus Finanzinstrumenten, welche zur Absicherung von Wechselkursrisiken dienen, werden in der Gewinn- und Verlustrechnung unter „Kursdifferenzen und Gewinn/Verlust aus Währungsabsicherung" ausgewiesen. Erträge aus Finanzinstrumenten, welche Zinssatzrisiken absichern bzw. die Rendite auf den liquiden Vermögenswerten verbessern, sind in der Gewinn- und Verlustrechnung unter „Finanzertrag" oder „Finanzaufwand" enthalten.

Folgende quantitative Angaben ergänzen die Offenlegung der Muster AG:

Zur Absicherung von Währungs- und Zinsrisiken aus dem operativen Geschäft, aus Geldanlagen und sonstigen Finanzierungsvorgängen nutzen wir börsennotierte wie auch außerhalb der Börse gehandelte (sog. OTC) derivative Finanzinstrumente.

	Nominalvolumen in Tausend DM	Marktwert in Tausend DM
Devisentermingeschäfte	13.695	142
Zins- und kombinierte Zins-/Währungsswaps	1.875	140
Optionen	2.356	−60
Sonstige Termingeschäfte	6.034	−4
	23.960	218

Das Nominalvolumen ist die Summe aller Kaufs- und Verkaufsbeträge. Der Marktwert wird errechnet auf Basis quotierter Preise oder davon abgeleiteter Werte für die derivativen Finanzinstrumente.
Das Kreditrisiko, d. h. die Summe unserer Ansprüche gegenüber Handelspartnern, betrug insgesamt 432 Mio DM. Zur Minimierung dieses Risikos schließen wir Geschäfte ausschließlich mit bonitätsmäßig einwandfreien in- und ausländischen Bankadressen ab und nutzen verstärkt Master-Nettingverträge.

Literatur

Breker, Norbert
Optionsrechte und Stillhalterverpflichtungen im handelsrechtlichen Jahresabschluß, Düsseldorf 1993

Choi, Frederick/Singleton, Matthew
Accounting for Derivative Products, in: Handbook of International Accounting, hrsg. von Frederick Choi, New York 1991, insb. S. 21.1–21.27

Coopers & Lybrand (Hrsg.)
The Financial Jungle – a Guide to Financial Instruments, o.O. 1991, 2. Aufl.

Grünewald, Andreas
Finanzterminkontrakte im handelsrechtlichen Jahresabschluß – Ansatz, Bewertung und Ausweis von Zinstermin- und Aktienindexterminkontrakten, Düsseldorf 1993

Hallauer, Philipp/Milburn, Alex/Hague, Ian
Das IASC zur Rechnungslegung für Finanzinstrumente, in: Der Schweizer Treuhänder 4/97, S. 257–265

Hull, John
Options, Futures and other Derivative Securities, New Jersey 1993, 2. Aufl.

Johnson, Todd/Bullen, Halsey/Kern, Victoria
Hedge-Accounting: Is Deferral the only Option?, in: Journal of Accountancy 1/1994, S. 53–58

Meyer, Dominik
Rechnungslegung und Revision von Termingeschäften, Zürich 1993

OECD (Hrsg.)
New Financial Instruments: Disclosure and Accounting, Paris 1988

Scheffler, Jan
Hedge Accounting: Jahresabschlußrisiken in Banken, Wiesbaden 1994

Tiner, John/Conneely, Joe
Accounting for Treasury Products: a practical guide to accounting, tax and risk control, Cambridge 1989, 2. Aufl.

12 Vorräte

Lernziele

In diesem Kapitel erfahren Sie:

- warum der Bilanzierung und Bewertung der Vorräte eine große Bedeutung zukommt,
- aus welchen Positionen sich die Vorräte zusammensetzen,
- welche Positionen Dienstleistungsunternehmen an Stelle des Warenlagers bilanzieren,
- nach welchem Prinzip die Vorräte bewertet werden,
- welche Kosten als Bestandteil der Herstellungs- bzw. Anschaffungskosten aktivierungsfähig sind,
- wie diese Kosten kalkuliert werden,
- wie der Wert eines gesamten Warenbestandes vereinfacht ermittelt wird,
- warum die Vorräte ggf. wertberichtigt werden und
- welche Angaben offengelegt werden müssen.

12.1 Grundsätzliches zu den Vorräten

Von Beginn an richteten sich sowohl die Lehre als auch die Normsetzer in der Rechnungslegung hauptsächlich an Fabrikationsunternehmen aus. Deren Tätigkeit besteht im Kern darin, verschiedene Inputs wie Material und Arbeit zu kombinieren, diese in Outputs in Form von Waren zu transformieren und dann zum Verkauf anzubieten. Im Rahmen dieses Prozesses kommt den Vorräten resp.

Warenlagern und ihrer Bewertung eine große Bedeutung zu. So stellen sich u. a. folgende Fragen:

- Welcher Ansatz soll bei der Bewertung der Vorräte zugrunde gelegt werden (so bspw. die Anschaffungskosten resp. Herstellungskosten oder Marktwerte)?
- Welche Kostenbestandteile sind bei der Ermittlung der Anschaffungs- und Herstellungskosten zu berücksichtigen? Wie sind vor allem die Gemeinkosten zu berücksichtigen?
- Wie kann der Wert eines gesamten Warenbestandes vereinfacht bestimmt werden?

Die Bilanzierung und Bewertung der Warenlager ist daher eines der klassischen Probleme der Rechnungslegung. Es war auch eines der ersten Themenbereiche, denen sich das IASC bei seiner Normierung annahm. Die Vorräte werden hier durch IAS 2 ‚Inventories' erfaßt. Der derzeit gültige Standard ist seit 1995 in Kraft. Er ersetzt den schon 1975 verabschiedeten IAS 2 ‚Valuation and Presentation of Inventories in the Context of the Historical Cost System'.

Ziel des IAS 2 ist es, wie auch der Titel des Vorläuferstandards noch ausdrückt, die Behandlung der Vorräte in Jahresabschlüssen, die auf der Basis historischer Kosten erstellt sind, umfassend zu regeln. Im Vordergrund steht dabei die Bestimmung derjenigen Kosten, zu denen Warenbestände in der Bilanz erfaßt und später als Aufwand in der Gewinn- und Verlustrechnung verbucht werden. Dabei kommt auch der Frage möglicherweise notwendiger Wertberichtigungen des Vorratsvermögens Bedeutung zu.

IAS 2 hat damit einen breiten Anwendungsraum. Einige Bereiche der Vorratsbewertung werden jedoch ausdrücklich vom Geltungsbereich des IAS 2 ausgenommen. Sie sind entweder schon in einem bestehenden Standard geregelt oder ein solcher ist in Vorbereitung. Im einzelnen handelt es sich hierbei um:

- unfertige Erzeugnisse, die im Rahmen von langfristigen Aufträgen erstellt werden (siehe hierfür IAS 11 resp. Kapitel 13),
- Finanzinstrumente (siehe hierfür IAS 32 und E 48 resp. Kapitel 11) und
- Lebendbestände, land- und forstwirtschaftliche Produkte sowie mineralische Erze insofern, als sie in Übereinstimmung mit der etablierten Bilanzierungspraxis bestimmter Branchen zum Nettoveräußerungswert bewertet werden.

12.2 Begriff der Vorräte

Gemäß IAS 2 fallen unter den Begriff der Vorräte (inventories) alle Vermögensgegenstände,

- die zum Verkauf innerhalb des gewöhnlichen Geschäftsbetriebs bestimmt sind,
- die sich noch im Herstellungsvorgang befinden, um im Rahmen des gewöhnlichen Geschäftsbetriebs verkauft zu werden, oder
- die als Roh-, Hilfs- und Betriebsstoffe während des Produktionsprozesses oder bei der Erbringung einer Dienstleistung verbraucht werden.

Das Warenlager umfaßt damit eine Vielzahl verschiedener Positionen. Ein festes Gliederungsschema ist dabei nach IAS 2 nicht vorgeschrieben. Der Standard gibt vielmehr nur Gliederungshinweise. Es wird jedoch verlangt, daß jede Unternehmung eine angemessene unternehmensspezifische Klassifikation der Vorräte vornimmt. Dabei sind folgende Begriffsumschreibungen von Bedeutung:

- *Rohstoffe* machen physisch die Hauptbestandteile des Produkts aus. Ihr Anteil am Wert des Endprodukts ist dagegen unterschiedlich. Rohstoffe umfassen sowohl Grundstoffe wie Erze und Holz als auch Basisprodukte wie Bleche, Garne und Kunststoffplatten.
- *Hilfsstoffe* werden Teil der herzustellenden Produkte, sind jedoch eher geringwertig. Beispiele für Hilfsstoffe sind Nägel, Schrauben, Leim, Lacke und Verpackungsmaterialien.
- *Betriebsstoffe* werden nicht Bestandteil der Fertigprodukte, sondern bspw. als Schmier- oder Kühlmittel während des Produktionsprozesses verbraucht.
- *Halbfabrikate, unfertige Erzeugnisse bzw. Waren in Arbeit* haben noch nicht alle Produktionsstufen durchlaufen. Bei Halbfabrikaten kann es sich um selbsterstellte oder um zugekaufte Teile handeln. In vielen Branchen macht diese Position den größten Wertanteil der Bilanzposition „Vorräte“ aus.
- *Aufträge in Arbeit* (oder noch nicht fakturierte Arbeiten) bezeichnen Dienstleistungen, die den Kunden noch nicht verrechnet wurden.
- *Fertige Erzeugnisse* sind selbsterstellte, auslieferungsbereite Waren; *Handelswaren* werden von Dritten zugekauft und stehen ohne zusätzliche Veredelung zur Weiterveräußerung zur Verfügung.
- *Anzahlungen* von Kunden werden in der Regel von den Vorräten abgesetzt. Auf diese Weise wird ein Netto-Waren- bzw. Auftragsbestand ausgewiesen, der die Positionen, die wirtschaftlich betrachtet bereits dem Kunden zustehen, nicht mehr beinhaltet. Ausgenommen sind Anzahlungen, die effektiv noch zurückgefordert werden können. Dies kann bspw. der Fall sein, solange die Aufträge noch nicht in Arbeit genommen wurden.

Die Zuordnung von Gegenständen zu den einzelnen Bestandteilen des Warenlagers erfolgt nach deren Zweckbestimmung. Dabei kann bspw. ein Zahnrad für einen Komponentenlieferanten ein Fertigfabrikat, für einen Maschinenhersteller dagegen ein Halbfabrikat sein, das weiterverarbeitet wird.

12.3 Vorratsbewertung

12.3.1 Umfang der Anschaffungs- und Herstellungskosten

Da IAS 2 vom Konzept der historischen Kosten ausgeht, sind die Vorräte grundsätzlich zu ihren Anschaffungs- oder Herstellungskosten zu bewerten. Als aktivierbare Kosten gelten dabei sämtliche Kosten, die aufgewendet werden, um Ware zu erwerben und weiterzuverarbeiten, sowie alle anderen Kosten, die notwendig sind, um die Ware in ihren derzeitigen Zustand zu versetzen und an ihren derzeitigen Ort zu bringen.

Die *Anschaffungskosten* (costs of purchase) dienen zur Bewertung von Waren, die entweder in ihrem ursprünglichen Zustand im Warenlager sind oder als Materialkosten in die Position „Waren in Arbeit" eingehen. Dabei werden die Kosten aktiviert, die mit dem Anschaffungsvorgang in direktem Bezug stehen. Die nachfolgende Abb. 23 zeigt, welche Elemente die Anschaffungskosten umfassen.

Einkaufspreis
+ Zölle, Transportkosten und alle sonstigen Anschaffungspreisnebenkosten
– Skonti, Rabatte und andere Anschaffungspreisminderungen
= Anschaffungskosten

Abb. 23: Ermittlung der Anschaffungskosten

Bei selbstgefertigten Waren sind die *Herstellungskosten* (costs of conversion) als Wertmaßstab für die Aktivierung maßgebend. Dabei sind die produktionsbedingten Vollkosten anzusetzen, unabhängig davon, ob es sich um Einzel- oder Gemeinkosten handelt. Es sind somit alle fixen und variablen Gemeinkosten relevant, sofern sie dem Gegenstand direkt zugerechnet werden können. Hierbei handelt es sich in erster Linie um Fertigungsgemeinkosten. Nicht fertigungsbezogene Gemeinkosten sind hingegen nur insoweit einbeziehbar, als sie verursacht wurden, um die Gegenstände in ihren gegenwärtigen Zustand und zu ihrem Standort zu bringen.

Bei der Bewertung des Warenlagers ist die Aktivierung folgender Kosten ausdrücklich nicht erlaubt, sie sind der Gewinn- und Verlustrechnung der entsprechenden Periode zu belasten:

- Kosten für ungewöhnlich hohe Mengen an Ausschuß oder Mehrarbeit sowie andere überhöhte Fertigungskosten,
- Lagerkosten, es sei denn diese Kosten sind in einer früheren Produktionsstufe notwendig (bspw. bei der Warenproduktion),
- Verwaltungsgemeinkosten, die nicht dazu beitragen, die Waren in ihren gegenwärtigen Ort und Zustand zu bringen, und
- Vertriebskosten.

Von der Problematik der Bilanzierung und Bewertung des physischen Warenlagers sind, wie eingangs erwähnt, in erster Linie Industrie- und Handelsunternehmen betroffen. IAS 2 ist jedoch auch auf Dienstleistungsunternehmen (service provider) wie Wirtschaftsprüfungs- oder Beratungsgesellschaften anzuwenden. So weisen diese anstelle eines physischen Warenlagers noch nicht fakturierte Leistungen (Aufträge in Arbeit) aus.

Bei Dienstleistungsunternehmen sind die Personalkosten aktivierbar, die dem Auftrag verrechnet wurden. Dies schließt auch die zurechenbaren Gemeinkosten wie bspw. die Kosten der Abteilungsleitung mit ein. Personalkosten im Zusammenhang mit dem Verkauf und allgemeinen administrativen Aufgaben dürfen hingegen nicht aktiviert werden. Sie sind in der betreffenden Periode als Aufwand zu verbuchen.

12.3.2 Kalkulation der Gemeinkosten

Die direkten Kosten der Fertigung können den einzelnen Kostenträgern gezielt zugeordnet werden. So gehen bspw. der Verbrauch an Rohstoffen als Materialkosten und die angefallenen Lohnkosten als direkte Fertigungskosten in die Kostenrechnung ein. Anders verhält es sich mit den indirekten Gemeinkosten, bei denen eine Zuordnung der Kosten zu einzelnen Produkten nicht ohne weiteres möglich ist.

Die indirekten Kosten der Fertigung beinhalten bspw. die Mietkosten für Fabrikgebäude, Abschreibungen für Anlagen und Maschinen, Kosten der Produktionsplanung und -steuerung sowie die Kosten der Arbeitsvorbereitung. Hier zeigt sich ein elementares Problem der Kostenrechnung: die Aufschlüsselung der Gemeinkosten auf einzelne Kostenträger wie Produkte oder Aufträge. Dieses Problem stellt sich um so mehr, als der Anteil der Gemeinkosten in den meisten Branchen mittlerweile einen beträchtlichen Anteil an den Gesamtkosten ausmacht.

Bei der Aktivierung der Fertigungsgemeinkosten ist zu beachten, daß diese sowohl fixe als auch variable Kostenbestandteile beinhalten. *Fixe Fertigungsgemeinkosten* sind dadurch gekennzeichnet, daß sie unabhängig vom Produktionsvolumen relativ konstant sind. So bleiben die Mietkosten für ein Fabrikgebäude gleich, auch wenn weniger Einheiten eines Produkts hergestellt werden. Erst langfristig sind auch fixe Kosten veränderbar. Dies ist bspw. der Fall, wenn Fabrikanlagen stillgelegt werden.

Bei der Aufschlüsselung fixer Gemeinkosten auf einzelne Kostenträger ist die normale Auslastung der Produktionskapazitäten maßgebend. Es werden somit die gesamten fixen Fertigungsgemeinkosten durch die bei normaler Kapazitätsauslastung hergestellten Produkte geteilt. Auf diese Weise wird der Anteil an den fixen Gemeinkosten ermittelt, der auf eine Produktionseinheit entfällt (siehe Abb. 24).

Fixe Fertigungsgemeinkosten:	5.000.000 DM
Produkte bei normaler Kapazitätsauslastung:	1.000.000 Stück
Gemeinkostenverrechnungssatz:	5 DM pro Stück ($\frac{\text{5.000.000 DM}}{\text{1.000.000 Stück}}$)

Abb. 24: Verrechnung von fixen Fertigungsgemeinkosten bei normaler Auslastung

Ist die Kapazitätsauslastung geringer als geplant, werden den Produkten insgesamt zu wenig Fixkosten verrechnet, da der Verrechnungssatz pro Einheit konstant bleibt. Der Teil der fixen Kosten, der nicht verrechnet wurde, wird der Gewinn- und Verlustrechnung belastet. So wird verhindert, daß bei einer geringen Kapazitätsauslastung Leerkosten wie die Abschreibung eines nicht voll laufenden Maschinenparks als Wertbestandteil in die Bilanz aufgenommen werden (siehe Abb. 25).

Tatsächlich hergestellte Menge:	900.000 Stück
Verrechnete Fertigungsgemeinkosten:	4.500.000 DM (900.000 Stück x 5 DM/Stück)
Nicht verrechnete Fertigungsgemeinkosten, die direkt der Gewinn- und Verlustrechnung belastet werden:	500.000 DM

Abb. 25: Verrechnung von fixen Fertigungsgemeinkosten bei Unterauslastung

Ist die Kapazitätsauslastung höher als geplant, wird der Fixkostenverrechnungssatz gesenkt. Dadurch wird verhindert, daß die Vorräte zu einem höheren Wert als die tatsächlich angefallenen Kosten in der Bilanz stehen (siehe Abb. 26).

Tatsächlich hergestellte Menge:	1.250.000 Stück
Fixe Fertigungsgemeinkosten:	5.000.000 DM
Ermäßigter Gemeinkostenverrechnungssatz:	4 DM pro Stück $\left(\frac{5.000.000 \text{ DM}}{1.250.000 \text{ Stück}}\right)$

Abb. 26: Verrechnung von fixen Fertigungsgemeinkosten bei Überauslastung

Im Gegensatz zu den fixen Fertigungsgemeinkosten besteht bei *variablen Fertigungsgemeinkosten* wie bspw. den Kosten der Arbeitsvorbereitung oder Hilfsstoffen ein Zusammenhang zwischen den angefallenen Kosten und dem Produktionsvolumen. Deshalb werden die variablen Fertigungsgemeinkosten den Produkten in der tatsächlich angefallenen Höhe verrechnet.

12.3.3 Kostenkalkulation

Bei der Ermittlung der aktivierbaren Kosten des Warenlagers werden grundsätzlich die tatsächlich angefallenen Kosten (*Istkosten*) zugrunde gelegt. Da die Ermittlung dieser Kosten sehr aufwendig ist, läßt IAS 2 jedoch unter der Voraussetzung, daß sich die Ergebnisse den tatsächlichen Anschaffungs- und Herstellungskosten annähern, Methoden zur Kostenkalkulation zu. Hierbei handelt es sich um die Standardkostenmethode und die retrograde Methode.
Die *Standardkostenmethode* (standard cost method) geht von Standardwerten für Materialverbrauch und Arbeitsstunden aus. Diese werden bestimmt, indem eine normale Kapazitätsauslastung und Effizienz zugrunde gelegt wird. Es ist selbstverständlich notwendig, diese Werte regelmäßig einer Überprüfung zu unterziehen und sie, sofern notwendig, veränderten Bedingungen anzupassen.

Die *retrograde Methode* (retail method) wird, wie der englische Fachausdruck hierfür verdeutlicht, v.a. vom Einzelhandel verwendet. Dort besteht die Besonderheit, daß große Mengen von Artikeln mit ähnlicher Gewinnmarge und hoher Lagerumschlagshäufigkeit bestehen. Die Kosten dieses Warenlagers können vereinfachend so ermittelt werden, daß vom Verkaufswert des gesamten Lagerbestandes ein prozentualer Gewinnanteil (Bruttomarge, Handelsspanne, Kalkulationszuschlag etc.) abgezogen wird. Dabei wird in der Praxis häufig ein durchschnittlicher Prozentsatz für jede Abteilung verwendet.

12.4 Bewertungsverfahren

12.4.1 Grundsatz der Einzelbewertung

Bei der Ermittlung der Anschaffungs- und Herstellungskosten wird vom *Grundsatz der Einzelbewertung* ausgegangen. Hierunter wird die direkte Zuweisung einzelner angefallener Kosten zu einzelnen, identifizierbaren Produkten oder Aufträgen verstanden. Waren, die nicht untereinander austauschbar sind, weil sie für bestimmte Aufträge angeschafft oder nach speziellen Kundenwünschen gefertigt wurden, müssen so einzeln bewertet werden.
Bei Rohstoffen, Handelswaren und Serienprodukten ist jedoch diese individuelle Ermittlung der Kosten jedes einzelnen Produkts kaum durchführbar. Dies gilt insbes. bei großen Beständen. Der Aufwand, für jeden Gegenstand gesondert einen Wert zu ermitteln, steht in keinem Verhältnis zu der dadurch gewonnenen Genauigkeit. Aus diesem Grund bedient man sich in der Praxis Verfahren, welche die Bewertung der Vorräte vereinfachen und vertretbare Annäherungswerte für die Bewertung eines gleichartigen Warenbestands liefern.
Auch IAS 2 erlaubt es, derartige Bewertungsvereinfachungsverfahren zu verwenden. Es müssen hierfür jedoch kumulativ die beiden Voraussetzungen erfüllt sein, daß es sich um eine große Stückzahl von Vorräten handelt und diese Vorratsgegenstände gewöhnlich untereinander austauschbar sind.

12.4.2 Bewertungsvereinfachungsverfahren

Unter den gängigen Bewertungsvereinfachungsverfahren können drei verschiedene Verfahren resp. Verfahrensarten unterschieden werden:
- die Verbrauchsfolgeverfahren (Fifo und Lifo),
- die Durchschnittsbewertung und
- das Festwertverfahren.

Den *Verbrauchsfolgeverfahren* ist gemeinsam, daß jeweils Annahmen darüber getroffen werden, welche Waren zuerst im Produktionsprozeß verbraucht werden und welche Waren sich folglich noch im Bestand befinden. Die Kriterien, die dabei zur Anwendung kommen, sind die Lagerzeit, der Wert und die Herkunft der Güter. Folgende Methoden werden unterschieden:

- *Fifo (first in – first out):* Es wird die Annahme getroffen, daß die zuerst angeschafften Artikel auch zuerst verbraucht werden, so daß der Endbestand die letzten Zugänge enthält. Diese Methode sollte bei raschem Lagerumschlag und fallenden Preisen gewählt werden. Sie hat hier den Vorteil, daß der Schlußbestand weitgehend zu aktuellen Preisen bewertet wird und diese Bewertung bei fallenden Preisen zudem automatisch dem Niederstwertprinzip entspricht. Bei steigenden Preisen hingegen ist der Warenaufwand, der in die Gewinn- und Verlustrechnung eingeht, zu gering, das Warenlager wiederum wird in der Bilanz eher zu hoch ausgewiesen.
- *Lifo (last in – first out):* Bei dieser Methode geht man davon aus, daß die zuletzt angeschafften Artikel zuerst verbraucht werden. Der Lagerendbestand enthält damit die ersten Zugänge. Entsprechend der Argumentation bei der Fifo-Methode ist das Lifo-Verfahren insb. bei steigenden Preisen vorteilhaft, weil in diesem Fall der Warenaufwand weitgehend tageswertig und der Warenbestand eher vorsichtig ermittelt wird. Bei fallenden Preisen hingegen führt die Lifo-Methode dazu, daß der Wert des Bestandes über den gültigen Tageswerten ausgewiesen wird.

Im Rahmen der häufig angewendeten *Durchschnittsbewertung* (weighted average cost formula) werden die als Warenaufwand verbuchten Abgänge und der Warenendbestand zum Durchschnittspreis aus Anfangsbestand und Zugängen bewertet. Dabei wird der Durchschnittspreis entweder laufend oder in periodischen Abständen ermittelt. In einem vereinfachenden Verfahren werden periodisch die durchschnittlichen Einstandspreise ermittelt und dann für die Bewertung des Bestandes und des Warenaufwands herangezogen. Dabei wird die Summe aus dem Anfangswert des Warenbestandes und dem gesamten Einstandspreis für alle Zugänge der Periode dividiert durch die Menge im Anfangsbestand und die Menge aller Periodeneinkäufe. Dieser Durchschnittswert je Artikel kann bspw. monatlich errechnet werden. Das Verfahren hat den Vorteil, daß ein relativ geringer Rechnungsaufwand anfällt und Preisschwankungen während der Periode ausgeglichen werden. In vielen Fällen wird auch der Durchschnittspreis eines Monates errechnet und dann für alle Buchungen im Folgemonat verwendet.

Eine verfeinerte Methode der Durchschnittsbewertung besteht darin, die Durchschnittspreise zu gewichten, indem man nach jedem Warenzugang den Durchschnittspreis neu errechnet und den nächsten Warenausgang zu diesem Durchschnittspreis bewertet. Die Methode ist sehr arbeitsintensiv, kann aber durch EDV-Verfahren rationell gestaltet werden. Preisschwankungen werden hier weitgehend ausgeglichen, allerdings wirken alte Preise noch lange nach.

Beim *Festwertverfahren* als dritte Möglichkeit einer Bewertungsvereinfachung wird ein Teil der Vorräte im Sinne eines eisernen Bestandes als über Jahre konstant betrachtet und auch zu einem gleichbleibenden tiefen Preis bewertet. Dieser Festpreis ist so tief veranschlagt, daß er die Wiederbeschaffungskosten nicht überschreitet.

IAS 2 erlaubt sowohl die Verbrauchsfolgeverfahren als auch die Durchschnittsbewertung, verbietet allerdings das Festwertverfahren. Dabei sind die Fifo- und

Durchschnittsmethode die bevorzugte Behandlungsweise (benchmark treatment); die Lifo-Methode ist jedoch alternativ zulässig (allowed alternative treatment). Entscheidet man sich für die Anwendung der Lifo-Methode, so sind allerdings zusätzliche Angaben im Anhang notwendig.

12.4.3 Auswirkungen auf Aufwand und Bestand

Die Auswirkungen der Wahl des Vereinfachungsverfahrens auf die Höhe des Warenaufwands und des Warenendbestands lassen sich am besten anhand des nachfolgenden Beispiels verdeutlichen. Abb. 27 zeigt die Veränderung des Warenbestands während der Berichtsperiode.

	Menge		Preis
Anfangsbestand Januar	80	à	1,10
Zugang Februar	60	à	0,90
Abgang März	40		?
Zugang Juni	70	à	0,70
Abgang Oktober	70		?
Endbestand	100		?

Abb. 27: Veränderungen des Warenbestands

In Abhängigkeit vom gewählten Bewertungsverfahren ergeben sich die in Abb. 28 aufgeführten Werte für den Warenaufwand und den Warenendbestand.

	Warenaufwand	Warenbestand
Fifo-Methode	80 à 1,10 (=88) 30 à 0,90 (=27) **= 115**	70 à 0,70 (=49) 30 à 0,90 (=27) **= 76**
Lifo-Methode	70 à 0,70 (=49) 40 à 0,90 (=36) **= 85**	80 à 1,10 (=88) 20 à 0,90 (=18) **= 106**
Durchschnitts-wertverfahren	100 à 0,91 $\left(\frac{80 \times 1{,}1 + 60 \times 0{,}9 + 70 \times 0{,}7}{80 + 60 + 70} = 0{,}9\right)$ = 100	100 à 0,91 **= 91**

Abb. 28: Warenaufwand und Warenendbestand der Periode

Im Beispiel wird von fallenden Einstandspreisen ausgegangen. Bei Anwendung der Fifo-Methode wird der Wert des Warenbestands am tiefsten ausgewiesen und entspricht damit weitgehend aktuellen Marktpreisen. Der Warenaufwand dagegen ist relativ hoch, da davon ausgegangen wird, daß zuerst die relativ teureren Waren, die sich am längsten im Lager befinden, verbraucht werden.
Bei Anwendung der Lifo-Methode verhält es sich genau umgekehrt, so daß der Warenbestand im Vergleich zu den aktuellen Marktpreisen eher zu hoch ausgewiesen wird. Der ausgewiesene Gewinn ist bei Anwendung der Lifo-Methode höher, da der Gewinn- und Verlustrechnung weniger Warenaufwand belastet wird. Das Durchschnittswertverfahren bewertet sowohl den Warenaufwand als auch den Lagerbestand zu durchschnittlichen Preisen der Periode. Dazu werden der Wert des Warenanfangsbestandes und der Wert der Warenzugänge durch die Summe aus Warenanfangsbestand und Zugängen geteilt.

12.5 Wertberichtigungen

Wie aufgezeigt wurde, baut IAS 2 grundsätzlich auf das Konzept der historischen Kosten auf. Neben den Anschaffungs- und Herstellungskosten ist jedoch bei der Bewertung der Vorräte auch ihr Nettoveräußerungswert zu berücksichtigen. Als *Nettoveräußerungswert* (net realisable value) einer Ware gilt dabei der geschätzte Verkaufserlös, der bei planmäßiger Fertigstellung auf dem Absatzmarkt zu erzielen sein wird, abzüglich der geschätzten Kosten der Fertigstellung (costs of completion) und der notwendigen Verkaufskosten (costs to make the sale).
Sofern der Nettoveräußerungswert der Vorräte unter deren Anschaffungs- oder Herstellungskosten liegt, verlangt IAS 2 eine Wertberichtigung. Die Bewertung der Vorräte hat damit im Ergebnis zum niedrigeren Wert der historischen Kosten (Anschaffungs- bzw. Herstellungskosten) und dem Nettoveräußerungswert (net realisable value) zu erfolgen. Man bezeichnet dies als Niederstwertprinzip (lower of cost or market).
Die Abschreibung des Warenlagers auf den niedrigeren Nettoveräußerungswert erfolgt dabei im Bestreben, Vermögensgegenstände nicht zu einem höheren Wert als dem am Markt erzielbaren Preis in die Bilanz aufzunehmen. Die historischen Kosten dienen folglich nur dann als Bewertungsmaßstab, wenn davon ausgegangen werden kann, daß sie durch den Verkaufserlös wiedereingebracht werden können. Zweifel an der Wiedereinbringbarkeit der Kosten bestehen bspw., wenn die tatsächlichen Herstellungskosten erheblich über den budgetierten Kosten liegen. In diesem Fall ist davon auszugehen, daß die Kostenüberschreitung nicht durch einen erhöhten Verkaufspreis ausgeglichen werden kann. Es kann aber auch eine marktbedingte Senkung des Verkaufspreises der Waren dazu führen, daß der Nettoveräußerungswert niedriger ist als die Kosten. Der Verkaufspreis von Waren sinkt selbstverständlich auch dann, wenn Waren beschädigt oder veraltet sind.

In der Regel werden die Wertberichtigungen für einzelne Vorratsgegenstände vorgenommen. Manchmal kann es aber auch angebracht sein, eine bestimmte Gruppe gleicher oder untereinander in Beziehung stehender Vorratsgegenstände gemeinsam wertzuberichtigen. Das wird immer dann der Fall sein, wenn der auslösende Grund, so bspw. eine Beschädigung, sie gleichermaßen trifft. Es ist jedoch nicht erlaubt, die Vorräte einfach gemäß ihrer unternehmensspezifischen Klassifikation für ganze Einzelpositionen wertzuberichtigen. So kann nicht bspw. der Gesamtbestand der Waren in Arbeit zu einem anderen Wert als den Anschaffungs- und Herstellungskosten aktiviert werden, ohne daß ein äußerer Grund vorliegt, der eine derartige Wertberichtigung rechtfertigt. Wertberichtigungen sind auch dann nicht angebracht, wenn Waren bereits im Rahmen eines Festpreisvertrages weiterverkauft wurden. In diesem Fall gilt der gesunkene Marktpreis nicht als Verkaufserlös. Es ist vielmehr von dem im Vertrag festgelegten Preis auszugehen.
Rohstoffe und andere Materialien werden nicht auf den niedrigeren Nettoveräußerungswert abgeschrieben, wenn der Verkaufspreis der Fertigprodukte, in die das Material eingeht, die Kosten voraussichtlich deckt. Fällt bspw. der Marktpreis für Aluminiumblech, muß ein Automobilhersteller sein Lager nicht neu bewerten, wenn er davon ausgehen kann, daß sich diese Preissenkung nicht wesentlich auf den Verkaufspreis der Autos auswirkt. In allen übrigen Fällen ist zu beurteilen, ob ein Sinken der Einstandspreise für Rohstoffe auch eine Senkung des Verkaufspreises der Endprodukte nach sich ziehen könnte. In diesem Fall sind die Wiederbeschaffungskosten ein guter Maßstab für die Bewertung der Materialien.

12.6 Erfassung als Aufwand

Im Sinne einer periodengerechten Verrechnung von Aufwand und Ertrag (matching) ist es wichtig festzulegen, wann es zu einer Erfassung als Aufwand kommt. Gemäß IAS 2 wird beim Verkauf von Waren der Wert, zu dem die Waren im Lager bilanziert sind, als Aufwand jener Periode verbucht, in der auch der aus dem Verkauf resultierende Ertrag in der Gewinn- und Verlustrechnung erfaßt wird.
Werden Waren auf den niedrigeren Nettoveräußerungswert abgeschrieben oder entsteht aus einem anderen Grund ein Wertverlust, so wird dieser Verlust als Aufwand der Periode erfaßt, in der die Abschreibung erfolgt oder der Verlust eintritt. Für den Fall, daß der Nettoveräußerungswert von Waren wieder steigt und somit zuvor getätigte Abschreibungen rückgängig gemacht werden, reduziert dieser Betrag den Warenaufwand der Periode.

12.7 Angabepflichten

IAS 2 fordert den Ausweis folgender Angaben:

- der angewendeten Bewertungsmethoden einschließlich der verwendeten Verfahren zur Ermittlung der Anschaffungs- und Herstellungskosten,

- den Buchwert der Vorräte (gesamt und nach einer unternehmensspezifischen Klassifikation für abgegrenzte Einzelposten),
- den Buchwert der Vorratsgegenstände, die zum niedrigeren Nettoveräußerungswert bewertet werden,
- Wertaufholungen der Periode und die Umstände oder Ereignisse, die hierzu geführt haben, und
- die Buchwerte der Vorräte, die als Sicherheiten gestellt wurden.

Sofern die Lifo-Methode angewendet wurde, muß im Anhang zudem der Differenzbetrag zwischen dem mit Hilfe der Lifo-Methode errechneten Wert des Warenbestands und dem hypothetischen Wert bei Anwendung der Fifo- oder der Durchschnittsmethode bzw. zum niedrigeren Nettoveräußerungswert angegeben werden. Darüber hinaus sind folgende Angaben zu machen:

- der Warenaufwand (Kosten der verkauften Produkte plus nicht aktivierte Gemeinkosten plus außerordentliche Produktionskosten) oder
- der mit den Erlösen verbundene Betriebsaufwand des ordentlichen Geschäfts getrennt nach Aufwandsarten.

Die folgende Untergliederung der Position „Vorräte" findet sich im Anhang der Muster AG:

Roh-, Hilfs- und Betriebsstoffe	474
Unfertige Erzeugnisse und Projekte in Arbeit	1.722
Fertige Erzeugnisse und Handelswaren	2.910
abzügl. Vorauszahlungen auf Projekte in Arbeit	(1.110)
Total Vorräte	3.996

In den Vorräten werden die Roh-, Hilfs- und Betriebsstoffe mit den Anschaffungs- oder niedrigeren Wiederbeschaffungskosten bewertet. Soweit erforderlich, werden Abschreibungen für Verwertungsrisiken vorgenommen. Unfertige und fertige Erzeugnisse werden mit Herstellungskosten bewertet, die angemessene Teile der Material- und Fertigungsgemeinkosten sowie fertigungsbedingte Abschreibungen enthalten. Ist der voraussichtliche Verkaufserlös abzüglich der bis zum Verkauf noch anfallenden Kosten niedriger, wird dieser Wert angesetzt. Handelswaren sind mit den Anschaffungskosten oder mit dem niedrigeren beizulegenden Wert bilanziert. Bei der Ermittlung der Anschaffungs- oder Herstellungskosten gleichartiger Vorräte wird unterstellt, daß die zuerst angeschafften oder hergestellten Vermögensgegenstände zuerst verbraucht oder veräußert werden (Fifo-Verfahren). Vertriebs- sowie Veralterungsrisiken sind angemessen berücksichtigt.

Literatur

Arnold, John/Hope, Tony/Southworth, Alan
Financial Accounting, Prentice Hall 1994, 2. Aufl., insb. S. 170–199

Epstein, Barry/Mirza, Abbas Ali
IAS 97: Interpretation and Application of International Accounting Standards 1997, New York u.a.O. 1997, insb. S. 151–186

Horngren, Charles/Foster, George/Datar, Srikant
Cost Accounting: A Managerial Emphasis, Englewood Cliffs, New Jersey 1996, 9. Aufl., insb. S. 25–58

Jacobs, Otto
IAS 2 – Vorräte (Inventories), in: Rechnungslegung nach International Accounting Standards (IAS): Kommentar auf der Grundlage des deutschen Bilanzrechts, hrsg. von J. Baetge/D. Dörner/H. Kleekämper/P. Wollmert, Stuttgart 1997, S. 157–200
Pellens, Bernhard
Internationale Rechnungslegung, Stuttgart 1997, insb. S. 201–214
Risse, Axel
International Accounting Standards für den deutschen Konzernabschluß, Wiesbaden 1996, insb. S. 122–128

13 Langfristige Fertigungsaufträge

Lernziele

In diesem Kapitel erfahren Sie:

- welche Risiken mit langfristigen Fertigungsaufträgen verbunden sind,
- welche besonderen Probleme sich bei der bilanziellen Erfassung langfristiger Fertigungsaufträge ergeben,
- wie Aufwendungen und Erträge aus langfristigen Fertigungsaufträgen im Jahresabschluß berücksichtigt werden,
- wann Gewinne aus langfristigen Fertigungsaufträgen als realisiert gelten,
- welche Rolle das Projektcontrolling spielt und
- welche Angaben offengelegt werden müssen.

13.1 Grundsätzliches zu den langfristigen Fertigungsaufträgen

13.1.1 Begriff der langfristigen Fertigungsaufträge

Langfristige Fertigungsaufträge kommen vorwiegend in der Bauwirtschaft und im Schiffs-, Flugzeug- und Anlagenbau vor. Der Bau von Kraftwerken, Schiffen, Flugzeugen und Lokomotiven, große Hoch- und Tiefbauprojekte wie Brücken, Staudämme oder Autobahnen dauern in der Regel Jahre und nehmen damit erheblich mehr Zeit in Anspruch als die Herstellung von Serienprodukten. Auch Dienstleistungen, die mit langfristigen Fertigungsaufträgen in Zusammenhang stehen, so bspw. Architekten- oder Ingenieuraufträge, fallen unter den Begriff „langfristige Fertigungsaufträge". Gemeinsam ist den genannten Projekten, daß sich die Durchführung über zwei oder mehrere Geschäftsperioden des Herstellers erstreckt. Die Fertigstellung des Projekts fällt damit in eine andere Periode als der Vertragsabschluß.

IAS 11 ‚Construction Contracts' befaßt sich mit der Rechnungslegung langfristiger Fertigungs- und verbundener Dienstleistungsaufträge sowie langfristiger Abbruch- und Rekultivierungsaufträge. Nicht mit Fertigungsaufträgen im Zusammenhang stehende Dienstleistungen, so bspw. langfristige Beratungsprojekte, werden zwar nicht durch IAS 11 erfaßt, jedoch verweist IAS 18 ‚Revenues' darauf, daß Dienstleistungsaufträge analog zu Fertigungsaufträgen zu behandeln sind.
Im Mittelpunkt von IAS 11 steht die Zuordnung von Aufwendungen und Erträgen aus langfristigen Fertigungsaufträgen zu bestimmten Perioden und ihre Erfassung in der Bilanz und Gewinn- und Verlustrechnung des Auftragnehmers. In diesem Zusammenhang ist auch IAS 23 ‚Borrowing Costs' relevant, der spezielle Aufwendungen, nämlich die Fremdkapitalzinsen für bestimmte Anlagen im Bau, behandelt. IAS 11 beschäftigt sich zudem mit den eher technischen Fragen der Trennung oder Zusammenfassung einzelner Verträge.
Dabei definiert IAS 11 die langfristigen Fertigungsaufträge als für den Einzelfall ausgehandelte Verträge. Durch diese Aussage wird der individuelle Charakter der herzustellenden Objekte betont. Während bei der Massen- und Serienfertigung der Vertrag mit dem Kunden erst nach Fertigstellung der Produkte geschlossen wird, erfolgt der Vertragsabschluß im Rahmen langfristiger Fertigungsaufträge vor Fertigungsbeginn.
Im Hinblick auf die Preisfestsetzung langfristiger Fertigungsaufträge werden zwei grundsätzliche Typen von Aufträgen unterschieden. Dies sind

- *Festpreisaufträge* (fixed price contracts), bei denen ein fester Preis für den gesamten Auftrag oder pro hergestellte Einheit vereinbart wird, und
- *Kosten-plus-Marge-Aufträge* (cost plus contracts), bei denen zusätzlich zu den effektiv angefallenen Kosten eine Gewinnmarge als Preis festgelegt wird.

Auch Kombinationen und Untervarianten dieser Auftragstypen sind möglich. So wird häufig im Rahmen von Festpreisaufträgen eine Kostenüberschreitungsklausel vereinbart (cost escalation clause). Sie gesteht dem Auftragnehmer in bestimmten Fällen eine Anpassung des Vertragspreises an die höheren Kosten zu.

13.1.2 Risiken langfristiger Fertigungsaufträge

Langfristige Fertigungsaufträge bergen für den Auftragnehmer besondere Risiken. Die Komplexität der Aufträge erschwert die Planung der Kosten und erhöht somit das unternehmerische Risiko. Der einzelne Auftrag macht zudem regelmäßig einen großen Anteil am Gesamtumsatz aus. Die daraus resultierende relativ kleine Zahl an Aufträgen führt zu großen Schwankungen bei der Auslastung. Ein einziger Verlustauftrag kann das Ergebnis eines ganzen Geschäftsjahres, in Extremfällen sogar den Bestand des ganzen Unternehmens gefährden. Die wirtschaftliche Abhängigkeit des Auftragnehmers ergibt sich auch daraus, daß das Werk aufgrund seiner auf den Auftraggeber zugeschnittenen Spezifikation nicht anderweitig genutzt werden kann, wenn der Auftraggeber nicht bezahlt. Somit spielt die Bonität der Kunden eine wichtige Rolle.

Die Frage nach der Bonität des Auftraggebers stellt sich v.a. beim Export in sog. schwierige Länder. Die Bonität des einzelnen Landes und die politischen Risiken sind hier von Bedeutung. Hinzu kommen besondere Anforderungen an die Finanzierung des Auftrags, da Währungs- und Zinsschwankungen in die Überlegungen einbezogen werden müssen.
Als weiterer Risikofaktor kommt hinzu, daß insb. jene Branchen, die im Rahmen von langfristigen Fertigungsaufträgen Investitionsgüter herstellen, vom Konjunkturverlauf und den Ausgaben der öffentlichen Haushalte abhängig sind. In Zeiten wirtschaftlicher Rezession werden weniger Aufträge für Neubauten vergeben. Statt dessen werden vorhandene Anlagen durch Wartungsarbeiten instand gehalten. So ist insb. die Bauwirtschaft von derartigen Budgetkürzungen der öffentlichen Haushalte betroffen. Dies ist um so schwerwiegender, als die Margen im Anlagenbau aufgrund der verschärften Konkurrenzsituation ohnehin zurückgehen. Im Einzelfall führt dies dazu, daß sogar nicht kostendeckende Aufträge angenommen werden, um die Kapazitäten auszulasten und zumindest die fixen Kosten zu decken.

13.2 Probleme bei der Bilanzierung langfristiger Fertigungsaufträge

Die Probleme bei der Bilanzierung langfristiger Fertigungsaufträge ergeben sich daraus, daß der Auftrag am Bilanzstichtag nur zum Teil ausgeführt ist. Beide Vertragspartner haben ihre Verpflichtungen noch nicht vollständig erfüllt: Der Hersteller hat das Projekt noch nicht vollendet und der Auftraggeber dieses noch nicht oder noch nicht vollständig bezahlt.
Es stellt sich also die Problematik, wie das teilweise erstellte Werk und die am Bilanzstichtag bereits geleisteten Zahlungen zu verbuchen sind. Diese läßt sich in folgende Teilaspekte untergliedern:

- Muß der unfertige Auftrag in der Bilanz angesetzt werden?
- Muß der Auftraggeber oder der Auftragnehmer das noch unfertige Werk bilanzieren?
- Wie werden langfristige Fertigungsaufträge bewertet bzw. welche Kosten sind aktivierungsfähig?
- Wann gilt der Gewinn aus dem Auftrag als realisiert?

Da es sich bei dem erst teilweise fertiggestellten Werk um einen Vermögensgegenstand handelt, muß dieser eindeutig in die Bilanz aufgenommen werden. Es stellt sich jedoch die Frage, ob das unfertige Werk zum Vermögen des Auftraggebers oder zu jenem des Auftragnehmers gehört. Abweichend vom juristischen Eigentumsbegriff folgt die Bilanzierung hierbei der wirtschaftlichen Betrachtungsweise. Ähnlich wie ein Hersteller unfertige Serienprodukte als Vorräte in der Bilanz erfaßt, bilanziert der Auftragnehmer langfristige Fertigungsaufträge unter den Vorräten in der Bilanzposition „Aufträge in Arbeit“ oder „Unfertige Erzeugnisse“.

Teilweise werden im Rahmen von langfristigen Fertigungsaufträgen Bauten oder Anlagen auf Grundstücken erstellt, die dem Auftraggeber gehören. In rechtlicher Hinsicht gehen die unfertigen Bauten oder Anlagen aufgrund ihrer Verbindung mit dem Grundstück des Auftraggebers in das Eigentum des Auftraggebers über. Auch in diesem Fall ist es jedoch der Auftragnehmer, der das teilweise erstellte Werk bilanziert.

Bei der Bestimmung des Wertansatzes des teilweise erstellten Werkes während der Vertragslaufzeit kann auch auf die Diskussion um die Gewinnrealisation verwiesen werden. Die zwei gebräuchlichsten Methoden der Bilanzierung von langfristigen Fertigungsaufträgen unterscheiden sich dadurch, ob und wie aus dem Auftrag entstehende Gewinne den einzelnen Fertigungsperioden zugeteilt werden. Während die Completed Contract-Methode (Methode der Gewinnrealisierung nach Fertigstellung) – traditionellen Konzepten der Rechnungslegung folgend – den Gewinn erst bei Fertigstellung des Werkes als realisiert betrachtet, gilt bei der Percentage of Completion-Methode (Methode der anteiligen Gewinnrealisierung) der anteilige Gewinn unter bestimmten Voraussetzungen bereits während der Herstellungsphase als realisiert.

Gemeinsam ist den beiden Bilanzierungsmethoden das buchungstechnische Vorgehen zum Zeitpunkt der Gewinnrealisation: Betrachtet man den Gewinn bzw. einen Gewinnanteil aus dem Auftrag als realisiert, wird der Umsatz einschließlich eines Gewinnanteils in der Gewinn- und Verlustrechnung berücksichtigt.

Während der Herstellungsphase werden die Herstellungskosten als „Aufträge in Arbeit“ aktiviert. Wenn bereits während der Herstellungsphase Gewinnanteile verbucht werden, werden diese Gewinnanteile auch als Wertbestandteile des Auftrags aktiviert. Teilzahlungen des Kunden sind grundsätzlich erfolgsneutral zu bilanzieren. Die entsprechende Position „erhaltene Anzahlungen“ wird meist als Vorposten von der Position „Aufträge in Arbeit“ abgesetzt. Nur wenn aufgrund der Vertragsbedingungen und des Fertigungsstands die Rückzahlung der erhaltenen Anzahlungen noch wahrscheinlich ist, werden die Anzahlungen als Fremdkapital verbucht.

In Anlehnung an die angelsächsische Rechnungslegungspraxis sieht IAS 11 die Percentage of Completion-Methode (Methode der anteiligen Gewinnrealisierung) als einzig zulässige Bilanzierungsmethode vor. Die Completed Contract-Methode (Methode der Gewinnrealisierung nach Fertigstellung) ist seit der Überarbeitung von IAS 11 im Zuge des Comparability-Project nicht mehr zulässig. Da sie jedoch in der Rechnungslegungspraxis Deutschlands und der Schweiz noch verbreitet ist, wird sie im folgenden ebenso erläutert.

13.3 Completed Contract-Methode

Die Completed Contract-Methode ergibt sich aus der strengen Anwendung des Realisationsprinzips. Dieses Prinzip besagt, daß Gewinne erst dann in der Bilanz und Gewinn- und Verlustrechnung ausgewiesen werden dürfen, wenn sie realisiert

worden sind. Die Gewinne bei langfristigen Fertigungsaufträgen gelten nach Auffassung der Verfechter der Completed Contract-Methode erst mit Fertigstellung, Abnahme und Übereignung des Werkes als realisiert. So geht doch das Gesamtrisiko aus dem langfristigen Fertigungsauftrag erst zu diesem Zeitpunkt auf den Besteller über. Bis zur Abnahme haftet der Auftragnehmer hingegen für eventuell entstehende Schäden, den Untergang des Werkes und für verspätete Lieferung. Das Gesamtergebnis aus dem Auftrag läßt sich demnach erst bei Fertigstellung mit hinreichender Sicherheit bestimmen. Solange der Auftrag in Arbeit ist, können nämlich unvorhersehbare Mehrkosten auftreten, die den Gewinnanteil verringern. Da nach traditioneller Auffassung der Periodengewinn jedoch möglichst vorsichtig bestimmt werden soll, dürfen auch Umsätze bzw. Gewinne erst bei Fertigstellung des Auftrages abgerechnet werden.
Während der Auftragsdurchführung wird der teilweise fertiggestellte Auftrag als Vermögensgegenstand zu Herstellungskosten in die Bilanz aufgenommen. Da kein Gewinnanteil aktiviert werden darf, wird während dieser Zeit eine Bewertungsreserve gebildet, die erst in der Periode der Fertigstellung und Fakturierung aufgelöst wird. Da nicht alle angefallenen Kosten auch aktivierungsfähig sind (so bspw. Vertriebskosten für die Akquisition), wird möglicherweise während der Herstellungsphase ein Verlust aus dem Auftrag ausgewiesen, obwohl der Auftrag per Saldo einen Gewinn bringt.
Als Ergebnis dieses Vorgehens ist die Erfolgsentwicklung des Unternehmens bei Anwendung der Completed Contract-Methode großen Schwankungen unterworfen. Dies erschwert die Beurteilung der wirtschaftlichen Lage nach dem true and fair view-Prinzip erheblich. Während der Jahre der Auftragsdurchführung wird kein Gewinn aus dem Auftrag verbucht. Im Jahr der Fertigstellung steigt der Gewinn dann sprunghaft an. Dieses Problem zeigt sich v.a., wenn der Auftragseingang nicht stetig verläuft und die einzelnen Aufträge eine unterschiedliche Dauer und unterschiedliche Volumina aufweisen. Werden jedoch in jeder Periode ungefähr gleich viele Aufträge fertiggestellt und abgerechnet, so wirkt sich die Anwendung der Completed Contract-Methode weniger verzerrend aus.
Die Completed Contract-Methode stellt das Vorsichtsprinzip bei der Bewertung in den Vordergrund. Mit der Kaufpreiszusage steht jedoch der Anspruch auf den darin enthaltenen Gewinn eindeutig fest. Offen bleibt nur die Frage, ob die effektiven Kosten den geplanten Kosten entsprechen, oder ob der Gewinn durch unvorhergesehene Kosten geschmälert wird. Diese Frage betrifft weniger die Realisierbarkeit des Gewinns als die richtige Schätzung der noch anfallenden Kosten.

Die Erfassung langfristiger Fertigungsaufträge mittels der Completed Contract-Methode läßt sich anhand des nachfolgenden Beispiels verdeutlichen: Die Kraftwerkbau AG exportiert Kraftwerke in alle Teile der Erde. Im August 1993 setzt sich die Kraftwerke AG gegen mehrere Mitbewerber durch und gewinnt die Ausschreibung für den Bau eines Kraftwerkes in China. Als Preis für den Bau des Kraftwerkes werden 600 Mio. festgesetzt, wobei 1/6 des Kaufpreises 2 Monate

nach Bestellung, 1/6 des Kaufpreises 1 Jahr nach Bestellung, 1/3 des Kaufpreises nach 2 Jahren und 1/3 des Kaufpreises 1 Jahr nach Fertigstellung zur Zahlung fällig sind.
Die Bauzeit erstreckt sich über 4 Geschäftsjahre (Baubeginn 1993, Fertigstellung: 1996). Am Ende eines jeden Geschäftsjahres werden die dem Auftrag zurechenbaren Herstellungskosten ermittelt:

1993:	140 Mio.
1994:	130 Mio.
1995:	170 Mio.
1996:	100 Mio.
Gesamt:	540 Mio.

Das Geschäftsjahr der Kraftwerke AG endet am 31. Dezember. Die folgende Abb. 29 zeigt die Nettoveränderungen der einzelnen Positionen der Bilanz und der Gewinn- und Verlustrechnung bei Anwendung der Completed Contract-Methode:

BILANZ	*1993*	*1994*	*1995*	*1996*	*1997*
Aufträge in Arbeit	+140	+130	+170	–440	
Erhaltene Anzahlungen	+100	+100	+200	–400	
Forderungen				+200	–200

GEWINN- UND VERLUSTRECHNUNG	*1993*	*1994*	*1995*	*1996*	*1997*
Umsatzerlöse				+600	
Fertigungsaufwand				+540	
Erfolgsbeitrag netto	0	0	0	+60	0

Abb. 29: Bilanz sowie Gewinn- und Verlustrechnung bei Anwendung der Completed Contract-Methode

Das Beispiel zeigt, daß bei Anwendung der Completed Contract-Methode der Umsatz in Höhe von 600 und der Gewinn in Höhe von 60 erst im Jahr der Auftragsfertigstellung realisiert werden. Während der Auftragsdurchführung werden die Herstellungskosten in der Position „Aufträge in Arbeit“ aktiviert. Die Anzahlungen des Auftraggebers werden als Vorposten von den „Aufträgen in Arbeit“ abgesetzt, d. h. die Anzahlungen werden von den „Aufträgen in Arbeit“ abgezogen. Im Jahr der Auftragsfertigstellung wird die noch ausstehende Rate als Forderung in die Bilanz aufgenommen. Bei Bezahlung der letzten Teilrate im folgenden Jahr wird diese Forderung dann wieder ausgebucht.

13.4 Percentage of Completion-Methode

13.4.1 Ermittlung des anteiligen Gewinns

Bei der Percentage of Completion-Methode erfolgt die Gewinnvereinnahmung nach dem jeweiligen Auftragsfortschritt. Der anteilige Gewinn darf allerdings nicht ohne weiteres erfaßt werden: Nur im Falle, daß bereits Teilleistungen erstellt worden sind, und das Gesamtergebnis aus dem Vertrag zuverlässig schätzbar ist, darf die Percentage of Completion-Methode überhaupt angewendet werden. Aus diesem Grund müssen bei Festpreisaufträgen sowohl die aus dem Vertrag erwarteten Erträge und die Wahrscheinlichkeit ihres Eingangs, die Gesamtkosten, der Fertigungsstand und die aufgelaufenen Kosten geschätzt werden. Handelt es sich um einen Kosten-plus-Marge-Auftrag, müssen die Auftragskosten klar identifiziert und zuverlässig gemessen werden können. Zudem dürfen keine Zweifel über den Erhalt der Erträge bestehen.
Die Erträge aus dem Auftrag sind bei Festpreisaufträgen im Vertrag festgelegt. Dennoch kann es im Laufe der Vertragsabwicklung zu Abweichungen von den vereinbarten Erträgen kommen, wenn Änderungswünsche des Kunden dazu führen, daß Preisanpassungen vorgenommen werden. Auch Währungsschwankungen können die Höhe der Erträge beeinflussen.
Am Bilanzstichtag wird geschätzt, zu wieviel Prozent der Auftrag fertiggestellt ist. Eine Möglichkeit, den Auftragsfortschritt zu bestimmen, besteht darin, die bislang aufgelaufenen Kosten zu den budgetierten Gesamtkosten ins Verhältnis zu setzen (Cost to cost-Methode). Ein weiteres Kriterium zur Bestimmung des Auftragsfortschritts sind die bisher geleisteten Arbeits- oder Maschinenstunden. So können die bisher geleisteten Arbeitsstunden durch die insgesamt budgetierten Stunden geteilt werden. Kosten, die noch nicht zum Auftragsfortschritt beigetragen haben, dürfen auch nicht bei der Bestimmung des Auftragsfortschritts berücksichtigt werden.
Beide Methoden zur Ermittlung des Auftragsfortschritts liefern jedoch nur dann betriebswirtschaftlich sinnvolle Ergebnisse, wenn Budgetabweichungen aufgrund geringerer Effizienz oder gestiegener Faktorkosten berücksichtigt werden. In jedem Fall ist ein effektives Projektcontrolling notwendig, das die erforderlichen Daten fortlaufend aktualisiert.

Aufgabe und Funktionsweise eines effektiven Projektcontrollings lassen sich anhand des nachstehenden Beispiels verdeutlichen: Ein Festpreisauftrag wurde in Höhe von 1.150.000 abgeschlossen. Da es sich beim Auftraggeber um einen Schuldner erstklassiger Bonität handelt, wird am Erhalt dieser Summe nicht gezweifelt. Die budgetierten Gesamtkosten belaufen sich auf 1.000.000 und sind auf einzelne Fertigungsstufen aufgeteilt:

	1. Stufe	2. Stufe	3. Stufe	Gesamt
Budgetierte Erlöse				1.150.000
Budgetierte Kosten	350.000	400.000	250.000	1.000.000
Budgetierter Gewinn				150.000

Nach Ablauf der 1. Periode stellt sich heraus, daß insgesamt 410.000 an Kosten angefallen sind. Nicht alle in der 1. Periode angefallenen Kosten sind jedoch der 1. Fertigungsstufe zuzurechnen. So fielen Materialkosten in Höhe von 50.000 für die 2. Fertigungsstufe an. Tatsächlich entstanden in der 1. Fertigungsstufe also 360.000 (410.000 ./. 50.000) an Kosten, um alle in dieser Fertigungsstufe vorgesehenen Arbeiten auszuführen. Aufgrund von Effizienzverlusten waren die Kosten damit um 10.000 (360.000 ./. 350.000) höher als geplant (siehe Abb. 30).

Auftragskosten der 1. Periode	410.000	– 50.000 (periodenfremd)
Auftragskosten (= Ist-Kosten) der 1. Fertigungsstufe	360.000	– 10.000 (Effizienzverlust)
Plankosten der 1. Fertigungsstufe	350.000	

Abb. 30: Auswertung des Projektcontrolling

Zur Berechnung des Projektfortschritts nach der Cost-to-cost-Methode sind die Plankosten der 1. Fertigungsstufe zu den gesamten Plankosten ins Verhältnis zu setzen (350.000 : 1.000.000 = 0.35). Bei der Berechnung des Gewinnanteils ist zu beachten, daß sich der budgetierte Gewinn aufgrund der Effizienzverluste um 10.000 vermindert. Das Budget ist entsprechend anzupassen. Der Gewinnanteil der 1. Periode beträgt dann 47.600 (0.35 x 140.000).
Werden im Rahmen eines langfristigen Fertigungsauftrags mehrere physische Einheiten wie bspw. einzelne Schiffe einer Schiffsflotte hergestellt, so kann die Fertigstellung einzelner dieser Einheiten als Maß für den Auftragsfortschritt herangezogen werden. Nicht geeignet zur Bestimmung des Auftragsfortschritts ist dagegen die Höhe der Anzahlungen von Kunden. Es besteht zwar ein gewisser Zusammenhang zwischen der Höhe der Vorauszahlungen und dem Projektfortschritt, eine zuverlässige Schätzung im Sinne von IAS 11 ist jedoch nicht möglich.

13.4.2 Erfassung in Bilanz und Gewinn- und Verlustrechnung

Sind der Ertrag und der Aufwand des Auftrags bestimmt, wird der Fertigungsauftrag buchungstechnisch folgendermaßen behandelt: Das teilweise erstellte Werk wird beim Auftragnehmer zu Herstellungskosten plus Gewinnaufschlag aktiviert.

In der Gewinn- und Verlustrechnung wird dieser momentane Wert der teilweise erbrachten Leistung als Ertrag aus Umsatz verbucht, d. h. man unterstellt gedanklich eine Teilfakturierung; der Fertigungsaufwand wird der Periode belastet. Die Differenz aus dem verbuchten Umsatz einschließlich Gewinnmarge und dem Periodenaufwand ergibt den Nettoertrag aus dem Auftrag.

Die Erfassung langfristiger Fertigungsaufträge mittels Percentage of Completion-Methode läßt anhand des nachfolgend aufgeführten Beispiels näher erläutern: Die Sohn & Floß Werft hat sich auf den Bau von Kreuzfahrtschiffen spezialisiert. Die Fertigungsdauer dieser Schiffe beträgt in der Regel zweieinhalb Jahre. Im Juni 1994 gibt die Reederei Sealine International den Bau eines solchen Schiffes in Auftrag. Der Kaufvertrag enthält u. a. folgende Vereinbarungen:

Festpreis:	200 Mio.
Bezahlung:	Anzahlung von 25 % des Kaufpreises bei Bestellung, weitere 25 % nach einem Jahr, 25 % bei Lieferung und die restlichen 25 % 12 Monate nach Lieferung des Schiffes

Die Sohn & Floß Werft, die bisher etwaige Gewinne erst nach Auslieferung des Schiffes an den Kunden erfaßt hat, erwägt eine Umstellung der Rechnungslegung hin zu einer Methode, die sich an den tatsächlichen wirtschaftlichen Verhältnissen orientiert. Das Gesamtergebnis aus dem Auftrag ist zuverlässig schätzbar. Das gilt nicht zuletzt aufgrund der Erfahrung mit vergleichbaren Aufträgen. Darüber hinaus bestehen mit Zulieferern und Subunternehmern langfristige Verträge, durch die Preise für Bauteile und Dienstleistungen auch über einen längeren Zeitraum zuverlässig kalkulierbar sind.
Im einzelnen rechnet die Sohn & Floß Werft mit einer Gewinnmarge von 5 % vom Umsatz. Da im Zeitpunkt der Bestellung wesentliche Vorleistungen wie die Ingenieurleistungen im Zusammenhang mit der Anpassung der Pläne an die Wünsche des Bestellers bereits erbracht sind, sind im ersten halben Jahr nach Bestellung bereits 30 % der Gesamtkosten angefallen. Im Laufe des Jahres 1995 entstehen weitere 30 % der Gesamtkosten. Im Jahr 1996 sind dem Auftrag aufgrund der teuren Innenausstattung insgesamt 40 % der Gesamtkosten zuzurechnen. Der jeweilige Auftragsfortschritt am Bilanzstichtag wird nach der Cost to cost-Methode ermittelt, d. h. der Auftragsfortschritt und damit auch der Gewinnanteil der Periode werden berechnet, indem die Herstellungskosten der Periode zu den Gesamtkosten ins Verhältnis gesetzt werden (siehe Abb. 31).

Gesamter Erlös aus dem Auftrag:	200 Mio.
Gewinnmarge 5 %:	10 Mio.
Gesamtkosten:	190 Mio.

Das Geschäftsjahr der Sohn & Floß Werft endet am 31. Dezember. Abb. 32 zeigt die Nettoveränderungen der einzelnen Positionen der Bilanz und der Gewinn- und Verlustrechnung bei Anwendung der Percentage of Completion-Methode.

	Auftragsfortschritt	Gewinnanteil
1994	30 % der Gesamtkosten (= 57)	0,3 x 10 Mio. = 3 Mio.
1995	30 % der Gesamtkosten (= 57)	0,3 x 10 Mio. = 3 Mio.
1996	40 % der Gesamtkosten (= 76)	0,4 x 10 Mio. = 4 Mio.

Abb. 31: Auftragsfortschritt und dazugehöriger Gewinnanteil

BILANZ	*1994*	*1995*	*1996*	*1997*	*Gesamt*
Aufträge in Arbeit	+60	+60	–120		0
Erhaltene Anzahlungen	+50	+50	–100		0
Forderungen			+50	–50	0

GEWINN- UND VERLUSTRECHNUNG	*1994*	*1995*	*1996*	*1997*	*Gesamt*
Umsatzerlöse	+60	+60	+80		+200
Fertigungsaufwand	+57	+57	+76		+190
Erfolgsbeitrag netto	**+3**	**+3**	**+4**	0	**+10**

Abb. 32: Bilanz sowie Gewinn- und Verlustrechnung nach der Percentage of Completion-Methode

Das Beispiel zeigt, daß bei Anwendung der Percentage of Completion-Methode der Gewinn anteilig über die gesamte Dauer der Auftragsabwicklung vereinnahmt wird. Der Gewinnausweis verläuft damit weniger schwankend als bei Anwendung der Completed Contract-Methode. Während der Auftragsdurchführung werden die Herstellungskosten inklusive des Gewinnanteils als „Aufträge in Arbeit" aktiviert. Die Verbuchung der erhaltenen Anzahlungen erfolgt genau wie bei der Completed Contract-Methode.

13.4.3 Bestimmung der aktivierungsfähigen Kosten

Für die Bestimmung des Wertes des Fertigungsauftrags sind grundsätzlich alle Projektkosten aktivierbar. Dazu zählen zunächst diejenigen Kosten, die dem spezifischen Auftrag direkt zugeordnet werden können:

- direkte Lohnkosten einschließlich der Kosten für die Bauleitung,
- direkte Materialkosten,
- Abschreibungen bzw. Mietkosten für Maschinen und Einrichtungen,
- Transportkosten, um Maschinen und Material zur Baustelle zu bringen,

- Kosten für den Entwurf und die technische Unterstützung des Projekts und
- die geschätzten Kosten für Garantiearbeiten, Kosten für Garantien und Zahlungsforderungen Dritter.

Anteilig dürfen dem Auftrag indirekte Kosten verrechnet werden: Versicherungsbeiträge, Architekten- und Ingenieurleistungen, die keinem spezifischen Auftrag zurechenbar sind, und Fertigungsgemeinkosten. Nicht aktivierbar sind dagegen die allgemeinen Verwaltungskosten, Vertriebskosten, Forschungskosten, nicht auftragsspezifischen Entwicklungskosten sowie Leerkosten für Überkapazitäten bei Gebäuden und Maschinen. Diese werden der Periode direkt als Aufwand belastet. Es kann jedoch im Vertrag mit dem Kunden vereinbart sein, daß auch Teile der allgemeinen Verwaltungskosten und Entwicklungskosten übernommen werden. In solchen Fällen sind dann auch diese Kosten aktivierbar.

Reichen die vom Auftraggeber geleisteten Anzahlungen und eigenen Mittel zur Finanzierung des Projekts nicht aus, wird der Auftragnehmer Fremdkapital aufnehmen. IAS 23 ‚Borrowing Costs' erlaubt die Aktivierung von Fremdkapitalzinsen für bestimmte Anlagen im Bau als Alternative zur bevorzugten direkten Verbuchung als Aufwand. Aktivierbar sind die mit der Beschaffung von Fremdkapital für langfristige Fertigungsaufträge im Zusammenhang stehenden Kosten, also Fremdkapitalzinsen und Finanzierungsnebenkosten. Voraussetzung für die Aktivierung der Fremdkapitalkosten ist, daß diese zuverlässig bestimmt werden können und durch den Verkaufserlös wieder eingebracht werden. Je nachdem, ob das aufgenommene Fremdkapital einem spezifischen Auftrag zugeordnet werden kann oder nicht, bestimmt sich die Höhe der Fremdkapitalkosten nach den tatsächlich angefallenen Kosten oder durch Kapitalisierung der entstandenen Aufwendungen mit dem durchschnittlichen Zinssatz des gesamten ausstehenden Fremdkapitals der Unternehmung.

Für erkennbare Verluste bei Verlustaufträgen (loss orders) sind bereits bei Vertragsunterzeichnung Rückstellungen zu bilden, auch wenn noch keine Kosten angefallen sind.

Voraussetzung für die Anwendung der Percentage of Completion-Methode ist die zuverlässige Schätzung aller mit dem Projekt im Zusammenhang stehenden Kosten und Erlöse. Falls dagegen der Ausgang des Projektes unsicher ist, läßt IAS 11 zwar die Aktivierung der anteiligen, wiedereinbringbaren Kosten zu, nicht jedoch die Realisierung des Gewinnanteils. Das teilweise erstellte Werk wird zu den oben aufgeführten aktivierbaren Kosten, jedoch ohne Gewinnanteil, in die Bilanz aufgenommen.

Die Percentage of Completion-Methode ist in einigen kontinental-europäischen Ländern, so bspw. in Deutschland, umstritten. Zur Vermeidung von Konflikten mit dem strengen Realisationsprinzip wird teilweise folgendes Vorgehen gewählt: Der Gesamtauftrag wird in Teileinheiten aufgespalten und diese werden gesondert abgerechnet. Nach jedem Teilabschnitt wird dann die jeweilige Teilleistung fakturiert und als Forderung in die Bilanz aufgenommen. Voraussetzung ist jedoch, daß die einzelnen Teilleistungen auch im Hinblick auf die verbundenen Risiken voneinander abgegrenzt werden können. Auf diese Weise wird ein ähnliches Ergebnis wie bei Anwendung der Completed Contract-Methode erreicht. Diskutiert wird auch die Aktivierung von Selbstkosten an Stelle der Herstellungskosten. Durch die Ausweitung der aktivierungsfähigen Kosten soll zumindest verhindert werden, daß in den Jahren der Auftragsdurchführung das Unternehmensergebnis durch Auftragskosten belastet wird.

13.5 Angabepflichten

Werden langfristige Fertigungsaufträge bilanziert, so sind, soweit diese nicht direkt aus der Bilanz oder Gewinn- und Verlustrechnung ersichtlich sind, im Anhang folgende Angaben offenzulegen:

- der Bestand der Aufträge in Arbeit plus geschätzte anteilige Gewinne abzüglich der fakturierten Beträge und Anzahlungen (erhaltene Anzahlungen als Abzugsposten der Vermögensgegenstände),
- die angewandte Methode zur Schätzung des Fertigungsstandes (bspw. cost to cost),
- die angewandte Bilanzierungsmethode,
- Anzahlungen,
- Rückbehalte des Kunden,
- Fremdkapitalkosten, falls diese aktiviert wurden, und
- die angewandte Methode zur Bestimmung der Fremdkapitalzinsen.

Bezüglich der Behandlung langfristiger Fertigungsaufträge legt die Muster AG folgende Angaben im Anhang offen:

Große langfristige Kundenaufträge werden aufgrund der anteiligen Gewinnmethode (Percentage of Completion-Methode, POC) bewertet. Der anteilige Umsatz, inklusive eines vorsichtig geschätzten Gewinnanteils, wird als Umsatzerlös sowie, nach Anrechnung anteilig geleisteter Anzahlungen, als Forderung aus Lieferungen und Leistungen gebucht.

	Mio. SFr.
Einfluß auf Umsatz/Bruttogewinn aus Aufträgen nach POC-Methode	
Umsatzerlös (einschließlich Gewinnanteil)	1.983
Gewinnanteil	151
Einfluß auf die Bilanz aus Aufträgen nach der POC-Methode	
Bruttoumsatzerlös	1.983
Aktivierte Aufträge in Arbeit	1.983
Anzahlungen von Kunden	–1.742
Aufträge in Arbeit netto	241
Rückstellungen für nicht kostendeckende Aufträge	–34
Nettoeinfluß auf die Bilanz	207

Der im Berichtsjahr nach der POC-Methode abgegrenzte Umsatz beträgt 6 % des Konzernumsatzes. Der Einfluß auf den Bruttogewinn ist 2 %. Der gesamte Effekt der POC-Methode auf die Bilanz ist ein Aktivum von 176 Millionen Franken (Nettoeinfluß auf die Bilanz).

Es wird außerdem der Betrag an Rückstellungen für nicht kostendeckende Aufträge in den Anmerkungen „langfristige Rückstellungen“ und „kurzfristige Rückstellungen“ offengelegt.

Literatur

Bertschinger, Peter
Percentage-of-Completion-Methode für langfristige Fertigungsaufträge, in: Der Schweizer Treuhänder 10/1991, S. 472–478

Koberg, Ann-Kristin
IASC: Zehn revidierte Standards – Weitreichende Folgen auch für Schweizer Unternehmen, in: Der Schweizer Treuhänder 1–2/1994, S. 15–22

Risse, Axel
International Accounting Standards für den deutschen Konzernabschluß, Wiesbaden 1996, insb. S. 146–149

Selchert, Friedrich W.
Das Realisationsprinzip – Teilgewinnrealisierung bei langfristiger Auftragsfertigung, in: Die Betriebswirtschaft 4/1990, S. 797–805

Stewing, Clemens
Bilanzierung bei langfristiger Auftragsfertigung, in: Betriebs-Berater 1/1990, S. 100–106

14 Staatliche Beihilfen

Lernziele

In diesem Kapital erfahren Sie:

- weshalb die Darstellung staatlicher Beihilfen im Jahresabschluß von Bedeutung ist,
- welche Arten staatlicher Beihilfen im Jahresabschluß zu erfassen sind,
- welche grundsätzlichen Möglichkeiten ihrer bilanziellen Erfassung bestehen,
- welche Auswirkungen sich hieraus auf Bilanz, Gewinn- und Verlustrechnung sowie Anhang ergeben und
- wie die Problematik einer möglichen Rückerstattungspflicht zu berücksichtigen ist.

14.1 Grundsätzliches zu den staatlichen Beihilfen

Die öffentliche Hand versucht sowohl auf lokaler als auch auf gesamtstaatlicher Ebene bspw. durch steuerliche Vergünstigungen oder durch direkte finanzielle Leistungen das Verhalten von Unternehmen zu beeinflussen. Im Vordergrund stehen hierbei die Auslösung von Investitionsanreizen und Programme zur Schaffung bzw. Sicherung von Arbeitsplätzen. Ebenfalls sehr bedeutend ist die Unterstützung von Maßnahmen im Bereich des Umweltschutzes.
In nahezu allen Fällen knüpfen die staatlichen Stellen jedoch an die Gewährung solcher Beihilfen verschiedene Bedingungen bzw. Auflagen, die von den betreffenden Unternehmen zu erfüllen sind. So ist bspw. die staatlich geförderte Investition in der vollen Höhe zu realisieren, Arbeitsplätze müssen für einen gewissen Zeitraum garantiert oder Umweltmaßnahmen bis zu einem festen Termin umgesetzt werden. Somit besteht latent die Möglichkeit, daß bei Nichterfüllung der mit

der staatlichen Beihilfe verknüpften Bedingungen diese ganz oder teilweise zurückgezahlt werden müssen. Abgesehen von der Möglichkeit einer Rückzahlung der staatlichen Beihilfen kann die Inanspruchnahme staatlicher Fördermaßnahmen in erheblichem Maße die Ertragslage des Unternehmens beeinflussen. Aus diesem Grund ist für die Jahresabschlußadressaten die Information, in welchem Umfang und zu welchem Zweck das berichterstattende Unternehmen in einer bestimmten Periode staatliche Beihilfen erhalten hat, von besonderem Interesse.
Der Themenbereich der staatlichen Beihilfen wird umfassend in IAS 20 ‚Accounting for Government Grants and Disclosure of Government Assistance' geregelt. Dieser Standard enthält Bestimmungen sowohl zur bilanziellen Erfassung staatlicher Zuschüsse (government grants) als auch zur Offenlegung sonstiger Unterstützungsmaßnahmen der öffentlichen Hand (other forms of government assistance), die nicht als staatliche Zuschüsse im Sinne von IAS 20 gelten. Der Schwerpunkt der Bestimmungen dieses Standards liegt jedoch eindeutig auf der bilanziellen Erfassung staatlicher Zuschüsse.
Auch IAS 20 grenzt jedoch einzelne Anwendungsfälle aus seinem Geltungsbereich aus. Nicht unter die Bestimmungen von IAS 20 fallen hiernach sämtliche Fördermaßnahmen im Bereich der Ertragssteuern, so bspw. die temporäre Steuerfreiheit für neugegründete Unternehmen (sog. income tax holidays) und beschleunigte Abschreibungsverfahren oder Steuergutschriften in Abhängigkeit von getätigten Investitionen (sog. investment tax credits). Auch eine staatliche Beteiligung an dem berichterstattenden Unternehmen mit günstigen Rücknahmebedingungen für die privaten Anteilseigner, durch welche bspw. die Startfinanzierung mittels Risikokapital erheblich erleichtert werden kann, ist nicht unter dem Aspekt der staatlichen Unterstützungsleistungen offenzulegen.

14.2 Bilanzierung staatlicher Zuschüsse

14.2.1 Begriff der staatlichen Zuschüsse

Als staatliche Zuschüsse (government grants) gelten gemäß IAS 20 Leistungen der öffentlichen Hand für die Erfüllung bestimmter Bedingungen im Zusammenhang mit der betrieblichen Geschäftstätigkeit eines Unternehmens. Die Erfüllung kann dabei bereits erfolgt sein oder aber in der Zukunft liegen. Die so definierten staatlichen Zuschüsse sind in der Regel finanzieller Natur. Sie können aber auch nichtfinanzielle Zuwendungen (non-monetary government grants) umfassen.
Nicht zu den staatlichen Zuschüssen i.S. von IAS 20 zählen staatliche Beihilfen, deren Gegenwert nicht eindeutig quantifiziert werden kann, sowie Transaktionen mit staatlichen Stellen, die nicht von den alltäglichen Geschäftsaktivitäten des betreffenden Unternehmens unterschieden werden können. Dazu gehören kostenlose Beratungsleistungen in technischen Fragen, Bürgschaften staatlicher Institute (so bspw. staatlich kontrollierter Banken) ebenso wie eine behördlich verordnete Einkaufspolitik zur Unterstützung einheimischer Unternehmen in gefährdeten oder strategisch wichtigen Sektoren. Auch die Bereitstellung einer ausreichenden

Infrastruktur, so bspw. im Verkehrs- oder Telekommunikationsbereich, durch den Staat führt, wenn diese Infrastruktur einem breiteren Kreis von Unternehmen an jenem Ort zur Verfügung steht, nach IAS 20 nicht zu einer bilanziellen Ausweispflicht. Charakteristisch für diese vorstehend genannten Unterstützungsleistungen ist die mangelnde Genauigkeit, mit der die Auswirkungen auf die Vermögens-, Finanz- und Ertragslage eines Unternehmens beziffert werden können. Somit wird verständlich, daß sie gemäß IAS 20 weder in der Bilanz noch in der Gewinn- und Verlustrechnung zu erfassen sind. Gegebenenfalls sind jedoch bezüglich Art, Umfang und Dauer dieser staatlichen Fördermaßnahmen erläuternde Angaben im Anhang aufzuführen.

14.2.2 Zeitpunkt der Erfassung

Für die bilanzielle Erfassung staatlicher Zuschüsse im Jahresabschluß sind weder Form noch Zeitpunkt der Auszahlung der Zuschüsse bzw. der Übergabe nichtfinanzieller Fördermaßnahmen maßgebend. Vielmehr ist im Sinne des Framework des IASC zu prüfen, ob das Unternehmen aufgrund eines Vorgangs in der Vergangenheit die Quelle des künftigen Mittelzuflusses effektiv auch kontrolliert.
So ist zu prüfen, ob der staatliche Zuschuß bedingungslos ausbezahlt wurde, oder ob noch weitere Verpflichtungen im Zusammenhang mit der erhaltenen Zuwendung zu erfüllen sind. Liegt letzteres vor, so muß gemäß IAS 20 hinreichend sicher sein, daß das Unternehmen die an die gewährten staatlichen Zuschüsse geknüpften Bedingungen erfüllen kann bzw. erfüllen wird. Darüber hinaus muß gewährleistet sein, daß die in Aussicht gestellten Zuschüsse auch tatsächlich vom berichterstattenden Unternehmen empfangen werden. Dieser Punkt ist insb. von Bedeutung, falls die staatlichen Fördermaßnahmen über einen längeren Zeitraum in mehreren Raten überwiesen werden und die entsprechend subventionierten Auslagen des Unternehmens zeitlich vorgezogen sind.

14.2.3 Konzept der Darstellung im Jahresabschluß

Hinsichtlich der Darstellung der staatlichen Zuschüsse im Rahmen des Jahresabschlusses sind grundsätzlich zwei Arten der bilanziellen Erfassung dieses Themenbereichs denkbar. Hierbei wird unterschieden zwischen dem sog. kapitalorientierten Ausweis und dem sog. ertragsorientierten Ausweis.
Vertreter der *kapitalorientierten Sichtweise* (capital approach) argumentieren, daß aufgrund der Tatsache, daß die staatlichen Zuwendungen in vielen Fällen geleistet werden, um Investitionsanreize zu schaffen, diese als Finanzierungshilfe qualifiziert werden können. Demzufolge sind die erhaltenen staatlichen Zuschüsse ebenso wie die bezuschußten Vermögensgegenstände auf der Passivseite der Bilanz zu berücksichtigen. Da diese Beihilfen aber zu keinem Geldabfluß ohne Gegenleistung führen, sind sie i. S. des Framework des IASC nicht als Schuld zu qualifizieren. Folgt man diesen Überlegungen, verbleibt lediglich die erfolgsneutrale Erfassung im Eigenkapital.

Kritiker des capital approach betonen dagegen, daß es sich bei den staatlichen Beihilfen um Zahlungen von außenstehenden Dritten und nicht um Leistungen von Anteilseignern handelt. Aus diesem Grund sind diese nicht direkt im Eigenkapital zu erfassen, sondern i.S. eines *ertragsorientierten Ausweises* als Ertrag in der Gewinn- und Verlustrechnung der betreffenden Berichtsperiode auszuweisen. Darüber hinaus werden diese Zuschüsse i.d.R. nicht ohne Auflagen gewährt. Das Unternehmen erbringt also im Gegenzug eine Leistung für die staatlichen Zuwendungen, womit diese dann Ertragscharakter besitzen und folglich in der Gewinn- und Verlustrechnung zu berücksichtigen sind.
Die Bestimmungen des IAS 20 betonen die ertragsorientierte Sichtweise und schließen die direkte Zuordnung der staatlichen Beihilfen zum Eigenkapital ausdrücklich aus. Demzufolge müssen die staatlichen Zuschüsse systematisch über die Berichtsperioden, in denen die diesen Zuwendungen gegenüberstehenden Aufwendungen anfallen, erfolgswirksam werden. Daraus folgt, daß gemäß IAS 20 staatliche Zuwendungen, die als Ausgleich für bereits angefallene Aufwendungen bzw. Verluste oder als finanzielle Soforthilfe gewährt werden, sofort in der betreffenden Berichtsperiode erfolgswirksam zu erfassen sind.

14.2.4 Bilanzierung der Investitions- und Aufwandszuschüsse

Im einzelnen unterscheiden die IAS-Bestimmungen bei der bilanziellen Darstellung der staatlichen Zuschüsse zwischen Investitionszuschüssen und Aufwandszuschüssen. Als *Investitionszuschüsse* (grants related to assets) gelten dabei staatliche Zuschüsse, die im Zusammenhang mit der Anschaffung oder der Herstellung eines Vermögensgegenstandes gewährt werden. Bilanziell bestehen für diese zwei Möglichkeiten:

- Die Investitionszuschüsse sind als passivischer Abgrenzungsposten (deferred income) in der Bilanz zu erfassen oder
- der Buchwert des subventionierten Vermögensgegenstandes ist um den Betrag der staatlichen Zuwendung zu kürzen.

Gemäß IAS 20 stehen diese beiden Behandlungsmethoden gleichberechtigt nebeneinander. Es wird also nicht – wie sonst üblich – zwischen einer bevorzugten (benchmark treatment) und einer zulässigen Methode (allowed alternative treatment) unterschieden.
Bei Anwendung der ersten Alternative wird der passive Abgrenzungsposten planmäßig über die Nutzungsdauer des Vermögensgegenstandes erfolgswirksam aufgelöst. Diese Darstellung mittels passivem Abgrenzungsposten widerspricht allerdings dem IAS-Framework, welches in diesem Zusammenhang einen zukünftigen Mittelabfluß als wesentliches Merkmal einer Schuldposition aufführt. Einen künftigen Mittelabfluß hat das betreffende Unternehmen jedoch nur zu verzeichnen, wenn die an die staatlichen Zuschüsse geknüpften Auflagen nicht erfüllt werden.
Bei Zugrundelegung der zweiten Alternative einer Minderung des Buchwertes des subventionierten Vermögensgegenstandes wird der Investitionszuschuß in der Form reduzierter Abschreibungsbeträge über die Nutzungsdauer des Vermögens-

gegenstandes erfolgswirksam in der Gewinn- und Verlustrechnung berücksichtigt. Sämtliche staatlichen Zuwendungen, die keine Investitionszuschüsse darstellen, werden als sog. *Aufwandszuschüsse* (grants related to income) bezeichnet. Beispiele für solche Aufwandszuschüsse sind Zuschüsse zu den Betriebskosten einer Produktionsanlage. Aufwandszuschüsse sind in der Berichtsperiode, in welcher sie dem berichterstattenden Unternehmen gewährt werden, in der Gewinn- und Verlustrechnung zu erfassen. Dabei sind sie entweder unter den sonstigen Erträgen (other income) auszuweisen oder aber mit den betreffenden Aufwendungen zu verrechnen. Für den Fall, daß sich staatliche Zuwendungen auf zukünftige Aufwendungen beziehen, sind diese mittels eines Passivpostens abzugrenzen.

14.2.5 Behandlung der Rückzahlungsverpflichtungen

Die Frage der bilanziellen Darstellung von Rückzahlungsverpflichtungen (repayment of government grants) stellt sich im Fall, daß eine gewährte staatliche Beihilfe zu einem späteren Zeitpunkt zurückzuzahlen ist. Dies kann bspw. notwendig sein, weil Zusagen des Unternehmens in Verbindung mit der staatlichen Zuwendung von diesem nicht eingehalten wurden.
Handelt es sich um die Rückzahlung eines *Investitionszuschusses*, so ist, in Abhängigkeit der zuvor gewählten bilanziellen Darstellung dieses Zuschusses, entweder der passive Abgrenzungsposten entsprechend zu kürzen oder der Wertansatz des subventionierten Vermögensgegenstandes um den zurückzuzahlenden Betrag zu erhöhen. Im zweiten Fall sind diejenigen Abschreibungen nachzuholen, die ansonsten angefallen wären.
In Übereinstimmung mit IAS 8 ‚Net Profit or Loss for the Period, Fundamental Errors and Changes in Accounting Policies' ist die Rückzahlung erhaltener staatlicher Zuschüsse als Änderung von Schätzwerten (changes in accounting estimates) im Anhang näher zu erläutern.
Bei Rückzahlung eines zuvor erhaltenen *Aufwandszuschusses* ist zunächst der entsprechende Abgrenzungsposten um den zurückzuzahlenden Betrag zu kürzen. Ein etwaig verbleibender Differenzbetrag ist als Aufwand der betreffenden Berichtsperiode zu erfassen.

14.3 Gesamtkonzept der Darstellung staatlicher Beihilfen

14.3.1 Übersicht

Die nachstehende Abb. 33 zeigt überblicksartig die verschiedenen Arten der staatlichen Fördermaßnahmen und ihre unterschiedliche Darstellung im Rahmen des Jahresabschlusses auf. In der Folge wird dieses Gesamtkonzept anhand eines Anwendungsbeispiels illustriert.

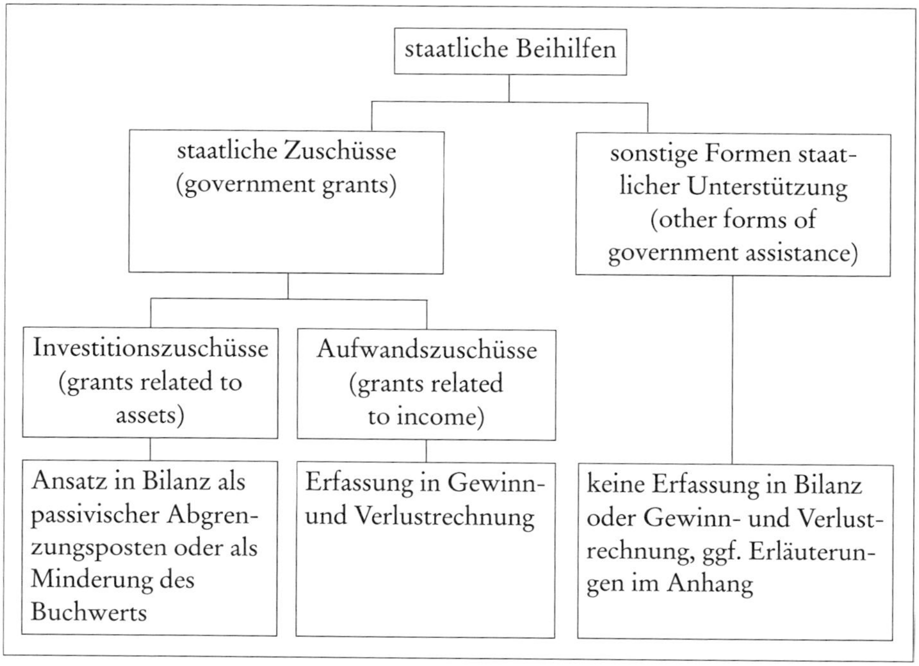

Abb. 33: Darstellung staatlicher Beihilfen im Jahresabschluß

14.3.2 Anwendungsbeispiel

Ein Unternehmen erhält für den Bau einer neuen Produktionsanlage folgende Zuschüsse vom Staat: An die Errichtung der Anlagen (Erstellung in rund 11 Monaten) werden 3 Mio. beigesteuert, zahlbar mit 1 Mio. bei Baubeginn und 2 Mio. nach Fertigstellung. Weitere 4 Mio. (bei einer Gesamtinvestition von 30 Mio.) werden von einer Staatsbank zu Konditionen finanziert, die 3 % unter dem Referenzsatz liegen. Das Unternehmen verpflichtet sich, die Anlage mindestens 10 Jahre lang zu betreiben. Zudem wird dem Unternehmen für die ersten fünf Jahre Steuerfreiheit (Ertragssteuern) gewährt. Für die Schaffung von 100 Arbeitsplätzen während mindestens drei Jahren werden je Jahr 0,5 Mio. an Beihilfen gewährt, die von den Sozialabgaben abgezogen werden können (d.h. es erfolgt keine direkte Auszahlung an das Unternehmen).
Gemäß IAS 20 ist die Wirkung der Steuerfreiheit nicht zu quantifizieren. Weil sich aber nach Wegfall der Steuerfreiheit der Geldfluß (die Steuern sind dann effektiv zu zahlen und nicht nur – allenfalls – abzugrenzen) massiv verändern wird, ist auf diese Vergünstigung im Anhang hinzuweisen. Gleiches gilt für den zinsvergünstigten Finanzierungsbeitrag. Die Wirkung auf die Ertragslage ist nach IAS 20 nicht zu quantifizieren. Allerdings sollte im Anhang auf diese Unterstützung hingewiesen werden.

Der Beitrag an die Finanzierung der Produktionsanlage ist erst zu erfassen, wenn die entsprechenden Bedingungen erfüllt sind. Bis zur Fertigstellung ist somit der erhaltene Zuschuß vollumfänglich in einer Rückstellung auszuweisen. Eine Korrektur der Position „Anlagen im Bau" um diesen Betrag (d.h. Absetzung auf der Aktivseite) wäre nach IAS 20 zwar zulässig. Da aber bis zur Fertigstellung der Anlage eine Rückzahlung nicht unbedingt ausgeschlossen werden kann, so bspw. wenn die Restfinanzierung nicht gesichert ist, empfiehlt sich der Ausweis unter den Schulden. Hier gelten ähnliche Überlegungen wie bei der Erfassung von Anzahlungen seitens eines Auftraggebers im Anlagenbau (siehe hierfür Kapitel 13).
Soweit die Erfüllung der Bedingung bezüglich des Betriebs der Anlagen während 10 Jahren nicht gefährdet ist, kann ab dem Zeitpunkt der Fertigstellung der gesamte Betrag als Abgrenzungsposten auf der Passivseite ausgewiesen oder direkt auf der Aktivseite vom Buchwert der Produktionsanlagen abgesetzt werden. Die Betriebsgarantie von 10 Jahren ist für die Erfassung der Ertragswirkung der staatliche Zuschüsse maßgebend. Dies gilt auch für den Fall, daß die tatsächliche Nutzungsdauer für die Anlage deutlich länger angesetzt werden kann. Folglich sind von den Gesamtzuschüssen in Höhe von 3 Mio. jedes Jahr 0,3 Mio. erfolgswirksam auszuweisen. Dies kann entweder als sonstiger betrieblicher Ertrag oder als Minderung des Abschreibungsaufwandes geschehen.
Die Aufwandszuschüsse für die Schaffung der Arbeitsplätze sind je Periode als Reduktion des Personalaufwandes oder auch als sonstiger Betriebsaufwand auszuweisen. Auch hier ist jedesmal zu prüfen, ob die Bedingungen auch weiterhin erfüllt werden können. Andernfalls ist mit einer Rückzahlung der Beihilfen zu rechnen, was zur Bildung einer entsprechenden Rückstellung führen würde.
Schließlich ist noch die Zinsvergünstigung zu beachten. Diese reduziert die im Zusammenhang mit der getätigten Investition anfallenden Betriebskosten. Hierbei handelt es sich gemäß IAS 20 um eine staatliche Unterstützungsleistung. Da die Zinsvergünstigungen nicht eindeutig zu quantifizieren sind, stellen sie jedoch nach der Definition des IAS 20 keinen staatlichen Zuschuß dar. Allerdings ist es möglich, im Anhang auf die Betriebskostenreduktion von 0,12 Mio. (3 % von 4 Mio.) durch diese Fördermaßnahmen hinzuweisen.

14.4 Angabepflichten

Hinsichtlich der Erfassung staatlicher Beihilfe im Jahresabschluß sind gemäß IAS 20 die folgenden Angabepflichten zu beachten:

- die angewandte Bilanzierungsmethode, einschließlich der gewählten Darstellungsform im Jahresabschluß,
- Art und Umfang der bilanzierten staatlichen Zuschüsse sowie der Hinweis auf die sonstigen staatlichen Unterstützungsleistungen (government assistance), die das Unternehmen beansprucht hat (auch wenn dies wertmäßig nicht genau bezifferbar ist), und

- bisher unerfüllte Auflagen sowie andere Unsicherheiten im Zusammenhang mit den im Abschuß berücksichtigten staatlichen Beihilfen.

Die Muster AG macht bezüglich der erhaltenen öffentlichen Zuwendungen die folgenden Angaben im Jahresabschluß:

Diejenigen Einnahmen aus staatlichen Fördermaßnahmen, die Beiträge für Anlageinvestitionen darstellen, werden direkt vom Anschaffungswert der Anlagen in Abzug gebracht. Die übrigen staatlichen Beihilfen werden periodengerecht der Gewinn- und Verlustrechnung als Ertrag gutgeschrieben.

Die staatlichen Subventionen und Zuschüsse betrugen im Berichtsjahr 10 Mio. (Vorjahr 14 Mio.) und umfaßten ausschließlich Investitionszuschüsse. Diese führten zu einer Reduktion der aktivierten Investitionsausgaben.

Literatur

Cairns, David
A Guide to Applying International Accounting Standards, Central Milton Keynes 1995, insb. S. 627–637

Coopers & Lybrand (Hrsg.)
Understanding IAS – Analysis and Interpretation, o.O. 1996, insbes. S. 20.1–20.11

Institut der Wirtschaftsprüfer (Hrsg.)
Rechnungslegung nach International Accounting Standards: Praktischer Leitfaden für die Aufstellung IAS-konformer Jahres- und Konzernabschlüsse in Deutschland, Düsseldorf 1995, insb. S. 65–70

KPMG (Hrsg.)
International Accounting Standards: Eine Einführung in die Rechnungslegung nach den Grundsätzen des IASC, Düsseldorf 1995, insb. S. 41–43

Risse, Axel
International Accounting Standards für den deutschen Konzernabschluß, Wiesbaden 1996, insb. S. 181–188

15 Pensionsverpflichtungen

Lernziele

In diesem Kapitel erfahren Sie:

- welche Formen der betrieblichen Altersversorgung grundsätzlich unterschieden werden können,
- inwieweit die hieraus entstehenden Verpflichtungen zu bilanzieren sind,
- welche Aufwendungen für die Altersversorgung anfallen und wie sie periodengerecht zugeteilt werden,
- wie sie in ihrer Höhe bewertet werden,
- welche Annahmen bei der Bewertung von Pensionsverpflichtungen zugrundezulegen sind und
- welche Informationen hierüber im Jahresabschluß zu veröffentlichen sind.

15.1 Grundsätzliches zur betrieblichen Altersversorgung

In den letzten 30 Jahren hat die Bedeutung der betrieblichen Altersversorgung aufgrund verschiedener gesellschaftlicher, politischer und wirtschaftlicher Entwicklungen deutlich zugenommen, so daß in zahlreichen Ländern Vereinbarungen über die Altersversorgung die wichtigste Zusatzleistung des Arbeitgebers an die Arbeitnehmer darstellen. Für viele Unternehmen sind damit die Pensionsleistungen ein bedeutender Bestandteil der Entlohnung der Arbeitnehmer geworden und belasten so in erheblichem Maße als Pensionsaufwendungen das betriebliche Ergebnis.
Abgesehen vom oftmals bedeutenden Umfang der Versorgungsleistungen zeichnet sich der Bereich der Altersversorgung dadurch aus, daß der Zeitpunkt der Pensionszahlungen von dem Unternehmen an die Leistungsempfänger oder an einen externen Pensionsfonds erheblich von dem die Zahlung auslösenden wirtschaftli-

chen Ereignis abweicht. So erwirbt der Arbeitnehmer seine Pensionsansprüche während seiner aktiven Arbeitszeit, die Pensionszahlungen erfolgen dagegen i.d.R. erst sehr viel später, nämlich nach der Beendigung des Arbeitsverhältnisses. Diese zeitliche Differenz zwischen der Entstehung der Pensionsverpflichtung und ihrer Erfüllung räumt jedoch den Unternehmen einen erheblichen Spielraum bei der Darstellung der Höhe dieser Verpflichtung im Jahresabschluß ein. Aus diesem Grund haben die nationalen Gesetzgeber und/oder Standardsetzer dem Bereich der Pensionsverpflichtungen und ihrer Darstellung im Jahresabschluß im Rahmen ihrer normsetzenden Tätigkeit besondere Aufmerksamkeit gewidmet.
Auch das IASC verfügt mit IAS 19 ‚Retirement Benefit Costs' über einen eigenen Standard, der umfassende Regelungen zur Bilanzierung und Bewertung von Pensionsverpflichtungen beinhaltet. IAS 19 befaßt sich jedoch nur mit der Rechnungslegung und Berichterstattung von Pensionsplänen beim pensionszusagenden Unternehmen. Falls, getrennt vom pensionszusagenden Unternehmen, ein Bericht über die Versorgungspläne erstellt wird bzw. eine Altersversorgungseinrichtung Bericht erstattet, hat dies nach den Regelungen von IAS 26 ‚Accounting and Reporting by Retirement Benefit Plans' zu erfolgen.

15.1.1 Definition der betrieblichen Altersversorgung

IAS 19 behandelt alle Vereinbarungen über die Altersversorgung (retirement benefit plans), durch welche der Arbeitgeber sich gegenüber seinen Arbeitnehmern verpflichtet, zum Zeitpunkt ihres Ausscheidens aus dem Unternehmen oder hiernach Leistungen an diese zu erbringen. Dabei fallen sämtliche Vereinbarungen unter die Definition von IAS 19, die im voraus bestimmt oder geschätzt werden können, weil sie schriftlich festgehalten sind oder aber der betrieblichen Übung entnommen werden können. Diese Leistungen können entweder in Form einer Betriebsrente oder aber einer einmaligen Summe (lump sum) erfolgen.
Nicht unter die Regelungen von IAS 19 fallen dagegen die sonstigen Ruhestandsvergütungen (other forms of post-employment benefits), so bspw. aufgeschobene Vergütungsvereinbarungen (deferred compensation arrangements), Gesundheitsfürsorgeleistungen (health and welfare plans) sowie Bonuspläne. Allerdings sind die sonstigen Ruhestandsvergütungen – solange sie den Versorgungsverpflichtungen vergleichbar sind – so wie diese zu behandeln; eine definitive Regelung besteht jedoch nicht. Allerdings wird IAS 19 gegenwärtig überarbeitet. Ein in diesem Zusammenhang im Oktober 1996 veröffentlichter Standardentwurf sieht die entsprechende Berücksichtigung dieser sonstigen Ruhestandsvergütungen vor. Ein Vorbild stellen hierbei die US-amerikanischen Standards SFAS 106 ‚Employers' Accounting for Postretirement Benefits other than Pensions' und SFAS 112 ‚Employers' Accounting for Postemployment Benefits' dar.

15.1.2 Unterschiedliche Ausgestaltung der Versorgungspläne

IAS 19 unterscheidet bei der Altersversorgung verschiedene Systeme. Beim – in der Praxis eher seltenen – *beitragsorientierten Pensionsplan* (defined contribution plan) ist das Unternehmen nur zur Zahlung bestimmter Beiträge an einen externen Versorgungsträger (fund), d.h. einen Pensionsfonds oder eine Versicherungsgesellschaft, verpflichtet. Der Pensionsplan muß so ausgestaltet sein, daß den Arbeitgeber über diesen festgelegten Betrag hinaus keine weiteren Verpflichtungen treffen können. Die zukünftigen Leistungen an den Begünstigten ergeben sich somit aus den in den Fonds eingezahlten Beträgen und ihrer Rendite.
Beim Leistungsprimat hingegen wird durch den *leistungsorientierten Pensionsplan* (defined benefit plan) dem Arbeitnehmer eine bestimmte Altersversorgung zugesagt. Diese Betriebsrente bestimmt sich durch die Entlohnung des Arbeitnehmers und/oder die Zahl seiner Dienstjahre. Die Finanzierung der leistungsorientierten Pensionspläne kann sowohl durch das Unternehmen selbst als auch durch einen unabhängigen Fonds (funding) erfolgen. Die Zahlungen an den Fonds brauchen dabei nicht dem für Bilanzierungszwecke ermittelten Aufwand des Geschäftsjahres entsprechen. Ebenso können leistungsorientierte Versorgungszusagen sowohl vollständig oder auch nur teilweise über den Fonds gedeckt sein; im letzten Fall bleibt das Unternehmen jedoch leistungspflichtig, und zwar unabhängig davon, ob und welche Finanzierungsvereinbarungen getroffen wurden.
In vielen wichtigen Industrieländern, so bspw. den Vereinigten Staaten, Großbritannien, der Schweiz und den Niederlanden, sind die Vermögen der leistungsorientierten Altersversorgungspläne rechtlich vom Arbeitgeber unabhängig; sie sind in externe Pensionsfonds eingelagert. In Deutschland hingegen findet keine derartige Ausscheidung von Mitteln an eine getrennte juristische Einheit statt. Die Anwartschaften für Pensionen sind vielmehr in der Bilanz des Arbeitgebers als Pensionsrückstellung passiviert. Diese deutsche Besonderheit kann historisch erklärt werden. So stellte die Behandlung der Altersversorgung durch Pensionsrückstellungen ein bedeutendes Mittel zur Innen- und damit billigen Finanzierung der Unternehmen beim Wiederaufbau nach dem II. Weltkrieg dar.
Pensionszusagen auf der Basis des Leistungsprimats sind, insb. dann, wenn sich die Vorteile auf die Bezahlung zum oder nahe am Zeitpunkt des Ausscheidens beziehen, mit erheblichen Schwierigkeiten bei der Bestimmung des sich hieraus ergebenden Aufwandes behaftet. Die Verpflichtungen des Arbeitgebers sind regelmäßig unsicher und verbleiben dies für einen langen Zeitraum. So bedingt die Abschätzung der Verpflichtungshöhe eine Reihe von Annahmen, so bspw. der Inflations- und Lohnentwicklungsrate, die außerhalb des Einflußbereiches des Arbeitgebers liegen.

15.1.3 Ausrichtung des IAS 19

IAS 19 äußert sich nicht zu der Frage, ob das Beitrags- oder Leistungsprimat und letzteres mit oder ohne Funding vorzuziehen ist. Seine Stoßrichtung liegt nicht in der Finanzierung der Altersversorgung, sondern in der Bewertung der Versorgungsverpflichtungen. Die Ermittlung des Periodenaufwandes, der erforderlich ist, um alle zukünftigen Pensionsansprüche erfüllen zu können, und seine entstehungskongruente Erfassung in der Gewinn- und Verlustrechnung stehen im Vordergrund. Erfolgt die Aufwandsverrechnung korrekt, so ist es einem Unternehmen freigestellt, wann und in welcher Höhe es Zahlungen an einen externen Fonds leistet oder ob es seine Verpflichtungen auch ohne jegliche Ansammlung von Mitteln erfüllen kann oder will.

Für das Verständnis der Behandlung der Pensionsrückstellungen nach den Bestimmungen des IASC ist es schließlich wichtig, daß IAS 19 – ebenso wie die ihm sehr ähnlichen US-amerikanischem Standards SFAS 87 ‚Employers' Accounting for Pensions' und SFAS 88 ‚Employers' Accounting for Settlements and Curtailments of Defined Benefit Pensions Plans' – rein betriebswirtschaftlich orientiert ist. Er abstrahiert von den eigentlichen juristischen Verpflichtungen eines Unternehmens zu einem bestimmten Zeitpunkt und wendet eine sehr komplexe, betriebswirtschaftliche Methodik an, die auf versicherungsmathematischen Berechnungen beruht.

15.2 Ermittlung des Versorgungsaufwands

Versorgungsverpflichtungen entstehen einem Unternehmen, weil der Zusageempfänger für diese eine Arbeitsleistung erbringt. Dementsprechend sind die Aufwendungen zur Erfüllung dieser Versorgungsverpflichtungen der Periode zuzurechnen, in der die Verpflichtung auslösende Arbeitsleistung erbracht wurde. IAS 19 orientiert sich demzufolge streng am Periodisierungsprinzip.

Bei *Versorgungsplänen nach dem Beitragsprimat* ist in der Berichtsperiode jeweils der Betrag als Pensionsaufwand zu erfassen, zu dessen Zahlung an einen externen Pensionsfonds sich das berichterstattende Unternehmen verpflichtet hat. Darüber hinaus entstehen dem Unternehmen im Zusammenhang mit einem beitragsorientierten Pensionsplan keine weiteren Aufwendungen. Die später erfolgenden Versorgungsleistungen ergeben sich aus den gezahlten Beiträgen und ihrer Verzinsung; ein Bewertungsproblem der Versorgungsverpflichtungen stellt sich demzufolge nicht.

Bei *Versorgungsplänen nach dem Leistungsprimat* dagegen berechnet sich der in der Gewinn- und Verlustrechnung zu erfassende Aufwand für die betriebliche Altersversorgung aus verschiedenen Komponenten. Den wichtigsten Teil hierbei macht der Aufwand aus, der auf die im Geschäftsjahr erdienten Ansprüche entfällt (current service costs).

Darüber hinaus können weitere Aufwendungen (other than current service costs) anfallen. Im einzelnen handelt es sich dabei um Aufwendungen im Zusammenhang mit

- der Einführung eines neuen Versorgungsplans oder der Verbesserung eines bestehenden Plans (past service costs),

- Anpassungen von bisherigen Annahmen an die tatsächliche Entwicklung (experience adjustments) und
- Änderungen von versicherungsmathematischen Annahmen (changes in actuarial assumptions).

Der hieraus resultierende Aufwand ist planmäßig über die voraussichtlich verbleibenden Dienstjahre der Zusageempfänger zu verteilen. Es ist somit auch für das laufende Jahr ein Anteil zu verbuchen. Dies gilt jedoch nur für die noch arbeitenden Mitarbeiter. Sofern bei den schon laufenden Renten Änderungen im Versorgungsplan eintreten, sind diese – da ja keine verbleibenden Dienstjahre mehr bestehen – zum Barwert zu bewerten und ergebniswirksam in dem Geschäftsjahr zu erfassen, in dem sie vorgenommen werden.

Schließlich können in den Aufwendungen für die betriebliche Altersversorgung ggf. auch die Auswirkungen aufgrund der Beendigung des Versorgungsplans (plan termination), der Abgeltung der Verpflichtung durch eine einmalige Zahlung (settlement) oder einer wesentlichen Reduzierung der Zahl der Beschäftigten oder des Umfangs der zugesagten Versorgungsleistungen (curtailment) enthalten sein. Derartige Aufwendungen sind ohne weitere Verteilung sofort zu verrechnen. Entsprechende Erträge sind erst zu berücksichtigen, wenn die Änderungen vollzogen wurden.

15.3 Bewertung der Pensionsverpflichtung

15.3.1 Versicherungsmathematische Bewertungsverfahren

Zusagen im Rahmen eines leistungsorientierten Versorgungsplans machen eine Bewertung der Versorgungsverpflichtung erforderlich. IAS 19 läßt dabei dem Jahresabschlußersteller die Wahl zwischen zwei Gruppen von versicherungsmathematischen Bewertungsverfahren: den retrospektiven Anwartschaftsbarwertverfahren (accrued benefit valuation methods) als bevorzugte Methode (benchmark treatment) und den prospektiven Gleichverteilungsverfahren (projected benefit valuation methods) als zulässige Alternative (allowed alternative treatment). Mit Hilfe dieser Bewertungsverfahren wird auch der jeweilige Pensionsaufwand der Berichtsperiode (current service costs) bestimmt.

Die *Anwartschaftsbarwertverfahren* (accrued benefit valuation methods), deren am weitesten verbreitete Berechnungsart die Projected Unit Credit-Methode ist, berücksichtigen die Ansprüche retrospektiv jeweils nur bis zu der Höhe, in welcher sie bis zum Zeitpunkt der Bewertung erdient sind. Mit dem Näherrücken des Termins der Pensionierung steigt hier – selbst bei einem gleichbleibenden jährlich erdienten Pensionsanspruch – der jährliche Pensionsaufwand des Unternehmens (current service costs) an. Dies ist auf zwei Gründe zurückzuführen. Zum ersten nimmt mit zunehmender Nähe zum Zeitpunkt der Pensionierung die Wahrscheinlichkeit, daß der Mitarbeiter die Rente tatsächlich bezieht, zu. Zum zweiten wird der Abzinsungszeitraum zwischen dem Zeitpunkt des Erwerbs des Pen-

sionsanspruchs und dem Zeitpunkt seiner Fälligkeit kürzer. Dieser Effekt wird verstärkt, wenn die Pensionsleistungen auf der Grundlage des letzten Gehaltes vor dem Ausscheiden zugesagt werden.
Alternativ kann die Berechnung des Periodenaufwandes auch unter Anwendung eines *Gleichverteilungsverfahrens* (projected benefit valuation method) erfolgen. Das Ziel dieses Verfahrens ist es, prospektiv unter Berücksichtigung der von den begünstigten Arbeitnehmern in der Vergangenheit erbrachten und bis zum Versorgungsfall noch zu erbringenden Arbeitsleistung zu einer relativ gleichmäßigen Verteilung des Versorgungsaufwandes über die erwarteten Dienstjahre zu gelangen. Dies erklärt jedoch auch, warum IAS 19 das Anwartschaftsbarwertverfahren dem Gleichverteilungsverfahren vorzieht. So entspricht ersteres doch sehr viel mehr dem Prinzip der Periodisierung. Der Aufwandsverlauf bildet hier unmittelbar die Entwicklung der Ansprüche auf Versorgungsleistungen ab.
Im Ergebnis gelangen beide Methoden auf das am Bewertungsstichtag erforderliche Kapital zur Deckung der künftigen Leistungen der Versicherten. Präziser ausgedrückt handelt es sich dabei um den Barwert der bis zum Bewertungsstichtag erdienten Pensionsanwartschaften der Arbeitnehmer, bezogen auf den voraussichtlichen Lohn bei Eintritt des Versorgungsfalles unter zusätzlicher Berücksichtigung der voraussichtlich erfolgenden Rentenerhöhungen dar.
Abb. 34 zeigt den schematischen Verlauf des Barwertes der erdienten Pensionsanwartschaften ohne Diskontierung.

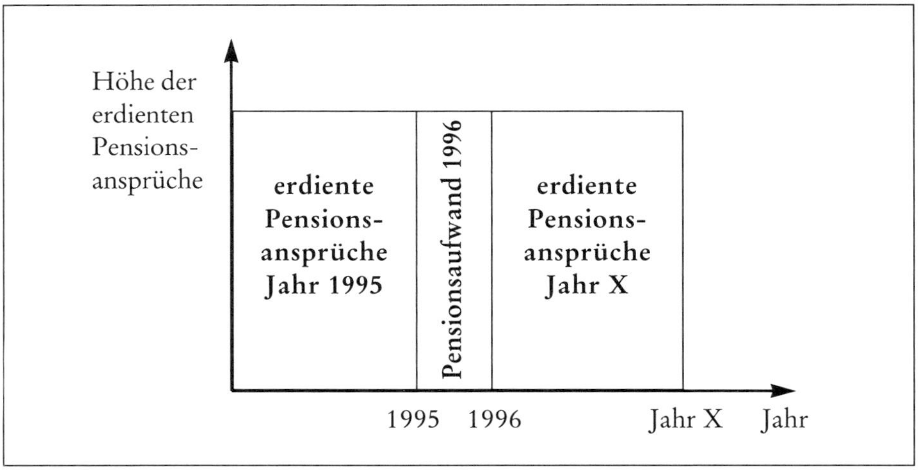

Abb. 34: Schematischer Verlauf der erdienten Pensionsanwartschaften (ohne Diskontierung)[11]

[11] In Anlehnung an Suter (Pensionsverpflichtungen), S. 292.

15.3.2 Der Bewertung zugrundeliegende Annahmen

Bei der Berechnung des Barwertes der erdienten Pensionsanwartschaften sind den IAS-Bestimmungen zufolge eine Reihe von Trendannahmen zugrundezulegen. Hierbei handelt es sich um Annahmen bezüglich

- der Lohnentwicklung,
- der Rentenentwicklung,
- der Austrittswahrscheinlichkeit (Fluktuationsrate) und
- des Diskontierungszinssatzes.

Die Berücksichtigung der *Lohnentwicklung* wird damit begründet, daß sich die schließlich auszubezahlende Rente anhand des zuletzt bezahlten Gehaltes berechnen wird. Es ist daher nicht nur realistischer, sondern gar geboten, die Entwicklung dieses Gehaltes mit einzubeziehen. So erhöht sich doch mit einem Anstieg des Lohns automatisch auch die Höhe des Barwertes der erdienten Pensionsanwartschaften.

Die *Rentenentwicklung* ergibt sich daraus, daß die Renten von Zeit zu Zeit der Inflation angepaßt werden. Es muß somit bei der Berechnung der erdienten Pensionsanwartschaften auch berücksichtigt werden, daß die Teuerung zu zusätzlichen Auszahlungen führen wird.

Bei der *Fluktuationsrate* geht es darum, daß realistischerweise nicht alle Versicherten bis zum Eintritt des Versorgungsfalls im Unternehmen verbleiben. Mit einer gewissen Häufigkeit wird es zu Abgängen kommen. Hierzu liegen Tabellen resp. Erfahrungswerte vor. Grundsätzlich wird für die erwarteten Austritte eine zu zahlende Summe in Höhe der erworbenen Austrittsleistung berücksichtigt. Wenn sich die Fluktuationsrate erhöht, verringert sich somit die Höhe der erdienten Pensionsanwartschaften.

Der *Diskontierungszinssatz* schließlich stellt die Grundlage zur Berechnung des Barwertes der späteren Versorgungsverpflichtungen dar. Erhöht man den Diskontierungssatz, so führt dies – bei sonst gleichbleibenden Bedingungen – zu einem Absinken der erdienten Pensionsanwartschaften. Als Abzinsungssatz wird nach IAS i.d.R. der für langfristige Anlagen geltende Marktzinssatz verwendet.

Diese vier Annahmen müssen sachgerecht und aufeinander abgestimmt sein. Sie müssen den langfristigen Zusammenhang zwischen der Entwicklung der Inflation, der Löhne und Gehälter und den Abzinsungssätzen adäquat berücksichtigen. So sollte bspw. bei der Änderung eines Parameters, etwa der Entwicklung der Löhne, auch die mögliche Verschiebung bei anderen Annahmen untersucht werden. Zudem muß bedacht werden, daß die vier Annahmen einen erheblichen Gestaltungsspielraum eröffnen. Aus diesem Grund ist es von großer Bedeutung, daß die Übereinstimmung der Prämissen mit den tatsächlichen Gegebenheiten regelmäßig überprüft wird. Es wird daher verlangt, daß mindestens alle drei Jahre ein versicherungstechnisches Gutachten eingeholt wird.

15.4 Ausweis in der Bilanz

Bei den Bestimmungen von IAS 19 steht eindeutig die Ermittlung des betriebswirtschaftlich zutreffenden Periodenaufwandes, welcher der Gewinn- und Verlustrechnung zu belasten ist, im Vordergrund. Zu Fragen des bilanziellen Ausweises der Pensionsverpflichtungen werden dagegen keine Regelungen getroffen, da die IAS-Bestimmungen – wie in der anglo-amerikanischen Rechnungslegung üblich – davon ausgehen, daß die Finanzierung des Pensionsplans einem externen Fonds übertragen wird. So fordert IAS 19 nicht den Ansatz des versicherungsmathematischen Barwertes der erdienten Pensionsanwartschaften als Schuldposition in der Bilanz. Darüber hinaus wird auch nicht der Ausweis der Differenz zwischen dem versicherungsmathematischen Barwert der erdienten Pensionsanwartschaften und dem beizulegendem Wert (fair value) des Versorgungsvermögens als Verbindlichkeit oder Vermögensgegenstand gefordert.
Nach den IAS-Bestimmungen hat ein bilanzieller Ausweis jedoch zu erfolgen, wenn die vom Unternehmen tatsächlich geleisteten Beiträge zur Personalvorsorge vom Pensionsaufwand laut Gewinn- und Verlustrechnung abweichen. Sind die tatsächlich geleisteten Beiträge höher als der Pensionsaufwand laut Gewinn- und Verlustrechnung, ist die Differenz als Vorauszahlung zu aktivieren. Im umgekehrten Fall ist die Differenz als Rückstellung zu passivieren.

15.5 Angabepflichten im Anhang

Den Regelungen von IAS 19 zufolge sind umfangreiche Angaben im Anhang notwendig. Hierzu gehören für leistungsorientierte Pläne:

- eine allgemeine Beschreibung der Versorgungsregel unter Nennung der begünstigten Gruppe von Mitarbeitern,
- die Angabe der angewandten Bilanzierungs- und Bewertungsmethoden (unter allgemeiner Beschreibung der angewandten versicherungsmathematischen Verfahren),
- die Angabe, ob eine Finanzierung der Versorgungszusagen über einen externen Fonds geleistet wird (funding),
- der im Geschäftsjahr als Aufwand erfaßte Betrag,
- der mittels Gutachten ermittelte, versicherungsmathematische Barwert der Versorgungsverpflichtungen zum Stichtag des letzten Gutachtens,
- der Marktwert (fair value) des Versorgungsvermögens im Falle der Finanzierung über einen externen Fonds,
- die Höhe eines ggf. bestehenden Unterschiedsbetrags zwischen den erfolgten Zuführungen an einen externen Fonds und den bislang verrechneten Pensionsaufwendungen,
- die Angabe der wesentlichen versicherungsmathematischen Annahmen sowie wesentliche Änderungen derselben,

- die Angabe der Häufigkeit der Einholung von versicherungsmathematischen Gutachten und dem Datum des letzten Gutachtens und
- weitere wesentliche Sachverhalte im Zusammenhang mit dem Versorgungsplan, so bspw. die Auswirkungen einer wesentlichen Reduzierung der Beschäftigtenzahl.

Im Falle eines beitragsorientierten Versorgungsplanes werden lediglich die folgenden Angaben gefordert:

- eine allgemeine Beschreibung der Versorgungsregel unter Nennung der begünstigten Gruppe von Mitarbeitern,
- der Pensionsaufwand der Berichtsperiode,
- weitere wesentliche Sachverhalte im Zusammenhang mit dem Versorgungsplan.

Die Muster AG macht zu den Pensionsverpflichtungen folgende Angaben:

Für die meisten Mitarbeiter wird für die Zeit nach der Pensionierung durch den Konzern direkt oder durch Beitragszahlungen an private Einrichtungen Vorsorge getroffen. Die Leistungen des Konzerns variieren je nach rechtlichen, steuerlichen und wirtschaftlichen Gegebenheiten des jeweiligen Landes und basieren in der Regel auf Beschäftigungsdauer und Entgelt der Mitarbeiter. Die Verpflichtungen umfassen sowohl solche aus bereits laufenden Pensionen als auch Anwartschaften auf künftig zu zahlende Pensionen.
Die Pensionsrückstellungen werden gemäß IAS 19 nach der Projected-Unit-Credit-Methode ermittelt. Dabei werden die zukünftigen Verpflichtungen unter Anwendung versicherungsmathematischer Verfahren bei vorsichtiger Einschätzung der relevanten Einflußgrößen bewertet. Die unter dynamischen Gesichtspunkten nach Eintritt des Versorgungsfalles zu erwartenden Versorgungsleistungen werden gleichmäßig über die gesamte Beschäftigungszeit der Mitarbeiter verteilt. Außergewöhnliche Aufwendungen und Erträge wegen der Beendigung von Versorgungsplänen oder wegen Kürzung und Übertragung von Versorgungsleistungen haben sich im Berichtsjahr nicht ergeben.
Die betriebliche Altersversorgung erfolgt im Konzern beitrags- oder leistungsorientiert.
Bei den beitragsorientierten Altersversorgungssystemen stellen die laufenden Beitragszahlungen den Aufwand des jeweiligen Jahres dar. Im Jahr 1996 belief sich dieser auf insgesamt 249 Mio. DM.
Die leistungsorientierten Verpflichtungen der deutschen Konzerngesellschaften sind durch Pensionsrückstellungen und nicht durch Fonds finanziert. Den Berechnungen liegt im Vorjahr ein Rechnungszinsfuß von 7 %, eine erwartete Einkommensentwicklung von 2,5 bis 3,5 % und eine durchschnittliche Fluktuation von 2 % zugrunde.
Außerhalb Deutschland sind die leistungsorientierten Verpflichtungen der Konzerngesellschaften entweder über unabhängig verwaltete und extern finanzierte Fonds oder über Pensionsrückstellungen abgedeckt. Der Berechnung der Verpflichtungen liegen dort derzeit Abzinsungsfaktoren von 5–12,5 %, eine erwartete Einkommensentwicklung von 2–9,5 % und eine Rendite der Vermögensanlagen von 4–9 % zugrunde.
Bei den unabhängig verwalteten Fonds ist das Fondsvermögen in Immobilien, Aktien und festverzinslichen Wertpapieren angelegt. Ihre Situation stellt sich für 1996 insgesamt folgendermaßen dar:

Mio. DM	Fonds mit Überdeckung	Fonds mit Unterdeckung
Versicherungsmathematischer Barwert der Versorgungszusagen	674	101
Marktwert des Fondsvermögens	739	79
Über-/Unterdeckung	65	–22

Die im Rahmen der leistungsorientierten Altersversorgung erbrachten Leistungen verursachten 1996 insgesamt einen Aufwand von 249 Mio. DM, in dem ein Zinsanteil von 137 Mio. DM enthalten ist.
Vorsorgeeinrichtungen und Verpflichtungen werden in regelmäßigen Abständen bewertet; für alle bedeutenden Einrichtungen werden umfassende versicherungsmathematische Untersuchungen jährlich durchgeführt.

Literatur

Ahrend, Peter
Bewertung von Versorgungsverpflichtungen im internationalen Vergleich – Rechnungslegungsvorschriften als Standortnachteil für die betriebliche Altersversorgung?, in: Rechenschaftslegung im Wandel, Festschrift für Wolfgang Dieter Budde, hrsg. von G. Förschle/K. Kaiser/A. Moxter, München 1995, S. 1–17

Budde, Wolfgang Dieter
Bilanzierung der betrieblichen Altersversorgung in Deutschland – Ein Vergleich mit internationalen Bewertungs- und Ausweisgrundsätzen, in: Festschrift zum 60. Geburtstag von Peter Ahrend, hrsg. von W. Förster/N. Rössler, Köln 1992, S. 363–376

Eppstein, Barry/Mirza, Abbas Ali
IAS 97: Interpretation and Application of International Accounting Standards 1997, New York u.a. 1996, insb. S. 507–532

Jacobi, Michael
Technische Aspekte bei der Umstellung auf eine IASC-Rechnungslegung am Beispiel der Ciba, in: IASC-Rechnungslegung – Beiträge zu aktuellen Problemen, hrsg. von D. Dörner/P. Wollmert, Düsseldorf 1995, S. 41–55

Küting, Karlheinz/Nardmann, Benita
Pensionsverpflichtungen im Lichte der Bilanzpolitik und Bilanzanalyse, in: Deutsches Steuerrecht 49/1993, S. 1834–1840

Risse, Axel
International Accounting Standards für den deutschen Konzernabschluß, Wiesbaden 1996, insb. S. 175–180

Rößler, Norbert/Kaether, Fritz/Schmandt, Ernst Martin
Rechnungslegung über Pensionsverpflichtungen in Deutschland nach internationalen Standards – Eine vergleichende Darstellung unter besonderer Berücksichtigung des IAS-Neuentwurfs (E 54) und der FAS, in: Betriebs-Berater 22/1997, S. 1141–1148

Suter, Daniel
Pensionsverpflichtungen gemäß IAS, in: Der Schweizer Treuhänder 4/1995, S. 289–296

16 Transaktionen mit nahestehenden Unternehmen und Personen

Lernziele

In diesem Kapitel erfahren Sie:

- warum Transaktionen zwischen nahestehenden Unternehmen/Personen von besonderem Interesse sind,
- wie weit der Kreis der nahestehenden Unternehmen/Personen zu ziehen ist,
- welche Angaben über Transaktionen mit diesen zu machen sind und
- wie die Preise und Konditionen bei solchen Transaktionen bestimmt werden können.

16.1 Grundsätzliches zu den Transaktionen mit nahestehenden Unternehmen und Personen

Der Begriff der *„related parties“* als Oberbegriff für die Gruppe der nahestehenden Unternehmen und natürlichen Personen stammt aus der anglo-amerikanischen Rechnungslegungstradition. So hat der US-amerikanische Standardsetzer, das Financial Accounting Standards Board (FASB), schon 1982 mit SFAS 57 ‚Related Party Disclosures‘ einen eigenen Rechnungslegungsstandard zur dieser Thematik veröffentlicht.

Beziehungen zwischen nahestehenden Unternehmen und Personen sind alltäglicher Bestandteil des Geschäftslebens. So ist es zum Beispiel durchaus üblich, daß Unternehmen Teilbereiche ihrer Geschäftstätigkeit durch Tochtergesellschaften ausführen lassen oder zu Anlagezwecken Anteile an anderen Gesellschaften erwerben, die es der sich beteiligenden Gesellschaft erlauben, die betrieblichen Entscheidungen der Beteiligungsgesellschaften und ihrer Geschäftsleitungen zu beeinflussen.

Solche Verbindungen zwischen nahestehenden Unternehmen bzw. Personen können allerdings einen besonderen Einfluß auf die Vermögens-, Finanz- und Ertragslage des berichterstattenden Unternehmens haben. Dies ist möglich, weil

nahestehende Parteien möglicherweise Geschäfte tätigen, welche unabhängige Dritte überhaupt nicht oder zumindest nicht in dieser Art und Weise tätigen würden. Im Gegensatz zu den „related parties“ unterliegen unabhängige Dritte nämlich nicht der Einflußnahme durch nahestehende Unternehmen bzw. Personen, sondern verfolgen im Rahmen ihrer wirtschaftlichen Entscheidungen ihre eigenen Interessen. Die bei solchen Transaktionen zwischen unabhängigen Vertragsparteien zugrunde gelegten Preise und Bedingungen können daher als marktüblich (at arm's length) bezeichnet werden. Bei nahestehenden Unternehmen bzw. Personen sind dagegen solche marktkonformen Bedingungen nicht von vornherein garantiert.
In vielen Fällen muß nicht einmal eine Transaktion zwischen den nahestehenden Parteien stattgefunden haben, sondern es reicht schon das bloße Vorhandensein einer solchen Beziehung, um das wirtschaftliche Entscheidungsverhalten und damit letztendlich auch die wirtschaftliche Lage des berichterstattenden Unternehmens zu beeinflussen. So wäre es bspw. denkbar, daß eine Muttergesellschaft ihre Tochtergesellschaft anweist, sich auf bestimmten Geschäftsfeldern, auf denen sie als Konkurrent der Muttergesellschaft auftreten könnte, nicht zu betätigen.
Aufgrund dieser Besonderheiten der Beziehung zwischen related parties hat das IASC im Juli 1984 mit IAS 24 ‚Related Party Disclosures‘ zu diesem Thema einen eigenen Standard entwickelt. Allerdings beschränkt sich dieser auf die Regelung der Berichtspflichten für Transaktionen und Beziehungen zwischen nahestehenden Unternehmen bzw. Personen. Ebenso wie der US-amerikanische Standard befaßt sich IAS 24 nicht mit der Frage der Bilanzierung und Bewertung derartiger Transaktionen, so daß bei Transaktionen zwischen nahestehenden Parteien keine Ergebnis- oder Bilanzkorrekturen erforderlich sind.

16.2 Begriff der nahestehenden Unternehmen bzw. Personen

Ein Unternehmen bzw. eine natürliche Person wird als nahestehend betrachtet, wenn sie die Möglichkeit besitzt, eine andere Partei zu beherrschen (control) oder einen maßgeblichen Einfluß (significant influence) auf finanzielle oder operative Entscheidungen dieser anderen Partei auszuüben. Gemäß dieser Definition des IASC muß folglich zwingend entweder der Sachverhalt der Beherrschung oder der Sachverhalt des maßgeblichen Einflusses gegeben sein, damit eine Beziehung zwischen nahestehenden Unternehmen bzw. Personen vorliegt.
Die Möglichkeit der Beherrschung besitzen Unternehmen bzw. Personen, welche direkt oder indirekt über Tochtergesellschaften durch Mehrheit der Stimmrechte oder durch Beherrschungsvertrag die Finanz- und Geschäftspolitik der Geschäftsleitung des Unternehmens kontrollieren können. Ein solcher beherrschender Einfluß wird bspw. angenommen, wenn ein Anteilseigner, unabhängig davon, ob es sich um eine Muttergesellschaft oder eine natürliche Person handelt, über 80 % der Stimmrechte verfügt. Allerdings ist die Vermutung, daß ein solch beherrschender Einfluß vorliegt, widerlegbar.

Die Möglichkeit eines maßgeblichen Einflusses besitzen Unternehmen bzw. Personen, welche an Entscheidungen bezüglich der Finanz- und Geschäftspolitik beteiligt sind, aber über keine Möglichkeit der Kontrolle verfügen. Dieser Sachverhalt betrifft in erster Linie die Geschäftsleitung eines Unternehmens, aber auch andere Personen, die in Schlüsselstellungen an unternehmenspolitischen Entscheidungsprozessen teilhaben. Einen solchen maßgeblichen Einfluß kann man durch Anteilsbesitz, Vertrag oder Absprachen erlangen. Hält bspw. ein Investor – direkt oder indirekt über verschiedene Tochtergesellschaften – mindestens 20 % der Stimmrechte eines Unternehmens, so besteht die – allerdings widerlegbare – Vermutung, daß ein solcher maßgeblicher Einfluß besteht.

Aufgrund der voranstehenden Erläuterungen läßt sich der Kreis der nahestehenden Unternehmen und Personen folgendermaßen umreißen:

- Unternehmen, die direkt oder indirekt die berichterstattende Gesellschaft kontrollieren oder von dieser kontrolliert werden oder mit dieser unter gemeinsamer Kontrolle einer anderen Gesellschaft stehen,
- assoziierte Unternehmen, also Unternehmen, bei denen ein Stimmrechtsanteil zwischen 20 und 50 % besteht,
- natürliche Personen, die über Stimmrechtsanteile direkt oder indirekt einen maßgeblichen Einfluß auf das berichterstattende Unternehmen ausüben, sowie deren Familienangehörige,
- Mitglieder der Geschäftsleitung, welche an verantwortlicher Stelle die geschäftlichen Aktivitäten des berichterstattenden Unternehmens leiten, sowie deren Familienangehörige,
- Unternehmen, an denen zuvor genannte natürliche Personen wesentliche Stimmrechtsanteile besitzen oder auf die dieser Personenkreis einen maßgeblichen Einfluß ausüben kann.

Nicht zu den nahestehenden Unternehmen bzw. Personen zählen demnach Kreditgeber, Gewerkschaften, öffentliche Versorgungsbetriebe, staatliche Institutionen, Kunden und Lieferanten. Auch wenn sich ein Unternehmen aufgrund sehr hoher getätigter Umsätze in wirtschaftlicher Abhängigkeit von einem Lieferanten oder einem Abnehmer befindet, handelt es sich bei dieser Geschäftsverbindung nicht um eine Beziehung zwischen „related parties“ im Sinne der IAS. Entscheidend ist, daß das Kriterium der Beherrschung oder des maßgeblichen Einflusses erfüllt ist. Die Tatsache der wirtschaftlichen Abhängigkeit alleine begründet demnach noch keine „related party“-Beziehung.

Bei der Beurteilung der Frage, ob eine Beziehung zwischen „related parties“ vorliegt, ist das Prinzip der wirtschaftlichen Betrachtungsweise (substance over form) maßgeblich. Entscheidend sind die tatsächlichen und nicht die rechtlichen Verhältnisse.

16.3 Begriff der Transaktion

Der Begriff der Transaktion wird im Zusammenhang mit den nahestehenden Unternehmen bzw. Personen sehr weit gefaßt. So gilt als Transaktion jeglicher Transfer von Ressourcen oder Verpflichtungen, unabhängig von der Tatsache, ob hierfür ein Preis festgesetzt wurde oder nicht. Als Beispiele für derartige Transaktionen zwischen nahestehenden Unternehmen bzw. Personen, welche zu einer Angabepflicht seitens des berichtenden Unternehmens führen können, nennt IAS 24:

- den Kauf oder Verkauf von Erzeugnissen (fertige oder unfertige),
- den Kauf oder Verkauf von Sachanlagen,
- die Bereitstellung oder Inanspruchnahme von Dienstleistungen,
- Handelsvertretungs- und Kommissionsverträge,
- Leasingverträge,
- Lizenzverträge,
- Know-how-Transfer im Forschungs- und Entwicklungsbereich,
- Finanzierungsvereinbarungen,
- Bürgschaften und
- Geschäftsleitungsverträge.

16.4 Bewertung von Transaktionen

IAS 24 beschäftigt sich, wie bereits zuvor erwähnt, in erster Linie mit Angabepflichten (disclosures) zur Gruppe der nahestehenden Unternehmen bzw. Personen. Bilanzierungs- und Bewertungsvorschriften werden nicht aufgeführt. Der Standard zählt jedoch einige Methoden auf, die zur Bewertung solcher Transaktionen geeignet sind.

Die buchhalterische Erfassung des Transfers von Betriebsmitteln stützt sich im Regelfall auf den zwischen den Handelspartnern ausgehandelten Preis. Während es sich bei unabhängigen Vertragspartnern hierbei um den marktüblichen Preis (at arm's length) handelt, existiert bei nahestehenden Unternehmen und Personen eine gewisse Flexibilität im Preissetzungsprozeß. Aufgrund des Fehlens einer Preisermittlung wie unter unabhängigen Dritten behilft man sich bei der Festlegung der Preise für Transaktionen zwischen nahestehenden Unternehmen bzw. Personen mit einer Vielzahl von Methoden. IAS 24 nennt beispielhaft verschiedene Methoden der Ermittlung von Verrechnungspreisen.

Eine derartige Methode zur Bestimmung eines Preises für eine Transaktion zwischen nahestehenden Unternehmen bzw. Personen ist die Zugrundelegung des Preises, welcher sich im bezug auf das übertragene Gut bei vergleichbaren Transaktionen zwischen unabhängigen Beteiligten bilden würde. Dieser sog. *at arm's length-Preis* dient als Verrechnungspreis, da die unabhängigen Parteien bei der Preisgestaltung jeweils ihre individuellen Interessen verfolgen, also unabhängig von Einflußnahme oder Beherrschung verhandeln. Diese Methode erweist sich als angemessen, wenn im Rahmen einer Beziehung zwischen nahestehenden Unternehmen bzw. Personen bereitgestellte Güter oder Dienstleistungen und damit zusammenhängende Bedingungen vergleichbar mit Transaktionen zwischen unabhängigen Dritten sind.

In dem Fall, daß Produkte zwischen nahestehenden Unternehmen bzw. Personen vor dem Verkauf an einen unabhängigen Dritten transferiert werden, wird oftmals die *Wiederverkaufspreis-Methode* angewandt. Dabei wird der Wiederverkaufspreis, also der Preis, der dem unabhängigen Dritten in Rechnung gestellt wird, um einen Betrag gekürzt, der es dem Wiederverkäufer gestattet, seine Kosten zu decken und einen angemessenen Gewinn zu erzielen. Dieser so ermittelte Betrag, also der Wiederverkaufspreis abzüglich Marge, wird dann der Transaktion zwischen den „related parties" als Verrechnungspreis zugrunde gelegt. Diese Methode bietet sich neben dem Transfer von Betriebsmitteln auch für die Übertragung von Rechten und Dienstleistungen zwischen nahestehenden Unternehmen bzw. Personen an. Als nachteilig erweisen sich bei dieser Methode Beurteilungsprobleme bei der Bestimmung der Marge, die dem Wiederverkäufer zuzubilligen ist.

Bei einer weiteren Alternative, der sog. *cost-plus-Methode*, wird ein kalkulatorischer Zuschlag auf die Kosten des Lieferanten erhoben. Schwierigkeiten ergeben sich dabei allerdings sowohl bei der Bestimmung der anzusetzenden Kosten als auch des Zuschlags. Als Anhaltspunkte bei der Festsetzung der Verrechnungspreise können vergleichbare Margen auf Umsatz oder Nettoumlaufvermögen dienen.

Diese Methoden sind allgemein gebräuchliche Instrumente zur Ermittlung von Verrechnungspreisen zwischen Nahestehenden. Es sind allerdings auch Situationen denkbar, in denen keines der voranstehenden Verfahren zur Anwendung gelangt. Darüber hinaus ist es möglich, daß überhaupt kein Preis verrechnet wird. Dies kann bspw. der Fall sein, wenn eine Muttergesellschaft einer Tochtergesellschaft unentgeltlich Managementkapazitäten zur Verfügung stellt oder einen zinslosen Kredit einräumt.

16.5 Angabepflichtige Informationen

Auch in den meisten Ländern, die der kontinental-europäischen Rechnungslegungstradition verhaftet sind, existieren Bestimmungen, welche die Offenlegung bestimmter Kategorien von Informationen über nahestehende Unternehmen bzw. Personen fordern. So stehen bspw. im deutschen Bilanzrecht Transaktionen mit Mitgliedern der Geschäftsleitungsorgane, so bspw. Vergütung, Pensionszusagen und gewährte Kredite, im Mittelpunkt des Interesses. Die Bestimmungen des IASC gehen jedoch über die diesbezüglichen Regelungen in den nationalen Rechnungslegungsnormen deutlich hinaus.

Bei einer Beziehung zwischen „related parties", welche auf einem Beherrschungs-Verhältnis begründet ist, ist unabhängig von der Tatsache, ob eine Transaktion zwischen diesen nahestehenden Unternehmen bzw. Personen stattgefunden hat oder nicht, die Art der Beziehung anzugeben.

Damit sich die Jahresabschlußadressaten eine Meinung über die Auswirkungen der Geschäfte mit verbundenen Unternehmen bzw. Personen auf ein berichterstattendes Unternehmen bilden können, verlangen die IAS umfangreiche Angabepflichten für den Fall, daß Transaktionen zwischen nahestehenden Unternehmen bzw. Personen stattgefunden haben. Diesen Regelungen zufolge sind die Art der Beziehung zwischen den nahestehenden Parteien, die Art der vorgenommenen Transaktionen und die wesentlichen Details dieser Transaktionen, die für die Beurteilung des Jahresabschlusses erforderlich sind, anzugeben. Zu diesen für die Beurteilung des Jahresabschlusses notwendigen Details zählen üblicherweise:

- die betragsmäßige oder prozentuale Größenordnung der Transaktion,
- die betragsmäßige oder prozentuale Größenordnung noch ausstehender Vorgänge und
- die Preisgestaltung.

Posten gleicher Art dürfen zusammengefaßt angegeben werden, es sei denn ein gesonderter Ausweis ist für die Beurteilung der Auswirkungen der Transaktionen auf den Jahresabschluß unbedingt erforderlich.
Transaktionen mit konsolidierten Konzerngesellschaften müssen im Konzernabschluß nicht angegeben werden. Transaktionen mit nicht konsolidierten Gesellschaften sollten hingegen offengelegt werden.
Bei der Bereitstellung solcher Angaben sollte allerdings der Grundsatz der Wesentlichkeit (materiality) beachtet werden. Es müssen somit nur Transaktionen offengelegt werden, die für die Beurteilung der wirtschaftlichen Lage des berichterstattenden Unternehmens maßgeblich sind.
Keine Angaben zu den nahestehenden Unternehmen bzw. Personen sind bei folgenden Transaktionen erforderlich:

- im Konzernabschluß in bezug auf Transaktionen innerhalb des Konzerns,
- im Einzelabschluß der Muttergesellschaft, vorausgesetzt die Angaben werden zusammen mit dem Konzernabschluß veröffentlicht,
- im Einzelabschluß einer 100prozentigen Tochtergesellschaft, vorausgesetzt die Muttergesellschaft ist im selben Land ansässig und erstellt in diesem Land einen Konzernabschluß.

Die Muster AG nimmt in ihrem Geschäftsbericht wie folgt Stellung zum Themenkreis der nahestehenden Personen oder Unternehmen:

Die von Konzernunternehmen gewährten Gesamtbezüge für den Vorstand der Muster AG betragen 4.788.297 DM und für den Aufsichtsrat der Muster AG 496.010 DM. Die Bezüge ehemaliger Vorstandsmitglieder der Muster AG sowie ihrer Hinterbliebenen belaufen sich auf 3.506.147 DM.
Gegenüber Mitgliedern des Vorstandes und des Aufsichtsrats sowie gegenüber wichtigen Aktionären bestehen wie im Vorjahr keine Forderungen oder Verbindlichkeiten.
Transaktionen mit nahestehenden Personen oder Gesellschaften werden ausschließlich zu marktkonformen Konditionen abgewickelt.

Literatur

Chong, Sebastian/Dean, Graeme
Related Party Transactions: A Preliminary Evaluation of SFAS 57 and IAS 24, in: Abacus März 1985, S. 84–100

Coopers & Lybrand
Understanding IAS: Analysis and Interpretation, o.O. 1996, S. 24.1–24.13
Metcalf, Mike
Related Party Transactions – Why a Standard is needed, in: Accountancy Mai 1979, S. 99–100
Risse, Axel
International Accounting Standards für den deutschen Konzernabschluß, Wiesbaden 1996, insb. S. 206–212
Robbins, Barry
A Question of Basis, in: Journal of Accountancy März 1987, S. 96–101

17 Segmentberichterstattung

Lernziele

In diesem Kapitel erfahren Sie:

- warum und für wen eine Segmentberichterstattung notwendig ist,
- welche Informationen im Rahmen der Segmentberichterstattung gefordert werden,
- wie diese Informationen zu generieren sind,
- welche Kosten die Verpflichtung zur Segmentberichterstattung nach sich ziehen kann und
- welche Änderungen hierzu z.Zt. von seiten des IASC diskutiert werden,

17.1 Grundsätzliches zur Segmentberichterstattung

In den letzten Jahrzehnten hat die Diversifikation der Unternehmen sowohl bezüglich ihrer Geschäftszweige als auch in geographischer Hinsicht erheblich zugenommen. Dabei operiert der Konzern jedoch sowohl in bezug auf die Geschäftszweige als auch die Regionen, in denen er tätig ist, unter sehr unterschiedlichen wirtschaftlichen Rahmenbedingungen. So unterscheiden sich hinsichtlich ihrer Geschäftszweige diversifizierte Unternehmen bspw. bezüglich:

- der Wachstumsaussichten der betreffenden Geschäftszweige,
- der Profitabilität in diesen Geschäftszweigen,
- ihres Technologiestandes und ihrer Innovationsgeschwindigkeit,
- ihrer Branchenkultur,
- der Regulierung des Marktes und des Wettbewerbs.

Regional diversifizierte Unternehmen sehen sich darüber hinaus weiteren Unterschieden in den Rahmenbedingungen gegenüber. Hierzu gehören:

- Währungs- und Transferrisiken,
- Fragen des Marktzugangs,
- Export- und Importbeschränkungen,
- Fragen der politischen und sozialen Stabilität.

Durch diese unterschiedlichen Rahmenbedingungen sind Vorhersagen über die Entwicklung eines diversifizierten Unternehmens auf der Basis von aggregierten Daten für einen Außenstehenden nicht oder nur eingeschränkt möglich. Die Notwendigkeit für eine Segmentberichterstattung ist somit im Falle eines diversifizierten Unternehmens das logische Ergebnis aus der Aufgabe des Jahresabschlusses, verläßliche Informationen zu liefern, die relevant und somit nützlich beim Treffen wirtschaftlicher Entscheidungen sind. So ist es doch das Ziel der Segmentberichterstattung, den Jahresabschlußlesern Informationen über die relative Größe, Ergebnisverteilung und die Wachstumstendenzen der unterschiedlichen Geschäftszweige und geographischen Regionen, in denen das diversifizierte Unternehmen operiert, aufzuzeigen, um fundiertere Beurteilungen über das gesamte Unternehmen zu erlauben.

Empirische Untersuchungen bestätigen auch, daß die Genauigkeit der Vorhersagen über die Entwicklung des zukünftigen Gesamtgewinns bei diversifizierten Unternehmen durch die zusätzliche Veröffentlichung von segmentierten Daten gesteigert werden kann[12]. Dies wird bspw. dadurch erreicht, daß eine Segmentberichterstattung es dem Jahresabschlußadressaten erlaubt, diese unternehmensspezifischen Daten mit externen Informationen (so bspw. makroökonomischen Daten einzelner Branchen oder Regionen) zu kombinieren. Diese Art der Analyse ist vor allem für Investoren und Finanzanalysten wichtig, kann jedoch auch für alle anderen Gruppen von Jahresabschlußlesern bspw. den Arbeitnehmern bzw. ihren Gewerkschaften im Rahmen von Lohnpreisverhandlungen interessant sein.

17.1.1 Definition der Segmentpublizität

Als *Segment* gilt jede isolierbare Untereinheit (Produktgruppe, Geschäftszweig, Profit Center etc.) innerhalb einer diversifizierten Wirtschaftseinheit (Unternehmen, Konzern). Im wesentlichen wird im Rahmen der Segmentberichterstattung eine Segmentierung der Unternehmenseinheiten nach Geschäftssegmenten, d. h. nach unterschiedlichen Geschäftsbereichen, bzw. geographischen Segmenten, d. h. nach regionalen Gebieten, verstanden.

---

[12] Vgl. bspw. Kinney (Predicting), S. 127–136.

Unter *Segmentpublizität* versteht man die Veröffentlichung spezifischer Informationen über diese Untereinheiten des Unternehmens.

17.1.2 Pflicht zur Segmentberichterstattung

Nach IAS 14 ‚Reporting Financial Information by Segment' müssen nur börsennotierte oder andere volkswirtschaftlich bedeutende Unternehmen eine Segmentberichterstattung erstellen. Volkswirtschaftliche Bedeutung eines Unternehmens liegt vor, wenn dessen Umsätze, Ergebnisse, Vermögensgegenstände oder die Arbeitnehmerzahl in dem Land, in welchem der Großteil der Unternehmenstätigkeit stattfindet, von Bedeutung sind. Die Pflicht zur Segmentberichterstattung gilt auch für Tochterunternehmen, sofern diese einen eigenen Abschluß veröffentlichen. Im Falle, daß das Mutterunternehmen sowohl einen Einzelabschluß als auch einen Konzernabschluß erstellt, braucht eine Segmentberichterstattung nur im Konzernabschluß ausgewiesen zu werden.

17.1.3 Kosten der Segmentberichterstattung

Als Argument gegen eine Aufstellungspflicht segmentierter Daten wird von Unternehmensseite häufig angeführt, daß den Kosten der Segmentberichterstattung kein vergleichbarer Informationsnutzen gegenüberstehen würde. Dabei werden aus Sicht der Jahresabschlußersteller vor allem zwei Arten von Kosten angeführt. Dies sind zum einen die direkten Kosten, die bei der Aufbereitung der Unternehmensdaten entsprechend den Anforderungen des IAS 14 anfallen und deren Höhe maßgeblich beeinflußt wird durch die Ausgestaltung und Organisation des internen Berichtswesens, d. h. das bestehende Informationssystem im Unternehmen. Des weiteren entstehen ggf. noch indirekte Kosten durch die Zugänglichkeit dieser Informationen für Wettbewerber, welche bspw. die Gewinnmargen der einzelnen Geschäftszweige ermitteln und in ihrer eigenen Preisermittlung verwenden könnten.

Gegen das zweite Argument des Wettbewerbsnachteils wird von seiten der Rechnungslegungskommissionen argumentiert, daß kleine nicht diversifizierte Unternehmen mit der gleichen Begründung Einspruch gegen eine Offenlegung ihrer Informationen im Rahmen der externen Berichterstattung erheben könnten. So sind bei ihnen diese Daten aus dem normalen Jahresabschluß bereits errechenbar. Damit hätten diversifizierte Unternehmen die Möglichkeit, Informationen zu verschleiern, die von undiversifizierten regional tätigen Unternehmen offenzulegen wären. Zudem wird angeführt, daß die Hauptwettbewerber des Unternehmens diese Zahlen in den meisten Fällen bereits besitzen. Insofern sind die möglichen Kosten der Segmentberichterstattung nicht so groß, daß sie aufgrund des im IASC-Framework erwähnten Kosten/Nutzen-Vergleichs eines Informationserfordernisses zur Aussetzung der Segmentberichterstattung führen können.

17.2 Entwicklung der Vorschriften zur Segmentberichterstattung

Die Vorschriften und Regelungen zur Segmentberichterstattung haben sich vor allem in den anglo-amerikanisch geprägten Ländern herausgebildet. So wurde bereits in den 60er Jahren im Rahmen der Anti-Trust-Hearings vor dem US-Senat eine Darstellung der Umsätze und Ergebnisse der einzelnen Geschäftszweige von Konglomeraten gefordert. Hierdurch sollen Ergebnisverschiebungen durch Quersubventionierung zwischen einzelnen Segmenten eines Unternehmens aufgedeckt werden. Aus diesem Grund enthielten bereits im Jahr 1965 die Börsenvorschriften in Großbritannien bzw. 1969 in den USA eine derartige Angabepflicht. Vorreiter- und somit auch Vorbildfunktion für alle darauffolgenden Standards zu diesem Sachverhalt besitzt der seit 1976 gültige SFAS 14 ‚Financial Reporting for Segments of a Business Enterprise' des Financial Accounting Standards Board (FASB). Dies gilt auch für den seit 1981 anzuwendenden IAS 14 ‚Reporting Financial Information by Segment'.
Da es sich beim IAS 14 um einen von der IOSCO identifizierten Core Standard handelt, wird er z.Zt. im Rahmen des IOSCO-Arbeitsprogrammes überarbeitet (siehe auch Künftige Regelungen). Schließlich haben auch die OECD (1976) und die UNO (1977 und 1982) Vorschriften zur Segmentberichterstattung erlassen. Aufgrund ihrer international wirtschaftspolitisch ausgerichteten Zielsetzung fordert die OECD in erster Linie Daten zu den geographischen Regionen, in denen das Unternehmen überwiegend tätig ist, sowie die Angaben von Umsätzen, Ergebnissen, Anlageinvestitionen und der Arbeitnehmerzahl der einzelnen Segmente. Auch die Vorschriften der UNO beinhalten das Ausweiserfordernis, die Arbeitnehmerzahl je Segment anzugeben, welches ebenfalls auf ihre politische Zielsetzung zurückzuführen ist.

17.3 Internationale Grundsätze der Segmentberichterstattung

Mittlerweile haben sich gewissermaßen international anerkannte Grundsätze ordnungsmäßiger Segmentberichterstattung herausgebildet[13]. So besteht in den meisten Regelungen zur Segmentberichterstattung eine Ausweispflicht der Segment-Informationen nur für bedeutende diversifizierte Unternehmen. Die Segmentierung hat dabei nach Geschäftszweigen und geographischen Regionen zu erfolgen. Für jedes einzelne Segment erfolgt eine Beschreibung der Tätigkeit oder Zusammensetzung der Region sowie die disaggregierte Angabe der Umsätze, des Ergebnisses und der Vermögensgegenstände. Zusätzlich muß die Basis für die Transferpreisfestsetzung zwischen den Segmenten und eine Überleitungsrechnung von den segmentierten zu den entsprechenden aggregierten Daten ausgewiesen werden. Methodenänderungen i.S. einer Änderung der Segmentabgrenzung oder der Bilanzierungsgrundsätze sind ebenfalls anzugeben.

[13] Siehe Haller/Park (Grundsätze), S. 499–524.

17.4 Abgrenzung der Segmente

17.4.1 Definition des Geschäftszweigs und des geographischen Segments

Geschäftszweige (industry segments) sind voneinander unterscheidbare Teilbereiche eines Unternehmens, die jeweils ein unterschiedliches Produkt oder eine Dienstleistung bzw. Gruppen zusammengehöriger Produkte oder Dienstleistungen in erster Linie für fremde Dritte herstellen bzw. erbringen.

Geographische Segmente (geographical segments) sind voneinander unterscheidbare Teilbereiche eines Unternehmens, die – den jeweiligen Verhältnissen des Unternehmens entsprechend – Teilaktivitäten in einzelnen Ländern oder Gruppen derselben bezeichnen. Geographische Segmente sind auf der Basis der Produktionsstätten, der Absatzmärkte oder auch von beiden abzugrenzen. Das Heimatland gilt dabei aber in der Regel als ein eigenes geographisches Segment.

17.4.2 Ansätze zur Bestimmung der Segmente

Geschäftszweige und geographische Segmente können auf verschiedene Art und Weise abgegrenzt werden. Aufgrund der sehr vagen Bestimmungen zur Abgrenzung der zu berichtenden Segmente in IAS 14 liegt es in der Verantwortung und im Ermessen der Unternehmensführung, die Segmente festzulegen. Hierbei ist aber stets das Ziel der Segmentberichterstattung zu beachten, nämlich einen besseren Einblick in die Vermögens-, Finanz- und Ertragslage eines diversifizierten Unternehmens zu geben.
Als weiteren Anhaltspunkt für die Abgrenzung der im Jahresabschluß zu berichtenden Segmente sehen die Rechnungslegungsnormen weltweit v.a. zwei Ansätze vor. Nach dem *Management-Ansatz* (management-approach) werden die Segmente gemäß den konzernintern-organisatorischen Kriterien abgegrenzt. Die Organisationsstruktur des Unternehmens bietet damit den Anhaltspunkt für die Segmentierung. Dieser Ansatz hat für die Unternehmen den Vorteil, daß für die so definierten Einheiten ohne großen Aufbereitungsaufwand die Daten des internen Rechnungswesen verwendet werden können. Die Jahresabschlußersteller favorisieren daher den Management-Ansatz.
Im Gegensatz dazu existiert auch der *Risiko-Chancen-Ansatz* (risk and rewards-approach). Danach sind die Segmente entsprechend ihren unterschiedlichen Risiken bzw. Chancen abzugrenzen und auszuweisen. Durch die explizite Ausrichtung an diesem Kriterium soll verhindert werden, daß Produkte oder Dienstleistungen mit unterschiedlichen Risiken in einem Segment zusammengefaßt werden, welches dem eigentlichen Ziel der Segmentberichterstattung zuwiderlaufen würde. Aus diesem Grund favorisieren die Jahresabschlußleser, insb. die Finanzanalysten, den Risiko-Chancen-Ansatz.
Der Management- und der Risiko-Chancen-Ansatz führen natürlich zum gleichen Ergebnis, wenn das Unternehmen – was in der Praxis der häufigste Fall ist – seine

interne Organisationsstruktur an den unterschiedlichen Risiken seiner Geschäftsaktivitäten ausrichtet.
IAS 14 fordert für die Abgrenzung der Segmente weder die ausschließliche Befolgung des Management-Ansatzes noch des Risiko-Chancen-Ansatzes bei der Abgrenzung der Segmente. Diese sind nach dem Kriterium der unterschiedlichen Produkte oder Dienstleistungen bzw. nach den Tätigkeiten in unterschiedlichen Ländern aufzuteilen, wobei die Abgrenzung jedoch eher nach den Risiken und Aussichten der einzelnen Segmente und weniger nach der Organisationsstruktur des Unternehmens stattfinden soll[14]

17.5 Segmentinformationen

Für jedes angegebene Geschäftssegment oder geographische Segment sind jeweils auszuweisen:

- die Umsatzerlöse oder sonstige betriebliche Erträge (sales or other operating revenues), getrennt nach Außenumsätzen und Umsätzen mit anderen Segmenten,
- das Segmentergebnis (segment result),
- das eingesetzte Segmentvermögen (segment assets employed), entweder in absoluten Beträgen oder als Anteil an den gesamten Vermögensgegenständen,
- die Grundlage für die Verrechnungspreisgestaltung zwischen den Segmenten.

Des weiteren sind im Jahresabschluß auch noch die Tätigkeiten der berichteten Geschäftszweige zu beschreiben bzw. die Zusammensetzung der geographischen Segmente zu erläutern.

17.5.1 Segmentumsatz

Als Segmentumsatzerlöse werden im IAS 14 Umsatzerlöse definiert, die direkt oder auf einer sinnvollen Basis einem Segment zugerechnet werden können und die aus Transaktionen mit fremden Dritten oder mit anderen Segmenten des Unternehmens resultieren.
In diesem Zusammenhang ist zu beachten, daß bei den vorzunehmenden Zuordnungen, d.h. sowohl bei der Ermittlung der Segmentumsätze als auch der Segmenterträge bzw. -aufwendungen und der Segmentaktiva nach dem *Disaggregationsansatz* (disaggregation approach) zu verfahren ist. Im Gegensatz zur Vorgehensweise beim *Ansatz autonomer Einheiten* (autonomous entity approach) erfolgt die Ermittlung der segmentierten Daten bei diesem Ansatz durch Disaggregation der aggregierten Werte. Dieser Ansatz hat den Vorteil, daß er im Einklang mit der traditionellen Rechnungslegungspraxis steht, der Zusammenhang zwischen aggregierten und segmentierten Daten leichter nachvollziehbar ist und die Bedeutung eines Segments für das Gesamtunternehmen besser beurteilt werden kann.

---

[14] Vgl. hierzu auch Salter et al. (Reporting), S. 118–123.

17.5.2 Segmentergebnis

Das Segmentergebnis ergibt sich als Differenz zwischen dem Segmenterlös (segment revenues) und den Aufwendungen des betreffenden Segmentes (segment expenses). In der Regel wird es sich hierbei um das Betriebsergebnis (operating profit) handeln. IAS 14 weist aber darauf hin, daß andere Segmentergebnisgrößen u.U. angemessener erscheinen können. Ein Vorteil eines analog zur Gewinn- und Verlustrechnung definierten Betriebsergebnisses ist darin zu sehen, daß dieses eine aussagekräftige Größe zur Beurteilung der Segmententwicklung darstellt, da die Finanzstruktur meistens auf Gesamtunternehmensebene festgelegt wird, und das Finanzergebnis nicht in direktem Zusammenhang mit der Leistungsfähigkeit eines Segmentes steht. Des weiteren wäre auf diesem Niveau eine noch relativ eindeutige Zuteilung möglich.

Nicht in die Ermittlung des Segmentergebnisses eingerechnet werden nach IAS 14 normalerweise Zinserträge bzw. -aufwendungen, Steuern vom Einkommen und vom Ertrag, Minderheitenanteile und außergewöhnliche Ergebnisse.

Hinsichtlich der Behandlung von Gemeinschaftskosten, d.h. den einzelnen Segmenten nicht direkt zurechenbaren Kosten, die aufgrund der wirtschaftlichen Verflechtung der Segmente von mehreren Segmenten gemeinsam verursacht worden sind (so bspw. Managementgehälter auf Unternehmensebene), wird in IAS 14 ein Wahlrecht eingeräumt. So dürfen diese Gemeinschaftskosten, sofern eine sinnvolle Basis für eine Zuordnung auf die Segmente besteht, den entsprechenden Segmenten zugerechnet werden. Sofern sie nicht zugeordnet werden können bzw. von dem Wahlrecht kein Gebrauch gemacht wird, kann nur der Beitrag eines Segmentes (segment contribution) zum Gesamtunternehmensergebnis errechnet, nicht aber die eigentliche Ergebnisentwicklung des einzelnen Segments beurteilt werden. Eine Berücksichtigung der Gemeinschaftskosten ist daher, sofern eine verläßliche Basis für ihre Aufteilung besteht, einer Nicht-Berücksichtigung vorzuziehen, da hierdurch ein zuverlässigerer Indikator für die Segmententwicklung als Beitrag eines Segmentes gebildet wird.

17.5.3 Segmentvermögen

IAS 14 fordert auch den Ausweis des Segmentvermögens, da dieses einen Anhaltspunkt über die für die Erzielung des Segmentergebnisses eingesetzten Vermögensgegenstände (assets) liefern kann. Der Begriff des Segmentvermögens umfaßt dabei alle immateriellen Vermögensgegenstände und Vermögensgegenstände des Anlagevermögens, die einem bestimmten Segment zugeordnet werden können. Für Vermögensgegenstände, die von zwei oder mehr Segmenten verwendet werden (so bspw. ein Verwaltungsgebäude), besteht das Wahlrecht, diese auf die entsprechenden Segmente zu verteilen, sofern eine sinnvolle Basis für eine solche Zurechnung existiert. Wie schon für die Gemeinschaftskosten verdeutlicht wurde, können hier Probleme bei der adäquaten Zuteilung auftreten. Eine solche ist jedoch, will man die Segmente in ihrer Entwicklung beurteilen, unerläßlich. Für den

Ausweis des Segmentvermögens ist der Vermögensbegriff des eingesetzten Vermögens (assets employed) zu berücksichtigen.
Eine Verpflichtung zur Segmentierung der Schulden (liabilities), d. h. der Verbindlichkeiten und Rückstellungen, sieht IAS 14 nicht vor. So werden diese nach Ansicht des IASC entweder für das gesamte Unternehmen eingegangen oder tragen eher zum Finanzergebnis als zum Ergebnis aus der gewöhnlichen Geschäftstätigkeit bei.

17.5.4 Intersegment-Preisgestaltung

Bei der Festlegung der Transferpreise stellt sich das Problem, daß Innenumsätze und andere Erträge zwischen den Segmenten nicht immer auf der Basis der tatsächlichen Kosten (on an arm's length basis) gebildet werden können. Aus diesem Grund ist es nützlich, die Höhe derartiger Erträge und eine Erläuterung der Verrechnungspreisbildung, d. h. der Art und Weise, wie die Transferpreise zustande gekommen sind, anzugeben. Eine Festlegung der anzuwendenden Bewertungsgrundlage bei der Bildung der Verrechnungspreise erfolgt im IAS 14 aber nicht. Beispielhaft angeführt werden in diesem Zusammenhang im IAS 14 der Marktwert (fair market value), die Anschaffungs- bzw. Herstellungskosten (cost) oder aber der Marktwert abzüglich einer gewährten Preisminderung.
Vor allem dieser Gestaltungsspielraum bei der Ausgestaltung der Transferpreise wird – neben den sehr vagen Kriterien für die Abgrenzung der Segmente – als Argument gegen die Notwendigkeit der Veröffentlichung von Segmentangaben vorgebracht. So wird aufgrund dieser Gestaltungsspielräume der Wert für die Beurteilung der Lage des Unternehmens häufig bezweifelt.

17.5.5 Überleitung der Segmentangaben

Die Segmentberichterstattung muß auch eine Überleitungsrechnung (reconciliation) von der Summe der Beträge je Segment zu den entsprechenden im Konzernabschluß ausgewiesenen aggregierten Gesamtbeträgen enthalten. Hintergrund dieser Forderung ist, daß andernfalls das Verhältnis zwischen diesen beiden Werten für den Jahresabschlußleser nicht verständlich wäre.

17.5.6 Bilanzierungsgrundsätze und -politik

Im Rahmen der Segmentberichterstattung haben die Unternehmen grundsätzlich sowohl bei der Festlegung der Segmente als auch der verwendeten Bilanzierungsgrundsätze bspw. bei der Zuordnung der Gemeinschaftskosten und -vermögensgegenstände sowie der Festlegung der Transferpreise einen erheblichen Spielraum. Zudem ist es möglich, daß für die einzelnen Segmente eine jeweils eigenständige Bilanzpolitik betrieben wird. So können bspw. die schlechten Ergebnisse in einem bestimmten Land damit kompensiert werden, daß dieses mit einem besonders erfolgreichen Land aggregiert wird oder Ergebnisverlagerung durch eine „günstigere" Festlegung von Transferpreisen erfolgt.

Aus diesen Gründen ist über Änderungen bei der Abgrenzung der Segmente oder den bei der Berichterstattung verwendeten Bilanzierungsgrundsätzen zu berichten. Dies gilt jedoch nur, sofern sie einen wesentlichen Einfluß auf die ausgewiesenen Segmentinformationen haben. Die Art der Änderung ist unter Angabe der Gründe zu beschreiben. Sofern dies möglich ist, ist auch die Auswirkung dieser Änderung zu quantifizieren.

17.6 Künftige Regelungen

IAS 14 wird z.Zt. im Rahmen des IOSCO-Arbeitsprogrammes überarbeitet. Nach der Veröffentlichung des Draft Statement of Principles (DSOP) im September 1994 wurde der Standardentwurf (Exposure Draft) im April 1995 zur Kommentierung herausgegeben. Dieser weist in wesentlichen Punkten Änderungen auf.
Nachdem der DSOP noch den Risiko-Chancen-Ansatz als Abgrenzungsleitlinie vorsah, ist der Standardentwurf aufgrund der heftigen Kritik aus der Praxis sowie in Abstimmung mit den amerikanischen und kanadischen Standardsetzern zum Management-Ansatz übergegangen.
Die wesentlichste Neuerung des Entwurfs gegenüber dem z.Zt. gültigen IAS 14 ist die Differenzierung nach einer primären und sekundären Segmentierungsdimension (two tier-segmentation). Diese sieht eine Unterscheidung bezüglich des Umfanges der auszuweisenden Informationen bei den beiden Segmentierungsebenen Geschäftszweig bzw. geographische Region vor. Entsprechend der internen Organisationsstruktur des Unternehmens sind eine *dominant* und eine *secondary* Basis für die Segmentierung der Unternehmensdaten zu bestimmen. Sofern bspw. die interne Organisationsstruktur des Unternehmens nach Geschäftszweigen gegliedert ist, stellt diese dominierende Ausrichtung das primäre Berichtsobjekt dar, während die zweite Segmentdimension auf der Grundlage von geographischen Regionen zu erfolgen hat. Während für die dominante Basis die gesamten vom Entwurf geforderten Informationen anzugeben sind, sind für die zweite Segmentierungsform nur einige ausgewählte Angaben auszuweisen.
Daneben werden im Entwurf auch noch Größenrichtlinien für die Ermittlung der zu berichtenden Segmente definiert. Demnach müssen die Vermögensgegenstände, der Umsatz oder das Ergebnis eines Segmentes mehr als 10 % der jeweiligen Größe des Gesamtunternehmens ausmachen.
Auch die Ausweiserfordernisse sind erweitert worden. So sind bspw. nun auch die Schulden, Anlageinvestitionen und Abschreibungen je Segment zwingend anzugeben.

17.7 Angabepflichten

Die Muster AG veröffentlicht in ihrem Geschäftsbericht folgende Segmentinformationen:

Kennzahlen nach Arbeitsgebieten

Arbeitsgebiete (in Mio. DM)	Verkehr		Gebäudetechnik		Kommunikation	
	1996	1995	1996	1995	1996	1995
Umsatz	2.147	1.954	1.675	1.559	8.744	8.379
Operatives Ergebnis	76	-33	72	-8	721	668
Umsatzrendite	4 %	-2 %	4 %	-1 %	8 %	8 %
Operativer Cash-flow	232	138	212	168	1.116	1.078
Vermögen	2.243	2.193	1.889	1.803	7.447	6.983
Sachanlagen und immaterielle Vermögensgegenstände						
– Abschreibungen	135	151	129	144	398	447
– Investitionen	177	152	143	147	651	564
Finanzierungsquote	76 %	99 %	90 %	98 %	61 %	80 %
F & E -Kosten	61	64	64	65	778	770
in Prozent vom Umsatz	3 %	3 %	3 %	4 %	9 %	9 %
Mitarbeiter	6.089	6.209	5.797	5.851	27.114	27.940

Kennzahlen nach Regionen

Arbeitsgebiete (in Mio. DM)	Europa		Nordamerika		Asien	
	1996	1995	1996	1995	1996	1995
Umsatz: Sitz der Kunden	6.302	6.021	2.939	2.777	3.325	3.094
Umsatz: Sitz der Gesellschaften	7.205	6.936	2.953	2.793	2.408	2.163
Operatives Ergebnis	480	315	277	183	112	129
Umsatzrendite	7 %	5 %	9 %	7 %	7 %	6 %
Operativer Cash-flow	1.044	939	426	327	90	118
Vermögen	7.725	7.439	2.680	2.477	1.174	1.063
Sachanlagen und immaterielle Vermögensgegenstände						
– Abschreibungen	503	582	133	137	26	23
– Investitionen	662	609	240	202	69	52
Finanzierungsquote	76 %	96 %	55 %	68 %	38 %	44 %
F & E -Kosten	660	666	195	192	48	41
in Prozent vom Umsatz	9 %	10 %	7 %	7 %	3 %	2 %
Mitarbeiter	28.457	29.571	6.943	6.886	3.600	3.543

Literatur

Ahadiat, Nasrollah/Stewart, Barbara
International Geographic Segment Reporting Standards: A Case for the Harmonization of Accounting and Reporting Practices, in: International Journal of Accounting 1/1992, S. 45–56

Baumann, Karl-Hermann
Die Segmentberichterstattung im Rahmen der externen Finanzpublizität, in: Bilanz- und Konzernrecht, Festschrift für Reinhard Goerdeler, hrsg. von H. Havermann, Düsseldorf 1987, S. 1–23

Biener, Herbert
Diskussionsbeitrag, in: Die deutsche Rechnungslegung vor dem Hintergrund internationaler Entwicklungen, hrsg. von J. Baetge, Düsseldorf 1987, S. 158–160

Coenenberg, Adolf
Jahresabschluß und Jahresabschlußanalyse: Grundfragen der Bilanzierung nach betriebswirtschaftlichen, handelsrechtlichen, steuerrechtlichen und internationalen Grundsätzen, Landsberg/Lech 1997, 16. Auflage, insbes. S. 392–400

Haller, Axel/Park, Peter
Regulation und practice of segmental reporting in Germany, in: European Accounting Review 3/1994, S. 563–580

Haller, Axel/Park, Peter
Grundsätze ordnungsmäßiger Segmentberichterstattung, in: Zeitschrift für betriebswirtschaftliche Forschung 6/1994, S. 499–524

International Accounting Standards Committee (Hrsg.)
Reporting Financial Information by Segment, A Draft Statement of Principles, London 1994

Kinney, William Jr.
Predicting Earnings: Entity versus Subentity Data, in: Journal of Accounting Research Spring 1971, S. 127–136

Möckli, Marc
Segmentberichterstattung in der Schweiz, Dissertation Universität St. Gallen 1996

Nobes, Christopher/Parker, Robert
Comparative International Accounting, Hemel Hempstead 1991, 3. Aufl., S. 342–362

Pacter, Paul
Reporting Financial Information by Segment, A Background Issues Paper prepared for the IASC Steering Committee on Segment Reporting, IASC (Hrsg.), London 1994

Radebaugh, Lee/Gray, Sidney
International Accounting and Multinational Enterprises, New York u. a. O. 1993, 3. Aufl., S. 261–283

Risse, Axel
Segmentberichterstattung: Neue Entwicklungen beim IASC und mögliche Auswirkungen auf Deutschland, in: Der Betrieb 15/1995, S. 737–742

Risse, Axel
International Accounting Standards für den deutschen Konzernabschluß, Wiesbaden 1996, S. 156–158

Salter, Stephen/Swanson, Edward/Achleitner, Ann-Kristin/de Lembre, Erik/Khanna, Bhagwan
Reporting Financial Information by Segment: A Comment of the American Accounting Association on the IASC Draft Statement of Principles, in: Accounting Horizons 1/1996, S. 118–123

Schulte, Elmar/Krüger, Ralf
Zur Problematik des Ausweises des Spartenerfolges (Segment of the Business) im Jahresabschluß, in: Bilanzfragen, Festschrift zum 65. Geburtstag von Ulrich Leffson, hrsg. von A. Moxter/D. Schneider, Düsseldorf 1976, S. 179–190

18 Kapitalflußrechnung

Lernziele

In diesem Kapitel erfahren Sie:

- warum die Kapitalflußrechnung neben der Bilanz und der Gewinn- und Verlustrechnung ein integraler Bestandteil des IAS-Jahresabschlusses ist,
- wie sich die Fonds „Geld und geldnahe Mittel“ zusammensetzen,
- wie die Kapitalflußrechnung nach IAS gegliedert ist,
- welche Informationen sich aus der Kapitalflußrechnung gewinnen lassen,
- welche Angaben zur Kapitalflußrechnung offenzulegen sind und
- wie Cash flow-orientierte Größen im Rahmen der Unternehmensanalyse eingesetzt werden.

18.1 Grundsätzliches zur Kapitalflußrechnung

Nicht alle Größen, die für die Beurteilung eines Unternehmens wichtig sind, werden in der Bilanz und Gewinn- und Verlustrechnung dargestellt. Dies trifft v.a. auf die Liquidität eines Unternehmens zu. Die Bilanz zeigt eine stichtagsbezogene Aufnahme der Mittelbindung und der Finanzierung. Durch die Art der Gliederung ergibt sich zudem ein Hinweis auf die Fälligkeit der Verbindlichkeiten bzw. die Realisierbarkeit der Vermögensgegenstände. Allerdings täuscht diese Gliederung gelegentlich: Zahlungsverzögerungen bei den Debitoren oder „Ladenhüter“ im Warenlager führen dem Unternehmen mitunter erst mit großer Verzögerung liquide Mittel zu; dagegen kann sich der Gegenwert der Nutzung von Maschinen zur Herstellung neuer und gut verkäuflicher Produkte, der über die Abschreibung Teil der Herstellungskosten ist, sehr rasch in Geldmittel wandeln.
In der Gewinn- und Verlustrechnung steht die Ertragskraft eines Unternehmens im Vordergrund. Selbst ertragsstarke Unternehmen können jedoch in Liquiditätsschwierigkeiten geraten, welche die Fortführung des Unternehmens in Frage stel-

len. So sind insb. Wachstumsunternehmen durch Liquiditätsengpässe gefährdet, da die erarbeiteten Mittel oft im Umlaufvermögen als Vorräte oder Debitorenbestände gebunden sind und das Unternehmen aufgrund der Ausweitung des Geschäftsvolumens zusätzliche Mittel aufbringen muß. Kurzfristig ist daher die Zahlungsfähigkeit für die Beurteilung der Überlebenschancen eines Unternehmens wichtiger als die Ertragslage.

Die Adressaten des Jahresabschlusses benötigen Informationen über die Fähigkeit des Unternehmens, Geld und geldnahe Mittel zu generieren. Die IAS-Rechnungslegung fordert deshalb die Kapitalflußrechnung (cash flow statement) als integralen Bestandteil des Jahresabschlusses in jeder Rechnungsperiode. Mit dem Übergang von Aufwands- und Ertragsgrößen hin zu zahlungsstromorientierten Größen stellt die Kapitalflußrechnung die Verbindung her zwischen der traditionellen Rechnungslegung und finanzwirtschaftlichen Konzepten, die aktuell unter dem Stichwort „Shareholder Value" diskutiert werden.

Die Kapitalflußrechnung zeigt die Geldzuflüsse (cash inflows) und Geldabflüsse (cash outflows) einer Periode. Die Geldflüsse sind nach den Ursachen ihrer Entstehung zu gliedern in:

- Geldfluß aus Geschäftstätigkeit (operating activities),
- Geldfluß aus Investitionstätigkeit (investing activities) und
- Geldfluß aus Finanzierungstätigkeit (financing activities).

Für das Überleben des Unternehmens ist der Geldzufluß aus Geschäftstätigkeit eine wichtige Voraussetzung. Nur wenn ein Unternehmen in der Lage ist, im Rahmen seines operativen Geschäftes per Saldo einen Mittelzufluß zu erzeugen, kann das Unternehmen seinen Aktivitäten auch in Zukunft nachgehen, seine Verbindlichkeiten begleichen und Ausschüttungen an die Investoren vornehmen. Zudem ermöglicht ein hoher Geldzufluß aus Geschäftstätigkeit dem Unternehmen, Investitionen aus eigener Kraft zu finanzieren (Innenfinanzierung). Vereinfachend wird der Geldfluß aus Geschäftstätigkeit auch als Cash flow bezeichnet, wobei v.a. nach IAS-Normen berichterstattende Schweizer Konzerne die Zwischengröße vor Veränderung des Nettoumlaufvermögens als Cash flow kennzeichnen.

IAS 7 ‚Cash Flow Statements' schreibt für Unternehmen aller Branchen die Kapitalflußrechnung als dritten Bestandteil des Jahresabschlusses vor. Diese Regelungen gelten auch für Banken, Versicherungen und andere Finanzinstitute. Inhaltlich orientiert sich IAS 7 stark am Statement of Financial Accounting Standards (SFAS) No. 95 des US-amerikanischen Financial Accounting Standards Board (FASB). Im Gegensatz zu den anglo-amerikanischen Rechnungslegungsvorschriften enthalten die EG-Richtlinien keine Vorschrift für die Erstellung und den Ausweis einer Kapitalflußrechnung, eine solche ist auch nach deutschem Bilanzrecht nicht vorgeschrieben.

18.2 Wahl des Fonds

Schon die überwiegend benutzte Bezeichnung „Kapitalflußrechnung" ist unpräzise i.S.v. IAS 7. So zeigt dieser Jahresabschlußbestandteil doch nach den Bestim-

mungen des IASC die Veränderung der Bestände an Geld (cash) und geldnahen Mitteln (cash equivalents). Der in der Schweiz überwiegend für die Kapitalflußrechnung verwendete Terminus der „Geldflußrechnung" erweist sich in diesem Zusammenhang als wesentlich treffender.
Der abgegrenzte Bestand an Geldmitteln, dessen Veränderung innerhalb einer Periode die Kapitalflußrechnung zeigt, wird auch als „Fonds" bezeichnet. IAS 7 schränkt den Kreis der möglichen Bilanzpositionen, die als Fonds zugelassen sind, erheblich ein. Geld und geldnahe Mittel sind Gegenstand des Cash Managements eines Unternehmens und können annäherungsweise mit den „flüssigen Mitteln" gleichgesetzt werden. Unter Geld versteht man Zahlungsmittel und auf Sicht angelegte Gelder (bspw. Fest- oder Callgelder); geldnahe Mittel sind kurzfristige, jederzeit liquidierbare Vermögensanlagen, die keinem nennenswerten Wertänderungsrisiko ausgesetzt sind.
Entscheidendes Kriterium für die Abgrenzung zwischen anderen Positionen des Umlaufvermögens und geldnahen Mittel ist damit die kurzfristige Fälligkeit, die in der Regel dann angenommen wird, wenn Finanzanlagen innerhalb von 90 Tagen vom Anlagedatum fällig sind. Die Mittel dürfen zudem in ihrer Verfügbarkeit nicht eingeschränkt sein. Der Fonds „Geld und geldnahe Mittel" kann auch Passivpositionen in Form von Kontokorrentkrediten (bank overdrafts) miteinschließen, wenn diese fester Bestandteil des Cash Management des Unternehmens sind. Umschichtungen innerhalb des Fonds (z. B. durch die Umwandlung von Kontokorrentguthaben in Termingelder) sind Teil des Cash Management und gelten damit nicht als Geldfluß aus Geschäfts-, Investitions- oder Finanzierungstätigkeit.
Andere Standards, so bspw. die Schweizer Fachempfehlungen zur Rechnungslegung (FER) lassen weitere Fonds als Grundlage der Kapitalflußrechnung zu. Hierzu zählen „Netto flüssige Mittel" (Flüssige Mittel abzüglich kurzfristige Finanzverbindlichkeiten) und „Netto-Finanzsituation" (Flüssige Mittel abzüglich sämtlicher kurz- und langfristiger Finanzverbindlichkeiten). Im Gegensatz zu Bruttofonds schließen Nettofonds auch Passivpositionen ein.
Kritisch zu beurteilen ist jedoch die Verwendung des Fonds „Nettoumlaufvermögen" (net working capital) als Grundlage der Kapitalflußrechnung. Dieser setzt sich zusammen aus Bilanzpositionen des Umlaufvermögens wie flüssige Mittel, Forderungen und Vorräte abzüglich der kurzfristigen Verbindlichkeiten. Zur Beurteilung der Liquidität eines Unternehmens ist dieser Fonds deshalb ungeeignet, weil es sich bei Forderungen und Vorräten nicht um Zahlungsmittel handelt, mit denen das Unternehmen seinen Zahlungsverpflichtungen nachkommen kann. Zwar können Forderungen abgetreten werden, die Zession erfolgt in der Praxis jedoch nur ausnahmsweise. Kritisch ist die Tatsache, daß bei Verwendung des Fonds Nettoumlaufvermögen eine Zunahme der Warenvorräte (Unternehmen produziert auf Lager) und eine Zunahme der Forderungen (Kunde zahlt die Rechnung nicht) als Zunahme des Mittelflusses aus Geschäftstätigkeit ausgewiesen wird, obwohl sich die Zahlungsfähigkeit des Unternehmens dadurch verschlechtert, daß die flüssigen Mittel in den Positionen Warenvorräte und Forderungen gebunden sind. Unternehmen geraten gerade deshalb in Liquiditätsschwierigkeiten, weil Wa-

ren nicht verkauft werden können und Schuldner die Begleichung der Rechnung verzögern. Zeigt die Kapitalflußrechnung nur die Veränderung des Nettoumlaufvermögens an, werden diese Risiken nicht berücksichtigt. Zudem ergeben sich Abgrenzungsprobleme: Muß ein Teil des Warenlagers („eiserner Bestand") als Anlagevermögen ausgeschieden werden? Sind Kontokorrentkredite von Banken „wirtschaftlich" langfristiges Kapital? Diese Abgrenzungsprobleme treten besonders bei relativ weit definierten Fonds auf, weniger dagegen bei der Wahl der flüssigen Mittel als Bezugsgröße.

18.3 Geldfluß aus Geschäftstätigkeit

Die Geschäftstätigkeit (operating activities) umfaßt alle grundlegenden ertragbringenden Aktivitäten eines Unternehmens und sonstige Aktivitäten, die nicht den Bereichen Finanzierung und Investition zugerechnet werden können. Geldflüsse aus betrieblicher Tätigkeit können in der Regel aus den Transaktionen abgeleitet werden, die auch zur Bestimmung des operativen Gewinns herangezogen werden. Eine Ausnahme bildet der Verkauf von Gegenständen des Anlagevermögens, der zwar den IAS-Normen zufolge (durch die extreme Eingrenzung der als außerordentliche Positionen auszuweisenden Fälle) zum operativen Ergebnis gehört, aber nicht Teil des Mittelflusses aus Geschäftstätigkeit ist.
Der Geldfluß aus Geschäftstätigkeit kann auf zwei Arten berechnet werden (siehe Abb. 35). Beide Methoden liefern die gleichen Ergebnisse, gehen jedoch unterschiedlich vor: Bei der direkten Methode wird der Saldo aus Geldzuflüssen und Geldabflüssen gebildet. Die indirekte Methode geht vom Nettogewinn bzw. -verlust aus. Dieser wird dann korrigiert um nicht liquiditätswirksame Transaktionen (non cash transactions). IAS 7 läßt zwar beide Methoden zu, gibt aber der direkten Methode den Vorzug.

Direkte Methode	**Indirekte Methode**
liquiditätswirksamer Ertrag – liquiditätswirksamer Aufwand	Geschäftsergebnis + Nicht liquiditätswirksamer Aufwand – Nicht liquiditätswirksamer Ertrag –/+ Zu- /Abnahme des nicht liquiden Nettoumlaufvermögens
= Geldfluß aus Geschäftstätigkeit	

Abb. 35: Berechnung des Geldflusses aus Geschäftstätigkeit

Da bei der *direkten Methode* die einzelnen Komponenten des operativen Cash flows näher aufgeschlüsselt werden, hat diese Methode einen höheren Informationsgehalt und läßt eher Rückschlüsse auf künftige Entwicklungen zu (siehe Abb. 36).

	Einzahlungen aus dem Verkauf von Gütern und Dienstleistungen (Geldfluß aus Umsatz)
+	Einzahlungen aus Urheberrechten, Gebühren, Kommissionen und anderem Einkommen
–	Auszahlungen an Lieferanten von Gütern und Dienstleistungen (z. B. Materialaufwand)
–	Auszahlungen an Mitarbeiter und im Auftrag von diesen (bspw. Löhne, Sozialleistungen)
+/–	Ein- und Auszahlungen eines Versicherungsunternehmens in Form von Prämien, Ansprüchen, Annuitäten und andere Vergütungen im Zusammenhang mit Versicherungspolicen
–/+	Zahlungen oder Rückerstattungen von Einkommenssteuern, es sei denn sie stehen mit Finanzierungs- und Investitionstätigkeiten in direktem Zusammenhang
+/–	Ein- und Auszahlungen aus Verträgen, die aus betrieblichen Gründen oder zum Handel abgeschlossen wurden
=	**Geldfluß aus Geschäftstätigkeit (Cash flow)**

Abb. 36: Beispiele für Geldzu- und -abflüsse aus Geschäftstätigkeit nach der direkten Methode

Da sich die Datenerfassung im Unternehmen in der Regel an Aufwand und Ertrag orientiert, müssen nicht liquiditätswirksame Posten eliminiert werden, bevor die Kapitalflußrechnung nach der direkten Methode erstellt werden kann. Eine direkte Verbindung zu den Zahlen der Bilanz und Gewinn- und Verlustrechnung besteht damit nicht. In der Rechnungslegungspraxis Deutschlands und der Schweiz hat sich die direkte Methode aufgrund des höheren Aufwands bei der Berechnung der Geldflüsse bisher nicht durchgesetzt.
Verbreiteter ist die *indirekte Methode*, bei der Gewinn bzw. Verlust der Periode um nicht liquiditätswirksame Posten und die Veränderungen des Nettoumlaufvermögens korrigiert werden (siehe Abb. 37).

Ertragssteuern sind Teil des Geldflusses aus Geschäftstätigkeit, es sei denn die Steuern fallen im Zusammenhang mit Finanzierungs- und Investitionsaktivitäten an. Erhaltene und bezahlte Zinsen und Dividenden sind separat aufzuführen. Für ihren Ausweis bestehen folgende Wahlmöglichkeiten: Erhaltene Zinsen und Dividenden können entweder als Geldfluß aus Geschäftstätigkeit oder als Geldfluß aus Investitionstätigkeit ausgewiesen werden. Bezahlte Zinsen und Dividenden werden als Geldfluß aus Geschäftstätigkeit oder Finanzierungstätigkeit ausgewiesen.

	Gewinn bzw. Verlust
+/–	Nicht liquiditätswirksamer Aufwand/Ertrag
+	Abschreibungen auf Sachanlagen
+	Abschreibungen auf immaterielle Werte
+	Wertberichtigungen auf Forderungen
+/–	Gewinn/Verlust aus Anlageverkäufen
+/–	Zu-/Abnahme der Rückstellungen
+/–	Aufwand/Ertrag aus der Equity-Methode
+/–	Zu-/Abnahme der Minderheitsanteile
	Veränderung des Nettoumlaufvermögens (ohne liquide Mittel)
–/+	Zu-/Abnahme der Forderungen
–/+	Zu-/Abnahme der Warenvorräte
–/+	Zu-/Abnahme Kreditoren
–/+	Zu-/Abnahme der Anzahlungen von Kunden
=	**Geldfluß aus Geschäftstätigkeit (Cash flow)**

Abb. 37: Beispiele für Geldzu- und -abflüsse aus Geschäftstätigkeit nach der indirekten Methode

18.4 Geldfluß aus Investitionstätigkeit

Investitionstätigkeit (investing activities) bezeichnet den Erwerb von und die Verfügung über Anlagevermögen und andere Investitionen, die nicht den geldnahen Mitteln zugerechnet werden. Durch die Ermittlung des Geldflusses aus Investitionstätigkeit werden die Auswirkungen von Investitionsentscheidungen auf die Entwicklung der Liquidität gezeigt (siehe Abb. 38). Investitionsausgaben werden getätigt, um zu einem späteren Zeitpunkt größere Geldeinnahmen oder eine Reduktion der Geldausgaben zu erzielen. Die Offenlegung der Geldflüsse aus Investitionstätigkeit erlaubt deshalb Rückschlüsse auf die Fähigkeit des Unternehmens, künftig Einzahlungen zu erzeugen bzw. Auszahlungen zu vermeiden.
Zur Beurteilung, ob eine getätigte Investition Auswirkungen auf die Kapazität des Unternehmens hat, schlägt IAS 7 vor, die Geldflüsse in Ersatz- und Erweiterungsinvestitionen zu unterteilen. Einen besonderen Ausweis fordert IAS 7 für die Liquiditätswirkungen von Akquisitionen bzw. Desinvestitionen, die den Konsolidierungskreis ändern. So sind die Geldflüsse aus dem Kauf bzw. Verkauf von Tochtergesellschaften im Anhang aufzuschlüsseln. Eine Besonderheit ergibt sich daraus, daß mit dem Kauf bzw. Verkauf von Unternehmen auch jeweils deren flüssige Mittel gekauft bzw. verkauft werden. Die Geldflüsse sind somit um den entsprechenden Posten zu korrigieren.

Wurden Finanzkontrakte zum Zweck der Absicherung abgeschlossen, werden die Geldflüsse aus diesen Kontrakten zusammen mit den Grundgeschäften ausgewiesen, folglich meist im Rahmen der Geschäftstätigkeit.

+/–	Ein- und Auszahlungen aus dem Erwerb von Grundstücken, Gebäuden und Maschinen, immateriellen Gütern und anderen Gütern des Anlagevermögens (die Auszahlungen schließen aktivierte Entwicklungskosten und selbsterstellte Gebäude, Produktionsstätten und Maschinen mit ein)
+/–	Ein- und Auszahlungen zum Erwerb von Eigen- und Fremdkapitalinstrumenten anderer Unternehmen und Zinsen aus Joint Ventures (sofern diese nicht als Geld bzw. geldnahe Mittel betrachtet werden)
+/–	Vorschüsse und Darlehen, die Dritten gewährt werden oder die Dritte gewähren
+/–	Ein- und Auszahlungen in Zusammenhang mit Futures-Kontrakten, Forward-Kontrakten, Optionen und Swaps, außer wenn diese Kontrakte zum Zweck des Handels erfolgen bzw. die Ein- oder Auszahlungen der Finanztätigkeit zuzuordnen sind
=	**Geldfluß aus Investitionstätigkeit**

Abb. 38: Beispiele für Geldflüsse aus Investitionstätigkeit

18.5 Geldfluß aus Finanzierungstätigkeit

Durch Finanzierungstätigkeit (financing activities) wird sowohl die Höhe als auch die Zusammensetzung des Eigen- und des Fremdkapitals des Unternehmens verändert. Die Darstellung der Geldflüsse aus Finanzierungstätigkeit gemäß Abb. 39 ermöglicht u. a. Rückschlüsse auf künftige Mittelabflüsse an Kapitalgeber.

+	Geldzuflüsse aus Aktienemissionen oder der Ausgabe anderer Eigenkapitalinstrumente
–	Auszahlungen an Aktionäre zum Kauf oder Rückkauf von Aktien
+	Mittelzuflüsse aus der Ausgabe von lang- oder kurzfristigen Fremdkapitalinstrumenten wie Anleihen oder Darlehen
–	Rückzahlungen von Schulden
–	Zahlungen eines Leasingnehmers zur Reduktion von Schulden aus Finanzleasingverträgen
=	**Geldfluß aus Finanzierungstätigkeit**

Abb. 39: Beispiele für Geldflüsse aus Finanzierungstätigkeit

Die Zuordnung der Geldflüsse zu den einzelnen Tätigkeitsbereichen hängt vom Unternehmenszweck ab. So werden Grundstücke in der Regel als langfristige Anlagegüter betrachtet. Geldflüsse im Zusammenhang mit dem Erwerb von Grundstücken werden daher dem Bereich Investitionstätigkeit zugerechnet. Für Immobiliengesellschaften dagegen ist der Erwerb von Grundstücken Teil des operativen Geschäfts; folglich werden auch die Geldflüsse aus Immobiliengeschäften der Geschäftstätigkeit zugerechnet.
Einzelne Transaktionen können in unterschiedliche Bestandteile aufgespalten werden. Zahlungen von Schuldnern können bspw. in ihren Zins- und Tilgungsanteil unterschieden und so unterschiedlichen Tätigkeitsbereichen zugeordnet werden. Grundsätzlich sind alle Mittelzu- und -abflüsse als Bruttogrößen zu zeigen. Eine Saldierung von Geldzuflüssen und Geldabflüssen ist somit nicht erlaubt. IAS 7 sieht jedoch Ausnahmen vor für die Ermittlung des Geldflusses aus Geschäftstätigkeit nach der indirekten Methode. So wird bspw. die Veränderung der einzelnen Positionen des Nettoumlaufvermögens netto ausgewiesen. Gleiches gilt für verschiedene Transaktionen von Finanzinstitutionen, so bspw. bestimmte Wertpapierhandelsaktivitäten.
Die Nachhaltigkeit der Geldflüsse spielt für die Beurteilung der finanziellen Lage eines Unternehmens eine wichtige Rolle. Aus diesem Grund sind außerordentliche Geldflüsse aus Betriebs-, Finanz- und Investitionstätigkeit jeweils separat zu zeigen. Die außerordentlichen Geldflüsse sind dabei den Bereichen zuzuordnen, mit denen die zugrundeliegende Transaktion in Zusammenhang steht: Versicherungszahlungen für ein abgebranntes Fabrikgebäude bspw. sind als Geldfluß aus Investitionstätigkeit zu klassifizieren. Des weiteren empfiehlt IAS 7 die Klassifikation der Geldflüsse nach Zugehörigkeit zu geographischen und strategischen Segmenten. In der Rechnungslegungspraxis hat sich dieser Ausweis jedoch noch nicht durchgesetzt.

18.6 Behandlung von Währungseinflüssen

Im Rahmen der Konsolidierung rechnet ein Konzern mit ausländischen Tochtergesellschaften die Positionen der Bilanz und der Gewinn- und Verlustrechnung in die jeweilige Landeswährung um. Wenn der Umrechnung der Bilanzpositionen andere Kurse zugrunde liegen als bei den Positionen der Gewinn- und Verlustrechnung, wird die resultierende Differenz oft erfolgswirksam verbucht. Diese erfolgswirksame Währungsdifferenz entspricht jedoch keinem realen Geldfluß. IAS 7 fordert deshalb, daß die Geldflüsse ausländischer Tochtergesellschaften zu den jeweiligen Transaktionskursen umgerechnet werden. Alternativ ist auch die in der Praxis weiter verbreitete Umrechnung zu Durchschnittskursen zugelassen. Die Umrechnung zum Stichtagskurs ist jedoch nicht zugelassen.

18.7 Angabepflichten

Die Kapitalflußrechnung legt folgende von IAS 7 geforderte Angaben in der Kapitalflußrechnung offen, die wahlweise auch im Anhang aufgeführt werden können:

- außerordentliche Geldflüsse,
- Geldflüsse aus Zinsaufwand und -ertrag und
- Geldflüsse aus Ertragssteuern.

IAS 7 fordert zudem die Offenlegung der einzelnen Komponenten des Fonds „Geld und geldnahe Mittel“. Die ausgewiesenen Positionen müssen anhand der Bilanz nachvollzogen werden können.

IAS 7 fordert zudem die Offenlegung von Angaben zu folgenden Themen:

- Nicht liquiditätswirksame Transaktionen
  Investitions- und Finanzaktivitäten müssen nicht zwingend Geldflüsse zur Folge haben. Damit die Finanz- und Investitionstätigkeit des Unternehmens vollständig dargestellt wird, sind bspw. folgende Transaktionen offenzulegen:
  - der Kauf bzw. Verkauf von Anlagevermögen auf Kredit,
  - die Umwandlung von Darlehen in Eigenkapital im Rahmen einer Restrukturierung oder
  - die Umwandlung von Partizipationsscheinkapital in Aktienkapital.
- Flüssige Mittel mit Verfügungsbeschränkung
  Hierbei kann es sich bspw. um die Folge von Einschränkungen des Zahlungsverkehrs in einem Land handeln, in dem der Konzern eine Tochtergesellschaft besitzt. Es kann auch eine Verpfändung von Wertpapieren, die den geldnahen Mitteln zugerechnet werden, vorliegen. Flüssige Mittel, die in ihrer Verfügbarkeit beschränkt sind, können nicht ohne weiteres als Zahlungsmittel eingesetzt werden. Daher ist auf diese Beschränkungen hinzuweisen.

Die Muster AG veröffentlicht die folgende Kapitalflußrechnung in ihrem Geschäftsbericht:

		1997 Mio.		1996 Mio.	
	Konzernergebnis inkl. Minderheitsanteile	99		95	
+	Abschreibungen auf Anlagevermögen	124		135	
+	außerordentliche Abschreibungen	20		0	
+	Amortisation immaterieller Anlagen	42		12	
+/–	Zunahme/Abnahme langfristiger Rückstellungen	–50		0	
+/–	Aufwand/Ertrag aus Equity–Methode	–5		2	
–/+	Zunahme/Abnahme Vorräte	2		–46	
–/+	Zunahme/Abnahme Forderungen aus LuL	–38		–54	
–/+	Zunahme/Abnahme übrige Forderungen	1		11	
+/–	Zunahme/Abnahme Verbindlichkeiten aus LuL	27		44	
–/+	Zunahme/Abnahme Rückstellungen und übriges unverzinsl. FK	–80	–88	–86	–131
	Geldfluß aus Geschäftstätigkeit		**142**		**113**
–	Kauf von Sachanlagen	–150		–148	
–	Kauf von nicht konsolidierten Beteiligungen	–10		–73	
–	Kauf von konsolidierten Gesellschaften	–67		–50	
	(abzügl. übernommene flüssige Mittel)	0		0	
–	Kauf von übrigen Finanzanlagen & immateriellen Anlagen	3		0	
+	Verkauf von Sachanlagen	30		24	
+	Verkauf von nicht konsolidierten Beteiligungen	8		2	
+	Verkauf von konsolidierten Gesellschaften	34		73	
	(abzügl. abgegebene flüssige Mittel)	0		0	
+	Verkauf von übrigen Finanzanlagen & immateriellen Anlagen	1		42	
–/+	Kauf/Verkauf von Wertschriften und eigenen Aktien	23		22	
	Geldfluß aus Investitionstätigkeit	**–128**	**–128**	**–108**	**–108**
+	Kapitalerhöhung	80		0	
+	Agio aus der Ausübung von Aktionärsoptionen	0		50	
+/–	Aufnahme/Rückzahlung Obligationsanleihe	25		–25	
+/–	Zunahme/Abnahme übriges verzinsliches Fremdkapital	–55		–37	
–	Dividendenausschüttungen	–32		1	
		18		0	
	Geldfluß aus Finanzierungstätigkeit	**36**	**36**	**–11**	**–11**
+/–	Zunahme/Abnahme flüssige Mittel aus Währungsdifferenzen		–2		–9
	Total Geldfluß		**84**		**–15**
+	Bestand flüssige Mittel Anfang Geschäftsjahr		219		234
	Bestand flüssige Mittel Ende Geschäftsjahr		**303**		**219**
	Einnahmen aus Zinsen		**31**		**26**
	Ausgaben für Zinsen		**–50**		**–42**
	Ausgaben für Ertragssteuern		**–27**		**–24**

Darüber hinaus verweist die Muster AG bezüglich der Komponenten des Fonds Geld und geldnahe Mittel auf die Angaben im Anhang, wo die Zusammensetzung der Position „Flüssige Mittel und Wertschriften" folgendermaßen erläutert wird:

Die flüssigen Mittel enthalten Kassabestände, Postscheck- und Bankguthaben sowie Sicht- und Depositengelder mit einer Restlaufzeit von höchstens 90 Tagen. Wertschriften sind marktgängige, leicht realisierbare Titel.

Exkurs: Finanzanalyse mit Cash flow-Größen

Der Unternehmensgewinn als entscheidende Größe bei der Analyse der finanziellen Lage eines Unternehmens wird vermehrt abgelöst von Cash flow-orientierten Größen. So wird v.a. dem Geldfuß aus Geschäftstätigkeit eine hohe Aussagekraft zugebilligt. Cash flow-Größen werden für unterschiedliche Analysezwecke herangezogen: als Analyseinstrument zur Ermittlung der Ertragslage im Sinne eines „objektivierten" Gewinns, als Analyseinstrument zur Beurteilung der Finanzlage, insb. der Liquidität und Innenfinanzierung, sowie als Instrument zur Bewertung einzelner Investitionen und zur Bewertung des gesamten Unternehmens.
Voraussetzung für jede Analyse ist die Definition der Größen, die der Analyse zugrunde liegen. In Deutschland hat die Deutsche Vereinigung für Finanzanalyse und Anlageberatung (DVFA) ein Arbeitsschema entwickelt, das als einheitliches Berechnungsschema für die Cash flow-Berechnung dienen soll.
Da die Kapitalflußrechnung auf Zahlungsströmen basiert, eignet sie sich besonders für finanzwirtschaftliche Analysen. Die Kapitalflußrechnung informiert über die Veränderung des Aktivpostens „flüssige Mittel" und ermöglicht so die Beurteilung der Zahlungsfähigkeit des Unternehmens. Im Gegensatz zur statischen Liquiditätsanalyse mit Hilfe von Bilanzpositionen stützt sich die dynamische Analyse der Liquiditätssituation auf Stromgrößen, die auch die Ursachen für die Veränderung offenlegen. Der Geldfluß aus Geschäftstätigkeit gibt zudem Auskunft über die Innenfinanzierungskraft des Unternehmens. Zur Innenfinanzierung gehören einbehaltene Gewinne und die Finanzierung aus Gegenwerten von Abschreibungen und Rückstellungen.
Bei der Analyse der Geldflüsse aus Geschäftstätigkeit muß die Struktur des Anlagevermögens beachtet werden. Während Anlagen im Eigenbesitz des Unternehmens keine Geldabflüsse verursachen (Abschreibungen werden wieder zum Reingewinn addiert), verursachen Anlagen, die Bestandteil eines Operating Lease-Vertrags sind, Geldabflüsse in Form von Leasingraten.
In einem weiteren Schritt müssen auch die Geldflüsse aus Investitions- und Finanzierungstätigkeit in die Analyse miteinbezogen werden. Mit der Darstellung des sog. Cash flow-Musters werden die Salden der drei Bereiche analysiert, und es wird so festgestellt, wo Mittel gebunden und wo Mittel freigesetzt werden. Dabei ergeben sich typische Muster: Unternehmen in reifen Märkten weisen einen positiven Geldfluß aus Geschäftstätigkeit auf, während der Geldfluß aus Investitions- und Finanzierungstätigkeit negativ ist, d.h. das Unternehmen generiert liquide

Mittel, die dann zu Investitionen und Rückzahlung von Finanzschulden genutzt werden. Bei Unternehmen in jungen Märkten dagegen ist der Geldfluß aus Finanzierungstätigkeit negativ. Eine weitere Verfeinerung der Cash flow-Muster-Analyse wird dadurch erreicht, daß die einzelnen Komponenten der Geldzu- und Geldabflüsse näher betrachtet werden. Auf diese Weise wird die lange Zeit in Deutschland und der Schweiz übliche Gliederung nach Mittelherkunft und Mittelverwendung wieder aufgegriffen. Dies erfolgt allerdings nur zu Analysezwecken, nicht aber für die Rechnungslegung.

Zur Analyse der Fähigkeit des Unternehmens, im Rahmen des operativen Geschäftes Geldflüsse zu generieren, wird der Geldfluß aus Geschäftstätigkeit zu Größen aus der Bilanz und der Gewinn- und Verlustrechnung in Beziehung gesetzt (siehe hierzu Abb. 40). Auf diese Weise wird ermittelt, wie hoch die Innenfinanzierungskraft eines Unternehmens bei einem bestimmten Umsatzniveau, Gesamtkapital und Jahresgewinn ist. Die so ermittelten Kennzahlen sind den herkömmlichen Renditekennzahlen wie *Return-on-investment* oder *Return-on-Sales* sehr ähnlich, nur daß an Stelle von Gewinngrößen Zahlungsströme betrachtet werden.

$$\text{Cash flow-Margin} = \frac{\text{Geldfluß aus Geschäftstätigkeit}}{\text{Umsatz}}$$

$$\text{Cash-flow-return-on-assets} = \frac{\text{Geldfluß aus Geschäftstätigkeit}}{\text{Gesamtkapital}}$$

$$\text{Operations-index} = \frac{\text{Geldfluß aus Geschäftstätigkeit}}{\text{Umsatz}}$$

Abb. 40: Kennzahlen zur Ermittlung der Innenfinanzierungskraft eines Unternehmens

Die in Abb. 41 aufgeführten Kennzahlen dienen zur Analyse der Investitionsaktivitäten des Unternehmens. Der *Reinvestment-factor* läßt Aussagen darüber zu, inwieweit die im Rahmen der operativen Geschäftstätigkeit generierten flüssigen Mittel für Investitionen genutzt werden. Mit dem *Depreciation-amortization-impact* wird der Anteil der Finanzierung aus Abschreibungen an der gesamten Innenfinanzierung dargestellt.

$$\text{Reinvestment-factor} = \frac{\text{Brutto- resp. Nettoinvestition}}{\text{Geldfluß aus Geschäftstätigkeit brutto oder netto}}$$

$$\text{Depreciation-amortization-impact} = \frac{\text{Abschreibungen auf dem Anlagevermögen}}{\text{Jahresergebnis resp. Betriebsergebnis}}$$

Abb. 41: Kennzahlen zur Analyse der Investitionstätigkeit

Die in Abb. 42 aufgeführten Kennzahlen geben Aufschluß über den Zusammenhang zwischen dem Geldfluß aus Geschäftstätigkeit und den Finanzierungsaktivitäten des Unternehmens. Die Kennzahl *Dividend-payout* gibt an, welcher Teil des Geldflusses aus Geschäftstätigkeit an die Eigenkapitalgeber ausgeschüttet wird, während die Kennzahl *Interest-impact-on-cash-flow* zeigt, welcher Teil des Cash flows an die Fremdkapitalgeber ausgezahlt wird. Die Kennzahl *Long-term-debt-payment* zeigt auf, inwieweit der Geldfluß zur Schuldentilgung herangezogen wird.

$$\text{Dividend-payout} = \frac{\text{Dividendenzahlung}}{\text{Geldfluß aus Geschäftstätigkeit}}$$

$$\text{Interest-impact-on-cash-flow} = \frac{\text{liquiditätswirksame Zinsaufwendungen}}{\text{Geldfluß aus Geschäftstätigkeit}}$$

$$\text{Long-term-debt-payment} = \frac{\text{Tilgung Finanzschulden}}{\text{Geldfluß aus Geschäftstätigkeit}}$$

Abb. 42: Kennzahlen zur Analyse des Zusammenhangs zwischen Geldfluß aus Geschäftstätigkeit und Finanzierungsaktivitäten des Unternehmens

Die Verwendung von Cash flow-Größen hat auch zum Ziel, subjektive Bewertungsmaßnahmen und Abgrenzungsprobleme zu eliminieren, die durch die Periodisierung von Aufwendungen und Erträgen entstanden sind. Die Bedeutung des Cash flow als Rohgewinngröße oder gar als Erfolgssurrogat ergibt sich nicht zuletzt aus der Annahme, daß stille Reserven v.a. über Abschreibungen und Rückstellungen gebildet werden und deshalb der Cash flow objektivere Zahlen liefert als der Gewinn. Der Einbezug von Cash flow-orientierten Kennzahlen erhöht somit auch die Vergleichbarkeit von Jahresabschlüssen, da der Einfluß unterschiedlicher Methoden der Rechnungslegung aufgehoben wird. Diese Feststellung trifft v.a. auf Länder wie Deutschland zu, in denen sich aufgrund des Maßgeblichkeitsprinzips der Gewinnausweis bisher eher an steuerlichen Überlegungen und nicht an den tatsächlichen wirtschaftlichen Verhältnissen orientierte. Die isolierte Betrachtung von Cash flow-Größen als Erfolgsindikator muß jedoch in Frage gestellt werden. Vielmehr sollte die Kapitalflußrechnung als zusätzliches Analyseinstrument neben der Gewinn- und Verlustrechnung dienen (siehe hierzu auch Kapitel 22).

Literatur

Behr, Giorgio
Beurteilung der Zahlungsfähigkeit, in: Der Schweizer Treuhänder 6–7/1980, S. 4–12

Bertschinger, Peter
Trend zur Geldflußrechnung im Konzern, in: Der Schweizer Treuhänder 12/1990, S. 605–613
Boemle, Max/Stolz, Carsten
Die Mittelflußrechnung und ihre Auswertung, Forschungsarbeit des Seminars für Rechnungswesen und Finanzmanagement der Universität Fribourg (CH), Heft 4/1996
Epstein, Barry/Mirza, Abbas Ali
IAS 97: Interpretation and Application of International Accounting Standards 1997, New York u. a. O. 1997, insb. S. 87–118
Gemeinsame Empfehlung der Kommission für Methodik der Finanzanalyse und Anlageberatung und Arbeitskreis „Externe Unternehmensrechnung" der Schmalenbach-Gesellschaft – Deutsche Gesellschaft für Betriebswirtschaft (SG)
Cash Flow nach DVFA/SG, in: Die Wirtschaftsprüfung 19/1993, S. 599–602
Wysocki, Klaus von
Zur jüngeren Entwicklung der Kapitalflußrechnung in Deutschland, in: Rechenschaftslegung im Wandel, Festschrift für Wolfgang Dieter Budde, hrsg. von G. Förschle/K. Kaiser/A. Moxter, München 1995, S. 681–694
Wysocki, Klaus von
IAS 7 – Kapitalflußrechnungen (Cash Flow Statements), in: Rechnungslegung nach International Accounting Standards (IAS): Kommentar auf der Grundlage des deutschen Bilanzrechts, hrsg. von J. Baetge/D. Dörner/H. Kleekämper/P. Wollmert, Stuttgart 1997, S. 255–300

19 Fremdwährungsumrechnung

Lernziele

Lernziele

In diesem Kapitel erfahren Sie:

- welche Wechselkurse bei der Fremdwährungsumrechnung herangezogen werden können,
- wie Transaktionen in fremder Währung im Einzelabschluß zu berücksichtigen sind,
- wie Abschlüsse in fremder Währung gemäß dem Konzept der funktionalen Währung in die Berichtswährung umzurechnen sind,
- welche Umrechnungsdifferenzen sich bei der Fremdwährungsumrechnung ergeben können,
- wie diese im Jahresabschluß zu behandeln sind und
- welche Angabepflichten im Rahmen der Fremdwährungsumrechnung zu erfüllen sind.

19.1 Grundsätzliches zur Fremdwährungsumrechnung

Vor dem Hintergrund einer immer globaler werdenden Weltwirtschaft wird der Prozeß der betrieblichen Leistungserstellung durch eine zunehmende Verflechtung und Arbeitsteilung gekennzeichnet. Dabei ergibt es sich geradezu zwangsläufig, daß ein Großteil der Unternehmen umfangreiche wirtschaftliche Beziehungen über Landes- und damit auch über Währungsgrenzen hinweg unterhält. Solche Auslandsaktivitäten äußern sich in Form von Exporten bzw. Importen und Direktinvestitionen. Geschäftsvorgänge im Zusammenhang mit derartigen Auslandsaktivitäten müssen, um sie im Jahresabschluß des berichterstattenden

Unternehmens abbilden zu können, in die betreffende Berichtswährung umgerechnet werden.
Bei der Fremdwährungsumrechnung stellt sich damit die grundlegende Frage, welcher Kurs bei der Umrechnung zugrundezulegen ist und wie die Auswirkungen von Wechselkursänderungen in der Bilanz und der Gewinn- und Verlustrechnung darzustellen sind. Grundsätzlich können hierbei folgende Kurse zur Umrechnung herangezogen werden:

- *Historischer Kurs* (historical rate), d. h. der jeweilige Kurs im Zeitpunkt des Erwerbs, der Herstellung oder der Entstehung eines Abschlußpostens,
- *Tages- oder Stichtagskurs* (closing rate), d. h. der am Bilanzstichtag existierende Kurs,
- *Durchschnittskurs* (average rate), d. h. das arithmetische Mittel der innerhalb eines bestimmten Zeitraumes festgestellten Tageskurse.

IAS 21 ‚The Effects of Changes in Foreign Exchange Rates' greift diese Problematik auf und beinhaltet Regelungen sowohl zur Bilanzierung und zum Ausweis von in fremder Währung getätigten Transaktionen (foreign currency transactions) als auch Normen bezüglich der Umrechnung von Jahresabschlüssen in fremder Währung (financial statements of foreign operations). Die erstgenannten Fremdwährungstransaktionen fallen im Rahmen der Import- und Exportgeschäfte eines Unternehmens an und sind bei der Erstellung des Einzelabschlusses einer Gesellschaft zu bewerten. Dagegen ist die Umrechnung der Abschlüsse ausländischer Tochtergesellschaften bei der Erstellung des Konzernabschlusses erforderlich. IAS 21 trennt demzufolge bei der Normierung der Vorschriften zur Fremdwährungsumrechnung strikt diese beiden Bereiche.

19.2 Fremdwährungstransaktionen

19.2.1 Bewertung

Eine Transaktion in fremder Währung ist bei der *erstmaligen buchhalterischen Berücksichtigung* (initial recognition) zum jeweiligen Tageskurs zum Zeitpunkt des Geschäftsvorfalles zu verbuchen. Erwirbt bspw. ein deutsches Unternehmen eine Lieferung von üblicherweise in US-Dollar fakturiertem Rohöl auf Ziel, so ist die daraus resultierende Fremdwährungsverbindlichkeit im Entstehungszeitpunkt zum betreffenden Tageskurs umzurechnen. Aus praktischen Erwägungen ist aber auch die Zugrundelegung eines Durchschnittskurses auf Wochen-, Monats- oder Jahresbasis zulässig. Einschränkend führt IAS 21 allerdings an, daß die Verwendung derartiger Durchschnittskurse nur zulässig ist, wenn die Kurse nicht zu großen Schwankungen unterliegen.
Für die *Folgebewertung*, also die bilanzielle Behandlung der aus den Transaktionen resultierenden Fremdwährungsposten an den der Erstverbuchung nachfolgenden Bilanzstichtagen, ist entscheidend, ob es sich um monetäre oder nicht-monetäre Posten handelt (siehe Abb. 43). Monetäre Fremdwährungsposten, also

flüssige Mittel, Forderungen sowie Verbindlichkeiten, sind am Bilanzstichtag zum Stichtagskurs umzurechnen. Bei den nicht-monetären Fremdwährungsposten, so etwa dem Vorratsvermögen oder Sachanlagen, erfolgt eine weitere Unterscheidung in Posten, welche zu historischen Anschaffungskosten geführt werden, und in neubewertete Posten, die zum beizulegendem Wert (fair value) bilanziert werden. Während die nicht-monetären Posten auf Anschaffungskostenbasis zu historischen Kursen im Zeitpunkt des Geschäftsvorfalles umgerechnet werden, werden neubewertete Fremdwährungsposten mit dem im Zeitpunkt der Neubewertung maßgeblichen Wechselkurs umgerechnet. Eine solche weitere Unterteilung der nicht-monetären Posten ist erforderlich, da IAS 16 ‚Property, Plant and Equipment' und IAS 25 ‚Accounting for Investments' bei Gegenständen des Anlagevermögens und bei den Finanzinvestitionen ein Bewertungswahlrecht zwischen den historischen Anschaffungs- oder Herstellungskosten und dem beizulegenden Wert (fair value) zulassen.

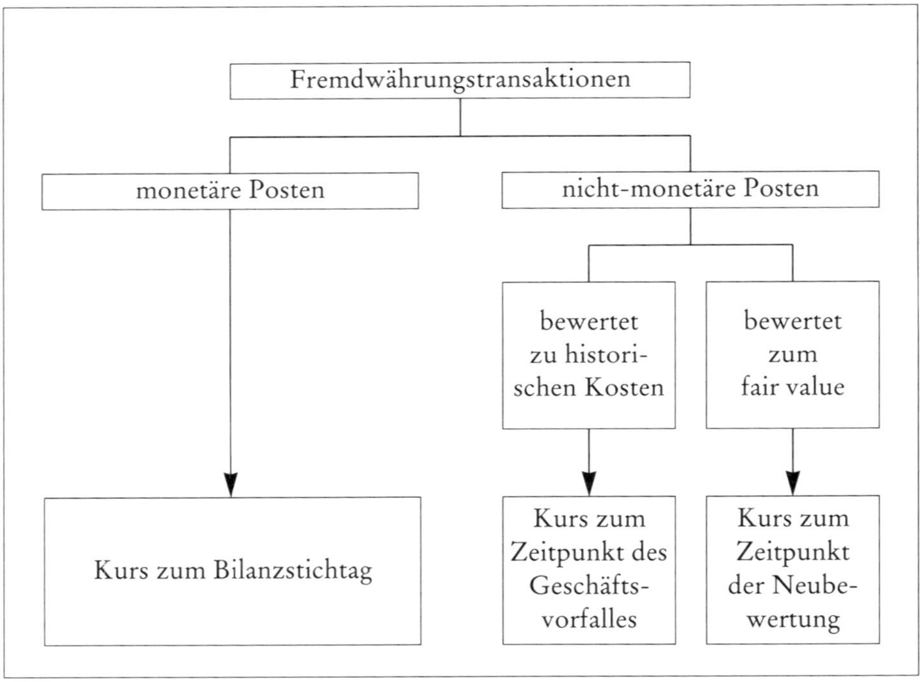

Abb. 43: Bewertung von Fremdwährungstransaktionen

Im Falle des zuvor als Beispiel erwähnten Rohölkaufs würde dies bedeuten, daß am folgenden Bilanzstichtag die Fremdwährungsverbindlichkeit zum Stichtagskurs zu bewerten ist, da dieser Dollar-Betrag erforderlich wäre, um die Verbindlichkeit zu diesem Zeitpunkt zu begleichen. Diese Bewertung zum Stichtagskurs hat auch an allen nachfolgenden Bilanzstichtagen zu erfolgen.

19.2.2 Behandlung von Umrechnungsdifferenzen

Umrechnungsdifferenzen aus Fremdwährungsposten entstehen, wenn zwischen dem Zeitpunkt der Entstehung und dem Zeitpunkt der Abwicklung eines solchen Postens Veränderungen der Wechselkurse zu verzeichnen sind. Solche Differenzen, die sich im Zusammenhang mit der Umrechnung oder Liquidation von Fremdwährungsposten ergeben, sind grundsätzlich in der Periode ihrer Entstehung als Aufwand oder Ertrag, das heißt erfolgswirksam zu erfassen. Im Beispielsfall der aus dem Rohölkauf resultierenden Verbindlichkeit würde dies bedeuten, daß mit einer Abwertung bzw. Aufwertung des US-Dollars eine Minderung bzw. Erhöhung der Fremdwährungsverbindlichkeit einhergehen würde. Es ist daher ein Währungsgewinn bzw. -verlust zu erfassen, weil dementsprechend weniger bzw. mehr US-Dollars erworben werden müßten, um die Verbindlichkeit zu begleichen.

Die Erfassung der Umrechnungsdifferenzen hat gemäß IAS 21 grundsätzlich erfolgswirksam zu erfolgen. Es bestehen jedoch Ausnahmen zu dieser Regelung. So können Umrechnungsdifferenzen aus Fremdwährungsforderungen/-verbindlichkeiten gegenüber einer weitgehend selbständigen ausländischen Beteiligung, einer sog. foreign entity (vgl. Abschnitt 19.3.2.1), erfolgsneutral über das Eigenkapital behandelt werden, wenn deren Rückzahlung in absehbarer Zukunft nicht zu erwarten ist. Eine weitere Ausnahme bilden Umrechnungsdifferenzen aus Verbindlichkeiten in fremder Währung, die der Absicherung (hedging) des Währungsrisikos einer ausländischen Beteiligung dienen. Sie können ebenfalls bis zum Abgang der Beteiligung erfolgsneutral im Eigenkapital erfaßt werden.

19.3 Umrechnung ausländischer Einzelabschlüsse im Konzernabschluß

19.3.1 Umrechnungsmethoden

Im Rahmen der Aufstellung des Konzernabschlusses sind die in fremder Währung bilanzierten Einzelabschlüsse ausländischer Tochtergesellschaften in die Berichtswährung der konsolidierenden Muttergesellschaft umzurechnen. Dabei sind grundsätzlich mehrere Umrechnungsmethoden möglich: Zu nennen sind an dieser Stelle die Stichtagskurs-, Zeitbezugs-, Fristigkeits- und Nominal-/Sachwertmethode. Im Rahmen der Fremdwährungsumrechnung gemäß IAS sind allerdings lediglich Stichtagskurs- und Zeitbezugsmethode von Bedeutung.

Bei der *Stichtagskursmethode* sind sämtliche Jahresabschlußposten zum Tageskurs des Bilanzstichtagskurses umzurechnen. Wahlweise ist auch die Umrechnung der Posten der Gewinn- und Verlustrechnung zum Durchschnittskurs der Berichtsperiode zulässig.

Bei der *Zeitbezugsmethode* werden die Jahresabschlußposten zum Wechselkurs des Zeitpunktes, auf den sich die Posten beziehen, umgerechnet. Demzufolge sind in der Bilanz die Sachanlagen, Beteiligungen, Vorräte sowie das Eigenkapital mit ihren historischen Kursen, alle übrigen Bilanzposten dagegen zum Bilanzstichtagskurs umzurechnen. Für die Posten der Gewinn- und Verlustrechnung, die auf den historischen Werten der Bilanz beruhen (z. B. Abschreibungen), sind die entsprechenden historischen Kurse maßgebend. Alle übrigen Aufwendungen und Erträge sind zum Zeitpunkt des Verbrauchs bzw. Umsatzes oder – aus Praktikabilitätsgründen – zum Durchschnittskurs der Berichtsperiode umzurechnen.

19.3.2 Konzept der funktionalen Währung

Die in IAS 21 beschriebenen Regelungen zur Umrechnung ausländischer Einzelabschlüsse im Konzernabschluß decken sich weitgehend mit dem US-amerikanischen *Konzept der funktionalen Währung*, ohne daß jedoch dieser Begriff im Normenwerk des IASC Verwendung findet. Diesem Konzept zufolge, das die Stichtagskursmethode und die Zeitbezugsmethode kombiniert, richtet sich die Vorgehensweise bei der Fremdwährungsumrechnung nach dem jeweiligen Grad der Eigenständigkeit der ausländischen Beteiligung gegenüber der berichterstattenden Muttergesellschaft. Dabei wird zwischen wirtschaftlich selbständigen (foreign entities) und wirtschaftlich integrierten (foreign operations) Teileinheiten unterschieden.

19.3.2.1 Wirtschaftlich selbständige Teileinheiten

IAS 21 spricht von einer *foreign entity*, wenn eine ausländische Tochtergesellschaft relativ unabhängig von der berichterstattenden Muttergesellschaft operiert. So tätigt sie bspw. in erheblichem Umfang Aufwendungen, generiert Erträge und nimmt Kredite in der lokalen Währung auf. Die funktionale Währung einer solchermaßen wirtschaftlich selbständigen Gesellschaft ist diejenige, in der dieses Unternehmen den Großteil seiner Geschäfte abwickelt. Dies ist oftmals die Währung des Sitzlandes der Tochtergesellschaft, allerdings kann auch die Währung eines Drittlandes die funktionale Währung darstellen.

Als Beispiel für eine selbständig operierende Gesellschaft ist eine Auslandstochter anzuführen, die in einer eigenen Produktionsstätte Waren fertigt und diese anschließend im lokalen Markt vertreibt. Liegt eine solche Konstellation vor, fallen sowohl die Kosten als auch die Erlöse größtenteils in der lokalen Berichtswährung an. Ändert sich nun der Wechselkurs, so ergeben sich keine oder nur geringfügige Auswirkungen auf die gegenwärtigen und zukünftigen Cash flows der Tochtergesellschaft und der berichterstattenden Muttergesellschaft, da den Einnahmen der Tochtergesellschaft Ausgaben in der gleichen Währung gegenüberstehen. Die funktionale Währung ist in diesem Fall die lokale Währung des Sitzlandes der Auslandstochter, da sie in dieser den Großteil ihrer Geschäfte abwickelt.

Bei der Beurteilung der Frage, ob es sich bei einem ausländischen Geschäftsbetrieb um eine wirtschaftlich selbständige Teileinheit handelt, führt IAS 21 folgende Indikatoren an:

- die Aktivitäten der ausländischen Gesellschaften werden zu einem erheblichen Teil unabhängig von der berichterstattenden Muttergesellschaft ausgeführt,

- der Anteil der konzerninternen Lieferungen und Leistungen am gesamten Transaktionsvolumen der Tochtergesellschaft ist verhältnismäßig gering,
- die Tochtergesellschaft finanziert sich hauptsächlich durch die eigene Betriebstätigkeit oder durch Kreditaufnahme in lokaler Währung,
- die Umsätze der Tochtergesellschaft erfolgen größtenteils nicht in der Berichtswährung der Muttergesellschaft,
- der Cash flow der berichterstattenden Gesellschaft wird nicht durch die Geschäftstätigkeit der ausländischen Tochtergesellschaft beeinflußt.

Bei der Umrechnung des Jahresabschlusses einer wirtschaftlich selbständigen Teileinheit gelangt eine modifizierte Stichtagskursmethode (in der Folge kurz: Stichtagskursmethode) zur Anwendung. Die Umrechnung hat aufgrund der relativen Autonomie der ausländischen Tochtergesellschaft den Charakter einer linearen Transformation. Im Rahmen dieser Transformation werden alle Bilanzposten zum Stichtagskurs umgerechnet, lediglich die einzelnen Bestandteile des Eigenkapitals werden zu historischen Kursen umgerechnet. Die dabei entstehende Umrechnungsdifferenz wird als solche im Eigenkapital gesondert ausgewiesen. Die Posten der Gewinn- und Verlustrechnung sind grundsätzlich alle zum Tageskurs im Zeitpunkt des Geschäftsvorfalles umzurechnen. Allerdings ist aus Vereinfachungsgründen die Anwendung von Durchschnittskursen zulässig. Abb. 44 faßt das Vorgehen bei der Umrechnung von Fremdwährungsabschlüssen wirtschaftlich selbständiger Teileinheiten zusammen.

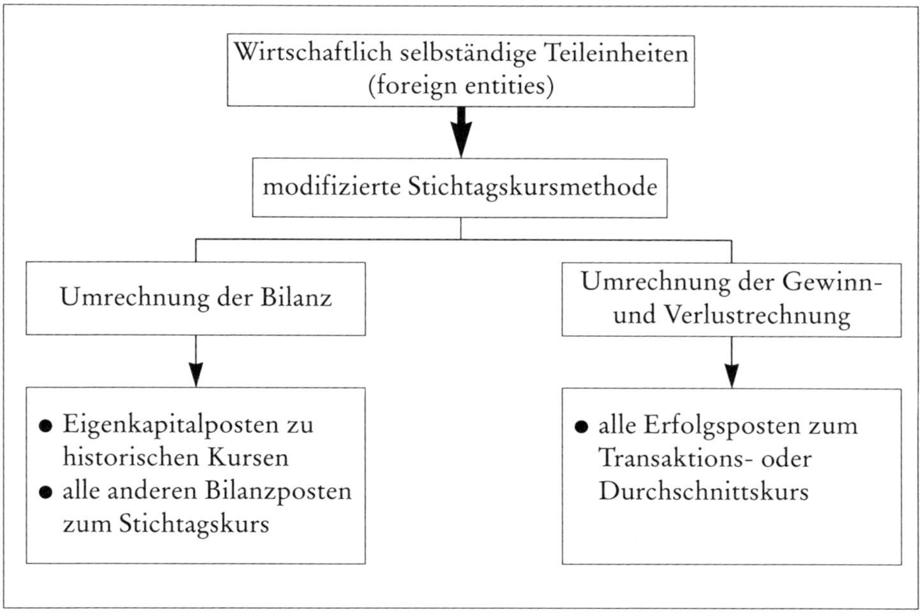

Abb. 44: Fremdwährungsumrechnung bei wirtschaftlich selbständigen Teileinheiten

Neben diesem Normalfall ist der Sonderfall denkbar, daß eine ausländische Tochtergesellschaft als Holding für weitere Konzerngesellschaften in einem oder mehreren Drittländern fungiert. Bei dieser Konstellation stellt, obwohl die Bücher in der Auslandswährung der Holdinggesellschaft geführt werden, die Währung des Drittlandes die funktionale Währung dar. Demnach sind bei der Währungsumrechnung die in der Auslandswährung der Holding geführten Bücher mit der Zeitbezugsmethode in die funktionale Währung des Drittlandes bzw. der Drittländer umzubewerten. Anschließend erfolgt mittels der Stichtagskursmethode eine lineare Transformation des Jahresabschlusses in die Berichtswährung der Muttergesellschaft.

19.3.2.2 Integrierte Teileinheiten

Bei einer *foreign operation* im Sinne von IAS 21 handelt es sich um ein integriertes Tochterunternehmen, das seine geschäftlichen Aktivitäten quasi als verlängerter Arm der berichterstattenden Muttergesellschaft ausführt. Die Geschäfte der Auslandsgesellschaft stellen sich aus der Sicht der Muttergesellschaft aufgrund der starken Integration wie eigene Fremdwährungstransaktionen dar. Die funktionale Währung einer solchen Gesellschaft ist in diesem Fall die Währung des Mutterunternehmens.

Ein Beispiel einer solchen integrierten Teileinheit ist eine reine Vertriebsgesellschaft, die lediglich Produkte von der Muttergesellschaft bezieht, diese im betreffenden Auslandsmarkt vertreibt und den Großteil des erzielten Gewinns an die Muttergesellschaft weiterleitet. Während die Herstellungskosten bzw. die Erlöse für die konzerninterne Lieferung der von der Muttergesellschaft bezogenen Produkte in der Berichtswährung anfallen, werden die im Auslandsmarkt getätigten Umsätze im Regelfall in der Währung des lokalen Marktes verzeichnet. Im Falle starker Wechselkursschwankungen zwischen der lokalen Währung und der Berichtswährung schlagen daraus resultierende Umrechnungsdifferenzen direkt auf den Cash Flow der berichterstattenden Gesellschaft durch.

Die Umrechnung der Abschlüsse integrierter Teileinheiten erfolgt mit Hilfe der Zeitbezugsmethode analog dem Vorgehen bei der Umrechnung von Transaktionen in fremder Währung (vgl. Abschnitt 19.2). Dieser Methode zufolge werden die monetären Bilanzposten mit ihren Stichtagskursen, die nicht-monetären Posten mit dem historischen Kurs zum Zeitpunkt des Geschäftsvorfalls bzw. zum Zeitpunkt der Neubewertung umgerechnet. Bei der Umrechnung der Posten der Gewinn- und Verlustrechnung werden ebenfalls differenzierte Kurse zugrunde gelegt. So werden die Positionen der Gewinn- und Verlustrechnung, welche mit den zu historischen Kosten angesetzten Bilanzposten korrespondieren, so bspw. Abschreibungen und Bestandsänderungen des Vorratsvermögens, mit den entsprechenden historischen Kursen bewertet. Alle verbleibenden Aufwendungen und Erträge sind zum Kurs des Verbrauchs- oder Umsatztages umzurechnen. Aus Praktikabilitätsgründen ist auch die Anwendung des Durchschnittskurses auf Wochen-, Monats- oder Jahresbasis zulässig. Abb. 45 faßt das Vorgehen bei der Umrechnung von Fremdwährungsabschlüssen integrierter Teileinheiten noch einmal zusammen.

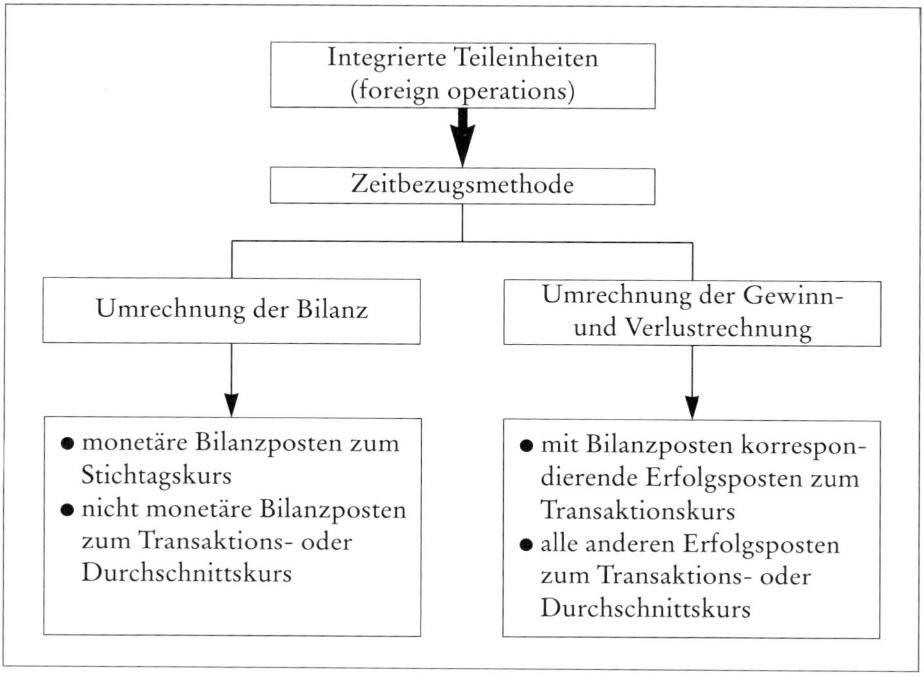

Abb. 45: Fremdwährungsumrechnung bei integrierten Teileinheiten

Wie ersichtlich, werden im Rahmen der Zeitbezugsmethode die einzelnen Posten zum Wechselkurs des Zeitpunktes, auf den sich die Posten beziehen, bewertet. Dies hat zur Folge, daß die in der Landeswährung geführten Bücher der Tochtergesellschaften so umgerechnet werden, als ob die ausländischen Tochtergesellschaften von vornherein in der Währung der berichterstattenden Muttergesellschaft bilanziert hätten. Die Umrechnung stellt demzufolge einen Bewertungsvorgang dar.

19.3.3 Behandlung von Umrechnungsdifferenzen

Umrechnungsdifferenzen resultieren aus der Verwendung unterschiedlicher Kurse bei der Umrechnung von Posten der Bilanz und der Gewinn- und Verlustrechnung. Dabei wird grundsätzlich zwischen bilanziellen Umrechnungsdifferenzen und sogenannten Umrechnungsdifferenzen laut Gewinn- und Verlustrechnung unterschieden: *Bilanzielle Umrechnungsdifferenzen* entstehen, falls einzelne Posten der Bilanz mit unterschiedlichen historischen Kursen oder Durchschnittskursen bewertet werden. Bilanzielle Umrechnungsdifferenzen können sich bei Anwendung des Konzeptes der funktionalen Währung sowohl bei der Stichtags- als auch bei der Zeitbezugsmethode ergeben.

Umrechnungsdifferenzen laut Gewinn- und Verlustrechnung entstehen dadurch, daß der Bilanzgewinn in der Bilanz zum Stichtagskurs umgerechnet wird, während sich das Jahresergebnis laut Gewinn- und Verlustrechnung als Saldo aus von mit differierenden historischen Kursen umgerechneten Aufwendungen und Erträgen errechnet. Derartige Differenzen können im Rahmen des Funktionalwährungskonzeptes lediglich bei der Zeitbezugsmethode auftreten.

Neben vorgenannten Umrechnungsdifferenzen können sich bei der Zeitbezugsmethode auch noch *Umschichtungsdifferenzen* in der Bilanz ergeben. Diese resultieren aus der Umschichtung von nicht-monetären Posten, welche zu historischen Kursen bewertet werden, hin zu monetären, zum Stichtagskurs bewerteten Posten.

Differenzen, die sich im Rahmen der Umrechnung von Jahresabschlüssen selbständiger Auslandsgesellschaften (foreign entities) mit der Stichtagskursmethode ergeben, werden gemäß IAS 21 grundsätzlich erfolgsneutral behandelt, da diese Differenzen keinen wesentlichen Einfluß auf die Cash flows der Auslandstochter bzw. der berichterstattenden Muttergesellschaft haben. Solche Umrechnungsdifferenzen resultieren in erster Linie aus Abweichungen zwischen dem Bilanzgewinn und dem Jahresergebnis laut Gewinn- und Verlustrechnung, die sich aus der Anwendung des Stichtagskurses in der Bilanz und der Transaktions- bzw. Durchschnittskurse in der Gewinn- und Verlustrechnung ergeben. Gemäß voranstehender Einteilung handelt es sich dabei folglich um bilanzielle Umrechnungsdifferenzen. Die Umrechnungsdifferenzen werden als Ausgleichsposten für Fremdwährungsumrechnungen (translation adjustment), ohne die Gewinn- und Verlustrechnung zu berühren, im Eigenkapital eingestellt. Erst bei Abgang der integrierten Auslandsgesellschaft etwa durch Veräußerung oder Liquidation wird dieser Eigenkapitalposten aufgelöst und erfolgswirksam in der Gewinn- und Verlustrechnung erfaßt.

Differenzen, die sich bei der Umrechnung von Jahresabschlüssen integrierter Teileinheiten (foreign operations) ergeben, werden grundsätzlich erfolgswirksam als Gewinn resp. Verlust aus der Währungsumrechnung erfaßt. Im einzelnen gelten für derartige Umrechnungsdifferenzen die Regelungen von IAS 21, welche auf die Umrechnung einzelner Fremdwährungsgeschäfte des Mutterunternehmens Anwendung finden (vgl. Abschnitt 19.2.2). Bei der Fremdwährungsumrechnung des Abschlusses einer integrierten Teileinheit ergeben sich sowohl bilanzielle Umrechnungsdifferenzen als auch Umrechnungsdifferenzen laut Gewinn- und Verlustrechnung. So werden die Posten der Bilanz mit unterschiedlichen Kursen, nämlich Stichtags- und Transaktions- bzw. Durchschnittskursen, umgerechnet, und der Bilanzgewinn weicht aufgrund differierender Umrechnungskurse vom Jahresgewinn laut Gewinn- und Verlustrechnung ab.

Im zuvor erwähnten Fall einer ausländischen Zwischenholding mit Tochtergesellschaften in einem Drittland sind lediglich die Umrechnungsdifferenzen, die sich im Rahmen der Umrechnung des Holdingabschlusses mittels Zeitbezugsmethode in die funktionale Währung der Tochterunternehmen ergeben, erfolgswirksam zu erfassen. Umrechnungsdifferenzen, welche aus der sich anschließenden Transfor-

mation von der funktionalen Währung in die Berichtswährung mit der Stichtagskursmethode resultieren, sind dagegen erfolgsneutral im Eigenkapital zu berücksichtigen.
Die Vorgehensweise bei der Fremdwährungsumrechnung ausländischer Jahresabschlüsse wird in Abb. 46 noch einmal überblicksartig dargestellt.

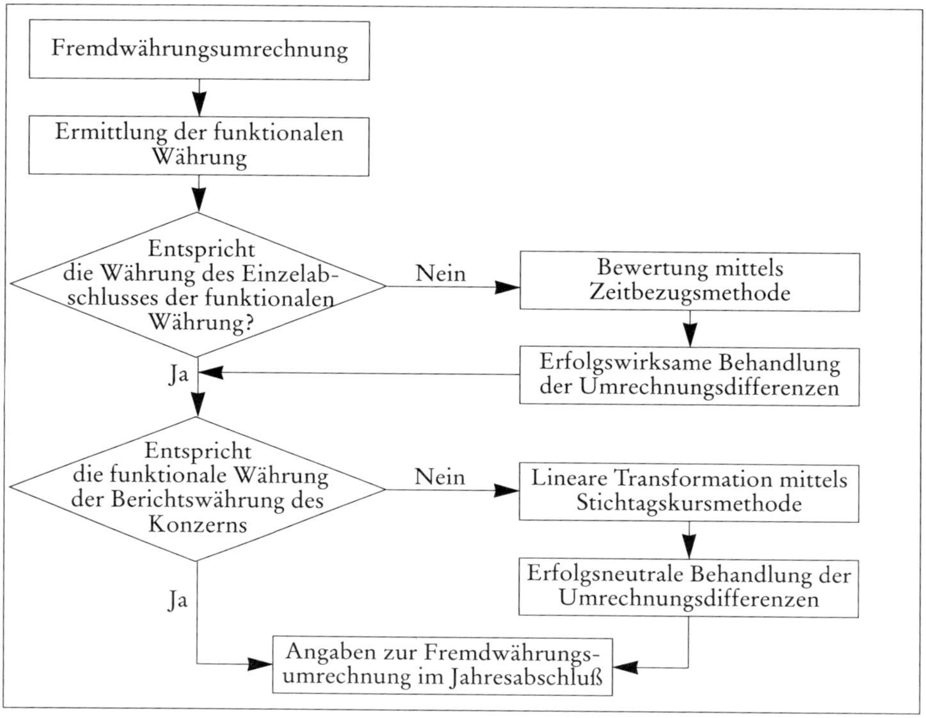

Abb. 46: Vorgehensweise bei der Fremdwährungsumrechnung

19.3.4 Angabepflichten

Im Rahmen der Fremdwährungsumrechnung nach IAS 21 sind verschiedene Angaben zu machen. So sind die Umrechnungsdifferenzen, die im Jahresüberschuß bzw. -fehlbetrag enthalten sind, auszuweisen. Ebenso wird der Ausweis der in das Eigenkapital als Ausgleichsposten für Währungsumrechnung eingestellten Beträge (translation adjustment) sowie dessen Veränderung während der Berichtsperiode verlangt. Legt die berichterstattende Muttergesellschaft bei der Wahl der Berichtswährung eine andere Währung als die ihres Sitzlandes zugrunde, so sind die Gründe für eine solche Entscheidung anzugeben. Ferner sind die Gründe für einen etwaigen Wechsel der Berichtswährung im Jahresabschluß darzulegen.
Darüber hinaus sind bei einem Wechsel der funktionalen Währung einer ausländischen Tochtergesellschaft Art und Grund der Änderung, die Auswirkungen auf das Eigenkapital sowie die Auswirkungen auf das Jahresergebnis darzustellen.

Die Muster AG macht in ihrem Geschäftsbericht folgende Angaben zur Fremdwährungsumrechnung:

In den Einzelabschlüssen der Konzerngesellschaften sind die nicht kursgesicherten Forderungen und Verbindlichkeiten in fremder Währung mit dem Kurs am Buchungstag oder einem niedrigeren (Forderungen) bzw. höheren (Verbindlichkeiten) Kurs zum Bilanzstichtag angesetzt. Die durch Termingeschäfte kursgesicherten Fremdwährungsforderungen und Fremdwährungsverbindlichkeiten sind grundsätzlich zum Sicherungskurs bewertet.
Für die Umrechnung der Abschlüsse ausländischer Konzerngesellschaften gilt das Konzept der Funktionalwährung. Dies ist bei der Mehrzahl der Beteiligungen die jeweilige Landeswährung, da diese Gesellschaften ihr Geschäft in finanzieller, wirtschaftlicher und organisatorischer Hinsicht selbständig betreiben. Vermögensgegenstände und Schulden werden dabei zum Kurs am Bilanzstichtag, Aufwendungen und Erträge zum Jahresdurchschnittskurs umgerechnet.
Sind ausnahmsweise Auslandsgesellschaften weitgehend in die Geschäftstätigkeit der Muster AG integriert, gilt die Deutsche Mark als Funktionalwährung. Die Umrechnungsmethode wird dann auf Basis der erfolgswirksamen Zeitbezugsmethode durchgeführt. Dabei werden für die Umrechnung der Sachanlagen, der immateriellen Vermögensgegenstände, der Beteiligungen und der Wertpapiere des Anlagevermögens sowie der entsprechenden Abschreibungen die durchschnittlichen DM-Kurse im Jahr des Zugangs angewendet. Alle übrigen Posten der Bilanz werden mit dem Kurs am Bilanzstichtag, die Aufwendungen mit Ausnahme der Abschreibungen sowie die Erträge mit dem Jahresdurchschnittskurs umgerechnet.
Abschlüsse von Gesellschaften in Hochinflationsländern werden in Hartwährung erstellt und damit im Ergebnis nach der erfolgswirksamen Zeitbezugsmethode umgerechnet.
Differenzen aus der Umrechnung der Bilanzen werden in einer gesonderten Eigenkapitalposition ausgewiesen. Bei Desinvestition erfolgt eine ergebniswirksame Auflösung der entsprechenden Währungsumrechnungsdifferenz.

Die Wechselkurse wichtiger Währungen veränderten sich folgendermaßen:

	Stichtagskurs		Durchschnittskurs	
	1996 DM	1995 DM	1996 DM	1995 DM
1 US-Dollar	1,54	1,43	1,49	1,43
1 Pfund Sterling	2,64	2,21	2,43	2,26
100 Französische Francs	36,68	29,25	33,00	28,75
100 Spanische Pesetas	1,19	1,18	1,19	1,15
100 Yen	1,35	1,39	1,37	1,53
1000 Italienische Lire	1,01	0,90	0,96	0,88

Literatur

Hinz, Michael
Währungsumrechnung im Rahmen der Konzernabschlußerstellung, in: Recht der Internationalen Wirtschaft 1/1994, S. 33–43

Mujkanovic, Robin/Hehn, Bettina
Währungsumrechnung im Konzern nach International Accounting Standards, in: Die Wirtschaftsprüfung 17/1996, S. 605–616

Peemöller, Volker/Husmann, Rainer
Stand und Entwicklung der Währungsumrechnung ausgewählter Konzerne, in: Der Betrieb 3/1996, S. 101–107
Peemöller, Volker/Husmann, Rainer
Wandel in der Währungsumrechnung, in: Blick durch die Wirtschaft vom 5. Februar 1996, S. 11
Ruppert, Bernd
Währungsumrechnung im Konzernabschluß, Düsseldorf 1993

20 Konsolidierung

Lernziele

In diesem Kapitel erfahren Sie:

- welche Unternehmen zur Aufstellung eines Konzernabschlusses verpflichtet sind,
- wann eine Gesellschaft im konsolidierten Jahresabschluß zu erfassen ist,
- welche Konsolidierungsmaßnahmen bei der Erstellung des Konzernabschlusses erforderlich sind,
- wie ein etwaiger Goodwill bei der Kapitalkonsolidierung ermittelt und in der Konzernbilanz behandelt wird,
- wie assoziierte Unternehmen im Konzernabschluß zu erfassen sind und
- wie Gemeinschaftsunternehmen im Konzernabschluß zu behandeln sind.

20.1 Grundsätzliches zur Konsolidierung

Bei einem Konzern (group) handelt es sich, allgemein gesprochen, um einen auf Dauer angelegten Zusammenschluß rechtlich selbständiger Unternehmen zu einer wirtschaftlichen Einheit. Gemäß dieser Definition besteht ein solches Konzerngebilde folglich mindestens aus einem Mutter- und einem Tochterunternehmen.
Ein Konzern ist zur Aufstellung eines Jahresabschlusses, des sog. Konzernabschlusses (consolidated financial statements), verpflichtet. Aufgabe dieses Konzernabschlusses ist es, Informationen über die Vermögens-, Finanz- und Ertragslage des Konzerns bereitzustellen, und zwar in der Art und Weise, als wäre die Unternehmensgruppe ein einziges Unternehmen. Die rechtliche Selbständigkeit der einzelnen Konzerngesellschaften tritt also im Rahmen des konsolidierten Jahresabschlusses hinter die Fiktion der wirtschaftlichen Einheit des Konzerns zurück.
Grundlage des zu erstellenden Konzernabschlusses sind die Einzelabschlüsse der zum Konzern gehörenden Gesellschaften. Diese werden zu einem summierten Jahresabschluß zusammengefaßt. Damit dem Jahresabschlußleser jedoch ein den tatsächlichen Verhältnissen entsprechendes Bild der wirtschaftlichen Lage vermittelt wird und die konzerninterne Kapital-, Kredit- sowie Lieferungs- und Leistungsverflechtungen nicht doppelt gezählt werden, ist der Konzernabschluß um derartige Tatbestände zu bereinigen. Dieser Vorgang der Erfassung und Eliminierung konzerninterner Vorgänge wird als Konsolidierung bezeichnet. Im einzelnen wird dabei unterschieden zwischen der

- *Schuldenkonsolidierung*, d.h. der Eliminierung konzerninterner Forderungen und Verbindlichkeiten in der Buchhaltung der einzelnen Konzerngesellschaften,
- *Aufwands- und Ertragskonsolidierung*, d.h. der Korrektur aller Aufwendungen und Erträge, die im Rahmen konzerninterner Lieferungen und Leistungen verbucht wurden,
- *Zwischengewinnkonsolidierung*, d.h. der Korrektur der im Rahmen von konzerninternen Lieferungen und Leistungen verzeichneten Zwischengewinne,
- *Kapitalkonsolidierung*, d.h. der Verrechnung des Buchwertes der Beteiligung bei der Muttergesellschaft mit dem Eigenkapital der Tochtergesellschaft.

Im Normenwerk der IAS wird dem Konzernabschluß – wie auch im gesamten anglo-amerikanischen Rechnungslegungsraum – vorrangige Bedeutung bei der Informationsbereitstellung zugemessen. Konsequenterweise hat das IASC im Lauf seiner Normsetzungstätigkeit mehrere Standards erarbeitet, welche sich mit Fragestellungen im Zusammenhang mit der Einbeziehung von Konzerngesellschaften in den konsolidierten Jahresabschluß befassen. Dabei handelt es sich im einzelnen um die folgenden Standards:

- IAS 22 ‚Business Combinations',
- IAS 25 ‚Accounting for Investments',
- IAS 27 ‚Consolidated Financial Statements and Accounting for Investments in Subsidiaries',
- IAS 28 ‚Accounting for Investments in Associates',
- IAS 31 ‚Financial Reporting of Interests in Joint Ventures'.

In der Folge werden die in der nachstehenden Abb. 47 überblicksartig aufgeführten Unternehmenstypen sowie die Art und Weise ihres Einbezugs in den Konzernabschluß näher erläutert.

Stimmrechtsanteil	Beteiligungsart	Erfassung im Konzernabschluß
50–100 %	Tochterunternehmen	Vollkonsolidierung
50 %	Gemeinschaftsunternehmen	Quotenkonsolidierung oder Equity-Methode
20–50 %	assoziiertes Unternehmen	Equity-Methode
< 20 %	Beteiligung	Ausweis als Beteiligung

Abb. 47: Beteiligungsarten und ihre Erfassung im Konzernabschluß

20.2 Konsolidierungspflicht

Gemäß IAS 27 ist grundsätzlich jedes Mutterunternehmen (parent) verpflichtet, alle Tochterunternehmen (subsidiaries) in seinem Konzernabschluß zu erfassen. Ein Mutter-Tochter-Verhältnis ist nach der Definition des IASC gegeben, wenn das Mutterunternehmen die Möglichkeit besitzt, einen beherrschenden Einfluß (control) auf die Geschäftspolitik eines Tochterunternehmens auszuüben.
Ausnahmen von der generellen Pflicht für Mutterunternehmen zur Erstellung eines Konzernabschlusses ergeben sich im Falle eines mehrstufigen Konzerns (vgl. Abb. 48). So ist ein Mutterunternehmen, das seinerseits wiederum eine 100 %-Tochter eines Mutterunternehmens ist, durch die Veröffentlichung des Konzernabschlusses der übergeordneten Muttergesellschaft von der Pflicht zur Erstellung eines sog. Teilkonzernabschlusses befreit (vgl. A-AG). Ist ein Mutterunternehmen nicht zu 100 %, sondern nur nahezu vollständig im Eigentum eines übergeordneten Mutterunternehmens, IAS 27 geht für diesen Fall von einem Stimmrechtsanteil von mindestens 90 % aus, so ist die Befreiung von der Erstellung eines Teilkonzernabschlusses von der Zustimmung der Minderheitsaktionäre des untergeordneten Mutterunternehmens abhängig (vgl. B-AG und C-AG).

Ein von der Pflicht zur Erstellung eines Teilkonzernabschlusses befreites Unternehmen hat diesbezüglich in seinem Jahresabschluß folgende Angaben zu machen:

- Gründe für die Befreiung von der Aufstellungspflicht,
- Methode, mit der die Beteiligungen an Tochterunternehmen im Einzelabschluß bilanziert werden,
- Name und Sitz des übergeordneten Mutterunternehmens, das den befreienden Konzernabschluß veröffentlicht.

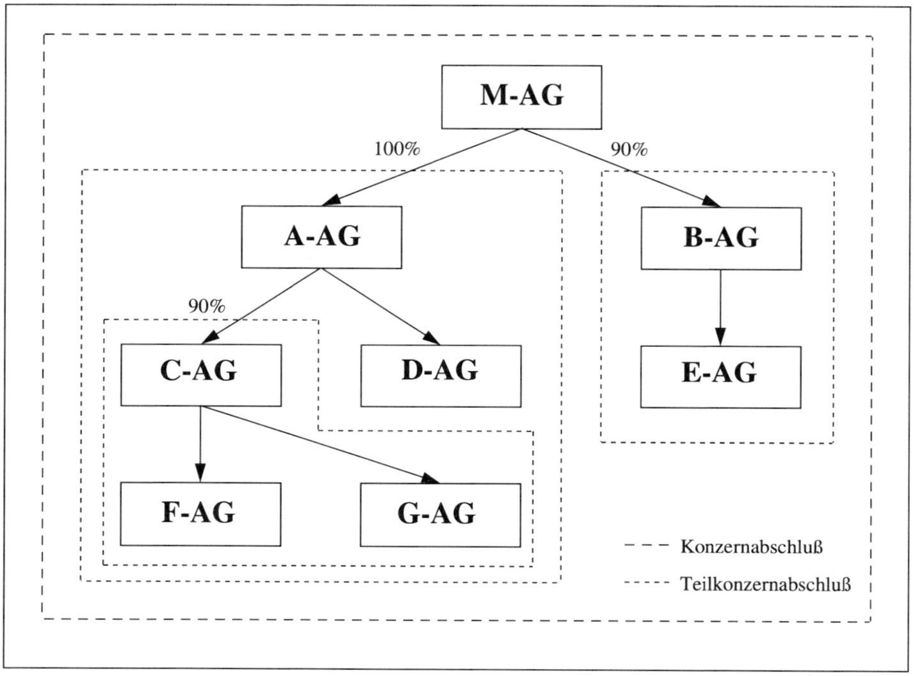

Abb. 48: Konsolidierungskreis

20.3 Konsolidierungskreis

Der Konzernabschluß gemäß IAS ist als sogenannter Weltabschluß zu erstellen. Demzufolge sind grundsätzlich alle in- und ausländischen Tochterunternehmen in den Konsolidierungskreis (scope of consolidated financial statements) einzubeziehen.

Unter welchen Voraussetzungen ein Unternehmen als Tochterunternehmen anzusehen ist, bestimmt IAS 27. Die dortigen Regelungen beruhen auf dem sogenannten Control-Konzept, wonach die Möglichkeit des beherrschenden Einflusses (control) eines Mutterunternehmens auf ein Tochterunternehmen maßgebend ist. Hält ein Mutterunternehmen direkt oder indirekt über Tochtergesellschaften mehr als die Hälfte der Stimmrechtsanteile eines Tochterunternehmens, besteht die widerlegbare Vermutung, daß ein solches Control-Verhältnis vorliegt. Darüber hinaus wird ein beherrschender Einfluß vermutet, wenn das Mutterunternehmen lediglich die Hälfte oder weniger als die Hälfte der Stimmrechtsanteile einer anderen Gesellschaft besitzt und das Mutterunternehmen bei dem Tochterunternehmen

- aufgrund von Vereinbarungen mit anderen Anteilsinhabern über mehr als die Hälfte der Stimmrechte verfügt, oder
- die Möglichkeit besitzt, aufgrund eines Beherrschungsvertrages oder einer Satzungsbestimmung die Geschäftspolitik einer Gesellschaft zu beeinflussen, oder

- die Möglichkeit besitzt, die Mehrheit der Organmitglieder zu bestellen oder abzuberufen, oder
- die Möglichkeit besitzt, die Mehrheit der Organmitglieder zu beeinflussen.

Tochterunternehmen, zu denen das Mutterunternehmen in einem Control-Verhältnis steht, sind mit der Methode der Vollkonsolidierung, nach der sämtliche Vermögensgegenstände und Schulden der Tochter im Konzernabschluß zu erfassen sind, zwingend in den konsolidierten Abschluß einzubeziehen. Assoziierte Unternehmen und Gemeinschaftsunternehmen gehören nach der obigen Definition nicht zu den Tochterunternehmen und sind folglich auch nicht Bestandteil des Konsolidierungskreises gemäß IAS 27.

Zu allen wesentlichen in den Konzernabschluß einbezogenen Unternehmen sind Name, Gründungs- oder Sitzstaat, Kapitalanteil und, falls davon abweichend, Stimmrechtsanteil anzugeben. Ergeben sich Änderungen des Konsolidierungskreises durch Erwerb oder Veräußerung eines Tochterunternehmens, so sind die Auswirkungen dieser Veränderungen auf die Vermögenslage des Konzerns am Bilanzstichtag, auf das Ergebnis sowie auf die entsprechenden Vorjahresbeträge anzugeben.

20.4 Einbeziehungsverbot

Ein Tochterunternehmen darf gemäß IAS 27 in zwei Fällen nicht in den Konsolidierungskreis einbezogen werden. Dabei handelt es sich zum ersten um Tochterunternehmen, welche ausschließlich zum Zwecke der Weiterveräußerung in absehbarer Zeit erworben und gehalten werden. Solche Tochterunternehmen mit Weiterveräußerungsabsicht sind statt dessen als Bestandteil des Umlaufvermögens zum Marktwert oder zu Anschaffungskosten auszuweisen. Zum zweiten besteht ein Einbeziehungsverbot für Tochterunternehmen, welche unter schwerwiegenden, langfristigen Beschränkungen operieren, die in erheblichem Maße Zahlungen an das Mutterunternehmen beeinträchtigen. Diese Tochterunternehmen sind im Anlagevermögen zu Anschaffungskosten oder zum neubewerteten Betrag anzusetzen.

Es ist hingegen ausdrücklich verboten, ein Tochterunternehmen nicht einzubeziehen, wenn sich dessen Geschäftstätigkeit von der Geschäftstätigkeit der anderen Konzerngesellschaft unterscheidet. Solche Tochterunternehmen sind mittels Vollkonsolidierung in den Konzernabschluß einzubeziehen, allerdings sind ggf. zusätzliche Angaben bezüglich der Art der abweichenden Geschäftstätigkeit verlangt. Da derartige Tochterunternehmen mit abweichender Geschäftstätigkeit häufig ein eigenes Segment begründen, so bspw. eine Bank oder Finanzgesellschaft als Tochtergesellschaft eines Industrieunternehmens, kann die nach IAS-Normen zwingend vorgeschriebene Segmentberichterstattung dem Jahresabschlußleser diesbezüglich wichtige Informationen vermitteln.

Neben diesen ausdrücklichen Einbeziehungsverboten sind aufgrund des im IAS-Framework postulierten Grundsatzes der Wesentlichkeit (materiality) Tochterun-

ternehmen von untergeordneter Bedeutung nicht in den Konzernabschluß einzubeziehen.
In sämtlichen vorgenannten Fällen sind im konsolidierten Jahresabschluß die jeweiligen Gründe anzugeben, die zur Nichteinbeziehung des Tochterunternehmens in den Konzernabschluß geführt haben.

20.5 Vollkonsolidierung

Bei der Erstellung des Konzernabschlusses werden gemäß der Fiktion der wirtschaftlichen Einheit in einem ersten Schritt die Einzelabschlüsse der Tochterunternehmen mit dem Einzelabschluß des Mutterunternehmens summarisch zu einem Abschluß zusammengefaßt. In der daraus resultierenden Summenbilanz werden die Tochterunternehmen einmal unter dem Bilanzposten Beteiligungen und einmal in Form ihrer einzelnen Vermögensgegenstände und Schulden aufgeführt. Darüber hinaus werden in der summarischen Gewinn- und Verlustrechnung Erträge und Aufwendungen aus konzerninternen Transaktionen erfaßt, die in einem Konzern als wirtschaftliche Einheit nicht als realisiert betrachtet werden können. So stellt bspw. der Geschäftsvorfall einer Lieferung von Motoren eines Tochterunternehmens an das automobilherstellende Mutterunternehmen keine Umsatzleistung auf Konzernebene dar. Von einer solchen Leistung kann nur bei Transaktionen mit außerhalb des Konsolidierungskreises stehenden Drittunternehmen gesprochen werden. Aus diesem Grund sind in einem zweiten Schritt – nämlich der Vollkonsolidierung – Summenbilanz und summarische Gewinn- und Verlustrechnung um diese konzerninternen Kapital-, Kredit, Lieferungs- und Leistungsverflechtungen zu bereinigen.

20.5.1 Kapitalkonsolidierung

Im Rahmen der Kapitalkonsolidierung, also der Aufrechnung von Vermögen und Kapital im konsolidierten Jahresabschluß, wird der Buchwert, mit dem die Beteiligung in der Bilanz des Mutterunternehmens angesetzt ist, dem anteilig erworbenen Eigenkapital der Tochtergesellschaft gegenübergestellt. Die IAS-Bestimmungen sprechen jedoch nicht vom Buchwert, sondern – da die Kapitalkonsolidierung im Erwerbszeitpunkt vorzunehmen ist – von den Anschaffungskosten (cost of acquisition) der erworbenen Beteiligung, wobei die IAS-Normen allerdings nicht von einem Unterschied zwischen Buchwert und Anschaffungskosten ausgehen. Bei der Kapitalaufrechnung werden die Anschaffungskosten resp. der Buchwert der Beteiligung in der Bilanz der Muttergesellschaft eliminiert und durch die entsprechenden Vermögensgegenstände und Schulden des erworbenen Unternehmens ersetzt (siehe Abb. 49). In der Konzernbilanz verbleiben demzufolge unter dem Posten „Beteiligungen“ nur die nicht konsolidierten Beteiligungen.

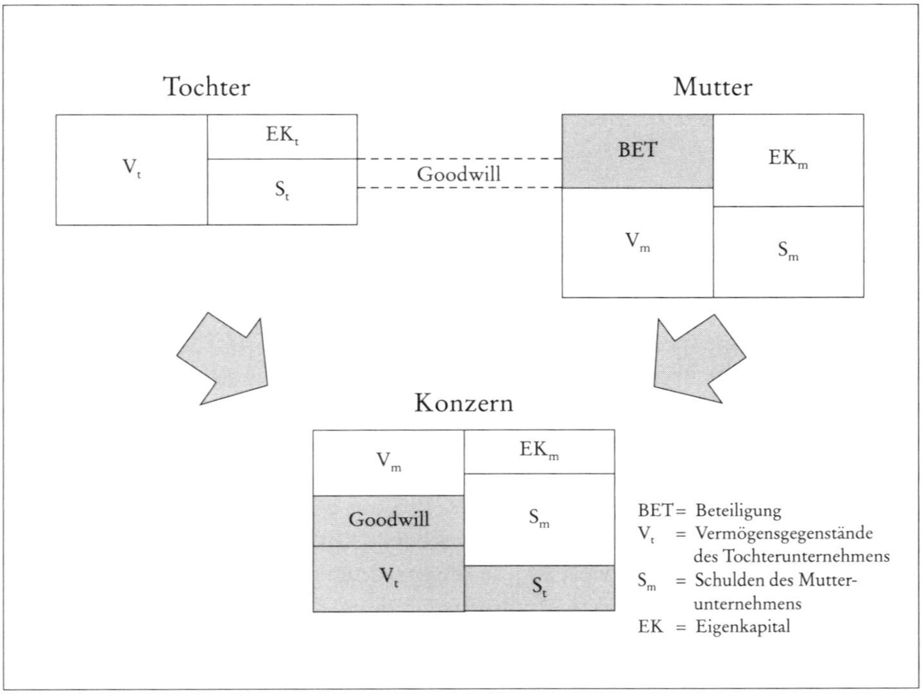

Abb. 49: Kapitalkonsolidierung[15]

Als den Regelfall eines Unternehmenszusammenschlusses sieht IAS 22 den Zusammenschluß durch einen Erwerbsvorgang (acquisition) an, bei dem die erwerbende Gesellschaft die Möglichkeit der Beherrschung (control) über eine andere Gesellschaft erlangt. Liegt ein Unternehmenszusammenschluß durch Erwerb vor, gelangt die sog. *Erwerbsmethode* (purchase method) zur Anwendung. Als Erwerbsstichtag wird dabei der Tag angesehen, an dem erstmalig die Möglichkeit besteht, einen beherrschenden Einfluß auf die Geschäftstätigkeit des erworbenen Unternehmens auszuüben.
Läßt sich bei einem Unternehmenszusammenschluß kein Erwerber ausmachen, spricht IAS 22 von einem *Zusammenschluß mittels Interessenzusammenführung* (uniting of interests), bei dem sich die zusammenschließenden Unternehmen gegenseitig an den Risiken und Chancen der neu entstandenen wirtschaftlichen Einheit beteiligen. Die IAS-Bestimmungen gehen von einer solchen gegenseitigen Beteiligung an Risiken und Chancen aus, wenn in diesem Zusammenhang

- eine deutliche Mehrheit der Stimmrechtsanteile der sich zusammenschließenden Unternehmen getauscht bzw. gepoolt wird,
- der jeweilige Marktwert (fair value) der beteiligten Gesellschaften nicht wesentlich voneinander abweicht und

[15] In Anlehnung an Busse von Colbe/Ordelheide (Konzernabschlüsse), S. 195.

- den Anteilseignern beider Gesellschaften nach dem Zusammenschluß im wesentlichen die gleichen Rechte und Pflichten wie vor dem Zusammenschluß zustehen.

Bei Vorliegen eines solchen Sonderfalles hat dann die Erfassung im Konzernabschluß nach der sog. *Interessenzusammenführungsmethode* (pooling of interests-method) zu erfolgen.

20.5.1.1 Kapitalkonsolidierung bei Unternehmenserwerb

20.5.1.1.1 Vorgehen

Ab dem Erwerbszeitpunkt (date of acquisition) sind gemäß IAS 22 die Ergebnisse der erworbenen Tochtergesellschaft in die konsolidierte Gewinn- und Verlustrechnung sowie sämtliche separat identifizierbaren Vermögensgegenstände und Schulden (identifiable assets and liabilities) in die Konzernbilanz einzubeziehen. Als Erwerbszeitpunkt wird in diesem Zusammenhang der Zeitpunkt angesehen, an dem das Mutterunternehmen erstmalig die Möglichkeit besitzt, einen beherrschenden Einfluß auf die Geschäftstätigkeit des erworbenen Unternehmens auszuüben.
Bei der Erstkonsolidierung werden nun die gesamten für den Erwerb des Tochterunternehmens gezahlten Anschaffungskosten, deren Umfang in IAS 22 detailliert geregelt ist, auf die in der Konzernbilanz angesetzten Vermögensgegenstände und Schulden verteilt. Die einzelnen Vermögensgegenstände und Schulden werden dabei zum Marktwert (fair value) im Erwerbszeitpunkt angesetzt, wobei die bestehenden stillen Reserven und Lasten aufgedeckt und den betreffenden Posten zugeordnet werden. Solche stillen Reserven und Lasten bestehen etwa in Form unterbewerteter Grundstücke oder zu niedrig angesetzter Rückstellungen.
Generelle Voraussetzung für den Ansatz eines Vermögensgegenstandes oder einer Schuld ist, daß eine hinreichende Wahrscheinlichkeit eines künftigen Nutzenzuflusses bzw. -abflusses besteht, und daß der Marktwert bzw. die Anschaffungs- oder Herstellungskosten zuverlässig bestimmbar sind. Bei der Ermittlung der Marktwerte wird hauptsächlich auf die vom Erwerber beabsichtigte Verwendung abgestellt. Darüber hinaus existieren in IAS 22 detaillierte Regelungen, in welcher Weise der Wert der verschiedenen Vermögensgegenstände und Schulden zu ermitteln ist.

Die vorstehenden Erläuterungen lassen sich anhand eines einfachen Beispiels veranschaulichen: Die M-AG erwirbt zum 31.12. zu Anschaffungskosten von 130 eine 100%-Beteiligung an der T-AG. Die T-AG verfügt als einziger Vermögensgegenstand über ein Grundstück mit einem Buchwert von 80 und diesbezüglichen stillen Reserven von 30. Das Finanzierungsverhältnis des Tochterunternehmens beläuft sich auf 60 Eigenkapital und 20 Fremdkapital. Bei der Kapitalkonsolidierung wird nun den Anschaffungskosten von 130 das Nettovermögen, also der Marktwert des Grundstücks von 110 abzüglich der Schulden von 20, gegenübergestellt. Dabei ergibt sich ein Unterschiedsbetrag in der Höhe von 40, d. h. der Erwerber hat 40 mehr bezahlt als der eigentliche Wert der Vermögensgegenstände beträgt. Eine solche „überhöhte" Zahlung leistet der Erwerber in Erwartung

zukünftiger Erträge bspw. aufgrund eines gut eingeführten Firmennamens oder eines festen Kundenstammes. Dieser Betrag ist als positiver Goodwill in der Konzernbilanz zu aktivieren.
Die Bilanzen der Einzelabschlüsse der M- und der T-AG sowie des Konzernabschlusses stellen sich zum Bilanzstichtag der Erstkonsolidierung gemäß nachstehender Abb. 50 dar.

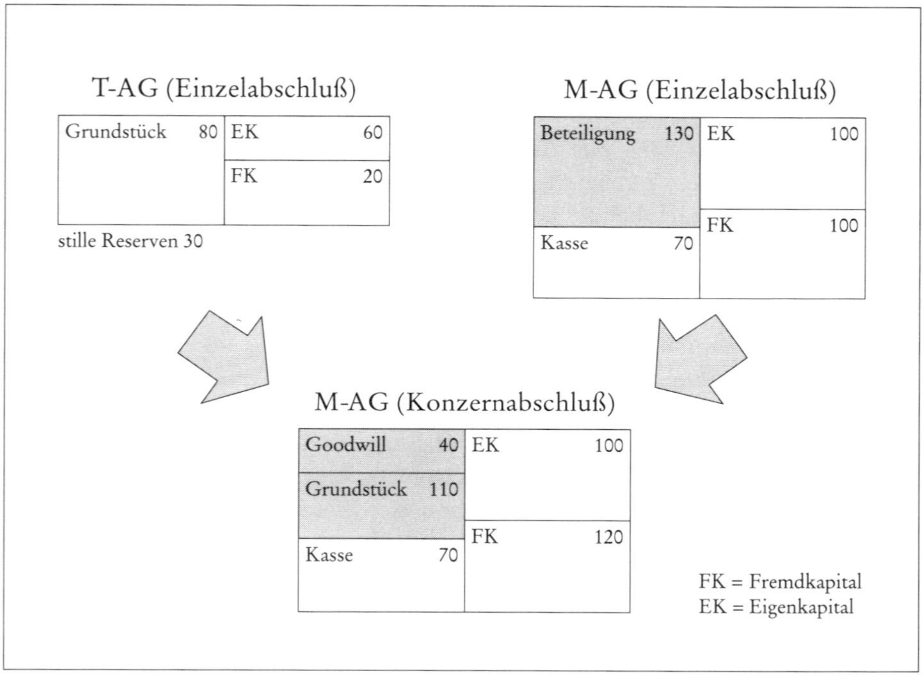

Abb. 50: Kapitalkonsolidierung bei Unternehmenserwerb

20.5.1.1.2 Behandlung von Minderheitenanteilen

In der Praxis kommt es häufig vor, daß beim Kauf eines Tochterunternehmens nicht das gesamte Aktienkapital erworben wird bzw. erworben werden kann. In einem solchen Fall bestehen Ansprüche von Dritten, die nicht zum Konzern gehören, am Ergebnis und Kapital des Tochterunternehmens. Da jedoch die Muttergesellschaft aufgrund der Mehrheit der Stimmrechte im Regelfall uneingeschränkte Verfügungsmacht über das Tochterunternehmen besitzt, werden bei der Vollkonsolidierung – ungeachtet der bestehenden Minderheitsansprüche – sämtliche Positionen der Bilanz sowie der Gewinn- und Verlustrechnung zu 100 % in den Konzernabschluß einbezogen. Die Anteile der Minderheitsgesellschafter (minority interests) am Eigenkapital und am Jahresergebnis sind dann in einem Ausgleichsposten auf der Passivseite der Konzernbilanz gesondert vom Eigenkapital und den Schulden auszuweisen.

In einem solchen Fall einer Beteiligung unter 100 % stellt sich die Frage, in welcher Höhe bei der Kapitalkonsolidierung die stillen Reserven aufzulösen und den Vermögensgegenständen resp. den Schulden zuzuordnen sind. IAS 22 nennt in diesem Zusammenhang zwei unterschiedliche Methoden der Aufdeckung und Zuordnung stiller Reserven: die Buchwertmethode als das empfohlene Verfahren (benchmark treatment) und die Neubewertungsmethode als das zulässige Alternativverfahren (allowed alternative treatment).
Der *Buchwertmethode* zufolge werden die stillen Reserven und Lasten nur bis zur Höhe des an der Tochtergesellschaft erworbenen Aktienkapitals aufgedeckt. Minderheitenanteile werden zum vor dem Unternehmenszusammenschluß verzeichneten Buchwert angesetzt. Erwirbt bspw. die vorstehend erwähnte Muttergesellschaft lediglich 90 % des Aktienkapitals einer Tochtergesellschaft, die ein Grundstück mit einem Buchwert im Einzelabschluß von 80 und stillen Reserven von 30 besitzt, so erfolgt bei der Erstkonsolidierung mittels Buchwertmethode ein Wertansatz des Grundstücks auf der Aktivseite der Konzernbilanz zu 107 (Buchwert zuzüglich aufgelöster anteiliger Reserven). Auf der Passivseite ist dann ein Minderheitenanteil am Konzerneigenkapital von 6 (anteiliger Buchwert abzüglich anteiliges Fremdkapital) auszuweisen.
Bei der *Neubewertungsmethode* werden im Gegensatz zur Buchwertmethode die stillen Reserven und Lasten vollständig aufgedeckt. Der passivische Ausgleichsposten für Anteile anderer Gesellschafter umfaßt neben dem anteiligen Eigenkapital auch die anteiligen stillen Reserven und Lasten. Anknüpfend an das obige Beispiel beträgt bei der Neubewertungsmethode nun der Wertansatz des Grundstücks in der Konzernbilanz 110 (Buchwert zuzüglich aller aufgelösten stillen Reserven) und der passivische Ausgleichsposten für Minderheitenanteile beläuft sich nun auf 9, also Buchwert plus anteilige stille Reserven abzüglich anteiliges Fremdkapital. Die konsolidierte Bilanz der M-AG weist nun in Abhängigkeit von der gewählten Bewertungsmethode ein unterschiedliches Bild auf (vgl. Abb. 51).

Buchwertmethode:

M-AG (Konzernabschluß)

Goodwill	43	EK	100
Grundstück	107	davon: Minderheitenanteil	6
Kasse	70	FK	120

Neubewertungsmethode:

M-AG (Konzernabschluß)

Goodwill	40	EK	100
Grundstück	110	davon: Minderheitenanteil	9
Kasse	70	FK	120

Abb. 51: Behandlung von Minderheitenanteilen nach der Buchwert- und nach der Neubewertungsmethode

Der Unterschied zwischen der Buchwertmethode und der Neubewertungsmethode zeigt sich demzufolge in der Höhe der Zuordnung der stillen Reserven zu den Vermögensgegenständen und Schulden. Lediglich bei einer Beteiligungsquote von 100 % führen beide Methoden zum gleichen Resultat. Ansonsten wird bei der Neubewertungsmethode ein geringerer Goodwill als bei der Buchwertmethode ausgewiesen, weil hier die auf den Minderheitenanteil entfallenden stillen Reserven nicht aufgedeckt werden.

20.5.1.1.3 Goodwill bzw. negativer Goodwill

Bei der zuvor beschriebenen Verrechnung der Anschaffungskosten der Beteiligung mit den anteilig erworbenen Vermögensgegenständen und Schulden zu Marktwerten (fair values) entsteht im Regelfall ein positiver Unterschiedsbetrag (Goodwill oder Geschäftswert). Dies ist der Fall, wenn die Anschaffungskosten größer als das anteilig erworbene Nettovermögen der Tochter sind. Es kann jedoch in seltenen Fällen auch ein negativer Unterschiedsbetrag (Badwill oder negativer Geschäftswert) vorliegen, falls die Anschaffungskosten kleiner als das anteilige Nettovermögen der Tochtergesellschaft sind. Ein Grund für einen derartigen negativen Unterschiedsbetrag können bspw. ungünstige Zukunftsaussichten der erworbenen Tochtergesellschaft sein.
Im ersten Fall eines *positiven Unterschiedsbetrags* zwischen den Anschaffungskosten und den zum Marktwert bewerteten Vermögensgegenständen und Schulden im Erwerbszeitpunkt ist nach IAS 22 dieser Betrag als Goodwill zu aktivieren. Ein solcher Goodwill im Zusammenhang mit einem Unternehmenskauf stellt eine Zahlung für zukünftige ökonomische Nutzenzuflüsse dar, die aufgrund entgegenstehender Bilanzierungs- und Bewertungsmethoden nicht im Jahresabschluß erfaßt werden können.
Der Goodwill ist über die wirtschaftliche Nutzungsdauer grundsätzlich linear abzuschreiben. Der Abschreibungszeitraum sollte 5 Jahre nicht überschreiten, es sei denn eine längere Nutzungsdauer von jedoch maximal 20 Jahren erscheint gerechtfertigt. In der Praxis wird bei einer Unternehmensübernahme im Regelfall von einer Nutzungsdauer von 20 Jahren ausgegangen.
Zum jeweiligen Bilanzstichtag ist zu überprüfen, ob der in der Konzernbilanz angesetzte Goodwill durch in der Zukunft zufließende wirtschaftliche Vorteile gedeckt ist. Ist dies nicht der Fall, so hat eine sofortige Abschreibung des Goodwill zu erfolgen. Zuschreibungen in den folgenden Geschäftsjahren sind dann allerdings ausgeschlossen.
Der zweite Fall des *negativen Goodwill* ergibt sich, wenn der Zeitwert der anteilig erworbenen Vermögensgegenstände und Schulden im Erwerbszeitpunkt die Anschaffungskosten übersteigt. In einem solchen Fall bietet IAS 22 die Wahl zwischen zwei Behandlungsmöglichkeiten.
Im Rahmen des empfohlenen Verfahrens (benchmark treatment) ist der passivische Unterschiedsbetrag dadurch zu beseitigen, daß die Wertansätze der zum fair value bewerteten Vermögensgegenstände proportional bis maximal zum Buchwert vor

dem Unternehmenskauf vermindert werden. Verbleibt danach noch ein Restbetrag, so ist dieser als negativer Goodwill (badwill) zu passivieren und über 5 Jahre bzw. in begründeten Fällen über maximal 20 Jahre erfolgswirksam zu vereinnahmen.
Als zulässiges Alternativverfahren (allowed alternative treatment) gestattet IAS 22 die Passivierung des negativen Unterschiedsbetrags ohne Reduzierung der Wertansätze der Vermögensgegenstände. Auch in diesem Fall ist der passive Abgrenzungsposten über 5 bzw. 20 Jahre zu vereinnahmen.

20.5.1.1.4 Angabepflichten

IAS 22 fordert im Jahresabschluß im Zusammenhang mit der Ermittlung eines positiven oder negativen Goodwills folgende Angaben:

- die angewandte Bilanzierungsmethode und der zugrunde gelegte Zeitraum der Abschreibung bzw. Vereinnahmung,
- die Gründe für das Überschreiten der fünfjährigen Abschreibungs- bzw. Vereinnahmungsdauer,
- die angewandte Abschreibungsmethode, falls von der linearen Abschreibungsmethode abgewichen wird,
- die Entwicklung des positiven bzw. negativen Goodwills während der Berichtsperiode einschließlich
  - des Bruttobetrages und der akkumulierten Abschreibungen jeweils zu Beginn und zum Ende der Berichtsperiode,
  - der Zugänge während der Berichtsperiode,
  - der verbuchten Abschreibungen bzw. Vereinnahmungen,
  - der Anpassungen aufgrund nachträglich vorgenommener Änderungen der Wertansätze von Vermögensgegenständen und Schulden,
  - der außerplanmäßigen Abschreibungen.

Findet der Zusammenschluß zweier Unternehmen im Rahmen eines Erwerbs (acquisition) statt und wird demzufolge die Konsolidierung nach der Erwerbsmethode durchgeführt, so sind in diesem Zusammenhang noch folgende Angabepflichten im Jahr des Zusammenschlusses zu beachten:

- der Prozentsatz der erworbenen Stimmrechtsanteile,
- die Anschaffungskosten und eine Erläuterung des bereits gezahlten bzw. noch zu zahlenden Entgelts,
- Art und Betrag der beim Unternehmenserwerb angesetzten Rückstellungen für Restrukturierungsmaßnahmen und weitere Stillegungskosten.

20.5.1.2 Kapitalkonsolidierung bei Interessenzusammenführung

20.5.1.2.1 Vorgehen

Bei Vorliegen des Sonderfalles der Interessenzusammenführung erwirbt ein Mutterunternehmen nicht durch Barabgeltung, wie bei der Erwerbsmethode, sondern durch die Ausgabe neuer Aktien ein Tochterunternehmen. Diese neuen Aktien

werden den bisherigen Aktionären des Tochterunternehmens zum Tausch angeboten; die sich zusammenschließenden Unternehmen bleiben jedoch rechtlich selbständig. IAS 22 verlangt bei einem solchen Vorgehen der Interessenzusammenführung, daß alle Jahresabschlußposten der sich zusammenschließenden Unternehmen im Konzernabschluß so darzustellen sind, als habe der Zusammenschluß bereits vom Beginn des ersten dort aufgeführten Geschäftsjahres an bestanden.
Demzufolge wird im Rahmen der Kapitalkonsolidierung lediglich der Buchwert der Beteiligung beim Mutterunternehmen gegen das Grundkapital des Tochterunternehmens verrechnet. Sämtliche Vermögensgegenstände und Schulden der sich zusammenschließenden Gesellschaften werden zu ihren Buchwerten übernommen, eine Neubewertung zum beizulegenden Wert (fair value) einschließlich der Auflösung bestehender stiller Reserven unterbleibt. Ein eventuell bestehender Unterschiedsbetrag zwischen dem Betrag der im Zuge der Interessenzusammenführung ausgegebenen Anteile und dem Buchwert des erworbenen Kapitals ist mit dem Eigenkapital zu verrechnen. Ausgaben, die im Zusammenhang mit der Zusammenführung angefallen sind, sind als Aufwand in der Periode ihrer Entstehung zu erfassen.

20.5.1.2.2 Angabepflichten

Im Berichtsjahr des Unternehmenszusammenschlusses mittels der Interessenzusammenführungsmethode (pooling of interests-method) sind im Konzernabschluß die nachfolgenden Angaben zu machen:

- Beschreibung und Anzahl der herausgegebenen Anteile zusammen mit dem Prozentsatz der Stimmrechtsanteile der beteiligten Unternehmen, die zur Durchführung des Zusammenschlusses ausgetauscht wurden,
- Betrag der Vermögensgegenstände und Schulden, die von den beteiligten Unternehmen eingebracht wurden,
- Umsatzerlöse, andere betriebliche Erträge, außerordentliche Aufwendungen und Erträge sowie der Jahresüberschuß bzw. -fehlbetrag für jedes der beteiligten Unternehmen bis zum Zeitpunkt des Zusammenschlusses, sofern diese in dem gemeinsamen Konzernergebnis ausgewiesen sind.

20.5.2 Weitere Konsolidierungsschritte

Zum weiteren Vorgehen im Rahmen der Konsolidierung, der Schulden-, Zwischenergebnis- sowie Aufwands- und Ertragskonsolidierung, kennen die IAS-Normen keine detaillierte Regelungen. IAS 27 bestimmt lediglich, daß Ansprüche und Verpflichtungen zwischen konsolidierten Unternehmen (intragroup balances) sowie konzerninterne Transaktionen und daraus resultierenden Gewinne in voller Höhe zu eliminieren sind. Dieses gilt sowohl für die Konsolidierung nach der Erwerbs- als auch nach der Methode der Interessenzusammenführung.

20.5.3 Allgemeine Angabepflichten im Zusammenhang mit der Konsolidierung

Für alle Unternehmenszusammenschlüsse, gleichgültig, ob diese durch Erwerb oder Interessenzusammenführung erfolgten, sind die folgenden Angaben im Geschäftsjahr des Zusammenschlusses zu machen:

- Name und Beschreibung der Tätigkeit der sich zusammenschließenden Unternehmen,
- angewandte Konsolidierungsmethode,
- Zeitpunkt des Zusammenschlusses und
- Geschäftsaktivitäten, die im Zuge des Zusammenschlusses aufgegeben werden sollen.

20.6 Equity-Methode

20.6.1 Einbezug nach der Equity-Methode

Bei der Equity-Methode handelt es sich nicht um eine Konsolidierungsmethode, sondern um eine Bewertungsmethode im Rahmen der Erstellung des Konzernabschlusses. Die Bewertung einer Beteiligung mittels Equity-Methode hat zur Folge, daß die jeweiligen Gesellschaften mit ihrem anteiligen Eigenkapital in der Konzernbilanz angesetzt werden. Im Gegensatz zur Vollkonsolidierung werden jedoch die im Zusammenhang mit der Beteiligung eingegangenen Lieferungs- und Leistungsverpflichtungen nicht eliminiert. Aufgrund der fehlenden Mehrheitsbeteiligung gehören die assoziierten Unternehmen nicht zum Konsolidierungskreis, sondern stellen aus der Sicht des Konzerns außenstehende Drittunternehmen dar. Gemäß IAS 28 sind assoziierte Unternehmen (associates) mit der Equity-Methode im Konzernabschluß zu erfassen. Bei einem assoziierten Unternehmen handelt es sich dabei um ein Unternehmen, auf das die Obergesellschaft einen maßgeblichen Einfluß (significant influence) ausüben kann und das weder ein Tochter- noch ein Gemeinschaftsunternehmen darstellt. Ein maßgeblicher Einfluß liegt vor, wenn die Möglichkeit der Beeinflussung, jedoch nicht der Beherrschung (control) finanzieller und operativer Entscheidungen der Beteiligung gegeben ist. Hält ein Investor direkt oder indirekt über mehrere Tochtergesellschaften mindestens 20 % der Stimmrechte an einem Unternehmen, so besteht die widerlegbare Vermutung, daß ein solcher maßgeblicher Einfluß besteht. IAS 28 führt diesbezüglich aus, daß sich die Möglichkeit der Beeinflussung im Regelfall in einer oder mehreren der nachstehend aufgeführten Tatbestände äußert:

- Vertretung in der Geschäftsleitung der Beteiligung,
- Teilhabe an wichtigen Entscheidungsprozessen der Beteiligung,
- wesentliche Geschäftsbeziehungen zwischen der Obergesellschaft und dem assoziierten Unternehmen,
- Entsendung bzw. Austausch von Führungskräften und
- Bereitstellung von wichtigem technologischen Know-how.

Assoziierte Unternehmen dürfen allerdings im Falle der Beabsichtigung einer kurzfristigen Weiterveräußerung nicht mit der Equity-Methode erfaßt werden, sondern es ist eine Bewertung zu Anschaffungskosten (cost method) vorzunehmen. Gleiches gilt auch, falls wesentliche dauerhafte Restriktionen den Transfer finanzieller Ressourcen zwischen der Obergesellschaft und dem assoziierten Unternehmen beschränken. Darüber hinaus ist die Anwendung der Equity-Methode nicht mehr zulässig, wenn die Möglichkeit des maßgeblichen Einflusses nicht mehr gegeben ist. Die Beteiligung ist ab diesem Zeitpunkt zu Anschaffungskosten, also dem Buchwert gemäß Einzelabschluß der Obergesellschaft, anzusetzen.

20.6.2 Vorgehen

Die Equity-Methode ist von dem Zeitpunkt an anzuwenden, ab dem eine Beteiligung das erste Mal als assoziiertes Unternehmen eingestuft wird. IAS 28 enthält jedoch keine detaillierten Regelungen, wie bei der Anwendung der Equity-Methode zu verfahren ist, sondern verweist darauf, daß eine große Ähnlichkeit mit dem Vorgehen bei der Vollkonsolidierung gemäß IAS 27 besteht. Daraus ergeben sich bei der Erstbewertung nach der Equity-Methode folgende Schritte: Bei der erstmaligen Anwendung der Equity-Methode ist die Beteiligung mit den Anschaffungskosten resp. dem Buchwert der Beteiligung im Einzelabschluß in der konsolidierten Bilanz anzusetzen. In einer Nebenrechnung werden die Anschaffungskosten den zum Zeitwert bewerteten Vermögensgegenständen und Schulden gegenübergestellt. Ein etwaiger positiver oder negativer Unterschiedsbetrag wird jedoch nicht gesondert in der Konzernbilanz angesetzt, sondern wird als Bestandteil des Beteiligungsbuchwerts in der konsolidierten Bilanz belassen. Ebenso wie beim Goodwill wird auch die Auflösung und Zuordnung der stillen Reserven und Lasten nur in einer Nebenrechnung vorgenommen. Ein solches Vorgehen mittels Nebenrechnung ist erforderlich, um die auf die stillen Reserven und den Goodwill entfallenden Abschreibungen ermitteln zu können.

In den folgenden Geschäftsjahren ist der Beteiligungswert in der Konzernbilanz fortzuführen, indem er um den anteiligen Jahresgewinn bzw. -verlust des assoziierten Unternehmens erhöht bzw. gemindert wird. Vorgenommene Ausschüttungen, so bspw. Dividendenzahlungen, sind vom Wertansatz der Beteiligung abzusetzen. Darüber hinaus sind die in der Nebenrechnung ermittelten Abschreibungen auf die den abnutzbaren Vermögensgegenständen zurechenbaren stillen Reserven und auf den Goodwill wertmindernd zu berücksichtigen. Im Hinblick auf unregelmäßig auftretende Sachverhalte, so bspw. Kapitaleinlagen bzw. -entnahmen von Anteilseignern und Zuschreibungen infolge der Neubewertung von Sachanlagen, können ebenfalls Wertanpassungen des Bilanzpostens „Beteiligungen an assoziierten Unternehmen" erforderlich sein. Kapitaleinlagen und Zuschreibungen sind in diesem Zusammenhang werterhöhend, Kapitalentnahmen demzufolge wertmindernd zu berücksichtigen.

Für den Fall, daß der anteilige Jahresverlust einer assoziierten Beteiligung den bisherigen Beteiligungswert in der Konzernbilanz übersteigt, wird dieser auf Null reduziert. Darüber hinausgehende Verlustbeträge werden nicht mehr berücksichtigt. Die Equity-Methode wird dann ausgesetzt. Rückstellungen für weitere anteilige Verluste des assoziierten Unternehmens werden nur gebildet, wenn die Obergesellschaft für die von dem assoziierten Unternehmen eingegangenen Verpflichtungen haftet. Verzeichnet die Beteiligung in einem der folgenden Geschäftsjahre wieder Gewinne, so werden diese erst nach Ausgleich der zuvor nicht mehr berücksichtigten Verluste vereinnahmt.

Die Erfassung eines assoziierten Unternehmens im Konzernabschluß läßt sich anhand des nachfolgenden Beispiels veranschaulichen: Die M-AG erwirbt zum 31.12. zu Anschaffungskosten von 50 eine 25 %-Beteiligung an der A-AG, die als einziges Aktivum über ein Gebäude mit einem Buchwert von 100 und stillen Reserven in Höhe von 40 verfügt. Das Gebäude wird über einen Zeitraum von 10 Jahren linear abgeschrieben. Das Finanzierungsverhältnis der A-AG beträgt 80 Eigenkapital zu 20 Fremdkapital. In der Konzernbilanz wird nun die Beteiligung an dem assoziierten Unternehmen mit ihren Anschaffungskosten von 50 angesetzt. Der nicht gesondert ausgewiesene anteilige Goodwill beläuft sich folglich auf 20 (Anschaffungskosten abzüglich anteiliges EK und anteilige stille Reserven). Im Jahr der Ersteinstellung in den Konzernabschluß zeigt sich gemäß nachstehender Abb. 52 folgendes Bild:

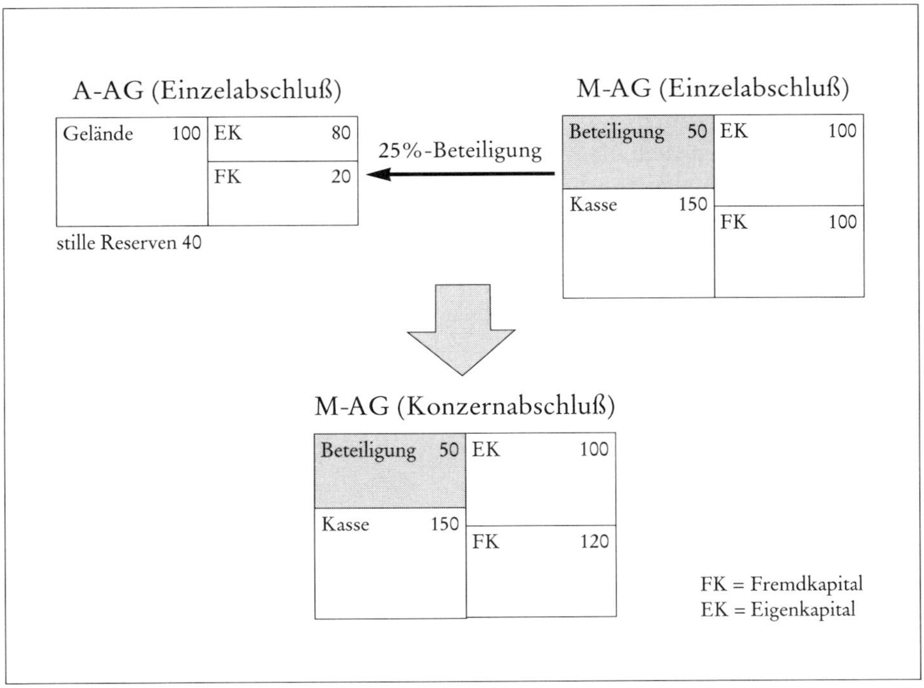

Abb. 52: Anwendung der Equity-Methode im Jahr der Ersteinstellung

Im folgenden Geschäftsjahr verzeichnet die A-AG einen anteiligen Jahresgewinn von 3. Die Abschreibungen auf die anteiligen stillen Reserven belaufen sich ebenso wie die Abschreibungen auf den Anteil am Goodwill auf 1. Dabei wird vorausgesetzt, daß der Goodwill über 20 Jahre linear abgeschrieben wird. Da ansonsten keine Ausschüttungen an oder Kapitaleinlagen von Anteilseignern stattgefunden haben, erhöht sich der fortgeschriebene Beteiligungswert in der Konzernbilanz um 1 (siehe Abb. 53).

Beteiligungsbuchwert Vorjahr	50
+ anteiliger Jahresgewinn	3
– vereinnahmte Gewinnausschüttung	0
– Abschreibungen ant. stille Reserven	1
– Abschreibungen ant. Geschäftswert	1
+ Zuschreibungen	0
+ Kapitaleinlagen	0
– Kapitalentnahmen	0
= Beteiligungsbuchwert Geschäftsjahr	51

M-AG (Konzernabschluß)

Beteiligung	51	EK	101
Kasse	150	FK	100

Abb. 53: Anwendung der Equity-Methode im Folgejahr

20.6.3 Angabepflichten

IAS 27 fordert eine dem Sachverhalt angemessene Auflistung und Beschreibung der bedeutendsten assoziierten Unternehmen einschließlich der jeweiligen Kapitalanteile und, falls davon abweichend, der Stimmrechtsanteile. Darüber hinaus besteht eine weitere Angabepflicht bezüglich der angewendeten Bewertungsmethode (Equity- oder Anschaffungskostenmethode) bei der Erfassung des assoziierten Unternehmens.

Darüber hinaus ist das Jahresergebnis aus assoziierten Unternehmen als gesonderter Posten in der konsolidierten Gewinn- und Verlustrechnung auszuweisen.

20.7 Quotenkonsolidierung von Gemeinschaftsunternehmen

20.7.1 Vorgehen

Gemeinschaftsunternehmen sind gemäß IAS 31 entweder mit der Quotenkonsolidierung (benchmark treatment) oder mit der Equity-Methode (allowed alternative treatment) im konsolidierten Jahresabschluß zu erfassen.

IAS 31 zufolge handelt es sich bei einem Gemeinschaftsunternehmen (joint venture) um gemeinsame wirtschaftliche Aktivitäten zweier oder mehrerer Parteien, wobei zwischen den beteiligten Unternehmen die gemeinsame Leitung (joint control) des Gemeinschaftsunternehmens vertraglich vereinbart ist. Im einzelnen wird zwischen folgenden Formen gemeinsamer wirtschaftlicher Aktivitäten unterschieden:

- gemeinschaftliche Durchführung von Projekten, Arbeitsgemeinschaften, Geschäftsaktivitäten (jointly controlled operations),
- gemeinschaftliche Verfügungsmacht über Vermögensgegenstände (jointly controlled assets),
- gemeinschaftliche Leitung von Unternehmen (jointly controlled entities).

Im Falle der *jointly controlled operations* werden lediglich Geschäftsaktivitäten – etwa im Rahmen einer Arbeitsgemeinschaft – abgestimmt, ohne daß es zu einer gemeinschaftlichen Verfügungsgewalt über bestimmte Vermögensgegenstände und Schulden kommt. Diese Form des Joint Venture hat keine eigenständige, zur Rechnungslegung verpflichtete Einheit zur Folge. Jede am Gemeinschaftsunternehmen beteiligte Gesellschaft (venturer) bilanziert in ihrem Einzel- und Konzernabschluß die von ihr kontrollierten Vermögensgegenstände, die eingegangenen Verpflichtungen sowie die diesbezüglichen resultierenden Erträge und Aufwendungen.

Auch im Falle der *jointly controlled assets* liegt keine selbständige rechnungslegungspflichtige Einheit vor. Die beteiligten Unternehmen besitzen zwar gemeinsam Verfügungsmacht über bestimmte Vermögensgegenstände, jedoch sind diese nicht in eine eigenständige Gesellschaft ausgegliedert worden. IAS 31 nennt in diesem Zusammenhang als Beispiel Erdölgesellschaften, die eine Pipeline gemeinsam nutzen. Unter den entsprechenden Bilanzposten im Einzel- und Konzernabschluß der beteiligten Unternehmen ist der jeweilige Anteil an den gemeinschaftlich kontrollierten Vermögensgegenständen und den gemeinsam eingegangenen Schulden auszuweisen. Darüber hinaus sind die anteiligen Erträge aus der gemeinsamen Nutzung der Vermögensgegenstände sowie die entsprechenden anteiligen Aufwendungen anzugeben.

Lediglich im dritten Fall der *jointly controlled entities* wird von den am Joint Venture beteiligten Unternehmen ein eigenständiges Gemeinschaftsunternehmen mit eigener Rechtspersönlichkeit gegründet. Eine solche jointly controlled entity verfügt über eigene Vermögensgegenstände, geht Verpflichtungen ein und verzeichnet Aufwendungen und Erträge, so daß sich in diesem Zusammenhang die Frage stellt, wie diese eigenständige Einheit im Konzernabschluß der Venture-Partner zu erfassen ist.

IAS 31 nennt als bevorzugte Methode die Erfassung mittels Quotenkonsolidierung (proportionate consolidation). Dieser Methode zufolge hat das am Joint Venture beteiligte Unternehmen die Vermögensgegenstände und Schulden des Gemeinschaftsunternehmens entsprechend der Beteiligungsquote in der Konzernbilanz zu erfassen. Aufwendungen und Erträge sind ebenfalls quotal in die konsolidierte Gewinn- und Verlustrechnung einzubeziehen. Die Anteile an den Vermögensgegenständen und Schulden sowie am Jahresergebnis des Gemeinschaftsunternehmens können mit den entsprechenden Posten des Konzernabschlusses zusammengefaßt oder unter jedem Posten mit einem sog. davon-Vermerk gesondert ausgewiesen werden.

Ansonsten ist das Vorgehen bei der Quotenkonsolidierung analog den Maß-

nahmen bei der Vollkonsolidierung. So ist der Beteiligungsbuchwert beim Mutterunternehmen mit dem konsolidierungspflichtigen Kapital aufzurechnen. Ein etwaiger Unterschiedsbetrag bei der Kapitalaufrechnung ist wie bei der Vollkonsolidierung zu aktivieren und planmäßig abzuschreiben.
Als zulässige alternative Methode der Erfassung von Gemeinschaftsunternehmen im Konzernabschluß sehen die IAS-Bestimmungen die Anwendung der Equity-Methode vor, bei der lediglich das anteilige Eigenkapital und das anteilige Ergebnis des Gemeinschaftsunternehmens im konsolidierten Abschluß erfaßt werden (vgl. Abschnitt 20.6).
Entfällt die gemeinsame Leitung (joint control), so darf die Quotenkonsolidierung ab diesem Zeitpunkt nicht mehr angewendet werden. Ist darüber hinaus auch nicht mehr die Situation eines maßgeblich Einflusses (significant influence) gegeben, so ist auch die Anwendung der Equity-Methode unzulässig. Wird das Gemeinschaftsunternehmen hingegen zum Tochterunternehmen, so ist ab diesem Zeitpunkt die Einbeziehung in den Konzernabschluß gemäß IAS 27 mittels Vollkonsolidierung vorzunehmen.
Analog zu den Einschränkungen des Anwendungsbereichs bei der Vollkonsolidierung gelangt die Quotenkonsolidierung nicht zur Anwendung, falls eine kurzfristige Weiterveräußerungsabsicht besteht oder langfristige Beschränkungen den Mitteltransfer zwischen Joint Venture und Teilhaber verhindern. In diesen Fällen ist nach IAS 25 zu bilanzieren.
Das Vorgehen bei der Erfassung von Gemeinschaftsunternehmen im Konzernabschluß nach IAS 31 läßt sich gemäß der nachfolgenden Abb. 54 zusammenfassen.

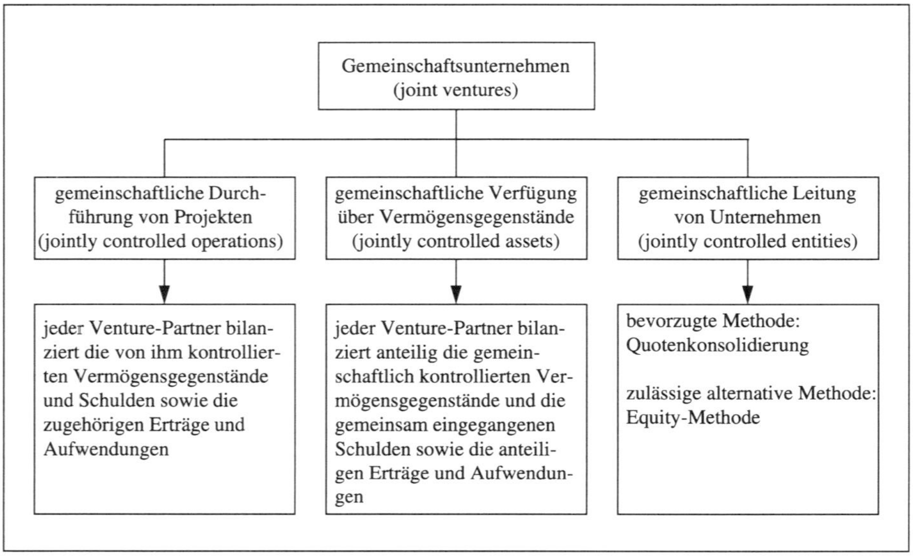

Abb. 54: Behandlung von Gemeinschaftsunternehmen

20.7.2 Angabepflichten

Bei der vertraglichen Vereinbarung über die Durchführung eines Joint Ventures verpflichten sich die Venture-Partner im allgemeinen zur Erbringung bestimmter finanzieller Leistungen und zur Haftung für bestimmte Risiken. Aus diesem Grund sind die folgenden Eventualverpflichtungen (contingencies), die im Zusammenhang mit einem Gemeinschaftsunternehmen stehen, gesondert auszuweisen:

- ungewisse Verpflichtungen, die auf den Venture-Partner entfallen,
- ungewisse Verpflichtungen aus Risiken, denen das Joint Venture ausgesetzt ist,
- ungewisse Verpflichtungen, die sich bei Eintreten eines Venture-Partners für Risiken anderer am Gemeinschaftsunternehmen Beteiligter ergeben.

Neben diesen Eventualverbindlichkeiten sind auch die von einem Venture-Partner im Zusammenhang mit einem Joint Venture eingegangenen Investitionsverpflichtungen auszuweisen:

- der Anteil der Investitionsverpflichtungen (capital commitments), die auf den Venture-Partner entfallen, und der anteilige Gesamtbetrag der Verpflichtungen, welche gemeinsam mit anderen Venture-Partnern eingegangen wurden,
- der Anteil der Investitionsverpflichtungen, die von dem Gemeinschaftsunternehmen selbst eingegangen wurden.

Darüber hinaus sind im Jahresabschluß die Anteile an wesentlichen Gemeinschaftsunternehmen aufzuführen und unter Angabe der Beteiligungsquote näher zu beschreiben. Für den Fall, daß die Equity-Methode angewendet wurde, oder daß im Rahmen der Quotenkonsolidierung die Vermögensgegenstände und Schulden des Joint Ventures nicht gesondert unter den jeweiligen Bilanzposten ausgewiesen wurden, sind die kurz- und langfristigen Vermögensgegenstände bzw. Schulden sowie Aufwendungen und Erträge separat anzugeben.

Die Muster AG nimmt in ihrem Geschäftsbericht folgendermaßen Stellung zu den Grundsätzen der Konzernrechnungslegung:

Allgemeines
Der Konzernabschluß vermittelt ein den tatsächlichen Verhältnissen entsprechendes Bild der Vermögens-, Finanz- und Ertragslage des Muster Konzerns. Der konsolidierte Jahresabschluß basiert auf den nach konzerneinheitlichen Richtlinien erstellten Einzelabschlüssen der per 31. Dezember zum Muster Konzern gehörenden Gesellschaften.

Konsolidierungsgrundsätze
Der Konzernabschluß umfaßt die Muster AG sowie alle in- und ausländischen Gesellschaften, an welchen die Muster AG direkt oder indirekt kapitalmäßig beteiligt ist und für welche die Führungsverantwortung beim Muster Konzern liegt. Vermögensgegenstände und Schulden sowie Erträge und Aufwendungen werden nach der Methode der Vollkonsolidierung zu 100 % übernommen, alle konzerninternen Beziehungen (Forderungen und Verbindlichkeiten, Erträge und Aufwendungen) werden eliminiert und die Anteile von Minderheitsaktionären bzw. Minderheitsgesellschaftern am Eigenkapital sowie am Ergebnis von konsolidierten Unternehmen separat ausgewiesen.
Joint-Ventures, an denen die Muster AG direkt oder indirekt einen Beteiligungsanteil von 50 % hält und für welche die alleinige Führungsverantwortung nicht beim Muster Konzern

liegt, werden anteilsmäßig nach der Methode der Quotenkonsolidierung konsolidiert. Gesellschaften, an welchen Muster eine Minderheitsbeteiligung von 20 % oder mehr hält, werden nach der Equity-Methode in den Konzernabschluß einbezogen. In der Konzernbilanz sind diese Gesellschaften mit dem auf Muster entfallenden Anteil an der Nettosubstanz unter den „Nicht konsolidierten Beteiligungen" enthalten. Der Muster-Anteil am Nettoergebnis ist in der konsolidierten Gewinn- und Verlustrechnung als „Ergebnis aus nicht konsolidierten Beteiligungen" ausgewiesen.
Beteiligungen unter 20 % sowie einige unbedeutende Gesellschaften sind in der Konzernbilanz zu Buchwerten eingesetzt.
Abgänge von Gesellschaften aus dem Konsolidierungskreis werden erfolgswirksam behandelt.
Bei der Kapitalkonsolidierung wird der Beteiligungswert bei der Muttergesellschaft mit dem auf diese Beteiligungen entfallenden Eigenkapital aufgerechnet. Die erstmalige Kapitalkonsolidierung erfolgt nach der Purchase Methode. Die Anschaffungskosten einer akquirierten Gesellschaft werden dabei mit dem nach konzerneinheitlichen Grundsätzen bewerteten Eigenkapital zum Zeitpunkt des Erwerbs verrechnet.

Goodwill
Goodwill aus dem Erwerb von Unternehmen wird grundsätzlich aktiviert. Bei den Akquisitionen handelt es sich mehrheitlich um industrielle Aktivitäten mit langlebigen Marktleistungen. Der Goodwill wird deshalb über eine Laufzeit von 20 Jahren abgeschrieben. Etwaige Teilwertberichtigungen unter gegebenen Umständen bleiben vorenthalten.

Literatur

Bertschinger, Peter/Zenhäusern, Markus
Konzernabschlüsse verstehen, Zürich 1996

Busse von Colbe, Walter/Ordelheide, Dieter
Konzernabschlüsse: Rechnungslegung für Konzerne nach betriebswirtschaftlichen Grundsätzen und gesetzlichen Vorschriften, Wiesbaden 1996, 6. Aufl.

Epstein, Barry/Mizra, Abbas Ali
IAS 97: Interpretation and Application of International Accounting Standards 1997, New York u. a. O. 1997, insb. S. 251–364

Goebel, Andrea
Konzernrechnungslegung nach International Accounting Standards – Konzeptionen, Inhalte und Möglichkeiten einer Annäherung durch deutsche Muttergesellschaften, in: Der Betrieb 49/1994, S. 2457–2464

Häfeli, Rudolf
Behandlung von Gemeinschaftsunternehmen in der Konzernrechnung, in: Der Schweizer Treuhänder 5/1994, S. 413–420

Institut der Wirtschaftsprüfer (Hrsg.)
Rechnungslegung nach International Accounting Standards: Praktischer Leitfaden für die Aufstellung IAS-konformer Jahres- und Konzernabschlüsse in Deutschland, Düsseldorf 1995, insb. S. 253–338

Pellens, Bernhard
Internationale Rechnungslegung, Stuttgart 1997, insb. S. 418–422, S. 432–434 und S. 449–454

Risse, Axel
International Accounting Standards für den deutschen Konzernabschluß, Wiesbaden 1996, insb. S. 188–204, S. 212–216, S. 218–242 und S. 245–252
Simon, Stephan
Pooling und Verschmelzung: Harmonisierung durch IAS 22 „Business Combinations“, Dissertation Universität St. Gallen 1996

Teil IV

Prüfung und Analyse des IAS-Abschlusses

21 Prüfung des IAS-Abschlusses

Lernziele

In diesem Kapitel erfahren Sie:

- warum eine Abschlußprüfung erfolgt,
- wie die Prüfungspflicht geregelt ist,
- welche Rolle Prüfer und Prüfungsgesellschaften spielen,
- warum es Grundsätze der Abschlußprüfung geben muß,
- inwieweit hierbei auf internationale und/oder nationale Normen zurückzugreifen ist,
- wie der Bestätigungsbericht eines IAS-Abschlusses ausgestaltet ist,
- wann der Prüfungsbericht eingeschränkt, versagt oder verweigert wird und
- welche Bedeutung der „Erwartungslücke" bei der Prüfung von IAS-Abschlüssen zukommt.

21.1 Grundsätzliches zur Abschlußprüfung

21.1.1 Ziel und Funktionen der Abschlußprüfung

Ziel der Abschlußprüfung ist die Beurteilung, ob der Jahresabschluß in allen wesentlichen Aspekten in Übereinstimmung mit den relevanten Vorschriften erstellt wurde. Als Vorschriften, deren Einhaltung geprüft wird, kommen gesetzliche, satzungsmäßige und gesellschaftsvertragliche Bestimmungen in Frage, die ihrerseits wiederum auf die anzuwendenden Rechnungslegungsstandards verweisen. Es kann sich hierbei sowohl um nationale Normen (HGB/OR/FER) als auch um internationale Normen (IAS) handeln.

Die Prüfung von Jahresabschlüssen ist immer dann erforderlich, wenn sich das Management als Ersteller des Jahresabschlusses und Dritte als Benutzer gegenüberstehen. Die Abschlußprüfung erfüllt dabei verschiedene Funktionen:

- *Kontrollfunktion* (monitoring function)
  Im Rahmen der Abschlußprüfung wird kontrolliert, ob der Jahresabschluß den zu beachtenden Vorschriften entspricht.
- *Informationsfunktion* (information production function)
  Die Organe der Gesellschaft werden mit Hilfe des Jahresabschlusses sowie zusätzlicher Berichte über das Prüfungsergebnis bzw. weitere Feststellungen im Rahmen der Prüfung informiert.
- *Beglaubigungsfunktion* (attest function)
  Die Beglaubigungsfunktion wird erfüllt, indem alle Adressaten des Konzernabschlusses durch den Bestätigungsvermerk über das Ergebnis der Prüfung informiert werden.

Durch die Abschlußprüfung wird die Glaubwürdigkeit und die Verläßlichkeit des Jahresabschlusses erhöht. Dabei sind in erster Linie Investoren und Kreditgeber an einer unabhängigen Prüfung der Jahresabschlüsse interessiert. So stützen sie sich bei ihren Entscheidung in erheblichem Maße auf die dort dargelegten Unternehmensdaten. Darüber hinaus wird das Risiko einer Investition bzw. einer Kreditgewährung verringert. Dies wirkt sich letztlich auch auf den Zinssatz bzw. die erwartete Rendite für geprüfte Unternehmen aus.

Aus volkswirtschaftlicher Perspektive trägt die Abschlußprüfung damit unter der Annahme eines funktionierenden Prüfungsmarktes zur effizienten Allokation von Kapital bei. Dadurch wird verhindert, daß aufgrund von unvollständigen, irreführenden oder fehlerhaften Informationen Kapital in falsche Kanäle geleitet wird.

21.1.2 Prüfungspflicht

Die Prüfung (audit) des Jahresabschlusses ist in vielen Ländern gesetzliche Pflicht oder Teil der Zulassungs- und Kotierungsbestimmungen von Börsen. Sie erfolgt häufig auch im Zusammenhang mit besonderen Transaktionen wie Unternehmenszusammenschlüssen oder -abspaltungen. Dies kann entweder aufgrund von speziellen gesetzlichen Vorschriften, so bspw. aufgrund aktienrechtlicher Vorschriften für Unternehmensübernahmen, oder auch freiwillig erfolgen.

Sowohl in Deutschland als auch in der Schweiz sind Kapitalgesellschaften in der Regel durch das Gesetz dazu verpflichtet, den Jahresabschluß durch einen unabhängigen Abschlußprüfer prüfen zu lassen. Während in Deutschland die Pflicht zur Rechnungslegung und damit auch zur Prüfung von der Größe der Gesellschaft abhängt, ist die Rechnungslegungs- und Prüfungspflicht in der Schweiz bisher noch an die Rechtsform der Aktiengesellschaft als der hier (im Unterschied zu Deutschland) am weitesten verbreiteten Gesellschaftsform gekoppelt.
Unabhängig von der gesetzlichen Verpflichtung ist die Abschlußprüfung Ausdruck der erhöhten Transparenz und der gestiegenen Informationsansprüche des Kapitalmarktes. Deshalb wird auch in den Fällen, in denen die Rechnungslegung nach internationalen Standards – wie in Deutschland – freiwillig erfolgt, der Abschluß geprüft.

21.1.3 Prüfer und Prüfungsgesellschaften

Zur Durchführung von Abschlußprüfungen bedarf es einer besonderen Befähigung. Dabei sind die Anforderungen an die Qualifikation und der Prozeß der Zertifizierung des Prüfers von Land zu Land divergierend geregelt. Manche Länder, so auch die Schweiz, kennen unterschiedliche Anforderungsstufen von Prüfern, die sich nach Größe der Unternehmen, nach Branchen (bspw. Banken) oder nach der Abschlußart (bspw. Konzernabschluß) unterscheiden. Die Konzernprüfer werden in der Regel von der Gesellschafterversammlung bestimmt. Dabei übt das Management oft einen maßgebenden Einfluß auf die Wahl aus.
Die Abschlußprüfung im Konzern wird regelmäßig von Wirtschaftsprüfungsgesellschaften durchgeführt, die neben der Abschlußprüfung und den damit verbundenen Dienstleistungen oft auch andere Dienstleistungen wie Unternehmens- und Steuerberatung anbieten. Aus einer Reihe von internationalen Unternehmenszusammenschlüssen sind sechs weltweit tätige Prüfungsgesellschaften, die sog. big six, hervorgegangen: Arthur Andersen, Coopers & Lybrand, Deloitte & Touche, Ernst & Young, KPMG und Price Waterhouse. Diese großen Wirtschaftsprüfungsgesellschaften prüfen auch die Mehrheit der großen Konzerne (siehe auch für die Bedeutung der big six für die Rechnungslegung resp. Rechnungslegungsnormsetzung die Ausführungen in Kapitel 2).

21.1.4 Prüfungshandlungen und Bestätigungsbericht

Damit der Prüfer ein Urteil (opinion) über die Regelkonformität des Jahresabschlusses bzw. die wahrheitsgetreue Darstellung der wirtschaftlichen Lage durch den Jahresabschluß abgeben kann, führt er Prüfungshandlungen durch. Diese sollen so ausgelegt sein, daß mit ausreichender Sicherheit (reasonable assurance) festgestellt werden kann, ob der Jahresabschluß in allen wesentlichen Aspekten den Vorschriften entspricht. Der Grundsatz der Wesentlichkeit (materiality) ist dabei ein zentraler Begriff im Prüfungswesen.

Neben der Durchführung der Prüfung selbst ist es die Aufgabe des Prüfers, über das Ergebnis der Abschlußprüfung zu berichten. Dabei wird unterschieden zwischen Berichten, die sich an bestimmte Adressaten wie die Kontrollorgane der Gesellschaft richten, und zwischen Berichten, die für einen weiten Kreis von Adressaten bestimmt sind. Der Bestätigungsbericht (auditor's report/audit opinion) wird zusammen mit dem (Konzern-)Abschluß veröffentlicht. Auf diese Weise werden externe Adressaten über das Ergebnis der Abschlußprüfung informiert. Der Bestätigungsbericht des Abschlußprüfers wird bei einem Prüfungsbericht ohne Vorbehalte in Form eines Standardtextes abgegeben.

21.2 Grundsätze der Abschlußprüfung

21.2.1 Nationale Grundsätze der Abschlußprüfung

Ähnlich wie im Bereich der Rechnungslegung gibt es auch im Prüfungswesen Regelwerke, die einerseits Ziele und Grundsätze der Abschlußprüfung definieren, andererseits die eher technischen Aspekte und Verfahren zur Durchführung von Abschlußprüfungen festlegen. Prüfungsstandards sollen eine einheitliche, hohe Qualität in der Prüfungsdurchführung und der Berichterstattung gewährleisten. Das Ausmaß an nationaler Standardsetzung ist von Land zu Land unterschiedlich. Neben den gesetzlichen Vorschriften sind es Standesregeln, durch welche sich die Vorschriften für die Durchführung von Abschlußprüfungen konkretisieren.
So haben die nationalen Wirtschaftsprüferorganisationen Grundsätze ausgearbeitet, die als übergeordnete Prinzipien Handlungsempfehlungen für die Durchführung von Abschlußprüfungen geben. In Deutschland sind dies die in Fachgutachten des Instituts der Wirtschaftsprüfer (IDW) festgehaltenen *Grundsätze ordnungsmäßiger Abschlußprüfung* (GoA). In der Schweiz sind die Grundsätze ordnungsmäßiger Abschlußprüfung Teil der *Grundsätze zur Abschlußprüfung* (GzA). Hier zeigt sich eine Parallele zwischen der Rechnungslegung und dem Prüfungswesen: Die Grundsätze der Abschlußprüfung erfüllen den gleichen Zweck wie die Grundsätze ordnungsmäßiger Buchführung/Rechnungslegung (GoB/GoR) im Bereich der Rechnungslegung.
Grundsätzlich sind die Prüfungsvorschriften der einzelnen Länder weitaus homogener als im Bereich der Rechnungslegung. Dies erklärt sich auch dadurch, daß in den meisten Ländern der Berufsstand die Prüfungsstandards selbst erarbeitet und durch die Zusammenarbeit innerhalb der großen internationalen Wirtschaftsprüfungsgesellschaften ein viel engerer Austausch möglich wird.

21.2.2 Internationale Grundsätze der Abschlußprüfung (ISA)

Es stellt sich jedoch dennoch die Frage nach international gültigen und akzeptierten Grundsätzen der Abschlußprüfung. Dies gilt umsomehr, als die Globalisierung der Kapitalmärkte und die Verbreitung multinationaler Unternehmen den Bedarf

einer weltweiten gegenseitigen Anerkennung der Arbeit von Abschlußprüfern unterschiedlicher Länder kontinuierlich erhöht.
Diesem Themenbereich widmet sich die International Federation of Accountants (IFAC). Sie wurde 1977 als internationale Vereinigung der Wirtschaftsprüfer gegründet und verfolgt folgende Ziele:

- die Schaffung eines harmonisierten internationalen Berufsstandes der Wirtschaftsprüfung, der nach möglichst einheitlichen Richtlinien in fachlicher und berufsethischer Hinsicht arbeitet und einheitlich ausgebildet wird,
- den intensiven Kontakt mit regionalen Berufsorganisationen und die Förderung ihrer Entwicklung,
- eine gegenseitige Anerkennung der Berufsqualifikationen,
- die Entwicklung und Förderung der Aus- und Fortbildung von Angehörigen des Berufsstandes und
- die Veranstaltung internationaler Kongresse für den Berufsstand.

Die IFAC verfolgt ihr Ziel der Harmonisierung der Prüfungsgrundsätze in erster Linie durch die Verabschiedung der sog. International Standards on Auditing (ISA). Bisher hat das International Auditing Practices Committee (IAPC) der IFAC folgende ISA zu verschiedenen Themenbereichen herausgegeben:

ISA No. 1: Objective and Basic Principles Governing an Audit
ISA No. 2: Terms of Audit Engagements
ISA No. 5: Using the work of another auditor
ISA No. 6: Risk Assessment and Internal Control
ISA No. 7: Control of the Quality of Audit Work
ISA No. 8: Audit Evidence
ISA No. 10: Using the work of an Internal Auditor
ISA No. 11: Fraud and Error
ISA No. 13: The Auditor's Report on Financial Statements
ISA No. 19: Audit Sampling
ISA No. 21: Date of the Auditor's Report; Events after the Balance Sheet Date; Discovery of Facts after the Financial Statements have been issued
ISA No. 22: Management Representations
ISA No. 23: Going Concern
ISA No. 25: Materiality and Audit Risk

Die in ISA No. 1 festgehaltenen Grundprinzipien (basic principles) der Abschlußprüfung legen dabei den Grundstein für die Entwicklung eines globalen Prüferberufs, der möglichst einheitlichen fachlichen und ethischen Grundregeln folgt. Der Prüfer soll sich von folgenden ethischen Grundsätzen leiten lassen:

- Unabhängigkeit,
- Integrität,
- Objektivität,
- Fachkompetenz und Sorgfalt,
- Vertraulichkeit und
- professionellem Verhalten.

Die Unabhängigkeit des Abschlußprüfers ist dabei eine unabdingbare Voraussetzung für das Funktionieren des Prüfungswesens. Das Urteil des Abschlußprüfers ist nur dann glaubwürdig, wenn er nicht in einem Abhängigkeitsverhältnis zu seinem Auftraggeber steht. Es wird kontrovers diskutiert, welche Faktoren die Unabhängigkeit des Prüfers einschränken. Die wirtschaftliche Abhängigkeit von dem zu prüfenden Unternehmen ist dabei ein wesentlicher Faktor.
Es werden z.Zt. einige Maßnahmen diskutiert, welche die Unabhängigkeit des Prüfers erhöhen sollen. Hierzu gehören die Beschränkung der Mandate auf einen bestimmten Zeitraum, die strikte Trennung zwischen Abschlußprüfung und Unternehmensberatung und die Kontrolle der Prüfer durch einen zweiten Prüfer (peer review). Selbstverständlich ist der Erwerb von Aktien der geprüften Unternehmen durch Mitarbeiter der Prüfungsgesellschaft untersagt.

21.3 Bei der Prüfung eines IAS-Abschlusses zu berücksichtigende Grundsätze

21.3.1 Prüfungsanspruch seitens des IASC

Eine Harmonisierung der Rechnungslegung durch das IASC kann nur dann erreicht werden, wenn die Einhaltung der IAS anhand vergleichbarer Kriterien geprüft wird. Der Frage, auf welcher Basis die Prüfung eines IAS-Abschlusses erfolgt, ist daher bedeutungsvoll.
Die IAS selbst enthalten jedoch keine Regeln zu ihrer Prüfung. Das IASC überläßt diesen Bereich vielmehr der IFAC. Aufgrund eines seit Januar 1983 gültigen Kooperationsabkommmens ist die Mitgliedschaft in der IFAC dabei identisch mit jener im IASC. Bei der Mehrzahl der Mitglieder handelt es sich um die nationalen Berufsverbände der Wirtschaftsprüfer, Buchhalter, Treuhänder, die insgesamt mehr als eine Million Mitglieder auf sich vereinigen.
Die Verbindungen zwischen dem IASC und der IFAC bestehen jedoch nicht nur auf der offiziellen, sondern vielmehr auch auf der Arbeitsebene. So finden im Rahmen der Tätigkeit des Boards sowie der einzelnen Steering Committees enge Absprachen statt. So wurden bspw. bei der Neuabfassung der Going Concern-Prämisse im Rahmen der Überarbeitung von IAS 1 direkte Gespräche zwischen dem hierfür zuständigen Steering Committee und Vertretern der IFAC geführt und Entwürfe des Standardtextes vorab abgestimmt. Dies war um so wichtiger, als die IFAC zum gleichen Zeitpunkt ihre Vorschriften zur Prüfung der Going Concern-Prämisse überarbeitete. Ohne eine derart enge Zusammenarbeit hätte eine gewisse Gefahr bestanden, daß sich das IASC und die IFAC inhaltlich in eine unterschiedliche Richtung bewegen – die Rechnungslegungsnormen und die Normen zur Prüfung ihrer Einhaltung hätten damit nicht mehr zueinander gepaßt.
Auch wenn dies nicht seitens des IASC ausdrücklich schriftlich festgehalten ist, so ist daher doch davon auszugehen, daß Jahresabschlüsse, welche auf der Grundlage der IAS erstellt wurden, nach den Regeln der IFAC zu prüfen sind. Hieraus ergibt

sich, daß auch das Urteil über den Abschluß, d. h. der Bestätigungsbericht, den einschlägigen IFAC-Grundsätzen entsprechen muß. Ebenso ist hieraus abzuleiten, daß die ISA von den Kapitalmärkten, die einen Abschluß nach IAS zulassen, einen Minimalstandard darstellen.

21.3.2 Prüfungsanspruch seitens des nationalen Gesetzgebers

Sofern ein Unternehmen die Strategie verfolgt, einen sowohl mit den nationalen Vorschriften als auch den IAS konformen Jahresabschluß vorzulegen (siehe hierzu ausführlicher Kapitel 5), sind, ebenso wie bei den freiwillig erstellten IAS-Abschlüssen, die Grundsätze der IFAC anzuwenden. Darüber sind bei der Prüfung dieser Abschlüsse jedoch auch die jeweiligen nationalen Prüfungsgrundsätze relevant. Diese werden z. T. um Sonderregelungen erweitert, welche die Prüfung derartiger dualer Abschlüsse betreffen. So wurden die deutschen Prüfungsgrundsätze seitens des Hauptfachausschusses (HFA) des IDW durch zwei Verlautbarungen konkretisiert. Sie werden daher in der Folge bei der Behandlung der Bestätigungsberichte nach nationalen Grundsätzen näher behandelt.
Grundsätzlich stellt sich zudem die Frage, ob im Rahmen einer gesetzlich erforderlichen Abschlußprüfung die Anwendung der ISA nicht hinreichend ist, d. h. von der Anwendung der nationalen Grundsätze abgesehen werden kann. Auch wenn dies in der Literatur z. T. gefordert wird, so ist doch bis zum Vorliegen einer klaren dahingehenden Stellungnahme des Berufsstandes hiervon abzusehen – es sind vielmehr sowohl die ISA als auch die nationalen Normen anzuwenden.

21.4 Bestätigungsbericht nach ISA 700

21.4.1 Uneingeschränkter Bestätigungsbericht

Nach ISA 700 weist der Bestätigungsbericht folgende Struktur auf:
1) Titel des Berichts,
2) Adressaten des Berichts,
3) Gegenstand der Prüfung,
4) Beschreibung der Art der Prüfung,
5) Prüfungsurteil,
6) Datum des Berichts,
7) Adresse,
8) Unterschrift des Prüfers.

Ein Beispiel für einen uneingeschränkten Bestätigungsbericht mit *uneingeschränktem Prüfungsurteil* (unqualified opinion) formuliert ISA 700 wie folgt:

> We have audited the accompanying balance sheet of the ABC Company as of December 31, 19X1, and the related statement of income, and cash flows for the year ended. These financial statements are the responsibility of the Company's management. Our responsibility is to express an opinion on these financial statements based on our audit.
>
> We conducted our audit in accordance with International Standards on Auditing. Those Standards require that we plan and perform the audit to obtain reasonable assurance about whether the financial statements are free of material misstatement. An audit includes examining, on a test basis, evidence supporting the amounts and disclosures in the financial statements. An audit also includes assessing the accounting principles used and significant estimates made by management, as well as evaluating the overall financial statement presentation. We believe that our audit provides a reasonable basis for our opinion.
>
> In our opinion, the financial statements give a true and fair view of the financial position of the Company as of December 31, 19X1, and of the results of its operations and its cash flows for the year ended with International Accounting Standards.

Gemäß ISA 700 kann es notwendig sein, diese uneingeschränkte Bestätigung zu ergänzen. *Ergänzungen* der Kernfassung (emphasis of matter) sind vorzunehmen, wenn der Konzernabschlußprüfer zusätzliche Bemerkungen für erforderlich hält, die verhindern sollen, daß ein falscher Eindruck über den Prüfungsinhalt und die Tragweite des Prüfungsurteils entsteht. So können bspw. Risiken aus Geschäftsvorfällen bestehen, die aufgrund der Bilanzierungsvorschriften nicht aus dem Jahresabschluß ersichtlich sind. Auch auf eine Gefährdung des Fortbestands des Unternehmens ist hinzuweisen.

21.4.2 Einschränkung, Versagung und Verweigerung der Bestätigung

Nur wenn alle Anforderungen der IAS vollständig erfüllt sind, wird eine uneingeschränkte Bestätigung erteilt. Andernfalls ist die Bestätigung in Abhängigkeit von der Art und Schwere der Beeinträchtigung gemäß ISA 700 entweder einzuschränken (qualified opinion) oder zu versagen (adverse opinion) oder das Prüfungsurteil gänzlich zu verweigern (disclaimer of opinion).
Dabei ist zu unterscheiden, ob der Prüfer Einwände gegen die vom Management angewandten Bilanzierungsmethoden erhebt (disagreement with management) oder die erforderlichen Prüfungshandlungen nicht in vollem Umfang durchführen konnte (limitation of scope).
Sind die festgestellten Mängel im Hinblick auf die angewandten Bilanzierungsmethoden so schwerwiegend, daß selbst eine Einschränkung des Bestätigungsberichts nicht mehr vertretbar ist, dann ist die Bestätigung zu versagen. Ist dagegen der Prüfungsumfang für eine Bestätigung nicht ausreichend, wird das Prüfungsurteil verweigert.

21.5 Bestätigungsbericht nach nationalen Grundsätzen

21.5.1 Deutschland

Umfang und Wortlaut des Prüfungstestats unterscheiden sich von Land zu Land. In Deutschland wird der Bestätigungsbericht in Form eines Bestätigungsvermerks abgegeben. Die Kernfassung dieses Bestätigungsvermerks ist gesetzlich vorgeschrieben und beschränkt sich darauf, die Übereinstimmung mit den gesetzlichen Vorschriften zu bestätigen. Der Text lautet:

> Der Konzernabschluß entspricht nach unserer pflichtgemäßen Prüfung den gesetzlichen Vorschriften. Der Konzernabschluß vermittelt unter Beachtung der Grundsätze ordnungsmäßiger Buchführung ein den tatsächlichen Verhältnissen entsprechendes Bild der Vermögens-, Finanz- und Ertragslage des Konzerns. Der Konzernlagebericht steht in Einklang mit dem Konzernabschluß.

Die Einhaltung der IAS kann dann auf zweierlei Weise bestätigt werden. Dies kann entweder durch einen eigenständigen Bestätigungsbericht nach ISA 700 (wie er oben beschrieben wurde) oder aber durch eine Erweiterung des obigen Bestätigungsberichts durch folgenden Zusatz geschehen:

> Der Konzernabschluß entspricht den Verlautbarungen des International Accounting Standards Committee (IASC).

Ein derartiger uneingeschränkter Bestätigungsbericht ist jedoch nur zulässig, sofern die IAS vollständig beachtet wurden. Der Hauptfachausschuß stellt dabei klar, daß es sich hierbei nicht nur um die Einzelregelungen handelt. Es sind hingegen für die nicht explizit normierten Sachverhalte die IAS-Grundsätze, das Framework, die Exposure Drafts sowie analoge Regelungen heranzuziehen – die IAS sind somit angemessen auszulegen (siehe hierzu auch die ausführlicheren Anmerkungen in Kapitel 7).
Sind HGB- und IAS-Normen im Einzelfall unvereinbar und ist daher eine vollständige Übereinstimmung mit beiden Normenwerken nicht möglich, so muß aus deutscher Perspektive aus dem Konzernabschluß deutlich hervorgehen, daß zwar sowohl die HGB- als auch die IAS-Vorschriften beachtet wurden, im Konfliktfall jedoch die nationalen Vorschriften Vorrang hatten und die Übereinstimmung mit den IAS durch zusätzliche Angaben im Anhang angestrebt wurde.
In diesem Fall ist es erforderlich, daß das Unternehmen über die einzelnen Verstöße gegen die IAS im Rahmen einer gesonderten Darstellung im Anhang berichtet, diese begründet und deren betragsmäßige Auswirkungen auf den Konzernabschluß soweit möglich angibt. Der Bestätigungsvermerk kann dann um folgenden Zusatz ergänzt werden:

> Nach dem Ergebnis unserer Prüfung entspricht der Konzernabschluß unter Berücksichtigung der ergänzenden Erläuterungen im Konzernanhang auch den Standards des IASC.

Das IASC will seine Bedingungen an dieses Vorgehen allerdings verschärfen. So verlangt auch E 53 ‚Presentation of Financial Statements', daß neben Art und Grund der Abweichung soweit möglich auch die betragsmäßige Auswirkung der Abweichung auf die Vermögens- und Ertragslage des Unternehmens dargestellt wird. Diese Überleitung (reconciliation) sollte zumindest das (evtl. abweichende) Konzerneigenkapital und den (evtl. abweichenden) Konzerngewinn nach IAS ausweisen. Für den Fall, daß der Konzernabschluß nicht vollständig mit den IAS übereinstimmt, sieht der Entwurf E 53 vor, den Bestätigungsvermerk (statement of compliance) mit einer Einschränkung (qualification) zu versehen.

21.5.2 Schweiz

Der in der Schweiz für IAS-Abschlüsse verwendete Standardtext entspricht den Anforderungen von ISA 700 und lautet folgendermaßen:

> Als Konzernprüfer haben wir den Konzernabschluß (Konzernbilanz, Konzernerfolgsrechnung, Konzerngeldflußrechnung und Anhang) der Muster AG für das am 31. Dezember 19X1 abgeschlossene Geschäftsjahr geprüft.
>
> Für den Konzernabschluß ist der Verwaltungsrat verantwortlich, während unsere Aufgabe darin besteht, diesen zu prüfen und zu beurteilen. Wir bestätigen, daß wir die gesetzlichen Anforderungen hinsichtlich Befähigung und Unabhängigkeit erfüllen.
>
> Unsere Prüfung erfolgt nach den Grundsätzen des Berufsstandes sowie nach den International Standards on Auditing der International Federation of Accountants (IFAC), wonach eine Prüfung so zu planen ist, daß wesentliche Fehlaussagen im Jahresabschluß mit angemessener Sicherheit erkannt werden. Wir prüften die Posten und Angaben des Jahresabschlusses mittels Analysen und Erhebungen auf der Basis von Stichproben. Ferner beurteilen wir die Anwendung der maßgebenden Rechnungslegungsgrundsätze, die wesentlichen Bewertungsentscheide sowie die Darstellung des Jahresabschlusses als Ganzes. Wir sind der Auffassung, daß unsere Prüfung eine ausreichende Grundlage für unser Urteil bildet.
>
> Gemäß unserer Beurteilung, gestützt auf unsere eigenen Prüfungen sowie aufgrund von Berichten anderer Prüfer, vermittelt der Konzernabschluß ein den tatsächlichen Verhältnissen entsprechendes Bild der Vermögens-, Finanz- und Ertragslage in Übereinstimmung mit den Rechnungslegungsstandards des International Accounting Standards Committee und entspricht dem Gesetz.
>
> Wir empfehlen, den vorliegenden Konzernabschluß zu genehmigen.

Ein Nachteil der Standardformulierung besteht darin, daß eine weitere Nuancierung nicht vorgenommen wird. Deshalb wird in der Schweiz diskutiert, den Standardtext durch einen aussagekräftigeren, auf den Einzelfall zugeschnittenen Text zu ersetzen.

21.6 Erwartungslücke in der Revision

21.6.1 Grundsätzliches zur „Erwartungslücke"

Mit der Erwartungslücke (expectation gap) wird die Diskrepanz zwischen den Erwartungen der Öffentlichkeit und dem Testat des Abschlußprüfers bezeichnet. Die Diskussion um die Erwartungslücke wurde vor allem dadurch entfacht, daß Unternehmen kurz nach der Erteilung uneingeschränkter Bestätigungen zusammengebrochen oder in schwere Krisen geraten sind. In diesem Zusammenhang wird auch kritisiert, daß Abschlußprüfer strafbare Handlungen nicht erkannt und die Öffentlichkeit gewarnt haben.
Der Umstand, daß sich die Erwartung Dritter mit dem Selbstverständnis der Revisoren nicht deckt, kann zum einen darauf zurückzuführen sein, daß die Erwartungen der Öffentlichkeit an die Abschlußprüfer überhöht sind. Insbesondere folgende Erwartungen an Ziele und Möglichkeiten der Abschlußprüfung sind falsch: Es findet eine hundertprozentige Revision aller Geschäftsvorfälle statt. Mit der Abschlußprüfung beurteilt der Prüfer die wirtschaftliche Lage des Unternehmens und bestätigt die Gesundheit des Unternehmens sowie dessen Attraktivität als Investment. Es besteht für den Abschlußprüfer die Verpflichtung, Betrug (fraud) und Gesetzesverstöße (illegal acts) des Managements aufzudecken.
Neben den überhöhten Erwartungen Dritter liegt eine weitere Ursache für das Vorhandensein der Erwartungslücke jedoch auch darin, daß die Abschlußprüfer die richtigerweise vorhandenen Erwartungen nicht erfüllen (performance gap). Dies kann auch die Prüfung der Jahresabschlüsse nach IAS betreffen.

21.6.2 Erwartungslücke und IAS-Abschlüsse

Angesichts der geringen Zahl der bislang in Deutschland veröffentlichten Abschlüsse nach IAS können noch keine gültigen Aussagen darüber getroffen werden, ob in Deutschland eine Erwartungslücke hinsichtlich der IAS-Abschlüsse vorliegt. Für die Schweiz sind allerdings fundierte Hinweise hierauf gegeben. So hat die Kommission „Information der Aktionäre" der Schweizerischen Vereinigung für Finanzanalyse und Vermögensverwaltung in ihrem 30. Tätigkeitsbericht die Qualität der Berichterstattung Schweizerischer Unternehmen untersucht. Ihr Schlußbericht hebt zwar die insgesamt hohe Qualität der Berichterstattung hervor, stellt aber gleichzeitig insb. im Bereich der Konzernrechnungslegung nach IAS erhebliche Mängel fest.
In der Schweiz legen gut zwei Drittel aller im Swiss Market Index (SMI) enthaltenen Industrie- und Handelsgesellschaften einen Konzernabschluß nach IAS vor.

Ein großer Teil der Gesellschaften erfüllt die selbstgewählte IAS-Norm jedoch nur mit Vorbehalt. Verletzungen der IAS kommen dabei besonders häufig in folgenden Bereichen vor: Segmentinformationen, Goodwill-Bilanzierung, Transaktionen mit nahestehenden Unternehmen bzw. Personen und Rückstellungen. Diese Abweichungen werden heute weitgehend im Anhang offengelegt. Die Prüfer wiesen früher nicht immer in ihrem Bericht auf die Abweichung hin. Heute dagegen werden die Abweichungen regelmäßig im Prüfungsbericht offengelegt. Dieses Vorgehen der nur teilweisen Einhaltung der IAS wurde in der Schweiz als „IAS-light"-Konzept bezeichnet.

Literatur

Baetge, Jörg/Kirsch, Hans-Jürgen
Die Erteilung eines Bestätigungsvermerks für einen IAS-Abschluß, in: Rechnungslegung nach International Accounting Standards (IAS): Kommentar auf der Grundlage des deutschen Bilanzrechts, hrsg. von J. Baetge/D. Dörner/H. Kleekämper/P. Wollmert, Stuttgart 1997, S. 99–111

Dörner, Dietrich
Grundfragen für den WP-Beruf, in: Die Wirtschaftsprüfung 23–24/1995, S. 785–794

Institut der Wirtschaftsprüfer
Verlautbarung des HFA: Bestätigungsbericht zur Übereinstimmung eines handelsrechtlichen Konzernabschlusses mit den Standards des IASC, in: Die Wirtschaftsprüfung 2/1996, S. 73

Institut der Wirtschaftsprüfer
Verlautbarung des HFA: Zur Bestätigung der Übereinstimmung eines handelsrechtlichen Konzernabschlusses mit den Standards des IASC, in: Die Wirtschaftsprüfung 20/1995, S. 705–706

Institut der Wirtschaftsprüfer (Hrsg.)
Wirtschaftsprüfer-Handbuch 1992: Handbuch für Rechnungslegung, Prüfung und Beratung, Band I, Düsseldorf 1992, insbes. S. 97–98

Institut der Wirtschaftsprüfer (Hrsg.)
Fachgutachten 1–3/1988, Düsseldorf 1989

International Federation of Accountants (Hrsg.)
IFAC-Handbook 1995, Technical Pronouncements, New York 1995

Niehus, Rudolf
Bestätigungsvermerk von dualen Konzernabschlüssen, in: Betriebs-Berater 17/1996, S. 893–898

Niehus, Rudolf
Zum Bestätigungsvermerk von internationalen Jahresabschlüssen – Neue Risiken für die Erwartungslücke, in: Internationale Wirtschaftsprüfung, Festschrift zum 65. Geburtstag von Hans Havermann, hrsg. von J. Lanfermann, Düsseldorf 1995, S. 537–563

Schweizerische Vereinigung für Finanzanalyse und Vermögensverwaltung (Hrsg.)
30. Tätigkeitsbericht der Kommission Information der Aktionäre, o.O. 1997
Zünd, André
„Expectation Gap" – Die Revision im Clinch von Erwartung und Auftrag, in: Der Schweizer Treuhänder 7–8/92, S. 371–379

22 Kreditwürdigkeitsprüfung anhand des IAS-Abschlusses

Lernziele

In diesem Kapitel erfahren Sie:

- warum der Trend zur Rechnungslegung nach IAS die Kreditwürdigkeitsprüfung tangiert,
- welche Abweichungen im Rahmen der Umstellung für die Jahresabschlußanalyse besonders relevant sind,
- welche Auswirkungen dies auf die Organisation der Kreditwürdigkeitsprüfung hat,
- wie die finanz- und erfolgswirtschaftliche Analyse von Jahresabschlüssen hierdurch beeinflußt werden,
- welche zusätzlichen bilanzpolitischen Spielräume sich hierbei eröffnen,
- welche zusätzlichen Kreditinformationen den Abschlüssen entnommen werden können und
- wie die Vorlage eines IAS-Abschlusses aus der Sicht der Kreditwürdigkeitsprüfung zu beurteilen ist.

22.1 Bedeutung des (Konzern-)Abschlusses für die Kreditwürdigkeitsprüfung

Unter den verschiedenen Adressaten des Jahresabschlusses nehmen die Banken als Fremdkapitalgeber eine besondere Rolle ein. Für sie ist die Analyse der Jahresabschlüsse das wichtigste Instrument für die Entscheidung zur Vergabe oder Veränderung eines Kredites und seiner Konditionen. Ihr kommt damit sowohl für die Kreditwürdigkeitsprüfung als auch für Kreditüberwachung ein hoher Stellenwert zu.
Obwohl der Einzeljahresabschluß die rechtliche Anspruchsgrundlage für die Rückzahlung und die Besicherung der Kredite darstellt, ist für die materielle Kreditwürdigkeit von Konzernunternehmen der Konzernabschluß ausschlaggebend. So entspricht es internationaler Gepflogenheit, und ist auch in Deutschland und der Schweiz der Fall, daß die Unternehmen nach ihrem Konzernabschluß analysiert und beurteilt werden. Darüber hinaus gibt es auch haftungsrechtliche Gründe, den Konzernabschluß eingehend zu analysieren. So kann es unter bestimmten Bedingungen dazu kommen, daß der gesamte Konzern für die Ansprüche, die ein Dritter gegenüber einer einzelnen Konzerngesellschaft besitzt, haftet. Diese haftungsrechtliche Durchgriffsmöglichkeit geht im Insolvenzfall so weit, daß die Konzernmuttergesellschaft für Verbindlichkeiten des Tochterunternehmens eintreten muß.
Die Umstellung deutscher und Schweizer Konzernabschlüsse auf IAS hat daher auch für die Banken weitreichende Folgen. Aufgrund der noch kurzen Zeitreihe und – bezogen auf Deutschland – der noch geringen Zahl bisher vorgelegter Abschlüsse können hierzu nur sehr zurückhaltend Aussagen gemacht werden. Gleichwohl ist es möglich, die bedeutendsten Abweichungen aufzuzeigen. Aufbauend auf eine Analyse der für die Kreditwürdigkeitsprüfung besonders relevanten Änderungen können sowohl veränderte als auch ausgeweitete Analysemöglichkeiten aufgezeigt werden. Gleichzeitig wird jedoch deutlich, daß die Banken durch diese Entwicklung sowohl organisatorisch als auch fachlich vor eine große Herausforderung gestellt werden. Dabei beschränken wir uns bei der folgenden Darstellung auf die Auswirkungen, welche sich in Deutschland ergeben.

22.2 Besonders relevante Abweichungen für die Kreditwürdigkeitsprüfung

In Kapitel 9 wurden i.S. einer Synopse die grundlegenden Unterschiede zwischen der HGB- und der IAS-Rechnungslegung aufgezeigt. An dieser Stelle wird daher nur kurz im Überblick auf jene umstellungsbedingten Abweichungen eingegangen, welche sich auf die Kreditwürdigkeitsprüfung im besonderen Maße auswirken.
Will man die Bedeutung der Umstellung auf IAS aus dem Blickwinkel der Kreditwürdigkeitsprüfung beurteilen, so ist es jedoch wichtig, daß sich der Bilanzanalyst nicht nur mit den unterschiedlichen Ansatz- und Bewertungsmethoden im einzel-

nen auseinandersetzt. Ihm muß vielmehr zuerst bewußt sein, daß der IAS-Abschluß auf eine andere konzeptionelle Basis aufbaut, andere Begriffsinhalte kennt und auch schließlich ggf. einen anderen Konsolidierungskreis darstellt. Die sich ergebenden Anpassungen in der Analyse sind daher noch sehr viel weitergehender, als es normalerweise bei einer Gesetzesreform der Fall ist.

22.2.1 Konzeptionelle Ausrichtung

Dem Jahresabschlußadressaten muß bewußt sein, daß ein IAS-Abschluß konzeptionell einen anderen Zweck verfolgt als ein Abschluß nach HGB. Während letzterer am Gläubigerschutz ausgerichtet ist, orientiert sich die Rechnungslegung nach IAS an den Informationsbedürfnissen der Investoren. Diese Informationsbedürfnisse sollen durch die Bereitstellung einer möglichst zuverlässigen Grundlage für die Beurteilung zukünftiger Cash flows befriedigt werden. Dies wirkt sich auf zahlreiche Bilanzierungsmethoden, so bspw. die Behandlung langfristiger Fertigungs- und Dienstleistungsaufträge aus.
Aus dem Zweck der IAS-Rechnungslegung ergibt sich auch, daß der Begriff der „assets" gegenüber dem der Vermögensgegenstände nach HGB anders definiert ist. So sind nach den IAS Vermögenswerte bereits als „assets" aktivierbar, wenn es wahrscheinlich ist, daß dem Unternehmen durch den Gebrauch des Gegenstandes zukünftig ein wirtschaftlicher Nutzen zufließen wird, und wenn die Anschaffungs- oder Herstellungskosten zuverlässig ermittelt werden können. Hieraus ergibt sich, daß der IAS-Konzernabschluß von einem anderen, nämlich einem dynamischen Vermögensbegriff ausgeht. Demnach wird auf die zukünftigen Auswirkungen des Vermögenswertes und nicht auf seine derzeitigen Eigenschaften abgestellt. Dies äußert sich bspw. darin, daß unter bestimmten Voraussetzungen auch die Aktivierung von Entwicklungskosten verlangt wird. Der Vermögensbegriff des HGB hingegen ist statisch und vergangenheitsorientiert.
Für den Ersteinstieg in die Analyse von IAS-Abschlüssen ist es aus diesem Grund empfehlenswert, sich nicht direkt mit den einzelnen Standards zu beschäftigen, sondern sich vielmehr vorab mit dem Framework des IASC (siehe Kapitel 8) auseinanderzusetzen. Nur auf diese Weise kann der richtige Einstieg in ein Verständnis des IAS-Abschlusses erreicht werden.

22.2.2 Konsolidierungskreis

Der Informationsgehalt eines Konzernabschlusses hängt wesentlich davon ab, welche Tochterunternehmen in den Abschluß einbezogen resp. ausgeschlossen werden (siehe hierzu auch Kapitel 20). Wie Abb. 55 aufzeigt, ergeben sich jedoch Unterschiede im Konsolidierungskreis zwischen HGB und IAS. In diesem Zusammenhang ist insb. zu erwähnen, daß im Gegensatz zum entsprechenden Verbot des HGB im Abschluß nach IAS verpflichtend auch solche Tochtergesellschaften zu konsolidieren sind, deren Tätigkeit sich von der Tätigkeit der anderen einbezogenen Unternehmen wesentlich unterscheidet. Hierbei wird es sich bei Industrie- bzw. Handelsunternehmen insb. um Finanztochtergesellschaften handeln bzw. vice versa. Um die sich ergebenden Verschiebungen im Jahresabschluß bzw. der daraus gebildeten Kennzahlen besser zu verstehen, können auch die nach IAS verpflichtend auszuweisenden Segmentinformationen herangezogen werden.

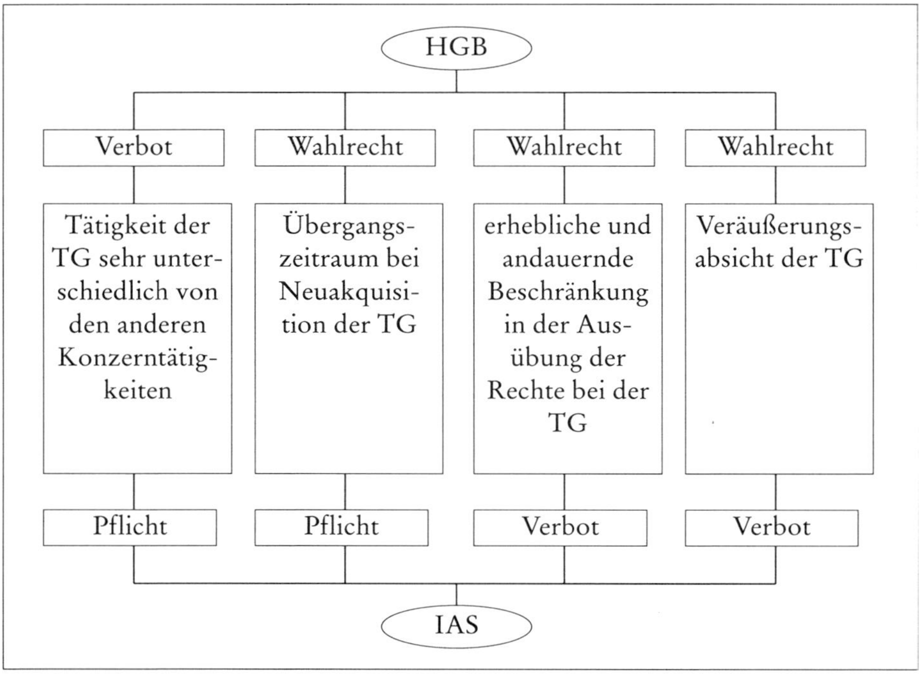

Abb. 55: Unterschiede in der Definition des Konsolidierungskreises zwischen HGB und IAS

22.2.3 Ansatz und Bewertung

Die IAS-Abschlüsse unterscheiden sich in bezug auf Ansatz und Bewertung insb. in den folgenden, für die Jahresabschlußanalyse im Rahmen von Kreditwürdigkeitsprüfung relevanten Punkten von den entsprechenden Regelungen des HGB:

- den immateriellen Vermögensgegenständen (Kapitel 10),
- den Forschungs- und Entwicklungskosten (Kapitel 10),
- dem Sachanlagevermögen,
- dem Leasing,
- dem Vorratsvermögen (Kapitel 12),
- den langfristigen Fertigungsaufträgen (Kapitel 13),
- den Pensionsverpflichtungen (Kapitel 15).

An dieser Stelle wird auf die maßgeblichen Unterschiede nicht erneut eingegangen (siehe hierzu die Synopse in Kapitel 9 sowie die Einzelkapitel, welche in der obenstehenden Liste jeweils angemerkt sind). Die Auswirkungen dieser einzelnen Abweichungen werden im Rahmen der folgenden Abschnitte im Zusammenhang mit der finanz- und erfolgswirtschaftlichen Jahresabschlußanalyse erörtert.

22.3 Organisatorische Herausforderungen

Banken analysieren die Abschlüsse kreditsuchender Unternehmen entlang eines strukturierten Entscheidungsprozesses mit der Hilfe von EDV-Bilanzanalysesystemen. Dies erfolgt in mehreren Stufen, an deren Anfang die Bilanz des Kreditnehmers in ein vorstrukturiertes Schema, die Strukturbilanz, überführt wird. Hierauf aufbauend werden die schematisierten Analysen vorgenommen und Kennzahlen ermittelt. Diese werden in einem letzten Schritt mit den Vorjahreszahlen des Unternehmens und mit Unternehmen derselben Branche verglichen, um Entwicklungen zu ersehen bzw. um einen relativen Vergleich mit entsprechenden Marktteilnehmern zu erhalten.

Änderungen in den für die Erstellung des Jahresabschlusses zugrunde gelegten Rechnungslegungsnormen führen für die analysierenden Unternehmen zu organisatorischen Herausforderungen. Dies konnte zuletzt eingehender bei der Einführung des Bilanzrichtlinien-Gesetzes beobachtet werden[16]. Der Anpassungsaufwand kann sich daraus ergeben, daß

- die neue Datenbasis eine Modifikation der Strukturbilanz verlangt,
- die Erstellung einer einzigen, allgemeingültigen Strukturbilanz durch neue Wahlrechte unmöglich wird,
- neue Kennzahlen zusätzlich ermittelt, alte nicht mehr errechnet werden können,
- bei den Kennzahlenwerten ein Zeitreihenbruch eintritt, der über mehrere Jahre einen Zeitreihenvergleich verhindert,
- ein erheblicher Schulungsbedarf der Mitarbeiter notwendig ist.

Für die Banken stellt sich die grundsätzliche Frage, ob IAS-Konzernabschlüsse überhaupt auf der Grundlage der bestehenden Strukturbilanzen auswertbar sind. Daneben ist auch an eine ggf. steigende Zahl von Abschlüssen nach US-Generally Accepted Accounting Principles (US-GAAP) zu denken. Realistischerweise werden jedoch angesichts der geringen Zahl internationaler Abschlüsse zum heutigen Zeitpunkt die Banken ihre Kreditwürdigkeitsprüfungen i.d.R. auf der Basis der bereits bestehenden Strukturbilanz aufbauen. Hierbei wirkt es sich aber vereinfachend aus, daß konzeptionell bedingt weniger Möglichkeiten bestehen, stille Reserven zu bilden und vorhandene aufzulösen, und sich damit ein geringerer Korrekturbedarf bei der Erstellung der Strukturbilanz ergibt.

Die Banken werden im Rahmen der Strukturbilanzerstellung zusätzliche Korrekturmaßnahmen einfügen müssen, um die neuen Abweichungen aufzuheben. Hier ist bspw. an die Teilgewinnrealisierung eines langfristigen Fertigungs- oder Dienstleistungsauftrags zu denken. Derartige Teilgewinne können bei der Erstellung der

---

[16] Siehe hierfür Koberg (Auswirkungen), S. 143–153.

Strukturbilanz korrigiert werden. Gleiches gilt bspw. auch für aktivierte Entwicklungskosten.
Für die Analyse ist wichtig, daß bei der Übernahme eines IAS-Abschlusses in die bekannten Strukturbilanzen aller Voraussicht nach die unterschiedliche Ausprägung des Vorsichtsprinzips zu einer Reihe von Korrekturmaßnahmen führt. Erschwert wird die Arbeit für die Banken durch die Tatsache, daß trotz der hohen Stellung des Vorsichtsprinzips in der Rechnungslegungskonzeption des HGB auch IAS-Methoden bestehen, die in einem gegenüber dem Abschluß gemäß HGB vorsichtigeren Wertansatz resultieren. Besondere Bedeutung kommt in diesem Zusammenhang der abweichenden Behandlung der Pensionsrückstellungen zu, für welche im IAS-Abschluß durch die Berücksichtigung der zukünftigen Entwicklungen hinsichtlich der Löhne und Preise i.d.R. ein bedeutend höherer Betrag anzusetzen sein wird.
In bezug auf die Kennzahlen ist wichtig zu beachten, daß die Begriffsinhalte nach HGB und IAS wesentlich differieren können. Dies wird im Fall der Vermögensgegenstände bzw. „assets" aufgezeigt. Selbst wenn das Verfahren zur Ermittlung der Kennzahl gleich bleibt, so ändert sich doch ihre Zusammensetzung. Damit wird jedoch i.d.R. ein Vergleich von HGB- und IAS-Abschlüssen bzw. ihren Kennzahlenwerten erschwert, wenn nicht gar unmöglich gemacht.
Als weitere Unsicherheit im Rahmen von Analysen von IAS-Abschlüssen kommen die große Zahl unbestimmter Rechtsbegriffe und die Möglichkeiten ihrer unterschiedlichen Auslegungen hinzu. Sie bewirken, daß sich der Analyst in vielen Fällen kein eindeutiges Bild vom Inhalt einzelner Positionen machen kann, da er die vom Unternehmen bzw. dessen Wirtschaftsprüfer vorgenommene Interpretation nur schwer, meistens überhaupt nicht nachvollziehen kann.
Während der Übergang einiger deutscher Unternehmen auf die IAS die Vergleichbarkeit des betreffenden Abschlusses mit anderen deutschen Unternehmen erschwert, kann nun dem Vergleich mit anderen ausländischen Unternehmen eine gesteigerte Bedeutung zukommen. So ist es eine Herausforderung, diese zu nutzen, indem die Basis von Vergleichswerten und -kennzahlen durch den Einbezug entsprechender ausländischer Unternehmen erweitert wird.

22.4 Auswirkungen der Abweichungen auf die Analyseergebnisse

Im Rahmen der Jahresabschlußanalyse wird zwischen der finanzwirtschaftlichen Bilanzanalyse, bestehend aus einer Investitions-, Finanzierungs- und Liquiditätsanalyse, und der erfolgswirtschaftlichen Bilanzanalyse unterschieden (siehe Abb. 56). Eine Umstellung der Rechnungslegung auf IAS zeigt dabei sowohl auf der finanzwirtschaftlichen als auch auf der erfolgswirtschaftlichen Analyseebene Auswirkungen.

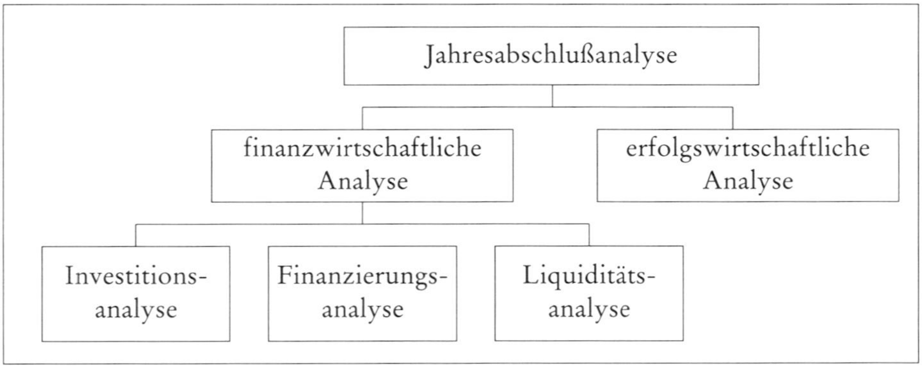

Abb. 56: Bestandteile der Jahresabschlußanalyse

22.4.1 Investitionsanalyse

Im Rahmen der Investitionsanalyse wird die Struktur und Entwicklung des bilanziellen Vermögens untersucht und versucht, die Chancen und Risiken aus der Vermögenszusammensetzung abzuleiten. Hierbei ist wichtig, daß die Aufstellung des Konzernabschlusses nach IAS aufgrund der divergierenden Ansatz- und Bewertungsvorschriften tendenziell zu einer Bilanzverlängerung führt. Dabei erhöhen sich die Buchwerte des Anlagevermögens gegenüber denen des Umlaufvermögens überproportional.

Innerhalb des *Sachanlagevermögens* werden durch den Übergang von der steuerlich motivierten degressiven Abschreibung auf die lineare Abschreibungsmethode, die Anpassung der zugrunde gelegten Nutzungsdauer an internationale Verhältnisse und das strenge Wertaufholungsgebot der IAS stille Reserven aufgedeckt. Der Hinweis auf steuerliche Motive mag im Zusammenhang mit der Betrachtung des Konzernabschlusses verwundern, ist doch grundsätzlich der Einzel- und nicht der Konzernabschluß Ausgangspunkt der Steuerbemessung. Allerdings hat sich in der Vergangenheit die Rechnungslegungspraxis dahingehend entwickelt, daß die steuerlich motivierten Wertansätze des Einzelabschlusses aus Gründen der Einheitlichkeit und Konsistenz auch im Konzernabschluß zugrunde gelegt wurden, obwohl sie nicht maßgeblich für die Steuerbilanz waren.

Durch die Veränderungen bei den Wertansätzen der Vermögensgegenstände und der Abschreibungen auf Sachanlagen gewinnt die *Kennzahl des Anlagenabnutzungsgrades*, definiert als Verhältnis aus den kumulieren Abschreibungen auf das Sachanlagevermögen zum Sachanlagebestand zu Anschaffungs- bzw. Herstellungskosten bewertet, an Bedeutung. So ist doch hier der Zusammenhang zwischen Abschreibung und Abnutzung deutlich erkennbar. Darüber hinaus ist die Altersstruktur der Vermögensgegenstände besser abschätzbar. Je niedriger diese Kennzahl ist, desto niedriger ist das durchschnittliche Alter der Sachanlagen und desto geringer wird auch der künftige Bedarf für Ersatzinvestitionen sein. Die häufig steuerlich motivierte Abschreibungsmethode, die über die erhöhten Abschreibungssätze hinaus auch noch kürzere Nutzungsdauern als die tatsächliche unterstellt, generiert höhere Abschreibungsbeträge und damit eine höhere Kennzahl. Dadurch erscheinen die Anlagen älter, als es der Realität entspricht. Dies führt im Ergebnis zu erheblichen Verzerrungen bei der Aussagekraft dieser Kennzahl.

Auch die *Kennzahl der Anlagenintensität* als Verhältnis des Anlagevermögens zur Bilanzsumme wird aussagekräftiger. So führt insb. auch die Pflicht zur Bilanzierung von Leasingverhältnissen, bei denen das Unternehmen als Leasingnehmer das wirtschaftliche Eigentum an den Leasinggegenständen hält, zu einer realitätsgetreuen Abbildung dieser Kennzahl. Bei einem Unternehmen, das nach HGB bilanziert und sein Anlagevermögen zu einem großen Teil geleast hat, sind hingegen Rückschlüsse auf die Anlagenintensität und damit auf die Fixkostenbelastung, die Anpassungsfähigkeit und Wirtschaftlichkeit des Unternehmens nur schwer möglich.

Auch der Wertansatz der *Vorräte* wird durch den Übergang von der in Deutschland häufig eingesetzten Lifo-Methode auf die international übliche Bewertung zu gleitenden Durchschnittspreisen höhere Werte annehmen. Dieser Effekt wird auch noch dadurch verstärkt, daß nach IAS die produktionsbezogenen Vollkosten anzusetzen sind, nach HGB jedoch ein Wahlrecht zwischen Teil- und Vollkosten besteht. Wichtig ist in diesem Zusammenhang auch das strenge Wertaufholungsgebot der IAS. Hiermit steht der Bilanzanalyst nicht wie beim HGB-Abschluß vor dem Problem, daß die stillen Reserven im Vorratsvermögen i.d.R. außerordentlich schwer nachzuvollziehen sind.

22.4.2 Finanzierungsanalyse

Ziel der Finanzierungsanalyse ist es, über die Quellen und die Zusammensetzung des Kapitals Aufschluß zu geben, um eine Abschätzung der Finanzierungsrisiken vorzunehmen. Innerhalb der Fremdkapitalpositionen sind dabei v.a. zwei Effekte zu beobachten. Wie nachstehend Abb. 57 verdeutlicht, löst die Umstellung auf IAS aufgrund der veränderten Berechnungsmethode für *Pensionsverpflichtungen* und ähnliche Verpflichtungen (siehe hierzu ausführlicher Kapitel 15) einen zusätzlichen Passivierungsbedarf aus. Diese Änderung ist aus Kreditwürdigkeitsüberlegungen zu begrüßen. Durch diese vorsichtigere und höhere Bewertung der Rückstellungsbeträge wird auch das Prinzip des Gläubigerschutzes unterstützt.

Problematisch sind hierbei nur die bilanzpolitischen Spielräume, die sich durch die fehlende Fixierung des zu verwendenden Diskontierungssatzes und der zugrundezulegenden Annahmen über die erwarteten Einkommensentwicklungen, Preissteigerungsraten und Rentenanpassungen ergeben. Selbst geringe Änderungen dieser Annahmen können das Konzernergebnis wesentlich beeinflussen und das Bild des Unternehmens erheblich verzerren. Aus diesem Grund sind die bei der Erstellung des Jahresabschlusses zugrunde gelegten Annahmen im Rahmen einer Kreditwürdigkeitsprüfung kritisch zu hinterfragen.

	Pensionsrückstellungen (HGB) per 31.12.94 in Mio. DM	Zusätzlicher Passivierungsbedarf per 31.12.94 in Mio. DM	Zusätzlicher Passivierungsbedarf per 31.12.94 in Prozent	Pensionsrückstellungen (IAS) per 31.12.94 in Mio. DM
Bayer-Konzern	7.755,0	676,0	8,7	8.431,0
Heidelberger Zement-Konzern	461,2	93,2	20,2	554,4
Hoechst-Konzern	2.767,0	487,0	17,6	3.254,0
Schering-Konzern	1.569,1	101,0	6,4	1.670,1

Abb. 57: Anpassungsbedarf bei der Umstellung der Pensionsrückstellungen HGB-IAS

Aussagen über die konkreten quantitativen Veränderungen innerhalb der Kennzahlenanalyse können an dieser Stelle aus Gründen der Ungewißheit über die unternehmensindividuell verschiedenen Auswirkungen nicht gegeben werden. Die Eigenkapitalquote, der im Rahmen der Kreditwürdigkeitsprüfung eine besondere Bedeutung zukommt, wird sich jedoch sehr wahrscheinlich durch den höheren Ausweis des Anlage- und Umlaufvermögens erhöhen. Bedingt durch die Ablehnung der stillen Reserven und einer der periodengerechten Erfolgsermittlung untergeordneten Stellung des Vorsichtsprinzips kommt es zu einer Verringerung der Diskrepanz zwischen ausgewiesenem und „tatsächlichem" Eigenkapital. Hierdurch wird das Haftungssubstrat sehr viel genauer ausgewiesen.

22.4.3 Liquiditätsanalyse

Erkenntnisziel der Liquiditätsanalyse ist die Fähigkeit des Unternehmens, seinen Zahlungsverpflichtungen jederzeit nachkommen zu können. Im Mittelpunkt der Analyse steht dabei der die Selbstfinanzierungskraft zum Ausdruck bringende Cash flow. Er bildet den Mittelzufluß aus dem Umsatzprozeß ab. Bei der Umstellung auf IAS ergibt sich jedoch die Notwendigkeit einer Anpassung bei der Cash flow-Ermittlung, sofern Leasinggeschäfte in der Kategorie des Finance Lease vorgenommen wurden. Ist dies der Fall, sind die betreffenden Gegenstände des Anlagevermögens im Rahmen der Informationsaufbereitung zu aktivieren und planmäßig abzuschreiben. Die Cash flow-Ermittlung ist in diesem Zusammenhang entsprechend zu modifizieren.
Erleichtert wird die Liquiditätsanalyse von IAS-Abschlüssen durch die im Gegensatz zu Abschlüssen nach HGB oder OR verpflichtend auszuweisende Kapitalflußrechnung. Die sich hieraus ergebenden Zusatzinformationen werden in einem der nachfolgenden Abschnitte näher aufgezeigt.

22.4.4 Erfolgswirtschaftliche Analyse

Im Zentrum der erfolgswirtschaftlichen Analyse steht die Frage, ob das Unternehmen in Zukunft nachhaltig Gewinne erwirtschaften kann. Dabei erfolgt anhand der Gewinn- und Verlustrechnung ein Rückschluß von der vergangenen auf die zukünftige Ertragsentwicklung. Hierbei erweist es sich als besonders hilfreich, daß die Rechnungslegung nach IAS von ihrer Konzeption her eine Ablehnung der willkürlichen Bildung stiller Reserven beinhaltet. Für den externen Bilanzanalysten sind daher die Möglichkeiten zur verläßlichen Abschätzung der Erfolgsentwicklung bedeutend besser als bei der Beurteilung eines HGB-konformen Abschlusses.
Des weiteren sollte nicht vergessen werden, daß dem Jahresabschlußadressaten beim IAS-Abschluß mit der Kapitalflußrechnung zusätzlich ein weiteres bedeutendes, im HGB nicht enthaltenes Instrument an die Hand gegeben wird, um abzuschätzen, inwieweit Kredite aus dem Ergebnis der Geschäftstätigkeit bedient werden können. So ist doch mit Blick auf die Kreditwürdigkeitsprüfung die Kennzahl des Cash flow bedeutender als das in der Gewinn- und Verlustrechnung ausgewiesene Jahresergebnis.

22.5 Auswertung von Zusatzinformationen

22.5.1 Zusätzliche Analysemöglichkeiten

In Anbetracht der erheblich erweiterten Auskunfts- und Informationspflichten der Konzerne durch eine Berichterstattung nach IAS steht für die Kreditwürdigkeitsprüfung eine wesentlich breitere Datenbasis zur Verfügung. Hieraus ergibt sich aber auch eine Herausforderung an die Jahresabschlußanalyse, die bisher i.d.R. unbekannten Angaben sinnvoll zu berücksichtigen und ggf. durch die Bildung neuer Kennzahlen aufzubereiten. Gleichzeitig ist auch eine zunehmende Bedeutung und damit einhergehende Berücksichtigung der qualitativen Daten zu beobachten.
Zusätzliche Analysenotwendigkeiten ergeben sich bspw. bei der Überprüfung der Annahmen des versicherungsmathematischen Gutachtens zur Ermittlung des Bedarfs für die *Pensionsrückstellungen* und ähnliche Verpflichtungen oder bei der Angabe über Verfügungsbeschränkungen und Sicherungsübereignungen von Vermögensgegenständen.
Ebenfalls als neue Kennzahl läßt sich aus der Aktivierung selbsterstellter immaterieller Vermögensgegenstände, insb. der *Entwicklungskosten*, bilden. So drückt die Aktivierungsquote der Entwicklungskosten das prozentuale Verhältnis der aktivierten Entwicklungskosten zu den gesamten Ausgaben für Forschung und Entwicklung aus. Hierbei sind verschiedene Interpretationen möglich. So können diejenigen Kosten, die ein bilanzierungsfähiges Aktivum darstellen, den Erfolg der Forschungs- und Entwicklungsaktivitäten widerspiegeln. Auf der anderen Seite tendieren die Unternehmen in der Praxis zu einer strengen Auslegung der Ansatz-

kriterien und sehen somit i.d.R. von einer Aktivierung der Entwicklungskosten ab. Die Kennzahl muß somit im Einklang mit der Bilanzierungspraxis interpretiert werden. Würde sich nämlich die grundsätzliche Nicht-Aktivierung als allgemeine Bilanzierungspraxis herauskristallisieren, so könnte ein Anstieg der Kennzahl hingegen einen Hinweis auf eine angespannte Vermögens- und Ertragslage darstellen. Schon an diesem Beispiel zeigt sich, daß sich die Analyse von Konzernabschlüssen nach IAS in Deutschland erst als Technik herausbilden muß.

22.5.2 Kapitalflußrechnung

Mit der Kapitalflußrechnung stellt der IAS-Abschluß ein Rechnungslegungsinstrument zur Verfügung, das dem Bilanzanalysten Informationen gibt, welche dem Jahresabschluß ansonsten nicht oder nur mittelbar entnommen werden können. Neben der Darstellung der Zahlungsströme gibt die Kapitalflußrechnung insb. darüber Auskunft, wie ein Unternehmen seine Mittel generiert hat. Für die Bilanzanalyse entscheidend ist, ob dies durch laufende Geschäftstätigkeit, Investitions- oder Finanzierungstätigkeit geschieht. Insb. Liquiditätsengpässe, die bei Kreditentscheidungen eine bedeutende Rolle spielen, können durch die Kapitalflußrechnung früher und präziser prognostiziert werden. Daher hat und wird die Analyse der Kapitalflußrechnung im Rahmen der Jahresabschlußanalyse einen hohen Stellenwert einnehmen. Für eine eingehendere Auseinandersetzung mit der Finanzanalyse mit Cash flow-Größen sei daher auf die diesbezüglichen Ausführungen in Kapitel 18 verwiesen.

22.5.3 Segmentinformationen

Wie in Kapitel 17 eingehender dargestellt, führen die zunehmenden Diversifikationsstrategien der Unternehmen und die unterschiedlichen Rahmenbedingungen der einzelnen regionalen und sektoralen Märkte zu einer erheblichen Abnahme des Informationsgehaltes der aggregierten Jahresabschlüsse.
Eine Abhilfe stellen hier die nach den IAS verpflichtend auszuweisenden Segmentinformationen dar. Sie erlauben es, Einblick in die wirtschaftliche Lage der einzelnen Segmente zu erhalten und diese in ihren jeweiligen Kontext zu stellen. Hierdurch kann ein Gesamtbild des Unternehmens erlangt werden, das in bezug auf seine unterschiedlichen Chancen und Risiken bedeutend detaillierter ist. Der Analyst wird durch diese Informationen erst in die Lage versetzt, zukünftige Zahlungsmittelzuflüsse diversifizierter Unternehmen in zeitlicher und betragsmäßiger Hinsicht zu bewerten sowie auf ihre Nachhaltigkeit hin einzuschätzen. Im Rahmen von Kreditwürdigkeitsprüfungen kommt den Segmentinformationen auch besondere Bedeutung beim Vergleich der gewonnenen Kennzahlenwerte mit anderen Unternehmen zu, da mit Hilfe dieser Informationen eine eindeutigere Zuordnung der Unternehmen innerhalb der verschiedenen Branchen möglich wird.

22.6 Gesamtbeurteilung

Die Tatsache, daß die HGB-Rechnungslegung vor allem an den Interessen der Gläubiger, die IAS-Rechnungslegung hingegen an denen der Anleger ausgerichtet ist, ließe vermuten, daß die Kreditwürdigkeitsprüfung durch die Umstellung auf IAS erschwert wird. Bei näherer Betrachtung ist diese Aussage jedoch nicht haltbar; die aus einer Umstellung der zugrunde gelegten Rechnungslegung von HGB auf IAS resultierenden Veränderungen sind hingegen differenziert zu betrachten.

Gläubiger werden vom IASC zwar nicht als besonders schutzbedürftige Interessengruppe angesehen. Aufgrund der Ablehnung stiller Reserven, flankiert mit einer erheblich erweiterten Publizitätspflicht, die sich aus den Zusatzinformationen ergibt, führt dies im Gesamteffekt zu einer zunehmenden Bilanzklarheit und erhöhten internationalen Vergleichbarkeit auch für Gläubiger. Sofern die Analyse des IAS-Abschlusses richtig angegangen wird, erlaubt dies eine qualitative Aufwertung der Analyse.

Es kann daher umgekehrt zu der traditionellen Sichtweise argumentiert werden, daß die im HGB angelegte starke Betonung des Gläubigerschutzgedankens gar zur Verfehlung des eigentlich angestrebten Zieles führen kann, nämlich den Gläubiger zu schützen. So wird häufig übersehen, daß stille Reserven nicht nur gebildet, sondern auch lautlos wieder aufgelöst werden. Dies ermöglicht die Verschleierung von Verlusten und damit eine Irreführung über die Entwicklungstendenz des Unternehmens und die tatsächlich vorhandene Haftungsmasse. Im Ergebnis erschweren diese bilanzpolitischen Spielräume die Analyse erheblich und machen häufig gar den tatsächlichen Einblick unmöglich. Dies stellt jedoch die verwendeten Instrumente der Kreditwürdigkeitsprüfung, die vor allem auf dem vorgelegten Jahresabschluß des kreditsuchenden Unternehmens aufbauen, auf eine fragliche Basis.

Im Effekt bedeutet dies jedoch auch, daß sich der Kreditnehmer im Falle einer Krise schwierigeren Rahmenbedingungen gegenübersieht. Durch die fehlende Möglichkeit zur Bildung stiller Reserven wird dessen Handlungsspielraum eingeschränkt. Gleichzeitig wird die Sensitivitätsschwelle für Kreditkündigungen oder -neuverhandlungen gegenüber den Banken schneller erreicht. Für die Banken ist dieser Umstand jedoch positiv zu beurteilen. So gibt ihnen die Tatsache der früheren Krisenwarnung eine realistische Chance, ihr Engagement auf gesunde Beine zu stellen. So kann es im Firmenkundengeschäft sowohl für die Bank als auch das Unternehmen entscheidend sein, in welcher Phase ein Kredit als gefährdet erkannt wird, um entsprechende, gegensteuernde Maßnahmen unter Mithilfe der jeweils kreditgebenden Bank einzuleiten.

Literatur

Born, Karl
Bilanzanalyse international: deutsche und ausländische Jahresabschlüsse lesen und beurteilen, Stuttgart 1994
Koberg, Ann-Kristin
Die Auswirkungen des Bilanzrichtlinien-Gesetzes auf die Kreditwürdigkeitsprüfung der deutschen Banken, St. Gallen 1991
Wagenhofer, Alfred
Analyse von nach IAS aufgestellten Jahresabschlüssen, in: Österreichisches Bankarchiv 10/1995, S. 766–775

Anhang

Glossar

accounting policies	Rechnungslegungsgrundsätze
accrual	Periodenabgrenzung
accrued benefit valuation method	Barwertverfahren
acquisition	Erwerb
adverse opinion	Versagen der Prüfungsbestätigung
allowed alternative treatment	zulässige Alternative
asset	Vermögensgegenstand
associates	assoziierte Unternehmen
attest function	Beglaubigungsfunktion
at arm's length transaction	Transaktion zu marktüblichen Bedingungen
audit	Prüfung
audit opinion	Bestätigungsbericht
auditor's report	Bestätigungsbericht
autonomous entity approach	Ansatz autonomer Einheiten
average rate	Durchschnittskurs
badwill	negativer Geschäftswert
balance sheet	Bilanz
bank overdrafts	Kontokorrentkredite
basic principles	Grundprinzipien
benchmark treatment	bevorzugte Alternative
capital approach	kapitalorientierter Ausweis
capital commitments	Investitionsverpflichtungen
cash	Geld
cash equivalents	geldnahe Mittel
cash flow	Geldfluß aus Geschäftstätigkeit
cash flow statement	Geldflußrechnung
cash inflows	Geldzuflüsse
cash outflows	Geldabflüsse
chairman	Vorsitzender (eines Steering Committees)
changes in accounting estimates	Änderung von Schätzwerten
changes in actuarial assumptions	Änderungen von versicherungsmathematischen Annahmen
changes in financial position	Veränderungen der Vermögens- und Finanzlage
closing rate	Stichtagskurs
comparability	Vergleichbarkeit
completed contract-method	Methode der Gewinnrealisierung nach Fertigstellung
completeness	Vollständigkeit
compliance	Übereinstimmung
consistency	Stetigkeit
consolidated financial statements	Konzernabschluß
construction contracts	langfristige Fertigungsaufträge
contingencies	Eventualverpflichtungen
contrived form	Sachverhaltsgestaltung
control	Beherrschung
cost	Anschaffungs- bzw. Herstellungskosten

cost-benefit balances	Kosten-Nutzen-Verhältnis
cost escalation clause	Kostenüberschreitungsklausel
cost-method	Anschaffungskostenmethode
cost of acquisition	Anschaffungskosten
costs of completion	Kosten der Fertigstellung
costs of conversion	Herstellungskosten
costs of goods sold	Herstellungskosten der verkauften Produkte
costs of purchase	Anschaffungskosten
cost plus contracts	Kosten-plus-Marge-Aufträge
cost-to-cost-method	Methode zur Schätzung des Fertigungsstandes (Verhältnis von aufgelaufenen zu budgetierten Gesamtkosten)
costs to make the sale	geschätzte notwendige Verkaufskosten
current cost	Wiederbeschaffungskosten
current service costs	laufender Pensionsaufwand
curtailment	Reduzierung der Versorgungsleistungen
date of acquisition	Erwerbszeitpunkt
decision usefulness	Entscheidungsrelevanz
deferral accounting	Methode der Bilanzierung von Finanzinstrumenten, bei der die Erfolge aus dem Grund- und Sicherungsgeschäft in die Zukunft verschoben werden
deferred compensation arrangements	aufgeschobene Vergütungsvereinbarungen
deferred income	passiver Abgrenzungsposten
defined benefit plan	leistungsorientierter Pensionsplan
defined contribution plan	beitragsorientierter Pensionsplan
definitions	Begriffsdefinitionen
disaggregation approach	Disaggregationsansatz
disagreement with management	Einwände des Prüfers gegen die vom Management angewandten Bilanzierungsmethoden
disclaimer of opinion	Verweigerung des Prüfungsurteils
disclosure	Ausweis
discontinuing operations	Einstellung der Geschäftstätigkeiten
due process	formalisiertes Normsetzungsverfahren
economic reality	wirtschaftliche Realität
elements of financial statements	Elemente des Jahresabschlusses
emphasis of matter	Kernfassung
employee benefits	Pensionsverpflichtungen
expectation gap	Erwartungslücke
experience adjustments	Anpassungen von bisherigen Annahmen an die tatsächliche Entwicklung
expense	Aufwand
equity	Eigenkapital
equity instruments	Eigenkapitalinstrumente
factory overhead	indirekte Kosten der Fertigung
fair presentation	ein den tatsächlichen Verhältnissen entsprechendes Bild der Vermögens-, Finanz- und Ertragslage
fair value	beizulegender Wert, Marktwert
fair value accounting	Bewertung zum Verkehrswert
faithful representation	glaubwürdige Darstellung
financial assets	finanzielle Vermögensgegenstände
financial instruments	Finanzinstrumente
financial liabilities	finanzielle Schulden
financial position	Vermögens- und Finanzlage

financing activities	Finanzierungstätigkeit
fixed price contracts	Festpreisaufträge
foreign currency transactions	Fremdwährungstransaktionen
foreign currency translation	Fremdwährungsumrechnung
foreign entity	wirtschaftlich selbständige Teileinheit
foreign operation	integrierte Teileinheit
forseeable future	absehbare Zeit
fraud	Betrug
fund	externer Versorgungsträger
fundamental accounting assumptions	Grundannahmen der Rechnungslegung
funding	Versorgung durch externen Versorgungsträger
general purpose financial statements	für allgemeine Zwecke aufstellungspflichtige Jahresabschlüsse
geographical segment	geographische Segmente
going concern	Unternehmensfortführung
goodwill	Geschäftswert
governments grants	staatliche Zuschüsse
grants related to assets	Investitionszuschüsse
grants related to income	Aufwandszuschüsse
group	Konzern
harmonisation	Harmonisierung
health and welfare plans	Gesundheitsfürsorgeleistungen
hedging	Sicherungsgeschäft
hidden reserves	stille Reserven
historical cost	historische Kosten
historical rate	historischer Kurs
identifiable assets and liabilities	separat identifizierbare Vermögensgegenstände und Schulden
illegal acts	Gesetzesverstöße
impairment	dauerhafte Wertminderung
income	Ertrag
income approach	ertragsorientierter Ausweis
income statement	Gewinn- und Verlustrechnung
income tax holidays	temporäre Steuerfreiheit
industry segment	Geschäftszweig
information production function	Informationsfunktion
initial measurement	Erstbewertung
initial recognition	erstmalige Erfassung
intangible asset	immaterieller Vermögensgegenstand
interim reporting	Zwischenberichterstattung
international comparative accounting	international vergleichende Rechnungslegung
international group accounting	internationale Konzernrechnungslegung
intragroup balances	Ansprüche und Verpflichtungen zwischen konsolidierten Unternehmen
inventories	Vorräte
investing activities	Investitionstätigkeit
investment tax credits	Steuergutschriften in Abhängigkeit von getätigten Investitionen
item	Position
joint control	gemeinsame Leitung
joint venture	Gemeinschaftsunternehmen

jointly controlled assets	gemeinschaftliche Verfügungsmacht über Vermögensgegenstände
jointly controlled entities	gemeinschaftliche Leitung von Unternehmen
jointly controlled operations	gemeinschaftliche Durchführung von Projekten
leases	Leasinggeschäfte
legal form	rechtliche Gestaltung
liability	Schuld
limitation of scope	keine vollständige Durchführung der erforderlichen Prüfungshandlungen
loss orders	Verlustaufträge
lower of cost or market	Niederstwertprinzip
lump sum	einmalige Summe
matching	sachliche Abgrenzung
materiality	Wesentlichkeit
management approach	Management-Ansatz
market value	Marktwert
measurement	Bewertung
measurement subsequent to initial recognition	Folgebewertung
minority interests	Minderheitenanteile
monitoring function	Konrollfunktion
mutual recognition	gegenseitige Anerkennung
neutrality	Willkürfreiheit
net realisable value	Nettoveräußerungswert
net working capital	Nettoumlaufvermögen
non cash transactions	nicht liquiditätswirksame Transaktionen
non-monetary government grants	nicht-finanzielle staatliche Zuschüsse
notes	Erläuterungen
objective	Zielsetzung
operating activities	(betriebliche) Geschäftstätigkeit
operating profit	Betriebsergebnis
opinion	Urteil des Prüfers
other forms of government assistance	sonstige Formen staatlicher Unterstützungsleistungen
other forms of post-employment benefits	sonstige Ruhestandsvergütungen
other income	sonstige Erträge
over the counter	außerbörslich
parent	Mutterunternehmen/-gesellschaft
past service costs	Versorgungsaufwand für vergangene Geschäftsjahre
peer review	Kontrolle der Prüfer durch einen zweiten Prüfer
percentage of completion-method	Methode der anteiligen Gewinnrealisierung
performance	wirtschaftliche Leistungsfähigkeit
plan termination	Beendigung des Versorgungsplans
preface	Vorwort
present value	Gegenwartswert
probable	wahrscheinlich
projected benefit valuation method	Gleichverteilungsverfahren
proportionate consolidation	Quotenkonsolidierung
provision	Rückstellung
prudence	Vorsicht
purchase method	Erwerbsmethode
pooling of interests-method	Methode der Interessenzusammenführung

qualification	Einschränkung
qualified opinion	Einschränkung der Bestätigung
qualitative characteristics	qualitative Merkmale
realisable value	Veräußerungswert
recognition	Ansatz
recognition criteria	Ansatzkriterium
recognition and discontinuing recognition	Ansatz und Elimination
recognition on initial measurement	Bewertung bei erstmaligem Ansatz
reconciliation	Überleitungsrechnung/-angaben
recoverable amount	erlösbarer Betrag
related party	nahestehendes Unternehmen bzw. nahestehende Person
relevance	Bedeutsamkeit
reliability	Verläßlichkeit
reliably measureable	verläßlich meßbar
repayment of government grants	Rückzahlung staatlicher Zuschüsse
reporting income	Erfolgsausweis
research and development	Forschung und Entwicklung
resonable assurance	ausreichende Sicherheit
retail method	retrograde Methode der Kostenberechnung
retirement benefit plan	Pensionsplan
revaluation	Neubewertung
revaluation surplus	Neubewertungsrücklage
risk and rewards approach	Risiko-Chancen-Ansatz
scope	Geltungsbereich
scope of consolidated financial statements	Konsolidierungskreis
sales or other operating revenue	Umsatzerlöse oder sonstige betriebliche Erträge
secretary general	Generalsekretär
segment assets employed	eingesetztes Segmentvermögen
segment contribution	Segmentbeitrag
segment expenses	Segmentaufwendungen
segment reporting	Segmentberichterstattung
segment result	Segmentergebnis
segment revenue	Segmenterlös
service provider	Dienstleistungsunternehmen
settlement	Abgeltung der Verpflichtung
settlement value	Liquidationswert
significant influence	maßgeblicher Einfluß
standard cost method	Standardkostenmethode
statement of changes in financial position	Kapitalflußrechnung
statement of compliance	Bestätigungsvermerk
subsequent measurement	Bewertung nach erstmaligem Ansatz
subsidiary	Tochterunternehmen/-gesellschaft
substance over form	wirtschaftliche Betrachtungsweise
technical advisor	technischer Berater
timeliness	Zeitnähe
trading	Handel, Spekulation
translation adjustment	Ausgleichsposten für Währungsumrechnungen
true and fair view	den tatsächlichen Verhältnissen entsprechendes Bild der Vermögens-, Finanz- und Ertragslage

two tier-segmentation	Differenzierung nach einer primären und sekundären Segmentierungsdimension
understandability	Verständlichkeit
uniting of interests	Interessenzusammenführung
unqualified opinion	uneingeschränktes Prüfungsurteil
venturer	Anteilseigner an einem Gemeinschaftsunternehmen
weighted average cost formula	Methode der Durchschnittsbewertung
work in progress	unfertige Erzeugnisse

Stichwortverzeichnis

Autoren

Prof. Dr. Dr. Ann-Kristin Achleitner ist Inhaberin des Stiftungslehrstuhls Bank- und Finanzmanagement (vorm. Investition und Finanzierung) an der European Business School, Schloß Reichartshausen, und Privatdozentin für Finanz- und Rechnungswesen an der Universität St. Gallen (HSG). Sie ist Vorsitzende des Vorstandes des Instituts für Finanzmanagement an der European Business School e. V., Projektberaterin des International Accounting Standards Committee (IASC) und Mitglied in der Expertenkommission des Eidgenössischen Justizdepartements zur Revision des Rechnungslegungsrechts.

Prof. Dr. Giorgio Behr ist Inhaber des Lehrstuhls für finanzielle Rechnungslegung an der Universität St. Gallen (HSG) und Partner der BDS Consulting AG/BDS Treuhand AG. Er ist Präsident der Fachkommission für Empfehlungen zur Rechnungslegung (FER), Vizepräsident der Arbeitsgruppe der OECD über Buchführungsnormen (CIME), Mitglied der Expertengruppe des Wirtschafts- und Sozialrats der UNO (ECOSOC) über internationale Buchführungs- und Berichterstattungsnormen (ISAR) und Mitglied in der Expertenkommission des Eidgenössischen Justizdepartements zur Revision des Rechnungslegungsrechts. Hier leitet er die Unterkommission zur Überarbeitung der Konzernrechnungslegung.

Beide Autoren zeichnen sich durch eine Vielzahl von Publikationen auf dem Gebiet der internationalen Rechnungslegung aus. Hierzu gehören u. a. Achleitner, Die Normierung der Rechnungslegung: Eine vergleichende Untersuchung unterschiedlicher institutioneller Ausgestaltungen des nationalen und internationalen Standardsetzungsprozesses, Zürich 1995; Achleitner/Wollmert/van Hulle, Grundlagen der Bilanzierung, der Bewertung und des Ausweises, und Achleitner/Kleekämper, Kommentierung von IAS 1, 5 und 13, jeweils in: Rechnungslegung nach den International Accounting Standards (IAS): Kommentar auf der Grundlage des deutschen Bilanzrechts, hrsg. von Baetge/Dörner/Kleekämper/Wollmert, Stuttgart 1997; Behr/Achleitner, Internationale Standards der Rechnungslegung, in: Beck'sches Handbuch der Rechnungslegung, hrsg. von Castan et al., München 1996; Behr, Megatrends der Rechnungslegung, in: Der Schweizer Treuhänder 9/1994, S. 635–644.

Beck’sches Handbuch der Rechnungslegung:
Was jeder im Rechnungswesen wissen muß!

Alles über Buchführung und Inventur, Rechnungslegung der einzelnen Unternehmen, Rechnungslegung des Konzerns, Rechtsfolgen bei Verstößen gegen die Rechnungslegungsvorschriften, ergänzt um Gesetzestexte und Verordnungen, Rechtsprechung und Verwaltung u. v. m. Der Literaturdienst erfaßt die Neuerscheinungen auf diesem Gebiet, das ausführliche Paragraphen- und Stichwortregister erleichtert das Arbeiten.

Leicht und verständlich von erfahrenen Experten aus Unternehmen, Wirtschaftsprüfung und Hochschulen für die tägliche Praxis erstellt und durch die Ergänzungslieferungen stets aktuell.

Beck’sches Handbuch der Rechnungslegung

Loseblattausgabe. Herausgegeben von

Professor Dr. **Edgar Castan,** Hochschule für Wirtschaft und Politik, Hamburg;

Gerd Heymann, Wirtschaftsprüfer und Steuerberater, Hamburg;

Dr. **Eberhard Müller,** Barcelona;

Prof. Dr. **Dieter Ordelheide,** Johann-Wolfgang Goethe-Universität, Frankfurt a. M.;

Prof. Dr. **Eberhard Scheffler,** Wirtschaftsprüfer, Hamburg

Rund 3380 Seiten. In 2 Ordnern DM 214,–
ISBN 3-406-31289-6